Burkhard Liermann, Günter Lenz, Inge Baumeister

Mein Prüfungstrainer Kaufmann / Kauffrau für Büromanagement

Teil 1 der gestreckten Abschlussprüfung (Informationstechnisches Büromanagement) mit dem Schwerpunkt Microsoft Word und Microsoft Excel

Mit umfangreichen Prüfungssimulationen!

Geeignet für Office 2016 – 2024 und Microsoft 365

Verlag:
Bildner Verlag GmbH
Bahnhofstraße 8
94032 Passau

http://www.bildner-verlag.de
info@bildner-verlag.de

ISBN: 978-3-8328-0326-1
Bestellnummer: 100348

Autoren: Burkhard Liermann, kaufmännischer Fachdozent, Ausbilder und IHK-Prüfer
Günter Lenz †, Betriebswirt und Fachbereichsleiter kaufmännische Qualifizierung
Kölner Wirtschaftsfachschule – Wifa Gruppe GmbH
Koblenzer Straße 29
57072 Siegen
www.wifa.de
Inge Baumeister
Ein herzliches Dankeschön auch an die Kollegin der WiFa, Frau Laura Degel für ihre Unterstützung!

Herausgeber: Christian Bildner

Druck: CPI Clausen & Bosse GmbH, Birkstraße 10, 25917 Leck

Bildquellen:
Cover vorne: Antonioguillem - Fotolia.com
Kapitelbild: ©Kenishirotie - stock.adobe.com
Büroklammer: ©BillionPhotos.com - stock.adobe.com
Uhr: ©lovemask - Fotolia.com
Logos und Briefbogengestaltung der Unternehmen „Habermann + Partner KG" „Vestermann GmbH", „BitTec GmbH" und „READ ONE KG" © Burkhard Liermann

Vorwort

Mit dem Ausbildungsberuf „Kaufmann/-frau für Büromanagement" wurden die bisherigen Berufe „Kaufmann/Kauffrau für Bürokommunikation", „Bürokaufmann/Bürokauffrau" und „Fachangestellte/r für Bürokommunikation" zu einem Beruf zusammengefasst. Schon immer gehörte das Beherrschen eines Textverarbeitungsprogramms und eines Tabellenkalkulationsprogramms in einer praktischen Prüfung im Prüfungsfach „Informationsverarbeitung" mit zu den Prüfungsanforderungen.

Obwohl die Prüfungsinhalte dieselben geblieben sind, haben sich die Prüfungsanforderungen inhaltlich und formal verändert. Schon circa 15 Monate nach dem Beginn Ihrer Ausbildung beziehungsweise circa 12 Monate nach Beginn einer zweijährigen Vollzeitumschulung erwartet Sie der erste Teil der gestreckten Abschlussprüfung (GAP) und am Ende Ihrer Ausbildung/Umschulung der zweite Teil der Abschlussprüfung.

In dieser zweiteiligen (gestreckten) Abschlussprüfung müssen Sie den Nachweis leisten, dass Sie sich während der Ausbildung/Umschulung die notwendigen praktischen Kenntnisse, Fähigkeiten und Fertigkeiten angeeignet haben sowie den, im theoretischen Unterricht vermittelten, Lehrstoff beherrschen.

Rechtliche Grundlage hierfür ist die „Verordnung über die Berufsausbildung zum Kaufmann für Büromanagement und zur Kauffrau für Büromanagement - Stand: 28.02.2025". Die Verordnung tritt am 1. August 2025 in Kraft.

Zur Abschlussprüfung Teil 1 „Informationstechnisches Büromanagement" gemäß § 7 Abschlussprüfung Absatz (3) gehören folgende Zielsetzungen:

- Der Prüfling (m/w/d) soll nachweisen, dass er/sie in der Lage ist, im Rahmen eines ganzheitlichen Arbeitsauftrages Büro- und Beschaffungsprozesse zu organisieren und kundenorientiert zu bearbeiten. Dabei soll er nachweisen, dass er unter Anwendung von Textverarbeitungs- und Tabellenkalkulationsprogrammen recherchieren, dokumentieren und kalkulieren kann.
- Der Prüfling (m/w/d) soll berufstypische Aufgaben schriftlich und computergestützt bearbeiten.
- Die Prüfungszeit beträgt 120 Minuten.

Das Ergebnis der Prüfung zählt zu 25 % zum Gesamtergebnis. Sie müssen also in diesem Teil 1 der Abschlussprüfung wirtschaftliche Kenntnisse und IT-Fähigkeiten miteinander „integriert", also verknüpft anwenden. Das bedeutet, Sie erhalten eine komplexe ganzheitliche Aufgabe, die Sie mithilfe eines Textverarbeitungsprogramms und eines Tabellenkalkulationsprogramms am PC lösen sollen.

Mit diesem Prüfungstrainer bereiten Sie sich intensiv auf den Teil 1 der Abschlussprüfung (Informationstechnisches Büromanagement) zum Kaufmann für Büromanagement beziehungsweise zur Kauffrau für Büromanagement vor. Da die meisten Betriebe in Deutschland mit dem Microsoft Office-Paket arbeiten, kommen in der Prüfung praxisorientiert die Programme Microsoft Word und Microsoft Excel zum Einsatz.

Die ganzheitlichen Aufgabenstellungen des Teils Prüfungssimulationen in Kapitel 7 entsprechen weitgehend den Prüfungsanforderungen, während in den Kapiteln Textverarbeitung und Tabellenkalkulation vorwiegend einzelne Aufgaben trainiert werden. Zusätzlich umfasst dieser Prüfungstrainer auch alle Lösungen und, soweit nötig, die wichtigsten Lösungswege.

Hinweis: Sämtliche Abbildungen und Lösungen wurden mit Microsoft 365 erstellt – der Prüfungstrainer eignet sich aber auch für ältere Office-Versionen ab 2016 sowie für Office 2019, 2021 und 2024. Auf eventuell abweichende Vorgehensweisen mit älteren Versionen wird gesondert hingewiesen.

Download der dazugehörigen Dateien

Alle, zur Lösung der Aufgaben benötigten Dateien sowie die Lösungen und Tabellen zur Bewertung stehen kostenlos zum Download zur Verfügung. Rufen Sie dazu die folgende Seite in Ihrem Browser auf:

www.bildnerverlag.com\00348

Sie gelangen zur Webseite des Bildner Verlags und auf die Seite des Buchs. Klicken Sie unter *Downloads* auf *Download-Dateien Auflage 2025* beziehungsweise *Lösungen Auflage 2025* (achten Sie auf das Jahr der Auflage).

Inhalt

1 Was Sie im Vorfeld beachten sollten

1.1 Termine und Prüfungsbereiche

Gestreckte Abschlussprüfung (Verordnung[1] ab dem 01.08.2025)

(Es gibt keine Zwischenprüfung, sondern Abschlussprüfungen in zwei zeitlich auseinanderfallenden Teilen.)

Teil 1 (AP 1)	Gewichtung	Wann?	schriftliche Prüfung	mündliche Prüfung
Informationstechnisches Büromanagement (am Computer)	25 %	Nach circa 12 Monaten (Umschulung beziehungsweise bei verkürzter Ausbildung).	**Herbst:** Ende September / Anfang Oktober	-
			Frühjahr: Ende Februar / Anfang März	-

Teil 2 (AP 2)	Gewichtung	Wann?	schriftliche Prüfung	mündliche Prüfung
Kundenbeziehungsprozesse (schriftlich)	30 %	Am Ende des dritten Ausbildungsjahres (Umschulung beziehungsweise verkürzte Ausbildung am Ende des zweiten Ausbildungsjahres).	**Sommer:** Ende April / Anfang Mai	-
			Winter: Ende November	-
Wirtschafts- u. Sozialkunde (WiSo) (schriftlich)	10 %		**Sommer:** Ende April / Anfang Mai	-
			Winter: Ende November	-
Fachaufgabe in der Wahlqualifikation (mündlich)	35 %		-	**Sommer:** Juni / Juli
			-	**Winter:** Januar / Februar
Gegebenenfalls Kann-Bestimmung: Zusatzqualifikation (freiwillige mündliche Prüfung in einer dritten Wahlqualifikation). Gewichtung: 0 %	0 %	Am Ende des dritten Ausbildungsjahres (Umschulung beziehungsweise verkürzte Ausbildung am Ende des zweiten Ausbildungsjahres).	-	**Sommer:** Juni / Juli
			-	**Winter:** Januar / Februar

Die genauen Prüfungstermine finden Sie regelmäßig auf der Internetseite der AkA – Aufgabenstelle für kaufmännische Abschluss- und Zwischenprüfungen unter www.ihk-aka.de.

Teil 2 der gestreckten Abschlussprüfung

Der Teil 2 der gestreckten Abschlussprüfung besteht aus drei Prüfungsbereichen: Kundenbeziehungsprozesse (150 Minuten) und Wirtschafts- und Sozialkunde (60 Minuten) schriftlich, sowie der Fachaufgabe in der Wahlqualifikation (20 Minuten) mündlich. Ein Taschenrechner ist erlaubt.

Hilfsmittel

Als Hilfsmittel für die Prüfung Teil 1 sind folgende Werke erlaubt:

- Unkommentierte Ausgabe der DIN 5008:2020 („Schreib- und Gestaltungsregeln für die Text- und Informationsverarbeitung") in gedruckter Form, zum Beispiel: DIN Media Verlag (ehemals Beuth Verlag)
- Unkommentiertes Rechtschreibwörterbuch in gedruckter Form, z. B. Duden – Die deutsche Rechtschreibung

Nicht erlaubt:

- Taschenrechner

1 Näheres im Internet unter „Verordnung über die Berufsausbildung zum Kaufmann für Büromanagement und zur Kauffrau für Büromanagement" (Büromanagementkaufleute - Ausbildungsverordnung – BüroMKfAusbV). Quelle: Bundesgesetzblatt BGBl. 2025 I Nr. 62 vom 28.02.2025.

Tipp: Beschäftigen Sie sich im Vorfeld unbedingt mit dem Buch *„Schreib- und Gestaltungsregeln für die Text- und Informationsverarbeitung: Sonderdruck von DIN 5008:2020“* (DIN Media Verlag), da Sie dieses Buch unkommentiert (keine eigenen Notizen) zur Prüfung mitnehmen dürfen. Hier finden Sie zusätzlich auch noch wertvolle Formulierungen für E-Mails und Geschäftsbriefe sowie nützliche Lerninhalte wie zum Beispiel Kriterien für die Nutzwertanalyse, Checklisten, Ergonomie, Ablagestruktur, Protokoll, Formulare und Sonderzeichen.

1.2 Benötigte Kenntnisse

Für den Prüfungsbereich „Informationstechnisches Büromanagement“ müssen folgende technischen Kenntnisse vorhanden sein, die Sie am besten mittels einer Checkliste abarbeiten und für sich selbst üben. Nutzen Sie hierzu einfach die Kästchen zur eigenen Kontrolle.

Programmübergreifendes Basiswissen

○ **Zeichenformatierung**	☐ Schriftart, ☐ Schriftgröße, ☐ Fettschrift, ☐ Unterstreichung, ☐ Farbe
○ **Absatzformatierung**	☐ Textausrichtung, ☐ Zeilenabstand, ☐ Rahmen, ☐ Füllfarbe, ☐ Schattierung
○ **Seitenlayout**	☐ Seitenrand, ☐ Ausrichtung, ☐ Anpassen an eine Seite, ☐ Kopf- und Fußzeile, ☐ Feldfunktion/Formel anzeigen und ☐ drucken
○ **Tabellen**	☐ Zeilenhöhe, ☐ Spaltenbreite, ☐ Tabellenstruktur (☐ Zellen, ☐ Zeilen), ☐ Spalten einfügen, ☐ löschen und verbinden, ☐ Tabellenteile verschieben, ☐ kopieren, ☐ Tabellen(-blatt) einfügen, ☐ kopieren und ☐ benennen
○ **Textfeld, Hyperlink, Symbol, Grafik**	☐ Textfeld und ☐ Grafik einfügen, ☐ Größe und ☐ Position festlegen, ☐ Hyperlink und ☐ Symbole einfügen
○ **Programmübergreifende Funktionen**	☐ Datei einfügen, ☐ Diagramm, ☐ Tabelle, ☐ Text programmübergreifend nutzen und verknüpfen, ☐ Screenshot, ☐ suchen und ersetzen, ☐ sortieren und ☐ drucken

Anwendungen und Befehle für die Textverarbeitung

Text formatieren	
○ **Weiterführende Absatzformatierung**	☐ Aufzählung, ☐ Sondereinzug, ☐ Gliederung, ☐ Nummerierung, ☐ Tabstopp nutzen
Dokument gestalten	
○ **Weiterführendes Seitenlayout**	☐ Silbentrennung, ☐ Spalten, ☐ Umbruch, ☐ Wasserzeichen
○ **Weiterführende Illustration**	☐ Bild, Grafik einfügen und ☐ formatieren, ☐ Größe u. ☐ Position
○ **Besondere Schrifteffekte**	☐ WordArt, ☐ Texteffekte
Texterstellung automatisieren	
○ **Überarbeitungsfunktion**	☐ Änderungen nachverfolgen, ☐ einfügen und ☐ überarbeiten
○ **Kommentar**	☐ Kommentar einfügen, ☐ bearbeiten, ☐ löschen
○ **Fußnote**	☐ Fußnote erstellen, ☐ ändern und ☐ löschen
○ **Formularerstellung**	☐ Auswahlfeld für Text und Datum, ☐ Formularfeld ☐ Kontrollkästchen, ☐ Dokumentvorlage
○ **Schnellbausteine und AutoText**	☐ Dateiname, ☐ Datum, ☐ Seitenzahl und ☐ Uhrzeit einfügen
○ **Serienbrieffunktion**	☐ Serienbrief einrichten und bearbeiten, ☐ Bedingungsfeld (Regel) erstellen (wenn... dann... sonst...)

Hinweis: Die in der DIN 5008:2020 aufgeführten Schreib- und Gestaltungsregeln sind nach Möglichkeit mit den Automatisierungsfunktionen umzusetzen!

Befehle und Funktionen für die Tabellenkalkulation (Microsoft Excel)

○ Funktionen für Berechnungen	☐ ANZAHL, ☐ ANZAHL2 ☐ HEUTE ☐ JAHR, ☐ MONAT, ☐ TAG ☐ MIN, ☐ MAX, ☐ MITTELWERT ☐ UND, ☐ ODER ☐ RANG bzw. ☐ RANG.GLEICH ☐ RUNDEN, ☐ AUFRUNDEN, ☐ ABRUNDEN ☐ STUNDE, ☐ MINUTE ☐ SUMME ☐ SUMMEWENN ☐ SVERWEIS ☐ TAGE360 ☐ WENN (auch verschachtelt) ☐ ZÄHLENWENN
○ Diagramm erstellen und bearbeiten	☐ Achse formatieren ☐ Achsenbenennung ☐ Datenbeschriftung in allen Diagrammtypen ☐ Diagrammüberschrift ☐ Gitternetzlinien ☐ Legende ☐ Muster der Datenreihe und Datenpunkte ☐ Trendlinie hinzufügen ☐ Zeichnungsfläche formatieren ☐ Textfeld und Formen einfügen
○ Allgemeine Rechenoperationen	☐ Dreisatz ☐ Durchschnitte (auch gewogene Durchschnitte) ☐ Prozentberechnung (auch ☐ prozentuale Veränderung)
○ Formatierung	☐ Benutzerdefinierte Formate ☐ Format Zellen ☐ Übersichtliche Darstellung von Diagrammen ☐ Zeilen- und Spaltenüberschrift, ☐ Gitternetz anzeigen ☐ Druckaufbereitung, ☐ Formeln anzeigen und ☐ drucken ☐ Kopf- und Fußzeile

Gut zu wissen – AP 1-Prüfungsthemen, die Sie sich anschauen sollten

In den kommenden Übungen finden Sie die Formulierung „Bei dieser Aufgabe helfen Ihnen: Lerninhalte aus den Lernfeldern ...". Welche konkreten Einzelthemen aus den Lernfeldern das sein können, möchten wir Ihnen nicht vorenthalten und als Anregung mit auf den Weg geben. Diese Übersicht erhebt keinerlei Anspruch auf Vollständigkeit und dient Ihnen lediglich als Anhaltspunkt zum Lernen.

Die IHK-Prüfung AP 1 kann eines der nachfolgenden Themen beinhalten. Diese unterteilen sich in die drei Oberbereiche (01 – 03) mit seinen jeweiligen Unterthemen (0101, 0102 ..., 0201 etc.)[2]:

2 **Quelle:** Prüfungskatalog AkA – Aufgabenstelle für kaufmännische Abschluss- und Zwischenprüfungen, Nürnberg auf Basis der Verordnung über die Berufsausbildung zum Kaufmann/Kauffrau für Büromanagement.

01. Büroprozesse

0101 Informationsmanagement
0102 Informationsverarbeitung
0103 Bürowirtschaftliche Abläufe
0104 Koordinations- und Organisationsaufgaben

02. Geschäftsprozesse

0201 Beschaffung von Material und externen Dienstleistungen

03. Arbeitsorganisation

0301 Arbeitsplatzergonomie

Damit die Schlüsselwörter etwas greifbarer werden, ergänzend ein paar Stichworte zu den Unterthemen.

01.0101 Informationsmanagement
Kommunikationssysteme auswählen, Betriebssysteme kennen, Dokumentenmanagement nutzen.

01.0102 Informationsverarbeitung
Internen und externen Schriftverkehr abwickeln – Dokumente erstellen, formulieren, gliedern, speichern und drucken.

01.0103 Bürowirtschaftliche Abläufe
Bedarf und Verbrauch ermitteln und planen, nachhaltige Beschaffung einleiten und ausführen, Bestellmengen ermitteln, Wareneingang verbuchen, Lager verwalten, Vertragsstörungen aller Art meistern.

01.0104 Koordinations- und Organisationsaufgaben
Arbeitsabläufe wahrnehmen, Büroarbeitsplätze und den Arbeitsraum einrichten, Terminarten unterscheiden, Zeitmanagement, Strukturierung und Priorisierung anwenden, Aufbewahrungsfristen kennen, To-do-Listen und Checklisten anfertigen sowie Methoden und Arbeitsabläufe einsetzen, umsetzen und verbessern. Des Weiteren Arbeitsschutz- und Unfallverhütungsvorschriften, gesundheitliche und ergonomische Maßnahmen sowie den Umweltschutz kennen und beachten.

Mögliche konkrete Prüfungs- und Einzelthemen im Sinne von Aufgabenstellungen beziehungsweise Lerninhalten können sein:
ABC-Analyse durchführen, quantitativen oder qualitativen Angebotsvergleich erstellen, optimale Bestellmenge ermitteln, einen Brief nach DIN 5008:2020 schreiben (Anfrage, Angebot, Bestellung, Mängelrüge/ Reklamation), eine Kurz- beziehungsweise Hausmitteilung, ein Rundschreiben, eine interne Mitteilung, eine Notiz oder einen Fragebogen entwerfen. Erstellen eines Formularentwurfs, interne und externe E-Mails schreiben. Erstellung eines Serienbriefs mit Hauptdokument und Datenquelle.

Als kreative Aufgabenstellung ist ein Aushang, eine Arbeitshilfe, eine Checkliste, eine Urkunde oder ein Informationsblatt zu erstellen und zu gestalten.

Zu guter Letzt möchten wir noch die verschiedenen Protokollarten und Statistiken aller Art mittels Diagramm erwähnen.

Ihre Notizen

1.3 Allgemeine Tipps

Tipp 1 Am Tag vor der Prüfung
Legen Sie sich folgende Unterlagen und Dinge für die bevorstehende Prüfung bereit:

- Personalausweis oder Reisepass
- die Einladung zur Prüfung
- Unkommentierte Ausgabe der DIN 5008:2020 („Schreib- und Gestaltungsregeln für die Text- und Informationsverarbeitung") in gedruckter Form, sowie ein unkommentiertes Rechtschreibwörterbuch in gedruckter Form
- Kugelschreiber und Ersatzkugelschreiber, Textmarker, Bleistift, Spitzer und Radiergummi, eventuell auch ein Lineal, Taschentücher, etwas zu trinken, Nervennahrung und Glücksbringer. Einen Taschenrechner brauchen Sie nicht.

Tipp 2 Am Tag der Prüfung
Weil Sie nicht der einzige Prüfling an diesem Tag sind, ist unbedingt ein rechtzeitiges Erscheinen wichtig. Fahren Sie daher frühzeitig los und planen Sie lieber Staus oder Verspätungen von öffentlichen Verkehrsmitteln mit ein. Planen Sie einen Zeitpuffer von mindestens 20 Minuten vor der Prüfung ein.

Tipp 3 Mobil- oder Smartphone und Smartwatches
Mobil- oder Smartphones und auch Smartwatches sind **nicht** erlaubt und müssen vorher unbedingt ausgeschaltet werden. Es kann schon als Betrugsversuch gewertet werden, wenn diese mitgeführt werden.

Tipp 4 Unmittelbar vor der Prüfung
Bevor Sie den Prüfungsraum betreten, müssen Sie sich mit der Einladung zur Prüfung und Ihrem Personalausweis oder Reisepass anmelden. Sie bekommen anschließend einen Prüfungsplatz zugewiesen. Gehen Sie zu diesem Platz und bereiten Sie sich und Ihren Arbeitsplatz für die Prüfung vor.

Unmittelbar vor der Prüfung erhalten Sie wichtige Informationen für das Öffnen und Speichern der Dateien. Achten Sie hierbei sehr genau auf die Anweisungen des aufsichtsführenden Personals.

Nach Eröffnung der Prüfung können Sie den Prüfungsumschlag öffnen. Lesen Sie die Aufgabenstellung sehr genau und sorgfältig durch und markieren Sie wichtige Stellen mit einem Textmarker – diesen dürfen Sie verwenden. Auf dem Umschlag befindet sich auch die IHK- und Ihre Prüflingsnummer, die Sie für die Kopfleiste und die Angaben in der Fußzeile benötigen.

Tipp 5 Zeitmanagement
Achten Sie bei der Prüfung unbedingt auf Ihr Zeitmanagement. Sie haben lediglich 120 Minuten Zeit für diese Prüfung. Es gibt einfache, mittlere und schwierige Aufgaben. Falls Sie mit einem Aufgabenteil nicht sofort zurechtkommen, überspringen Sie diesen und arbeiten Sie dann zuerst die anderen Teile der Prüfung durch. Dadurch haben Sie im Normalfall bereits genügend Punkte für das Bestehen der Prüfung gesammelt. In der dadurch gesparten Zeit können Sie sich jetzt beruhigt der schwierigen Aufgabe widmen und diese lösen.

Tipp 6 Kopf- und Fußzeile und Datensicherung
Achten Sie unbedingt darauf, die Kopf- und Fußzeile auszufüllen, damit Ihnen die Prüfungsleistung auch nachweislich zugeordnet werden kann. Speichern Sie zwischendurch immer wieder Ihre Ergebnisse, da durch eine Wiederherstellung wegen eines Systemabsturzes zumeist nicht alle Daten wiederhergestellt werden. Nur Sie selbst sind für die Datensicherung verantwortlich.

Tipp 7 Stressmomente
Sehr viele Menschen empfinden Prüfungen als Stresssituation. Je ruhiger und entspannter Sie die Prüfung beginnen, umso besser werden Sie in der Prüfung auf Ihr gelerntes Wissen zurückgreifen. Bleiben Sie also ruhig. Traubenzucker, Banane und Wasser helfen sehr oft, um die Konzentration in der Prüfung aufrecht zu erhalten.

1.4 Bewertung der Prüfung

Das Ergebnis der gestreckten Abschlussprüfung Teil 1 „Informationstechnisches Büromanagement“ wird zu 25 % mit in die Gesamtbewertung einbezogen.

In der Abschlussprüfung Teil 1 selbst wird mit einer maximal erreichbaren Punktzahl von 200 Punkten gerechnet. Die erreichte Punktzahl dividiert durch 2 ergibt somit die Gesamtpunktzahl, damit diese dann nach dem IHK-Notenschlüssel bestimmt werden kann.

IHK-Notenschlüssel

Gesamtpunkte von …	Gesamtpunkte bis …	Note	Leistung
100	92	1	sehr gut
91	81	2	gut
80	67	3	befriedigend
66	50	4	ausreichend
49	30	5	mangelhaft
29	0	6	ungenügend

183 : 2 = 91,5 ≈ 92 Punkte

Beispiel: Haben Sie in der Abschlussprüfung Teil 1 insgesamt 183 Punkte erreicht, ergibt sich folgende Berechnung: 183 : 2 = 91,5 Punkte. Falls die Division kein ganzzahliges Ergebnis ergibt, muss der Wert kaufmännisch auf- oder abgerundet werden. Für das Beispiel ergibt sich folgende Note:

91,5 Punkte werden aufgerundet auf **92 Punkte** und entspricht der **Note 1 = sehr gut**.

Natürlich ist der Teil 1 der gestreckten Abschlussprüfung nur ein Teil der Gesamtprüfung. Die Abschlussprüfung insgesamt gilt als bestanden, wenn das Gesamtergebnis der beiden gestreckten Abschlussprüfungen Teil 1 und Teil 2 mindestens **ausreichend** (Note 4) ist. Dabei gilt für die gestreckte Abschlussprüfung Teil 2 folgende Besonderheit:

Zwei der drei Prüfungsbereiche (Kundenbeziehungsprozesse, Wirtschafts- und Sozialkunde sowie die Fachaufgabe [mündlich]) müssen mindestens mit der Note *ausreichend* (Note 4) bestanden und keine Prüfungsleistung darf hierbei *ungenügend* (Note 6) sein.

- **Hinweis 1:** Teil 1 der gestreckten Abschlussprüfung ist daher kein Sperrfach. Selbst, wenn die Teil 1-Prüfung mit der Note **ungenügend** abgeschlossen wurde, kann die Abschlussprüfung noch bestanden werden.
- **Hinweis 2:** Sind die Leistungen jedoch unter **ausreichend**, kann auf Antrag des Prüflings eine mündliche Ergänzungsprüfung beantragt werden, wenn mithilfe dieser Prüfung das Bestehen der Prüfung rechnerisch erreicht werden kann. Mögliche Prüfungsgebiete können hier **Informationstechnisches Büromanagement**, **Wirtschafts- und Sozialkunde** oder **Kundenbeziehungsprozesse** sein. Die Gewichtung liegt bei 2 : 1.

1.5 Hinweise zur Handhabung des Prüfungstrainers

Mit Hilfe dieses Prüfungstrainers bereiten Sie sich auf die gestreckte Abschlussprüfung (GAP) Teil 1 – Informationstechnisches Büromanagement vor. Er orientiert sich hierbei an den Anforderungen der – von der AkA herausgegebenen – Musterprüfung und den bisherigen Abschlussprüfungen für den Ausbildungsberuf „Kaufmann/Kauffrau für Büromanagement“.

Im Schwerpunkt werden prüfungsrelevante Inhalte aus den Lernfeldern 1 bis 4/(5) herangezogen und mit dem Textverarbeitungsprogramm Microsoft Word und dem Tabellenkalkulationsprogramm Microsoft Excel trainiert. Es werden die Office-Versionen 2016, 2019, 2021 und 2024 sowie Microsoft 365 berücksichtigt. Im Buch selbst beziehen sich die Abbildungen überwiegend auf die neueste Version 2024/Microsoft 365. Auf eventuell abweichende Darstellungen und Vorgehensweisen zu anderen Versionen wird gesondert hingewiesen.

Diese Unterlage eignet sich ideal zur Prüfungsvorbereitung im Selbststudium genauso wie zur Vertiefung der Prüfungsinhalte im Frontalunterricht und richtet sich an alle Auszubildenden, Umschüler, Externen-Prüflinge und Lehrende im Beruf Kaufmann/Kauffrau für Büromanagement.

Der Inhalt im kurzen Überblick

- **Kapitel 2** stellt Ihnen einige bewährte und zeitsparende Tipps, Einstellungen und Arbeitsweisen unter besonderer Berücksichtigung der Prüfungsanforderungen vor. Der Schwerpunkt liegt dabei auf Aufgabenstellungen, bei denen nach unseren Erfahrungen am häufigsten Fehler gemacht werden. Am Ende dieses Kapitels finden Sie auch einige Techniken, die in den bisherigen Abschlussprüfungen zwar nicht verlangt wurden, aber durchaus in einer zukünftigen gestreckten Abschlussprüfung Teil 1 vorkommen könnten.
- In **Kapitel 3** werden systematisch Aufgaben mit Prüfungsanforderungen zur Textverarbeitung mit Microsoft Word in handlungsorientierten Aufgabenstellungen trainiert. Diese können zur Selbstüberprüfung mit den Lösungen zu den Aufgaben in **Kapitel 5** verglichen werden. Die Lösungen stehen Ihnen darüber hinaus auf der Webseite des Bildner-Verlags unter www.bildner-verlag.de\00348 zum Download zur Verfügung.
- In **Kapitel 4** werden systematisch Aufgaben mit Prüfungsanforderungen zur Tabellenkalkulation mit Microsoft Excel in handlungsorientierten Aufgabenstellungen trainiert. Diese können zur Selbstüberprüfung mit den Lösungen zu den Aufgaben in **Kapitel 6** verglichen werden und stehen Ihnen ebenfalls zum Download zur Verfügung.
- In den **Kapiteln 3** und **4** finden Sie zu Beginn jeder Aufgabe eine Übersicht, was in der Aufgabensituation geübt wird und welche Kenntnisse beziehungsweise welche Lernfelder vorausgesetzt werden.
- Neben den Lösungen bieten wir Ihnen im jeweiligen Lösungsteil auch Lösungswege zu den etwas kniffligeren und weniger bekannten Aufgabenstellungen an.
- **Kapitel 7** beinhaltet realitätsnahe Prüfungssimulationen, die unter Prüfungsbedingungen absolviert werden sollten. Die Lösungen zu den Prüfungssimulationen befinden sich am Ende des Kapitels und stehen darüber hinaus ebenfalls zum Download zur Verfügung. Jeder Prüfungssimulation wird außerdem zur Selbstkontrolle ein Punkteschema mitgeliefert. Damit können Sie Ihre Prüfung selbst bewerten oder von einem Dozenten/einer Dozentin überprüfen lassen.

Die Aufgaben beginnen jeweils mit einer kurzen Ausgangssituation, anschließend sollen Sie die Aufgabenteile am Computer mit dem Textverarbeitungsprogramm Microsoft Word beziehungsweise mit dem Tabellenkalkulationsprogramm Microsoft Excel erarbeiten. Damit ein Heranführen an die Prüfungssimulation geübt wird, sind bei einigen Prüfungsaufgaben Zeitangaben vorgegeben, innerhalb derer die Aufgaben gelöst werden sollen.

Die Lösungsschritte zu den Prüfungsaufgaben in **Kapitel 3** (Word) und **Kapitel 4** (Excel) sowie zu den Prüfungssimulationen in **Kapitel 7** berücksichtigen die Office-Versionen 2016 – 2024/Microsoft 365.

Die Ausgangssituationen

Ausgangsbasis zu den Prüfungsaufgaben und den Prüfungssimulationen ist die Übungsfirma Habermann + Partner KG, Monschauer Straße 36 – 38, 40549 Düsseldorf. In dieser Firma sind Sie Auszubildende/Auszubildender beziehungsweise Praktikantin/Praktikant während Ihrer Umschulung. Der Name der Übungsfirma ist rein fiktiv. Ähnlichkeiten mit realen Firmen oder Personen sind rein zufällig. Weitere Angaben zur Firma wie zum Beispiel Kommunikationsdaten und so weiter erhalten Sie in den Ausgangssituationen während des Trainings beziehungsweise in den Prüfungssimulationen.

Downloaddateien

Ihnen stehen gegebenenfalls zur Bearbeitung einer Prüfungsaufgabe verschiedene Dateien zur Verfügung, die Sie zur Lösung der Aufgabensituation benötigen, wie zum Beispiel eine Dokumentvorlage für einen Geschäftsbrief, eine Grafikdatei, die in ein Dokument eingefügt werden soll oder eine Excel-Arbeitsmappe.

Zur Erinnerung: Alle, zur Lösung der Aufgaben benötigten, Dateien sowie die Lösungen stehen kostenlos zum Download unter **www.bildnerverlag.com\00348** zur Verfügung.

Dies entspricht einem ähnlichen System wie bei der realen Prüfung. Hier werden Ihnen während der Prüfung über eine Datensammlung (zum Beispiel *nuera2024_f/nuera2024_h* [3]) ebenfalls verschiedene Dateiarten im Netzwerk, auf einem USB-Stick oder auch auf dem Desktop zur Verfügung gestellt, die Sie zur Lösung der Prüfung benötigen. Der genaue Ort und notwendige Hinweise werden in der Prüfung vom aufsichtsführenden Personal bekannt gegeben.

Hinweise und Tipps zum Ablauf beziehungsweise Zeitvorgaben

Achten Sie darauf, die Prüfungsaufgaben ohne Zeitvorgaben möglichst sorgfältig und vollständig zu bearbeiten. Sollten Sie bei einer Prüfungsaufgabe thematisch große Probleme haben, lesen Sie bitte sofort in Ihren Lehrbüchern die fehlenden Inhalte nach und lösen Sie anschließend die Aufgabe komplett.

Bei Prüfungsaufgaben mit Zeitvorgaben versuchen Sie, die Aufgabe in der zur Verfügung stehenden Zeit zu lösen. Überspringen Sie allerdings den Aufgabenteil, der Ihnen große Probleme bereitet und erarbeiten Sie weitere Aufgabenpunkte, die anschließend verlangt werden. Wenn Sie alle weiteren Aufgabenpunkte bearbeitet haben, widmen Sie sich in der restlichen Zeit nochmals der Problemstelle.

Der Vorteil: Sie haben die Prüfungsaufgabe komplett bearbeitet und haben alle Aufgabenteile in der zur Verfügung stehenden Zeit gelöst. Selbst wenn Sie einen schwierigen Aufgabenteil nicht lösen konnten, erhalten Sie für die weiteren Bearbeitungsteile, die Sie lösen konnten, wertvolle Punkte. **Tipp**: Sollten Sie gar nicht auf eine bestimmte Funktion in Excel kommen, so denken Sie sich Zahlen aus und arbeiten damit weiter, um Teilpunkte zu erhalten.

Sobald Sie eine Lösung zur Prüfungsaufgabe erarbeitet haben, vergleichen Sie diese mit den Musterlösungen in **Kapitel 5** (Microsoft Word) beziehungsweise in **Kapitel 6** (Microsoft Excel). Die Lösungen stehen Ihnen neben der gedruckten Version für noch bessere Kontrolle auch als Datei zur Verfügung.

Prüfungssimulationen

Im **Kapitel 7** folgen anschließend die Prüfungssimulationen, die unter der Zeitvorgabe von 120 Minuten (für zumeist vier Aufgabenteile) mit dem Textverarbeitungsprogramm Microsoft Word und dem Tabellenkalkulationsprogramm Microsoft Excel unter Prüfungsbedingungen gelöst werden sollen.

Inhaltlich beziehen sich die Prüfungssimulationen wie auch die Originalprüfungen auf die Themenschwerpunkte „Büro- und Geschäftsprozesse" wie zum Beispiel bürowirtschaftliche Abläufe, Koordinations- und Organisationsaufgaben, Angebotsvergleich, ABC-Analysen, Bestellungen und so weiter. Sie trainieren dokumenten- und programmübergreifend und erarbeiten ein ganzheitliches Endprodukt.

Sollten Sie die Prüfungssimulationen nicht in der zur Verfügung stehenden Zeit schaffen, denken Sie immer daran, sich nicht in einen Aufgabenteil zu verbeißen, sondern mit einem anderen Aufgabenteil weiter zu machen, Punkte zu sammeln und sich anschließend mit der gesparten Zeit wieder der Problematik zu widmen.

Sobald Sie eine Prüfungssimulation abgeschlossen haben, können Sie mithilfe der Lösung und dem Punkteschema selbstständig oder zusammen mit Ihrem Lehrer/Dozenten die erreichten Punkte ermitteln.

Die Lösungen stehen neben der gedruckten Form im Buch auch als Datei zur Verfügung. Angaben für den Ausdruck finden Sie in den Lösungen zu den Prüfungsaufgaben sowie den jeweiligen Prüfungssimulationen.

Es empfiehlt sich, die Prüfungssimulationen mehrfach zu trainieren, um Routine und Sicherheit zu bekommen.

Soweit zu den wichtigsten Hinweisen zur Handhabung des Prüfungstrainers. **Eine Resonanz Ihrerseits ist uns sehr wichtig!** Die Beispiele und Lösungen wurden mit größter Sorgfalt erstellt, trotzdem sind Fehler nie ganz auszuschließen. Über ein Feedback, Verbesserungsvorschläge und sonstige Hinweise zu diesem Prüfungstrainer sind wir Ihnen dankbar. Auf der Downloadseite finden Sie auch eventuelle Korrekturdokumente beziehungsweise aktualisierte Hinweise bei gemeldeten Fehlern oder wichtigen Updates. Ihre Rezension auf der Bildner-Verlagsseite hilft uns und anderen. Danke!

---

3 Das *f* in *nuera2025_f* steht für die Frühjahrsversion und das *h* in *nuera2025_h* steht für die Herbstversion des jeweiligen Jahres.

2 Tipps und nützliche Einstellungen

Microsoft Word und Excel verhalten sich nicht immer DIN-konform. Diese Einstellungen zu kennen und eventuell vor Beginn zu deaktivieren, spart wertvolle Prüfungszeit und verringert den Prüfungsstress. Darüber hinaus möchten wir Ihnen mit diesem Kapitel zahlreiche kleinere und größere Tipps sowie Arbeitshilfen nahebringen. Aus langjähriger Tätigkeit als Trainer/Dozent kennen wir fast alle einschlägigen Fehlerquellen und sonstigen Fallen, die in Word und Excel lauern und möchten Ihnen hier Hinweise geben, wie Sie diese gleich von Beginn an vermeiden können. Allerdings ersetzt diese Zusammenstellung kein Lehrbuch.

2.1 Microsoft Word

Die Microsoft Word Versionen 2016 – 2024 beziehungsweise 365 enthalten einige Standardeinstellungen und Automatiken, die bei der Arbeit in der Textverarbeitung oft als störend empfunden werden und sogar DIN-Fehler verursachen können. Wir empfehlen Ihnen, einige Standardeinstellungen vor dem Beginn mit Word zu deaktivieren beziehungsweise an Ihre Bedürfnisse anzupassen.

AutoKorrektur-Optionen anpassen

Die AutoKorrektur von Word leistet zwar einerseits nützliche Dienste, indem sie etwa Buchstabendreher wie zum Beispiel „udn“ während der Eingabe automatisch in „und“ umwandelt, sie kann aber auch Zeit und Nerven kosten, wenn beispielsweise der erste Buchstabe in einer Tabellenzelle während der Eingabe ungefragt in einen Großbuchstaben umgewandelt wird oder durch die automatische Formatierung eine Zahl oder ein Bindestrich am Absatzbeginn als Beginn einer nummerierten Liste beziehungsweise als Liste mit Aufzählungszeichen interpretiert werden.

Am einfachsten deaktivieren Sie solche Einstellungen von Beginn an. Klicken Sie dazu in Word auf das Register *Datei* und hier auf *Optionen*. Wählen Sie links die Kategorie *Dokumentprüfung* und klicken Sie hier auf die Schaltfläche *AutoKorrektur-Optionen...*

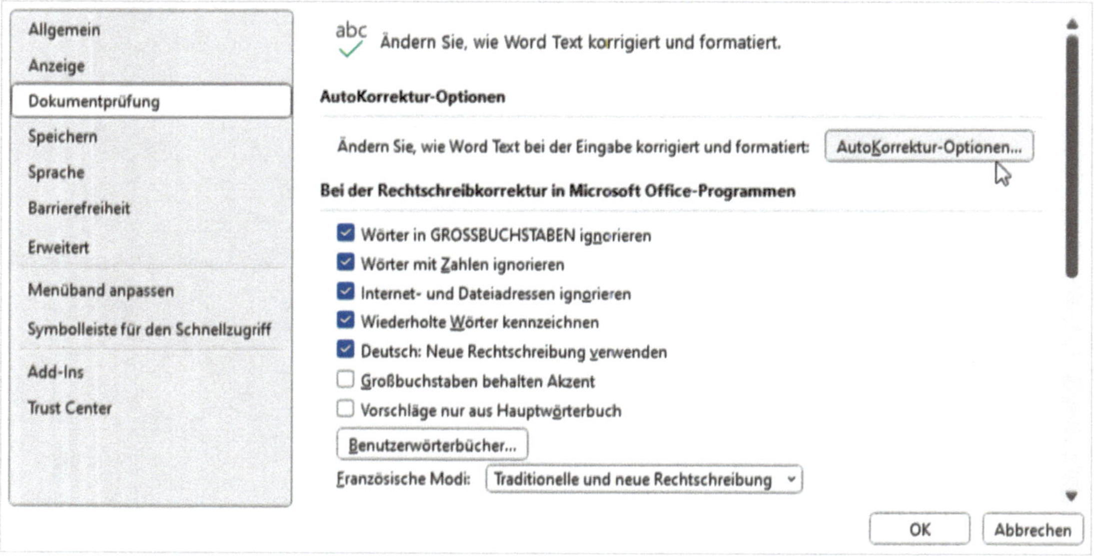

- **Autokorrektur**
  Im Register *AutoKorrektur* sollten Sie die Einstellungen wie im folgenden Bild auf der linken Seite vornehmen.
- **Automatische Aufzählungen und Nummerierungen**
  Darüber hinaus ist es ratsam, bezogen auf die DIN 5008:2020, die automatische Formatierung von Aufzählungen und Nummerierungen während der Eingabe zu deaktivieren. Klicken Sie daher im Fenster *AutoKorrektur* auf das Register *AutoFormat während der Eingabe* und deaktivieren Sie die zwei Kontrollkästchen *Automatische Aufzählung* und *Automatische Nummerierung* wie im folgenden Bild rechts.

Übernehmen Sie die geänderten Einstellungen, indem Sie das Fenster *AutoKorrektur* mit *OK* schließen und schließen Sie auch die *Word-Optionen* mit Klick auf *OK*.

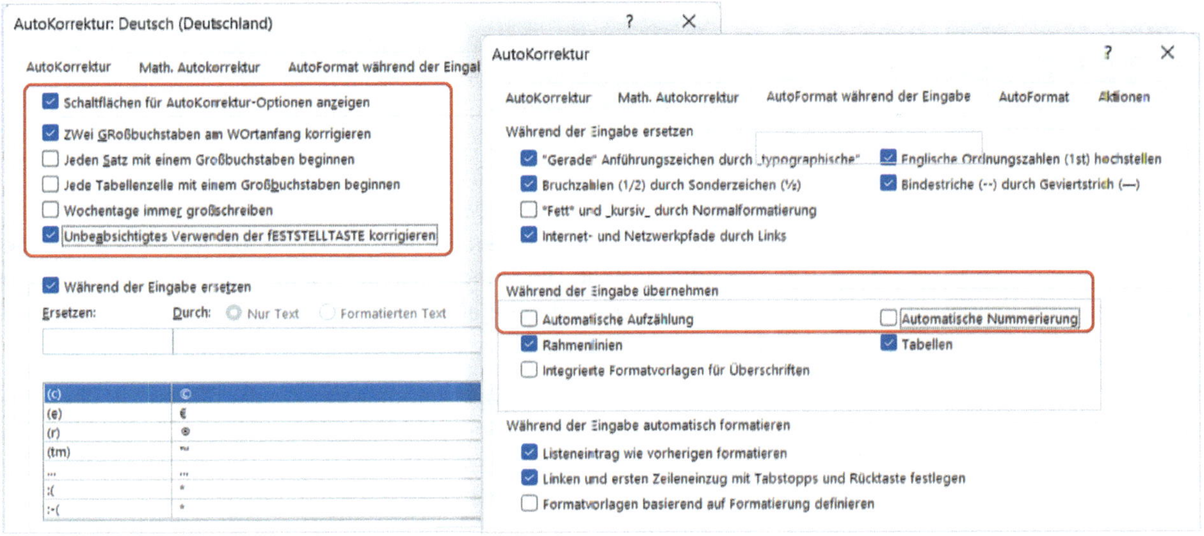

Alternative: Während der Eingabe automatische Korrekturen und Formatierungen rückgängig machen

Als zweite Möglichkeit können Sie auch während der Eingabe eine automatisch erfolgte AutoKorrektur wieder rückgängig machen.

Beispiel: Sie möchten eigentlich einen Absatz mit dem Text „*1. Tag*" beginnen, allerdings wird dieser automatisch als Nummerierung interpretiert und mit den entsprechenden Einzügen versehen, wie im Bild unten. Außerdem erscheint im Dokument an der betreffenden Stelle das Symbol *AutoKorrektur-Optionen*.

Zum Rückgängigmachen haben Sie folgende Möglichkeiten:

- Klicken Sie im Dokument auf das Symbol *AutoKorrektur-Optionen* ❶, das an dieser Stelle erscheint und dann auf *Rückgängig*. Bei Bedarf können Sie auch hier das automatische Erstellen von Nummerierungen deaktivieren, siehe oben.

  Gut zu wissen: Dieses Symbol ist auch noch verfügbar, wenn Sie bereits weitere Wörter eingegeben haben.

- Oder klicken Sie in der Symbolleiste für den Schnellzugriff in der linken oberen Ecke des Word-Fensters auf das Symbol *Rückgängig* ❷. **Tipp:** Schneller geht's mit der Tastenkombination Strg + Z.

  Achtung: Rückgängig funktioniert nur, wenn Sie unmittelbar nach erfolgter AutoKorrektur reagieren.

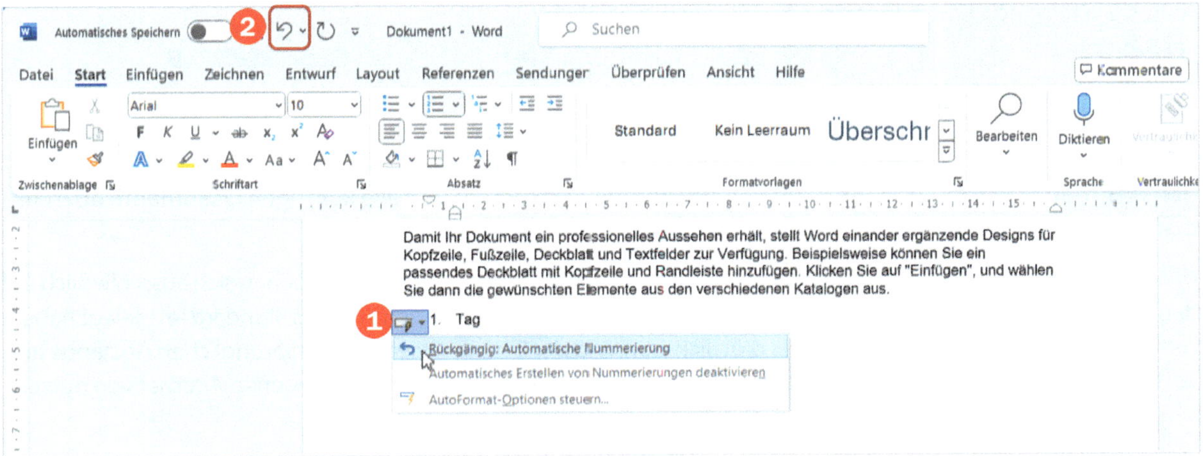

Automatisches Umwandeln von E-Mail-Adressen in Links

Auf dem oben genannten Weg lässt sich auch das automatische Umwandeln von E-Mail- und Webadressen in Hyperlinks und die damit verbundene Formatierung mit blauer Schrift und unterstrichen rückgängig machen. Alternative: Rechtsklick auf den Link und Befehl *Link entfernen*.

Absatz- und Zeilenabstände

Geschäftsbriefe nach DIN 5008:2020

- Einfacher Zeilenabstand
- Im Brieftext Abstand zwischen Absätzen: je eine Leerzeile

Im Rahmen der kaufmännischen Korrespondenz sieht die DIN 5008:2020 vor, dass Briefe mit einem einfachen Zeilenabstand geschrieben werden. Außerdem werden in vielen Regeln zur DIN 5008:2020 die Abstände zwischen einzelnen Absätzen mit Leerzeilen hergestellt. Die Standardeinstellungen von Word hierzu sehen allerdings zunächst ganz anders aus, siehe Bild unten. In der Regel sind ein Absatzabstand unterhalb (*Nach*) von 8 Pt. und ein mehrfacher Zeilenabstand von 1,08 Zeilen voreingestellt.

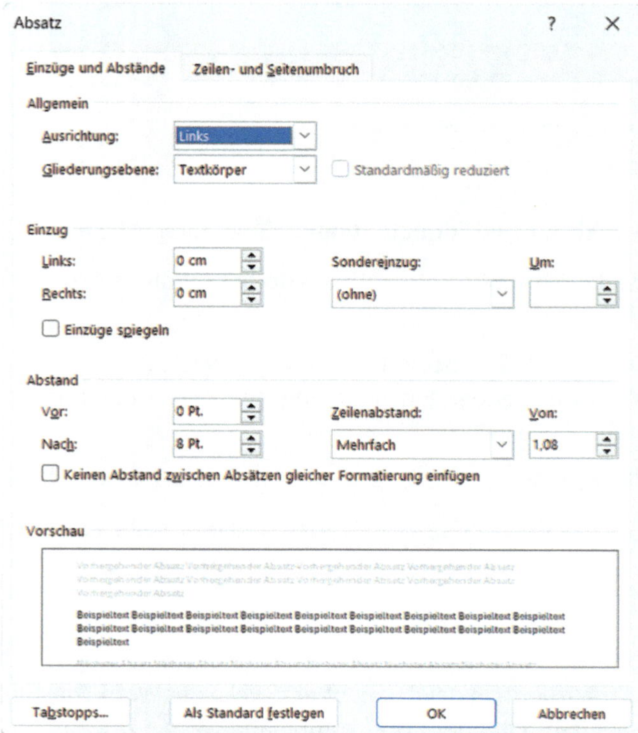

Das Dialogfenster *Absatz* öffnen Sie über das Menüband, Register *Start* und Klick auf das Symbol *Absatzeinstellungen* oder Rechtsklick in einen Absatz und Befehl *Absatz...*

Für Geschäftsbriefe nach DIN 5008:2020 sollten Sie folgende Einstellungen verwenden:

- Abstand vor/nach: 0 Pt.
- Zeilenabstand: Einfach

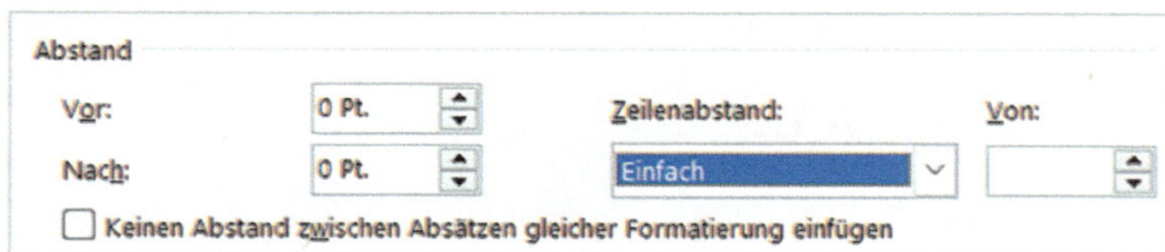

Tipp: Wenn Sie die geänderten Abstände für das gesamte Dokument und alle künftigen Dokumente übernehmen möchten, dann klicken Sie auf die Schaltfläche *Als Standard festlegen*.

Achtung: Änderungen, die Sie im Dialogfenster *Absatz* vornehmen, siehe Bild oben, beziehen sich ausschließlich auf den aktuellen Absatz oder die markierten Absätze. Wenn Sie die Einstellungen nicht als Standard festgelegt haben, kann es immer wieder vorkommen, dass plötzlich während der Eingabe wieder die ursprünglichen Abstände auftauchen. Also besser als Standard festlegen oder eine der im nächsten Punkt beschriebenen Alternativen nutzen.

Alternativen

Möglichkeit 1: Formatvorlage Kein Leerraum

Auch die Formatvorlage *Kein Leerraum* (Menüband, Register *Start* ▶ *Formatvorlagen*) entfernt sämtliche Absatzabstände und setzt den Zeilenabstand auf *Einfach* zurück. Dies gilt aber ebenfalls nur für den aktuellen Absatz oder die markierten Absätze.

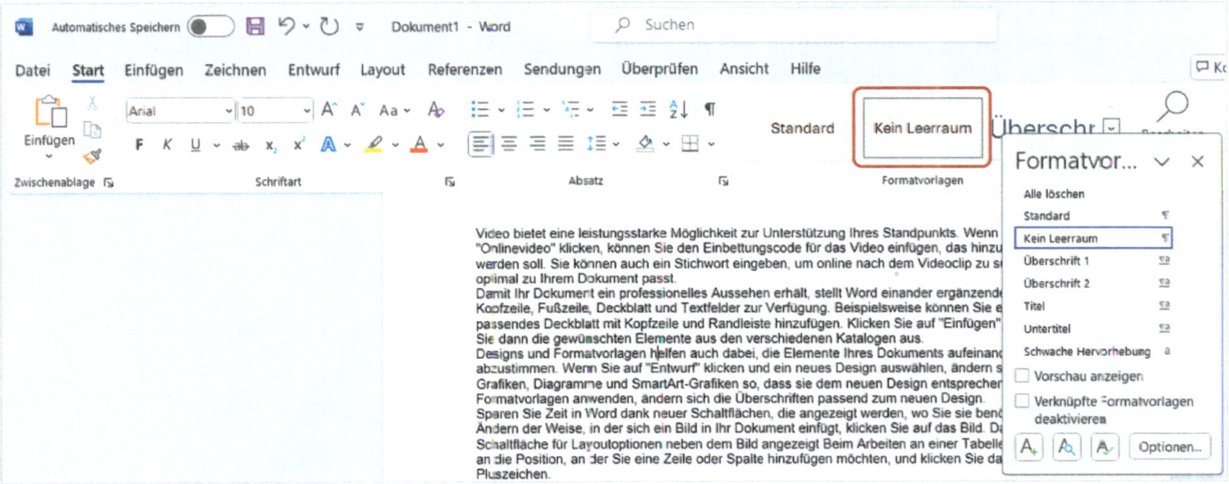

Möglichkeit 2: Abstände im gesamten Dokument enfernen

Am einfachsten und schnellsten stellen Sie DIN-gerechte Abstände her, indem Sie im Menüband auf das Register *Entwurf* und in der Gruppe *Dokumentformatierung* auf *Absatzabstand* klicken. Wählen Sie hier die Einstellung *Kein Absatzabstand*. Diese Einstellung gilt automatisch für das gesamte Dokument.

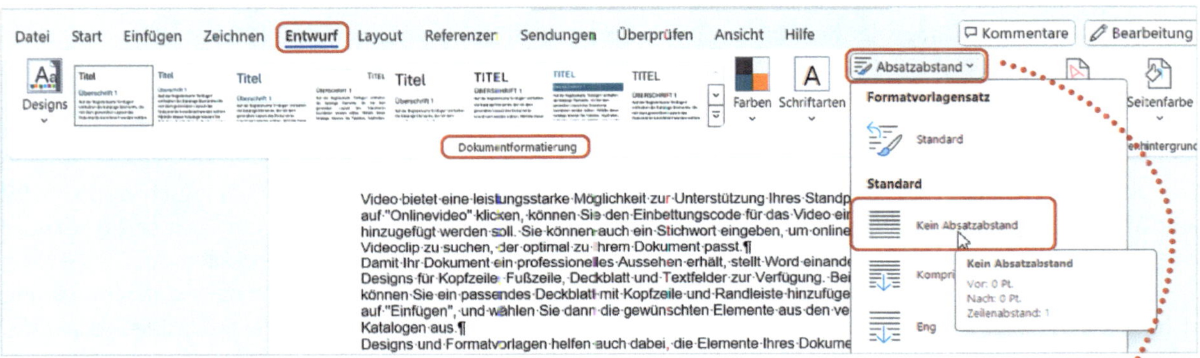

Wenn Sie diese Einstellung auch für alle künftigen Dokumente beibehalten möchten, dann klicken Sie anschließend in derselben Gruppe auf *Als Standard festlegen*.

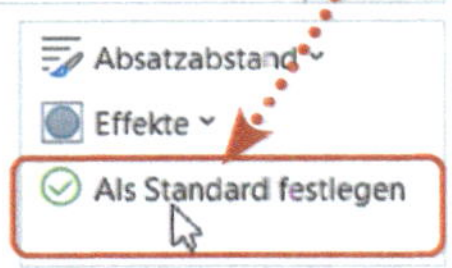

Einrückungen, Aufzählungen und Nummerierungen

- Der Zeilenanfang befindet sich laut DIN 5008:2020 immer 2,5 cm vom linken Blattrand entfernt.
- Eingerückter Text beginnt dagegen 5,0 cm vom linken Blattrand und erhält als eigenständiger Absatz je eine Leerzeile davor und danach.

In Word muss somit ein eingerückter Absatz bei einem linken Seitenrand von 2,5 cm einen linken Einzug von 2,5 cm erhalten. Da Word 1,25 cm als Standardabstand für Tabstopps und Einzüge verwendet, klicken Sie zum Einrücken zweimal auf das Symbol *Einzug vergrößern* (Register *Start* ▶ *Absatz*). Versehentlich zu weit eingerückte Absätze befördern Sie mit dem Symbol *Einzug verkleinern* um je 1,25 cm wieder nach links.

Tipp: Alternativ können Sie im Register *Layout*, Gruppe *Absatz* des Menübands über Eingabefelder den Einzug *Links* und *Rechts* exakt in cm eingeben (Bild unten rechts).

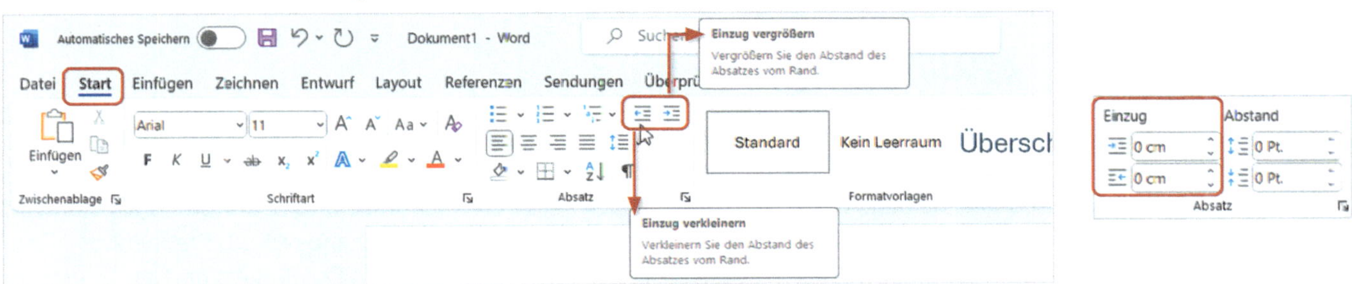

Nummerierungen und Aufzählungen

Nicht DIN 5008:2020-gerecht verhalten sich in Word Absätze mit einer automatischen Nummerierung oder Aufzählung. Sobald Sie einen Absatz mit einer Aufzählung oder Nummerierung versehen, erhält dieser automatisch einen linken Einzug von 0,63 cm, siehe Bild unten links. Damit sich das Aufzählungszeichen oder die Nummerierung DIN 5008-gerecht am linken Seitenrand beziehungsweise 2,5 cm vom linken Blattrand befindet, muss dieser Einzug entfernt werden. Dazu markieren Sie den Absatz oder die Absätze und klicken im Menüband, Register *Start* auf das Symbol *Einzug verkleinern*.

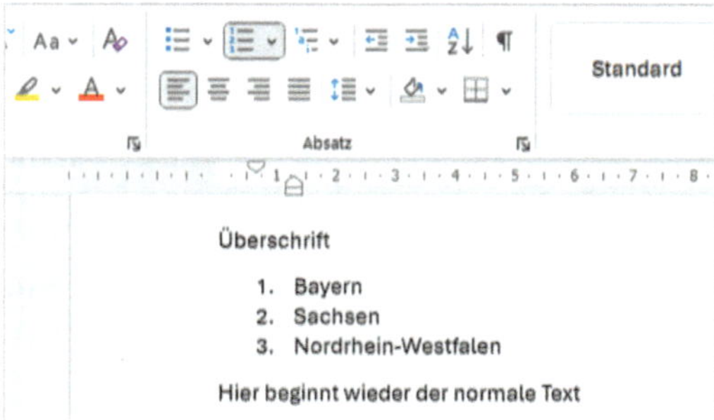

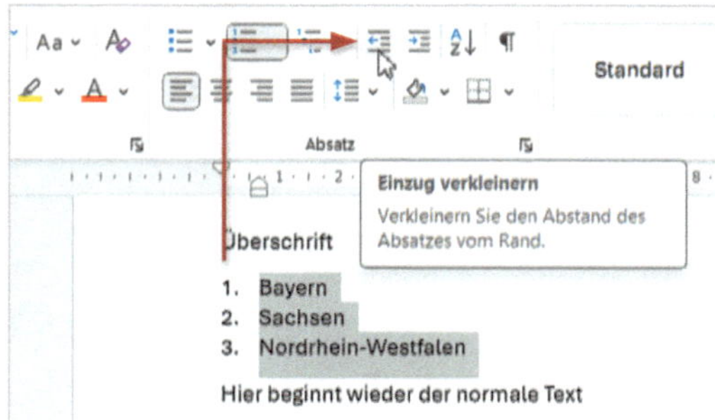

Silbentrennung: Die DIN 5008:2020 empfiehlt darüber hinaus beim Erstellen von Schriftstücken die Silbentrennung. Diese können Sie über das Menüband, Register *Layout* ▶ *Seite einrichten* ▶ *Silbentrennung* und Klick auf *Automatisch* einschalten. **Achtung**: Die automatische Silbentrennung ist genau wie die Rechtschreibprüfung eine Hilfe. Überprüfen Sie daher, ob die Trennung auch wirklich korrekt erfolgt ist und fügen Sie bei Bedarf mit den Tasten Strg + Bindestrich bedingte Trennstriche an den gewünschten Stellen ein.

Die vertikale Position in der Statusleiste anzeigen lassen

Die DIN 5008:2020 umfasst auch Regeln zur Positionierung der Anschrift (früher DIN 676). Auch wenn in vielen Fällen Vorlagen zur Verfügung stehen, ist es dennoch nützlich zu wissen, an welcher Position (in cm vom oberen Blattrand) sich der Cursor gerade befindet. Außerdem entfällt so in manchen Fällen das Zählen von Zeilen, das ohnehin nicht immer den richtigen Hinweis liefert, da sich die Zeilenhöhe nach der Schriftgröße richtet. Zum Anzeigen ❶ klicken Sie mit der rechten Maustaste an eine freie Stelle der Statusleiste am unteren Fensterrand und auf *Vertikale Seitenposition* ❷ (Häkchen).

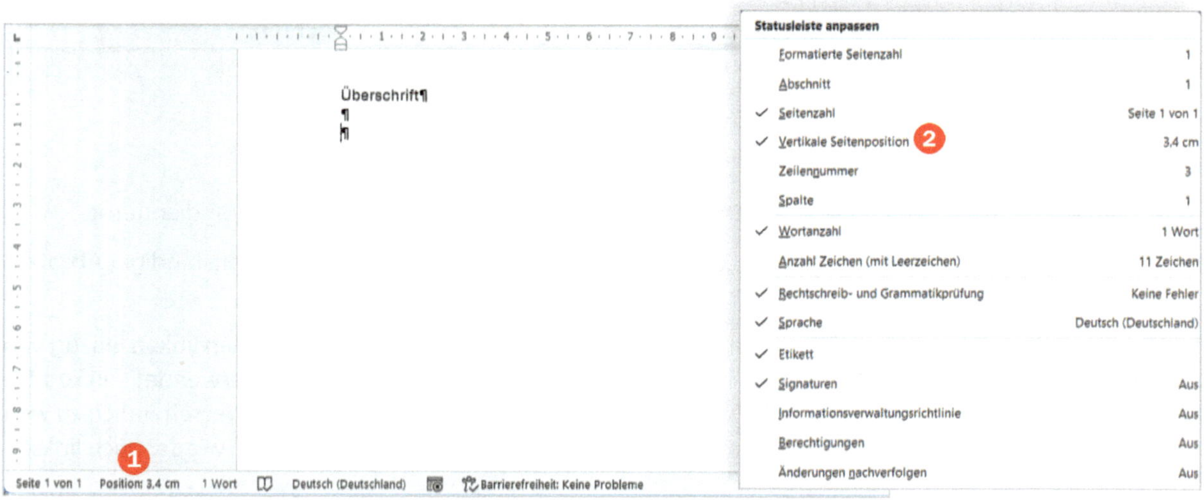

Schriftart festlegen

Die Prüfungsaufgaben geben auch eine bestimmte Schriftart und -größe vor, z. B. Arial, 11 Pt. Allerdings verwendet Word als Standard entweder die Schriftart *Calibri* oder seit Anfang 2024 die neue Schriftart *Aptos* sowie die Schriftgröße 11 Pt. Um sicherzustellen, dass auch bei nachträglichen Änderungen die geänderte Schriftart konsequent beibehalten wird, sollten Sie die geforderte Schriftart und Schriftgröße als Standard für das gesamte Dokument festlegen. Dazu klicken Sie entweder im Menüband auf das Pfeilsymbol der Gruppe *Schriftart* oder mit der rechten Maustaste an eine beliebige Stelle des Dokuments und auf *Schriftart*.

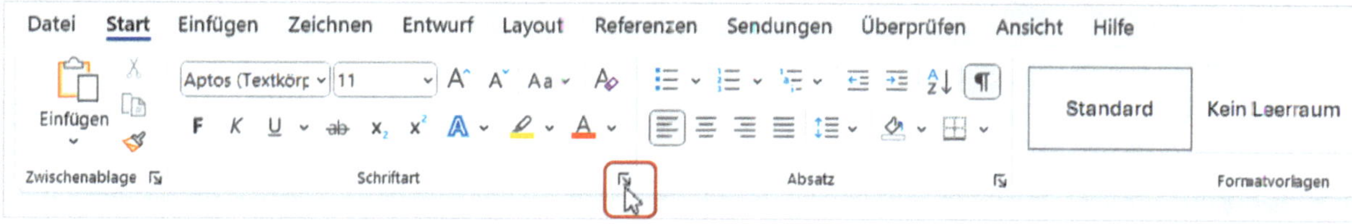

Legen Sie die erforderliche Schriftart und -größe fest, im Bild unten als Beispiel Arial 11 Pt. und klicken Sie auf die Schaltfläche *Als Standard festlegen*. Im nachfolgenden Hinweisfenster können Sie noch wählen, ob die ausgewählte Standardschrift nur für das aktuelle Dokument oder auch für alle weiteren leeren Dokumente festgelegt werden soll. Für die Prüfung sollte die Option *Nur dieses Dokument* gewählt werden.

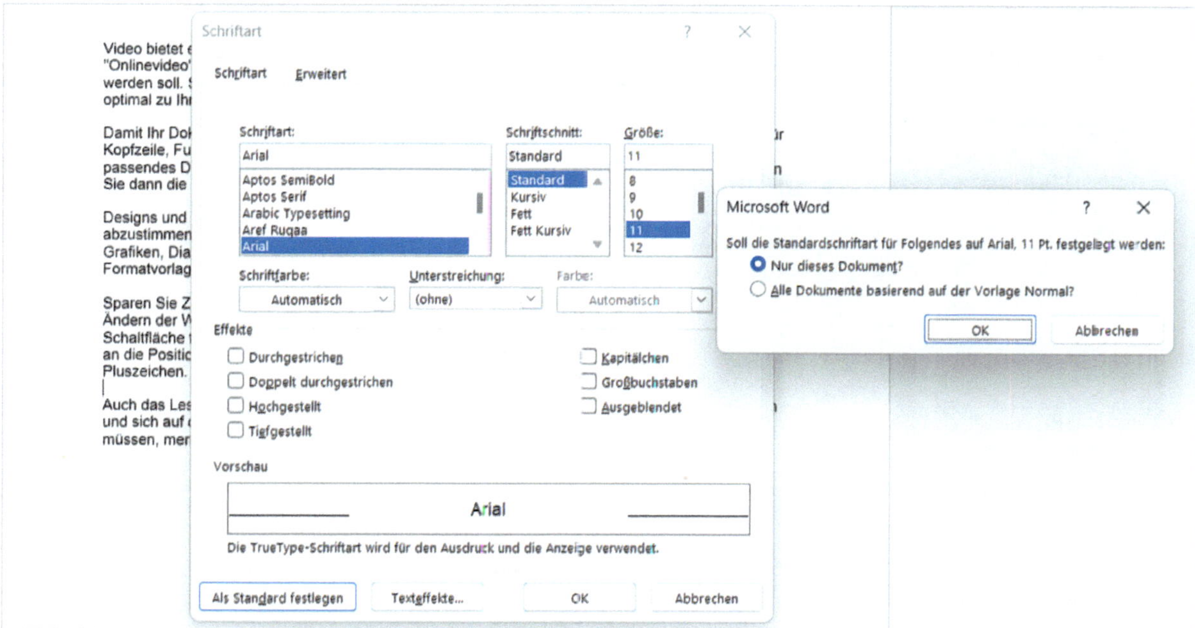

Gitternetzlinien in Tabellen

Tabellen sind in Word ein wichtiges Hilfsmittel zum Ausrichten von Text in Spalten und können in vielen Fällen Tabstopps ersetzen. Allerdings soll eine Tabelle nicht immer mit Rahmenlinien gedruckt werden. Wenn Sie eine Tabelle ohne Rahmenlinien formatiert haben und trotzdem die Tabellenstruktur im Blick behalten möchten, zum Beispiel zum Verschieben der Spaltentrennlinien, dann sollten Sie die Gitternetzlinien einblenden. Klicken Sie dazu in die Tabelle und im Menüband, Register *Layout* auf *Gitternetzlinien anzeigen*.

Achtung: Die Gitternetzlinien werden **nicht** gedruckt, sie dienen nur zur Anzeige auf dem Bildschirm und sind daher also nicht mit Rahmenlinien zu verwechseln!

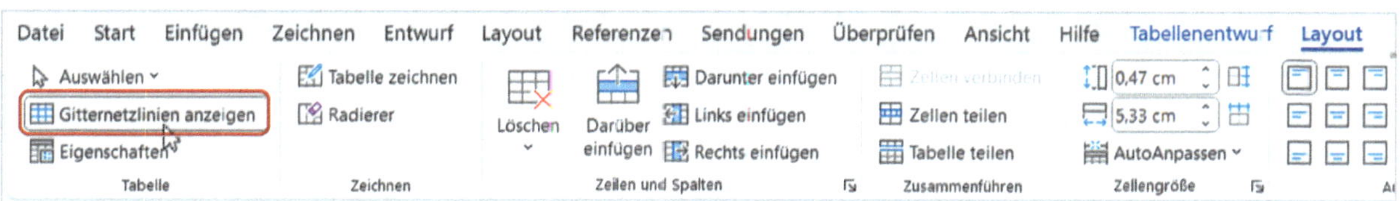

Zum Vergleich: Unten links eine Tabelle mit Rahmenlinien, rechts ohne Rahmenlinien (Gitternetzlinien ausgeblendet, hier sind die sichtbaren Formatierungszeichen wie Leerzeichen und Absatzende der einzige Anhaltspunkt) und in der Mitte unten eine Tabelle ohne Rahmenlinien mit eingeblendeten Gitternetzlinien.

A¤	1¤	A1¤
B¤	2¤	B2¤
C¤	3¤	C3¤
D¤	4¤	D4¤

A¤	1¤	A1¤	¤
B¤	2¤	B2¤	¤
C¤	3¤	C3¤	¤
D¤	4¤	D4¤	¤

A¤	1¤	A1¤
B¤	2¤	B2¤
C¤	3¤	C3¤
D¤	4¤	D4¤

Tabellen zentriert ausrichten

Soll eine Tabelle zentriert auf der Seite ausgerichtet werden, so erledigen Sie dies in den Tabelleneigenschaften: Rechtsklick in die Tabelle, Befehl *Tabelleneigenschaften...* Klicken Sie dann oben links auf das Register *Tabelle*.

- **Horizontal zentriert**
  Unter *Ausrichtung Zentriert* ❶ anklicken.
- **Vertikal zentriert**
  Textumbruch Umgebend ❷ auswählen und auf Schaltfläche *Positionierung...* ❸ klicken. Danach unter *Vertikal Zentriert*, *Gemessen von Seitenrand* auswählen.

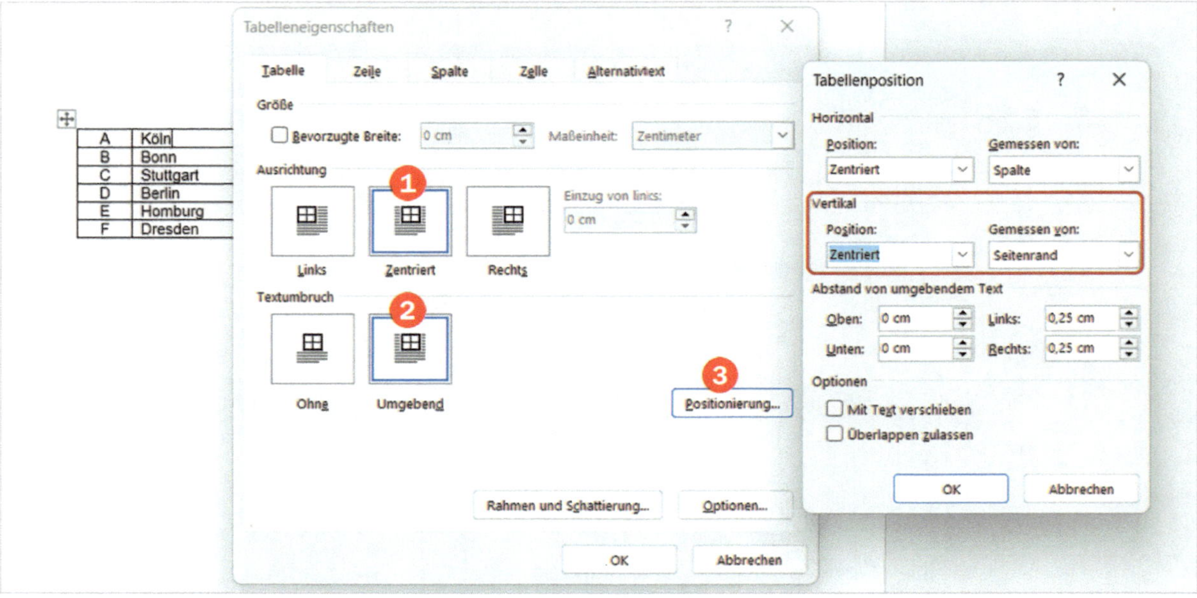

Formate schnell auf andere Textstellen übertragen

Häufig benötigen Sie im Text an mehreren Stellen dieselben Formatierungen. Machen Sie Gebrauch von der Möglichkeit, einmal zugewiesene Formate zu kopieren, damit Sie nicht jede Stelle umständlich neu formatieren müssen. Dies funktioniert für einzelne Textstellen und für ganze Absätze. Dazu finden Sie im Register *Start*, Gruppe *Zwischenablage* das Pinselsymbol (*Format übertragen*).

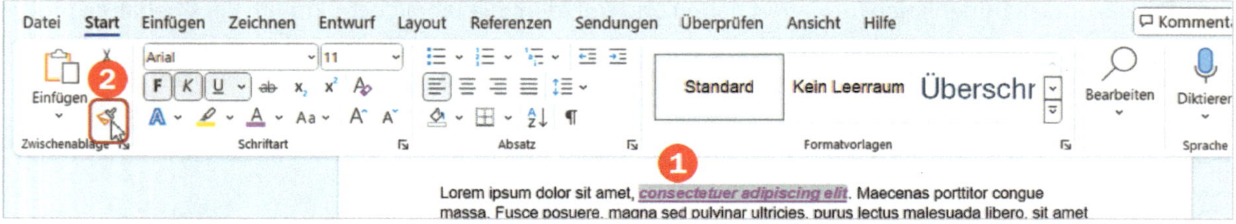

So gehts:

1. Formatieren Sie die erste Textstelle mit allen benötigten Merkmalen, z. B. Schriftfarbe, -art und -größe.
2. Markieren Sie die Textstelle ❶, deren Format Sie kopieren möchten, siehe Bild oben.
3. Klicken Sie auf *Format übertragen* ❷ und markieren Sie dann die Stelle im Text, der Sie das Format zuweisen wollen. Solange *Format übertragen* aktiv ist, hängt zusätzlich ein Pinselsymbol am Cursor!
   - Bei einmaligem Klicken auf *Format übertragen*, kann das Format nur auf eine **einzige** Stelle kopiert werden.
   - Sollen nacheinander gleich **mehrere** Stellen dasselbe Format erhalten, dann aktivieren Sie *Format übertragen* mit Doppelklick dauerhaft. Jede Textstelle, die Sie nun markieren, erhält automatisch das kopierte Format und zwar solange, bis Sie *Format übertragen* mit der Esc-Taste oder einem weiteren Klick auf das Pinselsymbol wieder ausschalten.

Absatzformate mit übertragen
Mit dieser Methode kann auch die Formatierung ganzer Absätze kopiert werden, zum Beispiel Absatzausrichtung, Zeilenabstände, Tabstopps und so weiter. Dazu genügt es, wenn sich vor dem Anklicken des Pinselsymbols der Cursor innerhalb des Absatzes befindet. Anschließend klicken Sie einfach auf den Absatz, der das Format erhalten soll, markieren ist bei Absätzen nicht notwendig.

Hinweis: Falls Sie trotzdem den Absatz markieren möchten, dann müssen Sie den gesamten Absatz einschließlich Absatzende ¶ (**Wichtig!**) markieren.

Format übertragen **steht auch in Excel zur Verfügung! Nutzen Sie diese Möglichkeit, um auch nicht zusammenhängenden Zellbereichen schnell ein bestimmtes Zahlenformat zuzuweisen oder neu hinzugekommene Überschriften an vorhandene anzupassen.**

Steuerelemente einfügen, Register Entwicklertools einblenden

Eine wichtige Voraussetzung für das Einfügen von Formularfeldern beziehungsweise Eingabefeldern in Formularen ist das Register *Entwicklertools*. Dieses ist standardmäßig nicht sichtbar und wird in den Word-Optionen ein- oder ausgeblendet. Dazu am einfachsten ein Rechtsklick an eine beliebige Stelle im Menüband und den Befehl *Menüband anpassen* auswählen.

Im Fenster *Word-Optionen* rechts unter *Hauptregisterkarten* das Kontrollkästchen *Entwicklertools* aktivieren, dann die Optionen mit *OK* schließen.

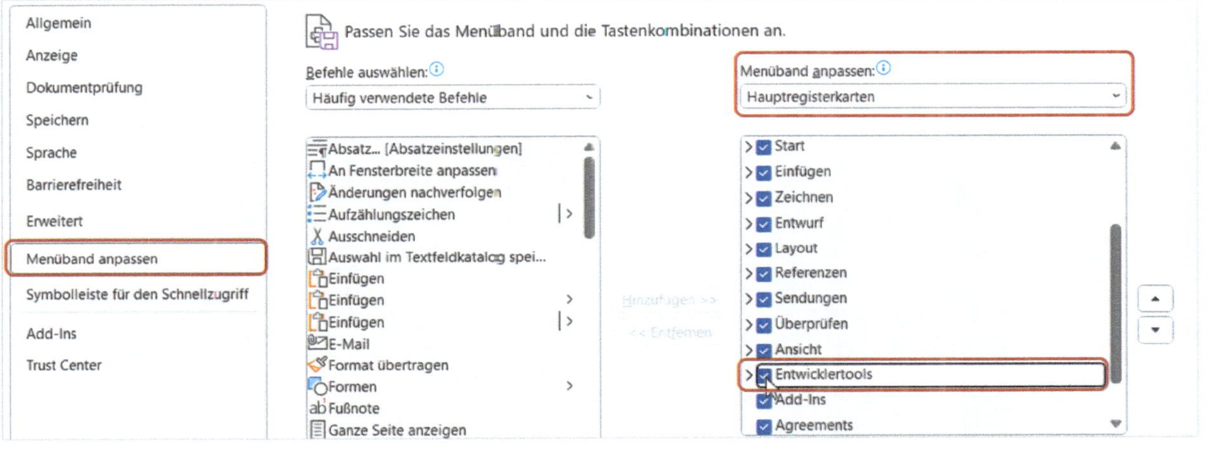

Steuerelement einfügen, zum Beispiel Nur-Text-Inhaltssteuerelement
Setzen Sie im Text den Cursor an die gewünschte Stelle und klicken Sie dann im Register *Entwicklertools* ▶ *Steuerelemente* auf das benötigte Steuerelement. Handelt es sich um ein Auswahlfeld (*Kombinationsfeld*), so fügen Sie anschließend mit Klick auf *Eigenschaften* die einzelnen Elemente hinzu.

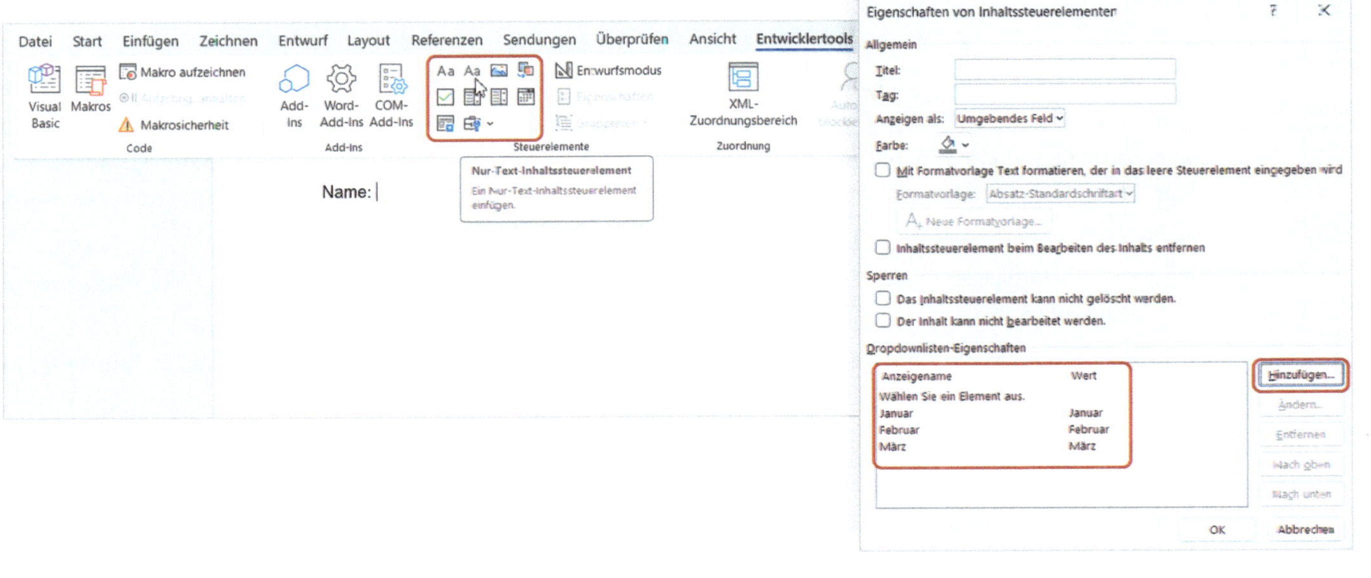

Tabstopps festlegen

Tabstopps können ihre Tücken haben, daher hier kurz die einfachste und sicherste Vorgehensweise:

1. Absätze markieren, die Tabstopp erhalten sollen.
2. Rechtsklick in die Markierung, Befehl *Absatz...* (oder im Menüband *Start* ▶ *Absatz* ▶ Symbol *Absatzeinstellungen* ⧉) und dann im gleichnamigen Fenster auf die Schaltfläche *Tabstopps...* klicken.
3. Das Fenster *Tabstopps* öffnet sich: Tabstoppposition eingeben ❶, Ausrichtung ❷ und gegebenenfalls Füllzeichen auswählen und auf Schaltfläche *Festlegen* ❸ klicken.
4. Das Fenster bleibt geöffnet, es können also weitere Tabstopps in der oben beschriebenen Reihenfolge festgelegt werden.
   - **Tabstopp löschen**: Nicht benötigte Tabstopps sollten gelöscht werden: In der Liste ❹ den zu löschenden Tabstopp markieren und auf die Schaltfläche *Löschen* ❺ klicken.
   - **Tabstoppposition ändern**: Die Position eines Tabstopps kann hier nicht nachträglich geändert werden, sondern der Tabstopp muss gelöscht und dann neu eingegeben werden.
5. Zuletzt das Fenster mit *OK* schließen. Die dazugehörigen Tab-Zeichen → (Tab-Taste) im Text können entweder bereits vorher oder nachträglich eingegeben werden.

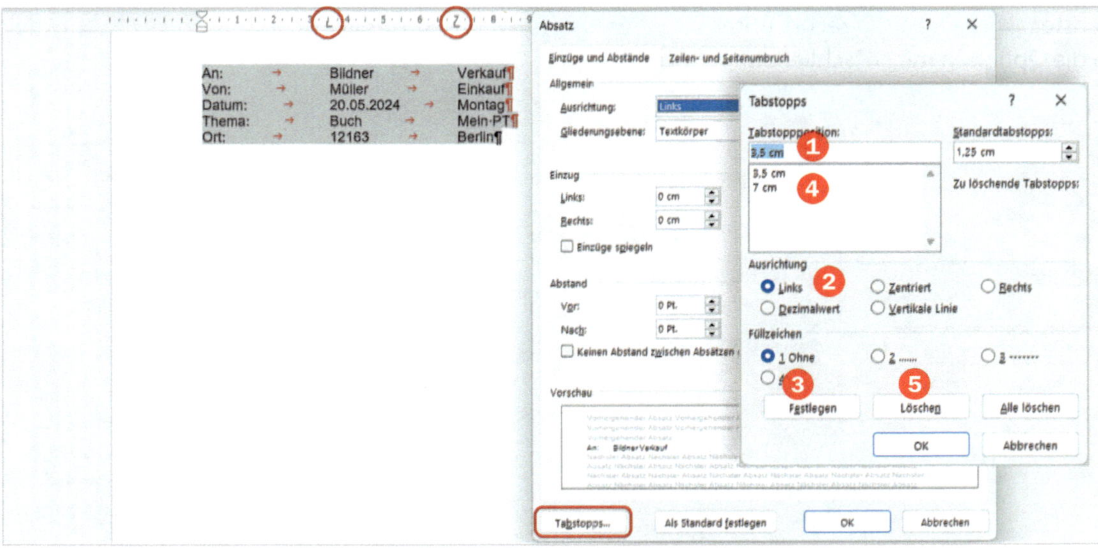

Tipp: Tabstopps werden als Absatzformate behandelt. Falls weitere Absätze dieselben Tabstopps erhalten sollen, dann benutzen Sie *Format übertragen* (Pinselsymbol), siehe „Formate schnell auf andere Textstellen übertragen" auf Seite 24 unten.

Feldfunktionen in Serienbriefen anzeigen und drucken

Regel Wenn... Dann... Sonst... kontrollieren und korrigieren

Wenn Sie eine individuelle Briefanrede mit der Regel *Wenn... Dann... Sonst...* eingefügt haben und diese kontrollieren oder korrigieren möchten, dann funktioniert dies nur über die Feldfunktion. Ein erneuter Klick auf *Regeln* und *Wenn... Dann... Sonst...* öffnet dagegen die vorhandene Feldfunktion nicht, sondern fügt eine neue Regel ein.

Feldfunktionen anzeigen/ausblenden:

- Alt + F9 (am Laptop eventuell zusätzlich *Fn*) blendet die Feldfunktionen im gesamten Dokument ein und wieder aus,
- Rechtsklick in ein Feld und *Feldfunktionen ein/aus* blendet dagegen nur die angeklickte Feldfunktion ein und aus.

Für Korrekturen von Regeln gilt:

Die Regelbestandteile *Vergleichstext*, im Bild unten *Herr*, *Dann-Text* und *Sonst-Text* stehen in Anführungszeichen und können problemlos geändert werden, die Anführungszeichen müssen allerdings unbedingt beibehalten werden.

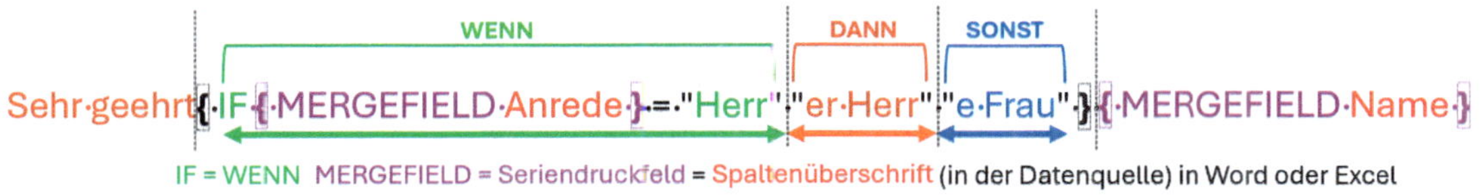

Word, prüfe in der Datenquelle, ob der aktuelle Datensatz (Zeile) in der Spalte „Anrede" „Herr" lautet. Wenn JA, füge „er·Herr" ein, sonst (wenn nicht, muss es ja „Frau" sein), füge „e·Frau" ein. Füge dann dahinter das Seriendruckfeld „Name" ein.

Feldfunktionen drucken

Das Drucken der Feldfunktionen legen Sie dagegen in den Word-Optionen (*Datei* ▶ *Optionen*) fest. Auf *Erweitert* klicken, dann nach unten scrollen bis zum Abschnitt *Drucken*. Kontrollkästchen *Feldfunktionen anstelle von Werten drucken* aktivieren und Fenster mit *OK* schließen.

Nicht vergessen: Nach dem Drucken muss das Kontrollkästchen wieder deaktiviert werden!

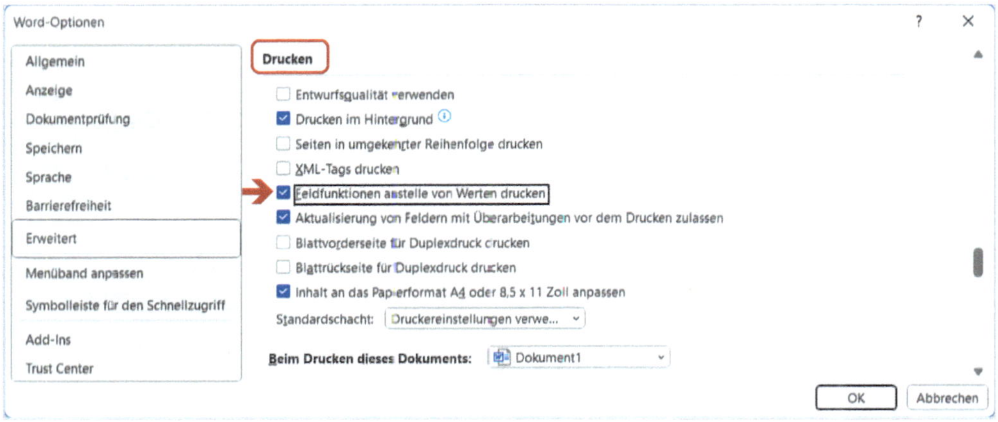

Text in Tabellen am linken Seitenrand ausrichten

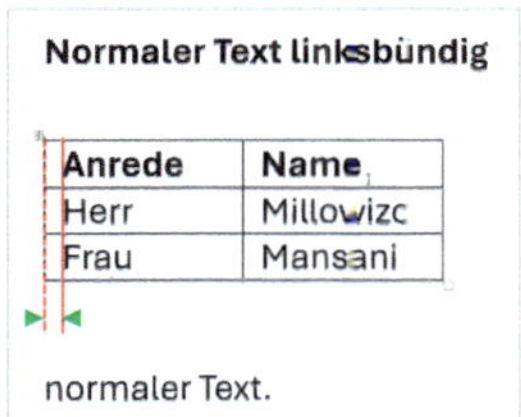

In Tabellen richtet Word statt der Absätze die Tabellenbegrenzung am linken Seitenrand aus. Dadurch wird Text in der Tabelle etwas eingerückt. Wenn Text in Tabellen ebenfalls am linken Seitenrand beginnen soll, zum Beispiel in Tabellen ohne Rahmenlinien, dann hilft ein kleiner Trick:

- Rechtsklick in die Tabelle und Befehl *Tabelleneigenschaften* wählen. Ändern Sie im Register *Tabelle* entweder für die Tabelle den *Einzug von links* auf -0,2 cm ❶ **oder**
- klicken Sie auf *Optionen* ❷ und geben unter *Standardzellenbegrenzungen* im Feld *Links* 0 cm an ❸.

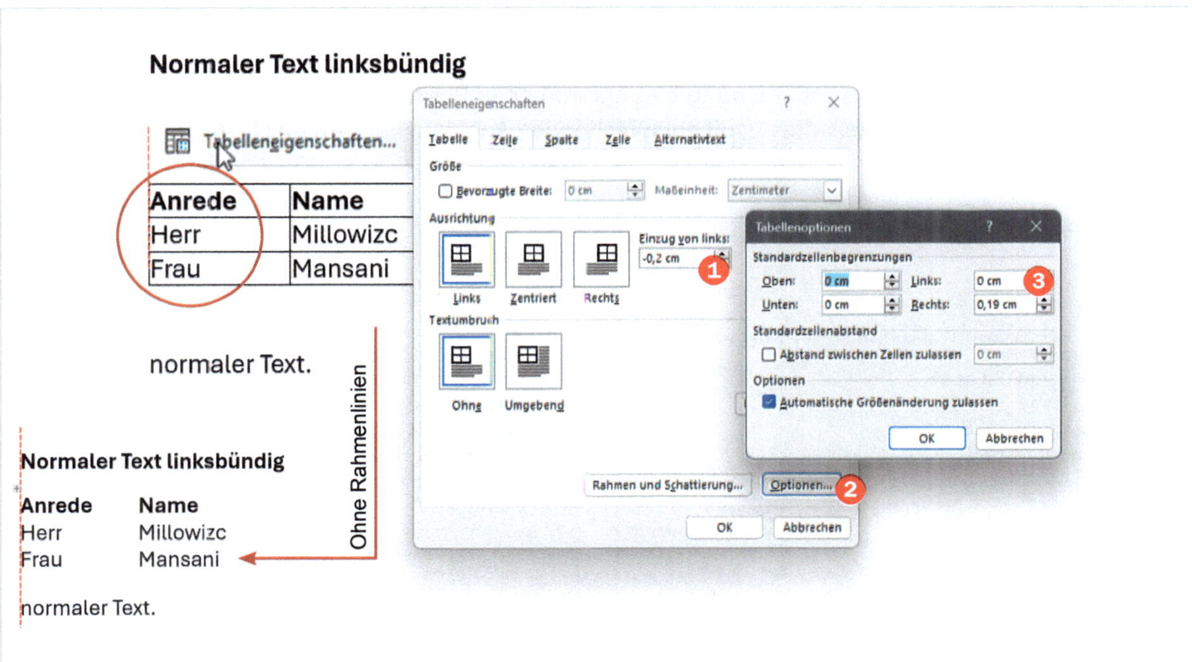

Das DIN-Adressfeld in einem Brief

Da es – sowohl in der Prüfung als auch im Berufsalltag – immer wieder vorkommt, dass Sie Briefe schreiben werden, egal ob Angebotsanfrage, Angebot, Auftragsbestätigung oder auch eine Mängelrüge, sollten Sie die wesentlichen DIN 5008:2020-Normen kennen und anwenden können – darum hier noch einmal kurz zusammengefasst die wesentlichen Merkmale und Regeln.

Die nachstehenden drei Fallbeispiele zeigen exemplarisch einen DIN-konformen Geschäftsbrief und legen den Fokus auf das Adressfeld mit verschiedenen Zusatzvermerken. Sie werden nicht bei jedem Brief alle Vermerke brauchen, sollten aber wissen wie das Prinzip funktioniert – sowohl für die Prüfung als auch für den Beruf.

- **Fall 1:** Hier sind vier, also die maximale Anzahl an Zusatzvermerken untergebracht.
- **Fall 2:** Als Zustellvermerk soll zum Beispiel *„Einschreiben"* angegeben werden.
- **Fall 3:** Es gibt keine Zustellvermerke und es muss nur die Rücksendeadresse angegeben werden.

Fall 1:

5 Habermann + Partner KG, Monschauer Str. 36 – 38, 40549 Düsseldorf
4 Wenn unzustellbar, bitte zurück an Absender*
3 Nicht nachsenden*
2 Büchersendung*
1 Einschreiben*
VERMERKZONE Arial 8 Pt.

1 Firma Schmidt GmbH
2 Herrn Alfred Schmidt
3 Abteilung IX //2. Stock
4 Münchener Straße 125
5 89756 München
6 GERMANY
ADRESSZONE Arial 11 Pt.

[* = sofern vorhanden oder bekannt]

Arial 8 Pt. + Arial 11 Pt.
Ihr Zeichen: XY*
Ihre Nachricht vom: 28.07.2024* [2024-07-23]
Unser Zeichen: BL [altern.: bl/Bl/LI/Li]
Unsere Nachricht vom: 24.07.2024* [2024-07-20]

Name: Vorname Nachname
Telefon: 0211 8560-12 [Durchwahl s. Aufgabe]
Telefax: 0211 8560-20 [aus der Fußzeile]
E-Mail: vorname.nachname@hapa.de

Datum: 28.07.2024 [2024-07-28]
national oder internationales Format

[2 Leerzeilen nach dem Datum]

Betreffzeile [Betreff fett in Arial 11 Pt.]
Unterzeile als Ergänzung falls nötig! [Zur besseren Unterscheidung nicht fett, Ausrufe-/Fragezeichen möglich]

[2 Leerzeilen nach dem Betreff]

Sehr geehrte Persönlichkeiten, [alternativ: sehr geehrte Frau ... / sehr geehrter Herr ...]
[1 Leerzeile nach der Anrede]
Text
[1 Leerzeile nach dem Text]
Mit freundlichen Grüßen

Habermann + Partner KG [Alternativ: ohne Firmenangabe nur 3 Leerzeilen für die Unterschrift]

Unterschrift [3 Leerzeilen zwischen Unternehmensname bzw. Grußformel und i. A.]

i. A. Ihr Name [Alternativ: i. A., i. V. oder ppa. handschriftlich **vor** der Unterschrift statt darunter]

Das Prinzip ist denkbar einfach: Jeder Eintrag beginnt immer an Position 1 – entweder als Zustellvermerke nach oben (1 – 5) oder als Zustelladresse mit entsprechenden Angaben nach unten (1 – 6). In der Vermerkzone rückt die Absenderzeile immer, je nach Anzahl der Zusatzvermerke, um eine Zeile nach oben.

Fall 2 + Fall 3:

5
4
3
2 Habermann + Partner KG, Monschauer Str. 36 – 38, 40549 Düsseldorf
1 Einschreiben*
VERMERKZONE Arial 8 Pt.

1 Firma Schmidt GmbH
2 Herrn Alfred Schmidt
3 Abteilung IX //2. Stock
4 Münchener Straße 125
5 89756 München
6 GERMANY
ADRESSZONE Arial 11 Pt.

[* = sofern vorhanden oder bekannt]

5
4
3
2
1 Habermann + Partner KG, Monschauer Str. 36 – 38, 40549 Düsseldorf
VERMERKZONE Arial 8 Pt.

1 Firma Schmidt GmbH
2 Herrn Alfred Schmidt
3 Abteilung IX //2. Stock
4 Münchener Straße 125
5 89756 München
6 GERMANY
ADRESSZONE Arial 11 Pt.

[* = sofern vorhanden oder bekannt]

2.2 Microsoft Excel

Besonderheiten zur DIN 5008:2020 in Bezug auf Microsoft Excel

Achtung: Die folgenden Hinweise zur DIN 5008:2020 beziehen sich auf Texteingaben und Kommentare in Excel, nicht aber auf Zellen- beziehungsweise Zahlenformate!

Prozentformat und das %-Zeichen
Das Excel-Zahlenformat *Prozent* setzt das Prozentzeichen **unmittelbar hinter die Zahl**, also beispielsweise 5%. Die DIN 5008:2020 sieht allerdings vor, dass im Rahmen der Textverarbeitung zwischen Zahl und %-Zeichen ein Leerzeichen zu setzen ist.

Ist daher laut Aufgabenstellung das Prozentformat als Zahlenformat beziehungsweise Zellformat gefordert, können Sie die Excel-Einstellung beibehalten. Wenn Sie jedoch in einem einzufügenden Textfeld einen Kommentar verfassen, der unter anderem eine Prozentzahl enthält, muss das Leerzeichen berücksichtigt werden.

Standardeinstellungen Excel	DIN 5008:2020 Empfehlung bei Texteingabe
Rabatt: 10%	Der Rabattsatz beträgt 10 %.

Gliederung von Zahlen und Zahlenformate
Nach DIN 5008:2020 müssen Zahlen mit mehr als drei Stellen durch je ein Leerzeichen in dreistellige Gruppen gegliedert werden. Handelt es sich bei den Zahlen um Geldbeträge, sollten diese mit einem Punkt gegliedert werden.

Standardeinstellungen Excel	DIN 5008:2020 Empfehlung bei Texteingabe
1.750,00 €	1.750,00 €
10.800 km	10 800 km

Tipp: Falls auch Zahlen und Datumsangaben als Zahlenformate DIN-konform dargestellt werden sollen, dann verwenden Sie den Befehl *Zellen formatieren...* (Rechtsklick), Register *Zahlen*, Kategorie *Benutzerdefiniert*.

Standardschrift und -größe festlegen

Leider existiert für Excel keine Möglichkeit, Standardschriftart und -größe vergleichbar mit Word schnell und dauerhaft einzustellen. In bestehenden Arbeitsmappen, insbesondere in Prüfungssituationen empfiehlt sich daher folgende Vorgehensweise:

Möglichkeit 1: Gesamtes Arbeitsblatt formatieren
Klicken Sie im Arbeitsblatt in das Kästchen ❶ beziehungsweise den Schnittpunkt zwischen den Spalten- und Zeilenköpfen, um das gesamte Arbeitsblatt zu markieren und wählen Sie dann die gewünschte Schriftart ❷ und -größe ❸ über die Auswahlfelder im Menüband, Register *Start*, aus. **Achtung:** Da sich die Änderung immer nur auf das jeweilige Tabellenblatt bezieht, muss dies für jedes Arbeitsblatt einer Arbeitsmappe wiederholt werden. Zudem gilt die ausgewählte Schrift nicht für Diagramme.

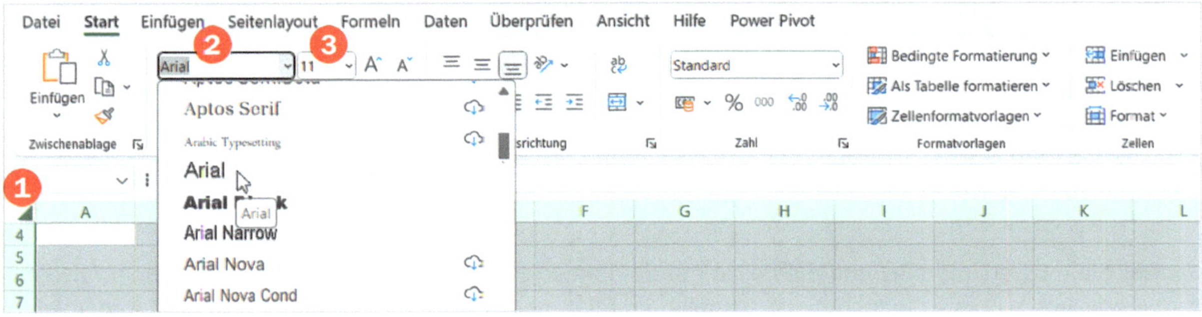

Hinweis: Der Vollständigkeit halber sei trotzdem noch die Möglichkeit erwähnt, dass man in den *Excel-Optionen* die Standardschriftart und den Schriftgrad im Bereich *Beim Erstellen neuer Arbeitsmappen* einstellen kann. Dies gilt jedoch nur für neue leere Arbeitsmappen, nicht aber für bereits geöffnete und gespeicherte Mappen.

Möglichkeit 2: Designschriftart auswählen
Falls als Standardschrift eine gängige Schriftart wie zum Beispiel Arial gefordert ist, kann diese auch als Designschriftart ausgewählt werden und gilt dann automatisch für die gesamte **aktuelle** Arbeitsmappe. Dazu klicken Sie im Menüband, Register *Seitenlayout* ▶ *Designs* ▶ auf *Schriftarten* und auf die gewünschte Schrift. Die Standardschriftgröße muss dann allerdings wieder auf dem zuvor beschriebenen Weg geändert werden.

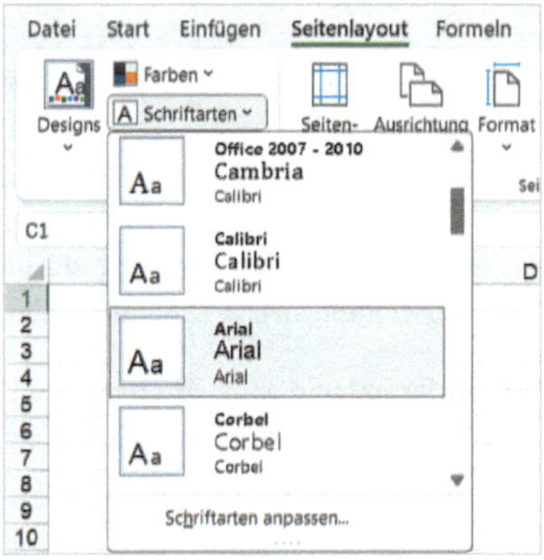

Tipp: Im Gegensatz zum Formatieren des gesamten Arbeitsblatts wird eine Designschriftart auch in Diagramme übernommen.

Zur Info: Jede Designschriftart besteht aus zwei, manchmal auch unterschiedlichen Schriften. Die etwas größere davon ist hier nicht von Bedeutung, da sie ausschließlich für Überschriften gilt und nur über Zellenformatvorlagen zugewiesen wird.

Formeln ohne Formate (zum Beispiel Rahmenlinien) kopieren

So verhindern Sie beim Kopieren von Formeln, dass Zellenformate, zum Beispiel Rahmenlinien mit kopiert werden
Ein häufiges Problem, gerade in Prüfungssituationen und unter Zeitdruck: Sie haben im ersten Schritt eine Tabelle fertig formatiert, zum Beispiel mit Rahmenlinien, Füllfarben und so weiter und tragen im zweiten Schritt die Formeln ein.

Beim Kopieren einer Formel durch Ziehen mit der Maus (AutoAusfüllen) kopiert allerdings Excel nicht nur die Formel, sondern auch alle Formate der Zelle. Die Folge: Ihre Rahmenlinien und sonstigen Formatierungen können durcheinander geraten. Im Bild unten ein kleines Beispiel, das Ihnen vielleicht bekannt vorkommt.

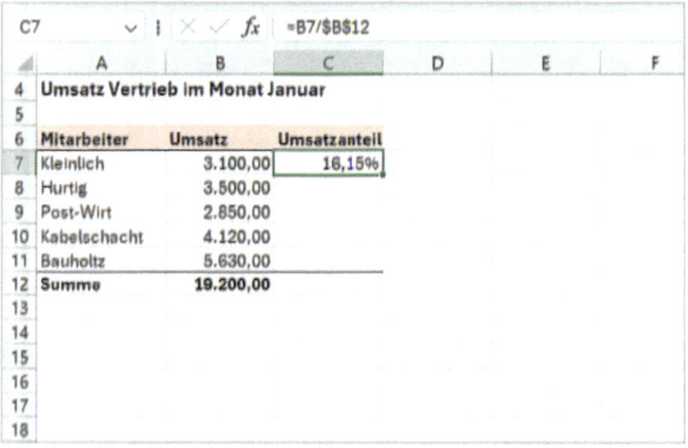

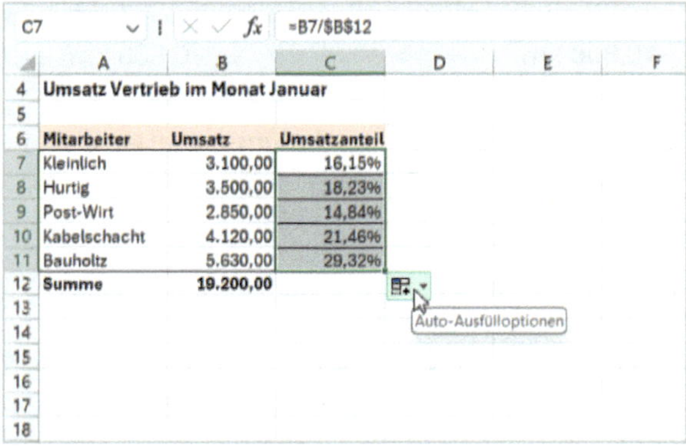

Statt diese Zellen neu zu formatieren, gibt es hier zum Glück zwei Möglichkeiten zur schnellen Abhilfe:

- **Auto-Ausfülloptionen nutzen**
  Kopieren Sie die Formel wie gewohnt mit der linken Maustaste und klicken Sie anschließend im Tabellenblatt auf das Symbol *Auto-Ausfülloptionen*, wie im Bild rechts.

  Wählen Sie *Ohne Formatierung ausfüllen*.

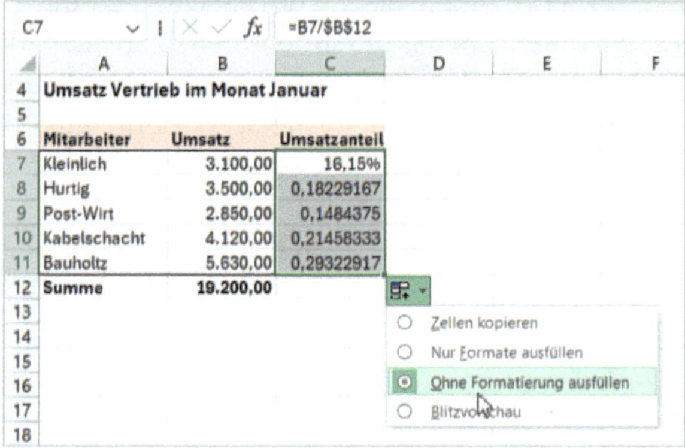

- **Kopieren mit der rechten Maustaste**
  Oder ziehen Sie zum Kopieren unten rechts mit der rechten Maustaste. Nach dem Loslassen der Maustaste erscheint ein kleines Menü: Klicken Sie auf *Ohne Formatierung ausfüllen*.

Nachteil: Sie müssen anschließend die Zellen mit der kopierten Formel in der Regel noch mit einem Zahlenformat versehen. Dies ist jedoch meist schneller erledigt als eine erneute Formatierung mit Rahmenlinien, Farben und so weiter.

Zellbezüge in Formeln kontrollieren und ändern

Im Prüfungsstress und unter Zeitdruck ist es nicht immer ganz einfach, sich einerseits auf die Formel zu konzentrieren und andererseits auch noch auf absolute/feste ($A$1) und relative Zellbezüge (A1) zu achten, wenn die Formel anschließend kopiert werden soll.

Unsere Empfehlung für solche Fälle ist folgender Ablauf:

1. Geben Sie im ersten Schritt die Formel/Funktion oder verschachtelte Funktion vollständig ein. Behalten Sie vorerst die relativen Zellbezüge bei und konzentrieren Sie sich stattdessen ganz auf die Formel. Schließen Sie die Formeleingabe ab.
2. Im zweiten Schritt kümmern Sie sich dann um die Zellbezüge:
   - Doppelklicken Sie auf die Zelle mit der Formel. Im Tabellenblatt erscheint statt des Ergebnisses die Formel: Die verwendeten Zellen sind farbig umrandet und die Bezüge in der Formel mit derselben Farbe versehen.
   - Was passiert beim Kopieren? Stellen Sie sich die farbigen Umrandungen entsprechend der Kopierrichtung eine Zeile tiefer oder um eine Spalte nach rechts verschoben vor, dann erkennen Sie schnell, für welche Zellen Sie feste, also unveränderbare Zellbezüge benötigen und für welche nicht. Markieren Sie in der Formel die dazugehörigen Zellbezüge und wandeln Sie diese mit der Taste F4 (Laptop eventuell +„Fn"-Taste) entsprechend um.
   - Drücken Sie die Enter-Taste, um die geänderte Formel zu übernehmen. Sollte dagegen die Formel versehentlich durcheinandergeraten sein, so betätigen Sie zum Abbrechen die Esc-Taste. Dadurch wird die ursprüngliche Formel beibehalten und Sie können einen erneuten Versuch unternehmen.
3. Zuletzt kopieren Sie die Formel.

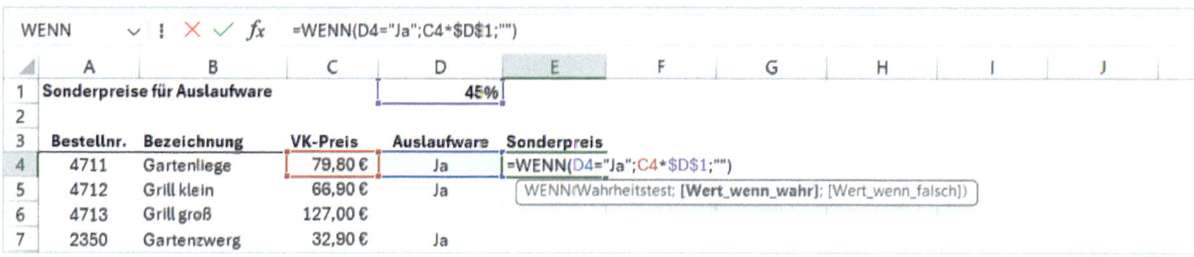

Tipp: Zellbezüge korrigieren

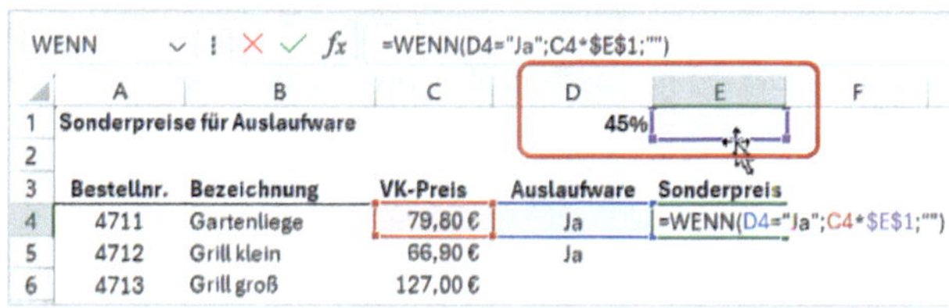

Ganz nebenbei können Sie mit dieser Methode auch noch Zellbezüge korrigieren, falls Sie bei der Formeleingabe versehentlich die falsche Zelle angeklickt haben: Verschieben Sie einfach, wie im Bild rechts, den farbigen Rahmen mit der Maus auf die richtige Zelle. Auch Zellbereiche, zum Beispiel bei der Summenberechnung lassen sich auf diese Weise ganz einfach mit der Maus vergrößern oder verkleinern.

Hinweis: Diese Methode hilft Ihnen, sich ganz auf die Formeleingabe zu konzentrieren, schützt aber selbstverständlich nicht vor logischen Fehlern.

Eine kurze Zusammenfassung zur Verwendung unterschiedlicher Zellbezüge finden Sie auch auf Seite 37.

Allgemeine Tipps zur Formeleingabe und -korrektur

- **Funktionsargumente mit Semikolon ; trennen**
  Wenn Sie verschachtelte Funktionen über den Funktionsassistenten beziehungsweise im Fenster *Funktionsargumente* eingeben, dann achten Sie darauf, dass sich der Cursor im richtigen Eingabefeld des Assistenten befindet, bevor Sie die nächste Funktion einfügen. Excel fügt sonst vor der zweiten Funktion ein Pluszeichen + statt des Semikolons **;** ein.
- Logische Fehler in Formeln sind nicht immer ganz einfach aufzuspüren. Falls Ihnen ein Doppelklick auf die Zelle mit der Formel keine Klarheit bringt, löschen Sie am besten die gesamte Formel und geben diese erneut ein. Achten Sie darauf, auch wirklich die **gesamte** Formel zu löschen!

- **Sind Korrekturen erforderlich, korrigieren Sie immer die erste Formel und kopieren Sie diese dann erneut!**
  Wenn Sie eine Formel, die Sie zuvor kopiert haben, korrigieren oder neu eingeben, dann ändern Sie grundsätzlich immer die erste Formel und kopieren Sie diese dann erneut!
- **Geben Sie mehrfach verschachtelte WENN-Funktionen systematisch ein**
  Beginnen Sie bei mehrfach verschachtelten WENN-Funktionen immer mit dem kleinsten oder größten Vergleichswert, niemals dazwischen.

Tipps zur Eingabe verschachtelter Funktionen finden Sie ab Seite 35.

Zellbezüge auf andere Arbeitsblätter

Benötigen Sie in einer Formel Bezüge auf Zellen in anderen Tabellenblättern, dann gilt die einfache Grundregel: Sobald Sie mit der Maus im Blattregister auf ein Arbeitsblatt klicken, wird der Name dieses Blattes in die Formel aufgenommen und beim Klick auf eine Zelle der Zelladresse vorangestellt.

Ein einfaches Beispiel: Sie möchten im Blatt **Tabelle2** die Summe von Zahlen berechnen, die sich im Blatt **Tabelle1** befinden.

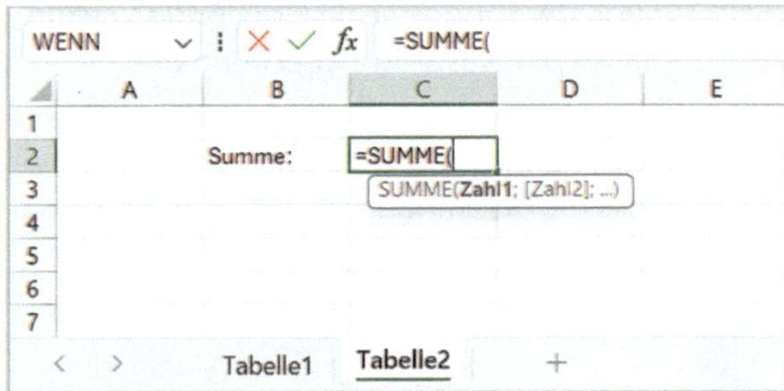

1. Markieren Sie die Zelle, in der Sie die Formel berechnen möchten und klicken Sie auf *AutoSumme* oder geben Sie das Gleichheitszeichen und die Funktion *SUMME* ein.
2. Klicken Sie im Blattregister auf **Tabelle1**. Der Name dieses Arbeitsblatts erscheint nun zusammen mit einem Ausrufezeichen ! in der Bearbeitungszeile (Bild unten links). Beim Markieren der Zellen A1 bis A5 (A1:A5) werden die Zellbezüge nach dem Ausrufezeichen an den Blattnamen angefügt und die korrekte Formel lautet:

   =SUMME(Tabelle1!A1:A5)
3. Schließen Sie in diesem Fall die Formeleingabe mit der Enter-Taste ab, **ohne** erneut auf das Blatt mit der Formel zu klicken.

Falls Sie dagegen weitere Zellbezüge in der Formel benötigen, dann geben Sie zuerst das Operatorzeichen, zum Beispiel + oder in Funktionen ein Semikolon ; (Trennzeichen für Argumente) ein, bevor Sie im Blattregister auf das nächste benötigte Blatt klicken – dies kann auch das Arbeitsblatt mit der Formel sein.

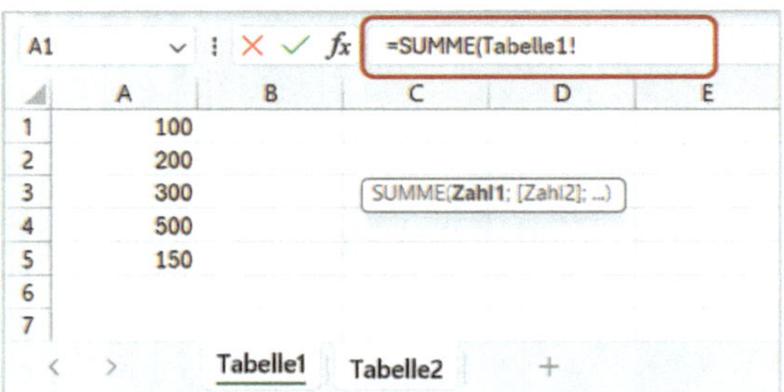

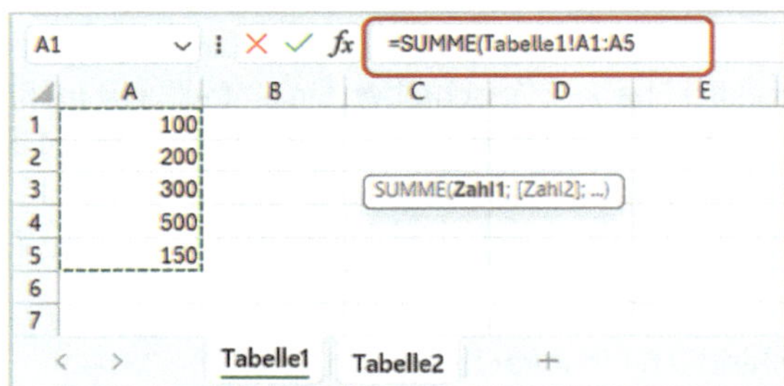

Wichtig: Werden keine weiteren Argumente beziehungsweise Zellbezüge in der Formel benötigt, dann beenden Sie die Formeleingabe mit der Enter-Taste, ohne zuvor wieder das Blatt mit der Formel (Tabelle2) auszuwählen! Excel kehrt automatisch dorthin zurück.

So bitte nicht!
Würden Sie dagegen in diesem Beispiel während der Formeleingabe wieder auf das Blatt **Tabelle2** klicken, dann setzt Excel automatisch diesen Blattnamen vor die Zellbezüge, wie im Bild rechts, und Sie erhalten ein falsches Ergebnis.

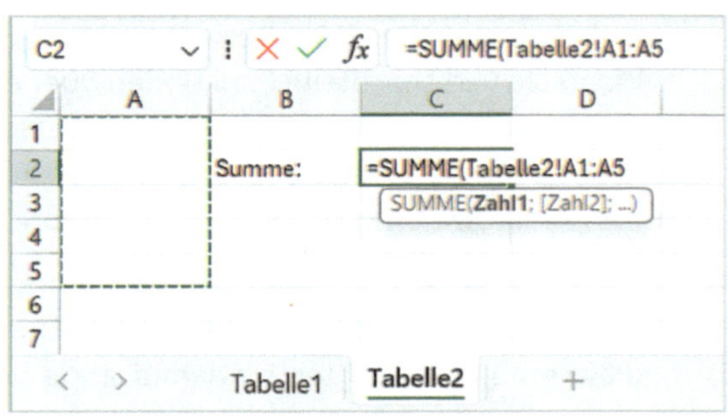

Formeln anzeigen und ausdrucken

Die Prüfungsaufgaben erfordern neben dem Drucken von Tabellen und Diagrammen auch das Ausdrucken der Formeln. Die Formeln werden mit dem Symbol *Formeln anzeigen* (Register *Formeln*, Gruppe *Formelüberwachung*) ein- und auch wieder ausgeblendet. *Formeln anzeigen* bezieht immer das gesamte aktuelle Arbeitsblatt mit ein.

Alternativ können Sie auch die Tastenkombination Strg + Umschalt + ´ (Akzentzeichen in der Ziffernreihe der Tastatur) verwenden.

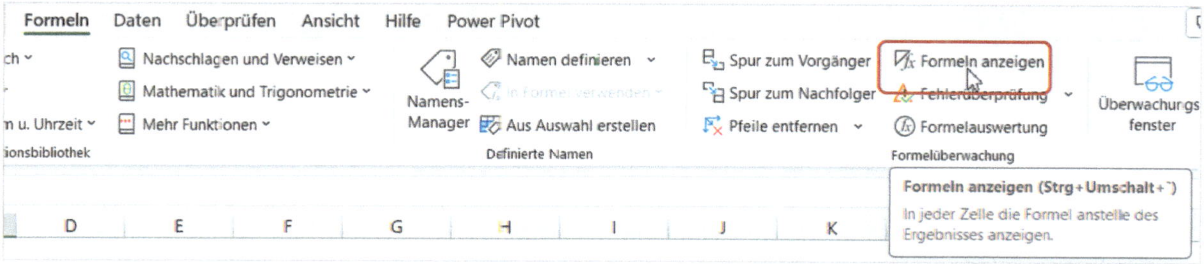

Hinweise: Die Spalten werden in der Formelansicht automatisch verbreitert, erhalten aber beim Ausschalten der Formelanzeige wieder die ursprüngliche Breite, sofern Sie diese in der Formelansicht nicht verändert haben. Außerdem sollten Sie wissen, dass die Formelanzeige keine Zahlenformate berücksichtigt, Datumswerte zum Beispiel erscheinen daher in dieser Ansicht als Zahl.

Formeln drucken

Beim Drucken der Formeln sollten zwecks Nachvollziehbarkeit die Zeilen- und Spaltennummern mit ausgedruckt werden und zur besseren Lesbarkeit auch die Gitternetzlinien. Dazu aktivieren Sie im Menüband, Register *Seitenlayout* ▶ *Blattoptionen* unter *Überschriften* und *Gitternetzlinien* jeweils das Kontrollkästchen *Drucken*. Vergessen Sie nicht, die Kontrollkästchen hinterher wieder zu deaktivieren!

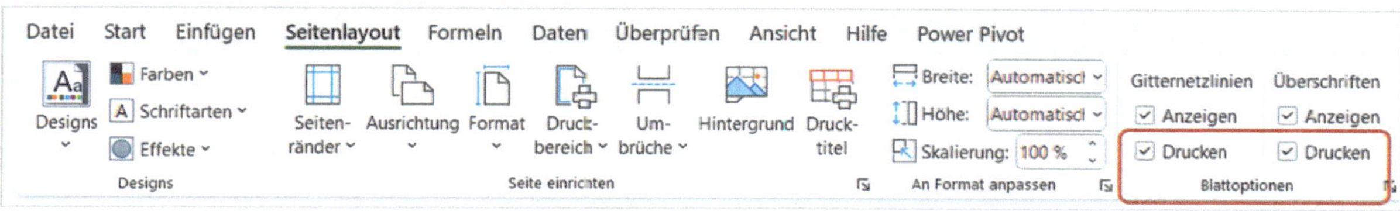

Tipp zum Drucken von Formeln

Die Formeln sollten stets im Querformat ausgedruckt werden. Um Druckerpapier zu sparen, kann der Ausdruck außerdem an eine bestimmte Anzahl Seiten angepasst und somit verkleinert werden. Dazu öffnen Sie das Fenster *Seite einrichten* und wählen im Register *Papierformat* unter *Skalierung* die Option *Anpassen*. Daneben geben Sie die gewünschte Anzahl Seiten an. In den meisten Fällen dürften *2 Seite(n) breit* und *1 Seite(n) hoch* ausreichend sein. Zur ersten Kontrolle schauen Sie sich das Ergebnis einfach mit der Seitenansicht an.

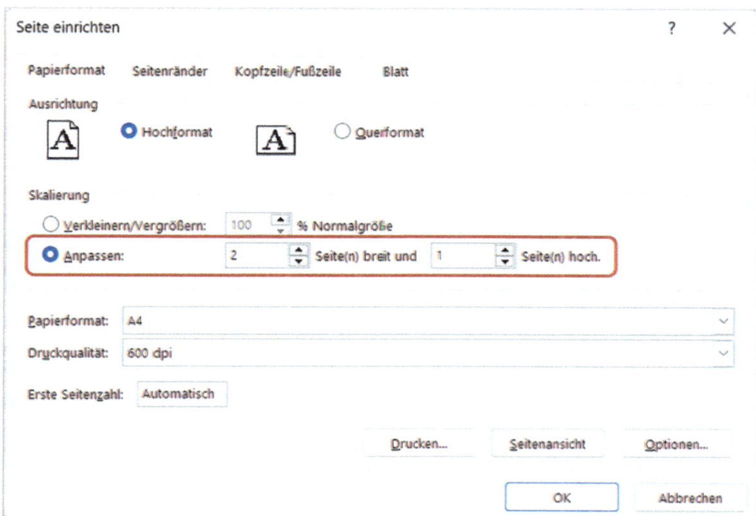

Kopf- und Fußzeilen

Am einfachsten bearbeiten Sie die Inhalte von Kopf- und Fußzeilen in der Ansicht *Seitenlayout* (Register *Ansicht* oder über das Symbol im rechten Bereich der Statusleiste, wie im Bild unten).

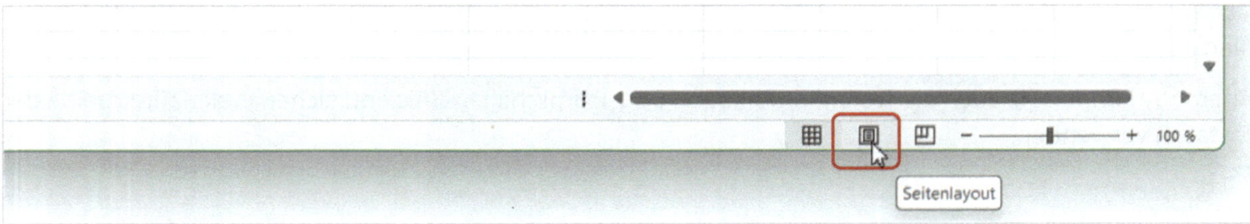

Kopfzeile und *Fußzeile* sind in jeweils drei Bereiche aufgeteilt: Im linken Bereich werden die Inhalte automatisch linksbündig ausgerichtet, im rechten Bereich rechtsbündig und im mittleren Bereich zentriert. Im Bild unten als Beispiel die Kopfzeile.

Sie können in jeden Bereich entweder Text eingeben, zum Beispiel Ihren Namen wie im Bild unten, oder Elemente wie Datum, Dateiname, Name des Arbeitsblatts, Seitenzahl und Anzahl aller Seiten über Symbole im Menüband, Register *Kopf- und Fußzeile* einfügen (Bild unten). Alle Elemente von Kopf- und Fußzeile können beliebig formatiert werden.

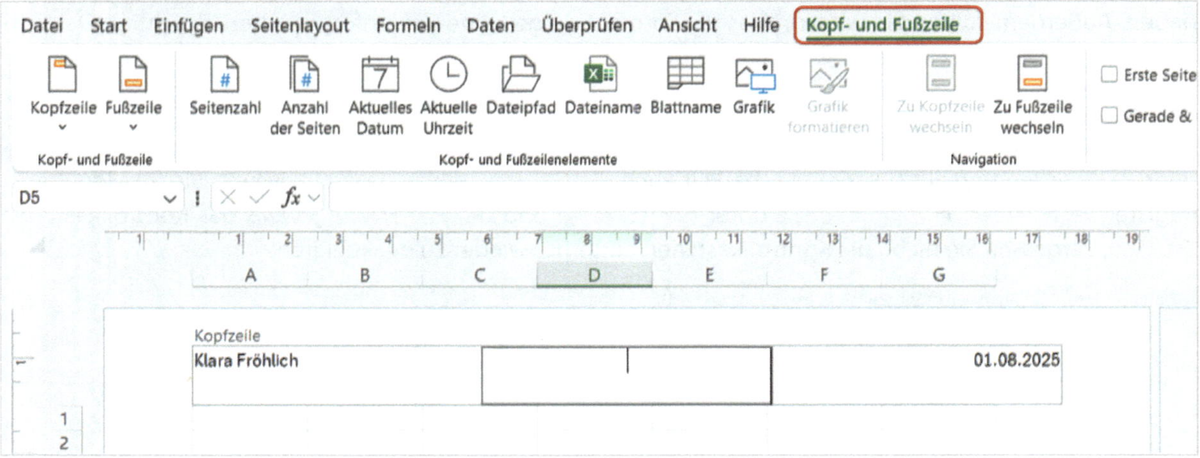

Achtung: Die Ansicht *Normal* zeigt keine Kopf- und Fußzeilen an! Wenn Sie also anschließend wieder zurück zur Normalansicht wechseln möchten, dann ist dies nur möglich, nachdem Sie zuvor auf eine beliebige Zelle des Arbeitsblatts geklickt haben, der Cursor sich also nicht mehr in der Kopf- oder Fußzeile befindet.

Diagramme formatieren

Datenreihe oder Datenpunkt?

Wenn in einem Diagramm die Füllfarbe beziehungsweise das Muster der Säulen, Balken oder Kreisabschnitte geändert werden soll, dann ist zwischen Datenreihe und Datenpunkt zu unterscheiden. Beim Markieren und anschließendem Formatieren gilt:

- **Datenreihe markieren**: Der erste Mausklick auf ein beliebiges Element einer Datenreihe markiert die gesamte Reihe, also zum Beispiel alle dazugehörigen Säulen. Wenn Sie nun die Füllfarbe der gesamten Reihe ändern, dann passt sich die Legende automatisch an.
- **Datenpunkt markieren**: Der zweite Mausklick zum Beispiel auf einen Balken einer zuvor markierten Datenreihe markiert nur diesen, also einen Datenpunkt. Eine Änderung der Füllfarbe bezieht sich nun ausschließlich auf den markierten Datenpunkt. Die Legende ändert sich in diesem Fall nicht.

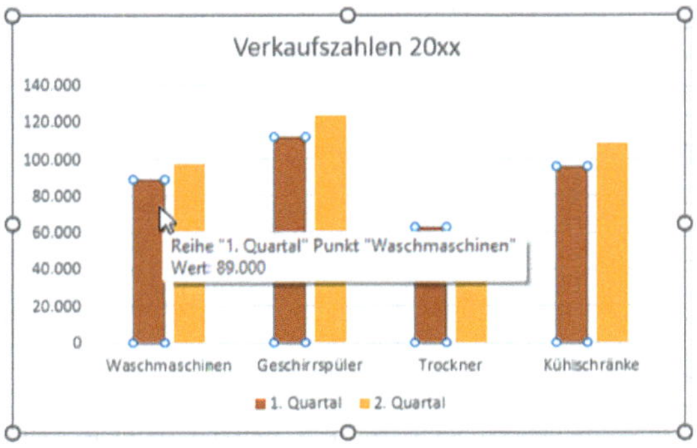

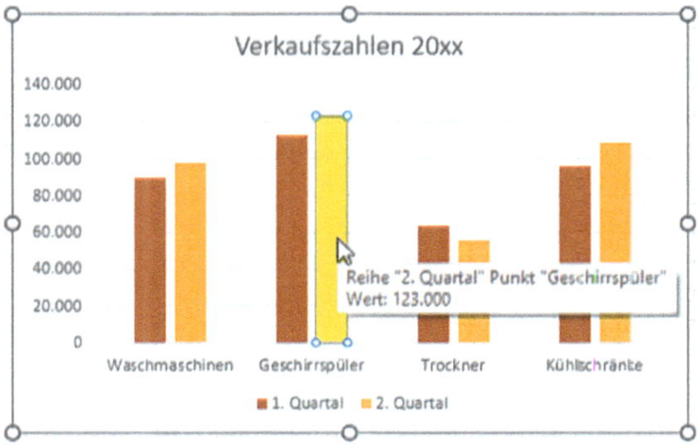

- Kreisdiagramme stellen nur eine einzige Datenreihe dar. Um hier für einzelne Segmente die Füllung zu ändern, müssen Sie nacheinander die Datenpunkte einzeln markieren. Da hier die Legende ausnahmsweise die Datenpunkte wiedergibt, passen sich die Farben automatisch an.

  Markierte Kreissegmente lassen sich mit der Maus herausziehen (linke Maustaste gedrückt halten) und wieder zurück befördern.

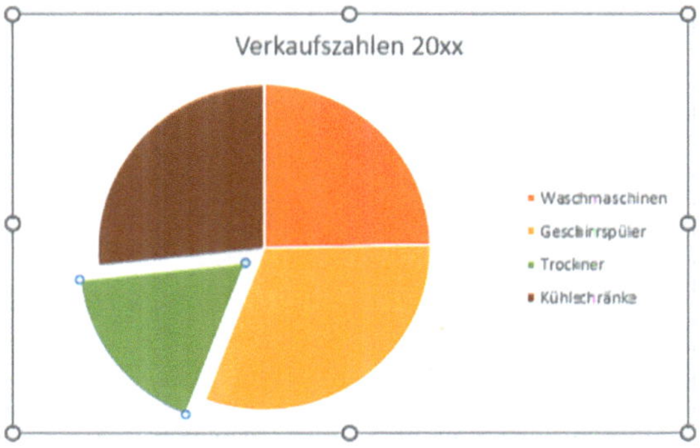

Textfeld und Formen in Diagramm einfügen

Achten Sie beim Einfügen von Textfeldern und Formen, zum Beispiel Legenden oder Pfeilen in einem Diagramm darauf, dass das Diagramm markiert ist. Dann betrachtet Excel die hinzugefügten Elemente als Teil des Diagramms, das heißt diese werden beim Verschieben des Diagramms mit verschoben.

Eingabe verschachtelter Funktionen

Verschachtelte Funktionen, zum Beispiel mehrere *WENN*-Funktionen, sind seit längerer Zeit fester Bestandteil der Prüfungen und sollten daher gut geübt werden. Da solche Formeln nach unseren Erfahrungen aber auch eine der häufigsten Fehlerursachen sind, an dieser Stelle eine kurze Zusammenfassung der grundsätzlichen Vorgehensweise bei der Eingabe.

Verschachtelte Funktionen können, wie jede Funktion, entweder über den Funktionsassistenten beziehungsweise das Fenster *Funktionsargumente* eingegeben werden oder komplett per Tastatureingabe. Das Ergebnis bleibt in beiden Fällen gleich, verwenden Sie also die Methode, die Ihnen am besten zusagt.

Funktionsassistent

1. Funktion einfügen und den ersten Teil der Funktion eingeben, z. B. *Wahrheitstest* und *Wert_wenn_wahr*.
2. Dann in das Eingabefeld des betreffenden Funktionsarguments klicken, im Bild unten *Wert_wenn_falsch*. Die nächste Funktion wird über das Feld ganz links in der Bearbeitungsleiste eingefügt: Entweder auf die zuletzt verwendete Funktion, in diesem Fall WENN, klicken oder über den Auswahlpfeil eine andere Funktion wählen.

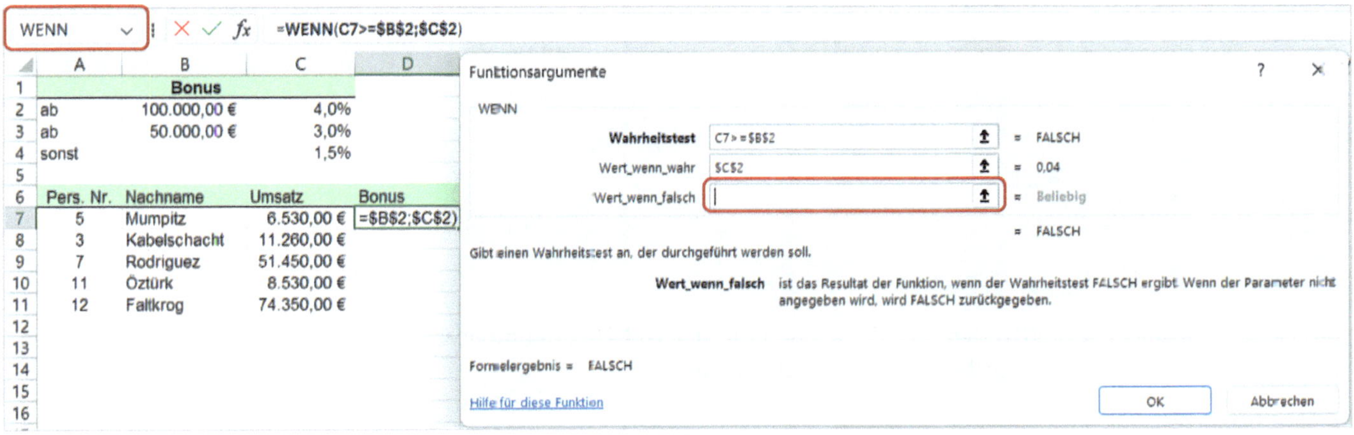

3. Im Fenster *Funktionsargumente* wird nun die nächste Funktion eingegeben. Die vollständige Formel ist in der Bearbeitungsleiste sichtbar und die aktuell bearbeitete Funktion ist fett hervorgehoben.

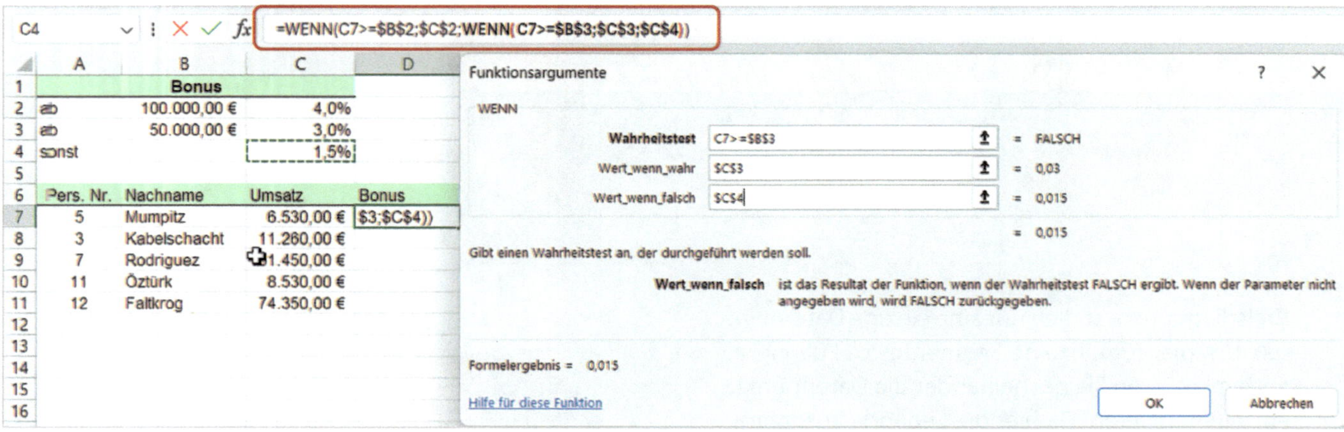

4. Um wieder die erste Funktion im Fenster anzuzeigen, klicken Sie in der Bearbeitungsleiste auf diese Funktion. Mit der Schaltfläche *OK* beenden Sie die Eingabe und schließen das Fenster *Funktionsargumente*.

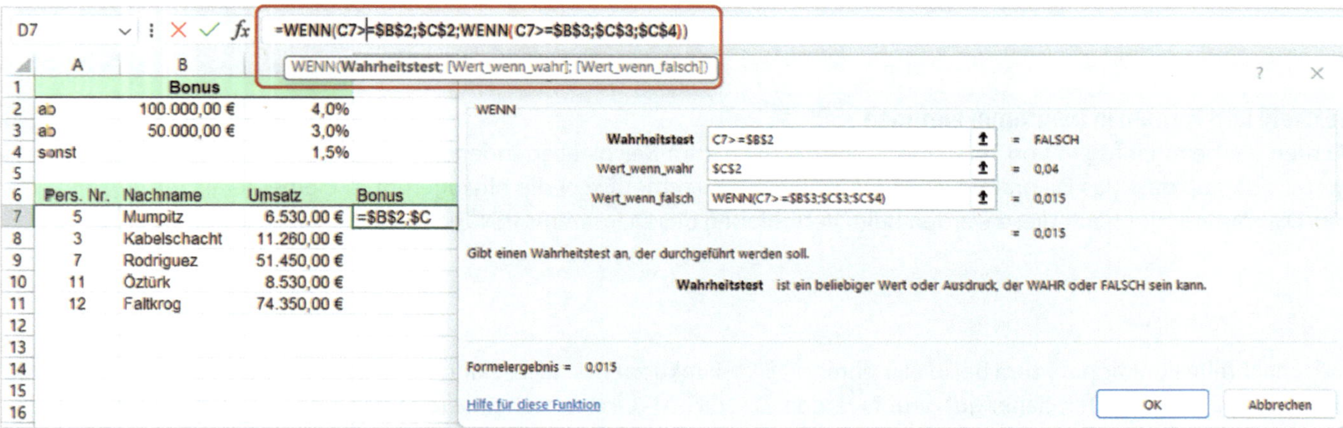

Funktionseingabe per Tastatur

Eine der häufigsten Fehlerquellen bei der Eingabe über die Tastatur sind fehlende Klammern. Fügen Sie daher bei dieser Methode grundsätzlich unmittelbar nach dem Übernehmen der Funktion die dazugehörige schließende Klammer ein. Klicken Sie dann zwischen die Klammern und geben Sie die Funktionsargumente ein. Zusammengehörende Klammerpaare sind außerdem farblich gekennzeichnet.

Vergessen Sie bei dieser Vorgehensweise nicht, dass vor dem Einfügen der nächsten Funktion als Trennzeichen ein Semikolon (;) eingegeben werden muss!

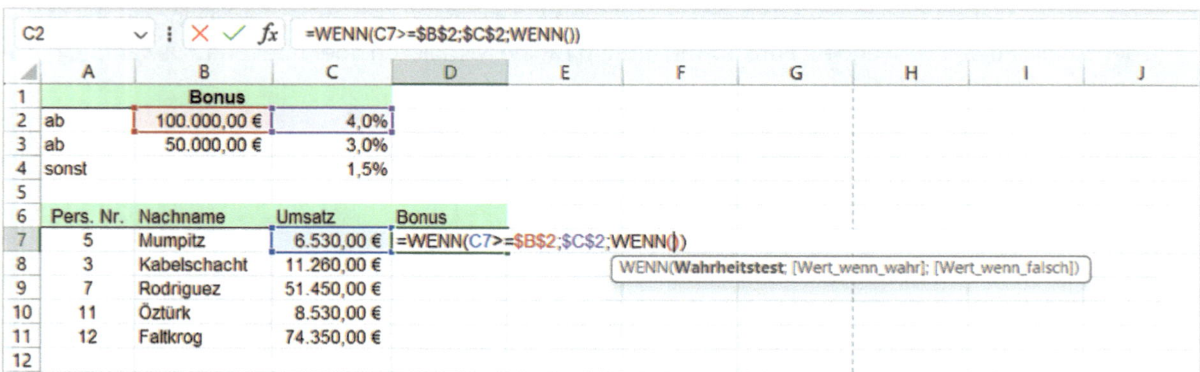

Hinweis: Excel 2016 benennt die Argumente der WENN-Funktion etwas anders, nämlich *Prüfung*, *Dann_Wert* und *Sonst_Wert*, die Bedeutung ist jedoch dieselbe.

Zellbezüge

Auch die verschiedenen Arten von Zellbezügen in Formeln und ihr Verhalten beim Kopieren der Formel sollten bekannt sein. Eine kurze Zusammenfassung:

Zellbezug ändert sich beim Kopieren entsprechend der Kopierrichtung
Solche Zellbezüge werden in der Schreibweise A1 angegeben und auch als **relative Zellbezüge** bezeichnet. Wird eine Formel mit dem Zellbezug A5 beispielsweise um eine Zeile nach unten kopiert, dann lautet der Bezug hier A6, beim Kopieren um eine Spalte nach rechts wird daraus B5.

Zellbezug ändert sich beim Kopieren nicht
Wenn ein Zellbezug beim Kopieren der Formel nicht verändert werden soll, dann verwendet man die Schreibweise $A$1. Solche Bezüge werden auch als **feste** oder **absolute Zellbezüge** bezeichnet. Das $-Zeichen vor der Spalte und vor der Zeile verhindert bei beiden ein automatisches Anpassen durch Excel.

Zellbezug wird nur in eine Richtung angepasst
Soll der Zellbezug beim Kopieren der Formel nur in eine Richtung angepasst werden, dann kommen gemischte Bezüge zum Einsatz. **Beispiel:** Beim Kopieren einer Formel nach rechts und nach unten soll der Bezug auf die Spalte A gleich bleiben und nur die Zeile angepasst werden. Dann muss die Schreibweise $A1 verwendet werden. Soll dagegen nur der Bezug auf die Zeile gleichbleiben, dann verwenden Sie die Schreibweise A$1.

Zellbezüge in Formeln schnell ändern
Zum Ändern der Zellbezüge wird am einfachsten die Funktionstaste F4 (am Laptop eventuell zusätzlich die Fn-Taste) verwendet:

1. Cursor in der Formel auf den Zellbezug setzen. Markieren ist nicht nötig, es genügt wenn sich der Cursor dazwischen, unmittelbar davor oder dahinter befindet.
2. F4 betätigen:
   1 mal = **$**A**$**1 fester Bezug auf Zeile und Spalte
   2 mal = A**$**1 Spalte veränderbar, Zeile fest
   3 mal = **$**A1 Spalte fest, Zeile veränderbar
   danach erscheint wieder die ursprüngliche Adresse A1.

Längeren Strich (–) statt Bindestrich (-) einfügen

Gemäß DIN 5008:2020 sollte im Text statt des einfachen Bindestrichs ein etwas längerer Strich, der sogenannte Halbgeviertstrich verwendet werden. In Word wird der Bindestrich meist während der Eingabe durch die AutoKorrektur automatisch durch den Halbgeviertstrich ersetzt, nicht aber in Excel. Sowohl in Word als auch in Excel können Sie aber den Halbgeviertstrich als Sonderzeichen einfügen. Dazu klicken Sie im Register *Einfügen* ▶ *Symbole* auf *Symbol*. Klicken Sie im nachfolgenden Dialogfenster *Symbol* auf das Register *Sonderzeichen*, wählen Sie *Halbgeviertstrich* und klicken Sie auf *Einfügen*.

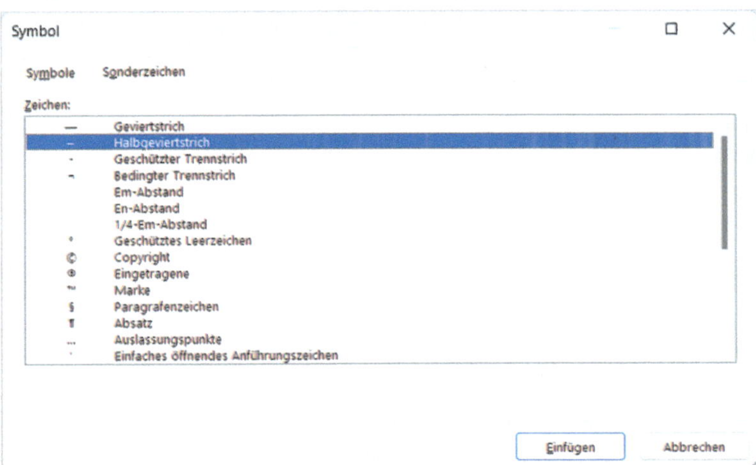

2.3 Weitere mögliche Aufgabenstellungen

Lerninhalte für die Prüfung Teil 1 nach AKA
Um nicht vor unliebsamen Überraschungen zu stehen, zuletzt einige Aufgabenstellungen, die in bisherigen Prüfungen zwar nur teilweise verlangt wurden, grundsätzlich jedoch auch in künftigen Aufgaben erneut gefordert sein könnten.

Microsoft Word: Überarbeitungsmodus, Änderungen nachverfolgen

Wenn nachträgliche Änderungen, Korrekturen und Überarbeitungen eines Dokuments transparent und nachvollziehbar sein sollen, insbesondere wenn mehrere Personen am Dokument arbeiten, dann kommt der Überarbeitungsmodus von Word zum Einsatz. Wird **vor Beginn** der Korrekturen der Überarbeitungsmodus aktiviert, dann werden ab diesem Zeitpunkt sämtliche nachträglichen Änderungen dokumentiert, egal ob es sich um das Hinzufügen oder Löschen von Text oder um Formatänderungen handelt.

Der Überarbeitungsmodus wird im Register *Überprüfen* ▶ *Nachverfolgung* mit Klick auf *Änderungen nachverfolgen* oder mit der Tastenkombination Strg + Umschalt + E ein- und auch wieder ausgeschaltet.

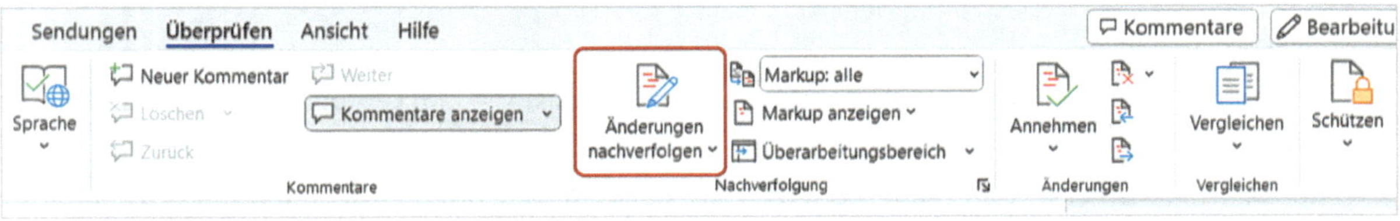

Änderungen annehmen oder verwerfen
Im Anschluss an die Überarbeitungen kann der Überprüfende bei jeder Änderung entscheiden, ob diese angenommen oder abgelehnt wird. Der Überarbeitungsmodus wird dazu nicht mehr benötigt und sollte vorher ausgeschaltet werden.

1. Cursor am Dokumentanfang positionieren und im Menüband, Register *Überprüfen* ▶ *Änderungen* auf *Weiter* klicken, um die erste geänderte Stelle zu markieren.
2. Schaltfläche *Annehmen* oder *Ablehnen*: die Hervorhebung verschwindet an dieser Stelle und die nächste Änderung wird automatisch markiert.

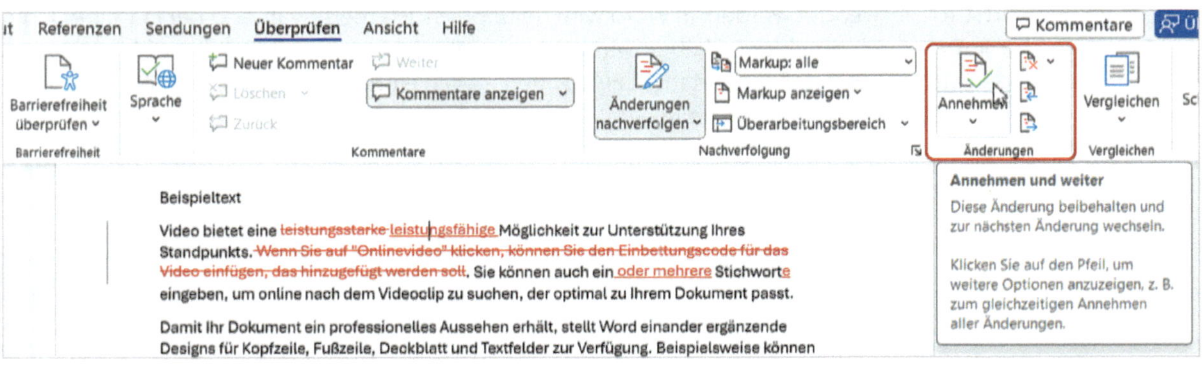

Hinweis: Welche Überarbeitungen angezeigt werden sowie das genaue Aussehen, werden über das Auswahlfeld *Markup anzeigen* (deutsch: Textauszeichnung) und die Auswahl *Sprechblasen* gesteuert: *Überarbeitungen inline anzeigen* zeigt alle Änderungen im Dokument an, siehe Bild oben, bei *Überarbeitungen in Sprechblasen* dagegen erscheint gelöschter Text in einer gesonderten Spalte.

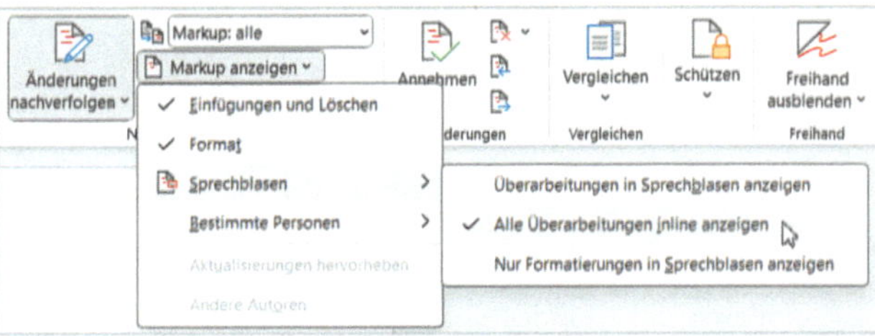

Microsoft Word: Kommentar einfügen

Statt direkter Änderungen können Sie und andere Personen auch Kommentare zu bestimmten Stellen hinzufügen. Zum Einfügen eines Kommentars positionieren Sie den Cursor im Dokument an der Stelle, die Sie kommentieren möchten oder markieren diese. Klicken Sie dann im Menüband, Register *Überprüfen* ▶ *Kommentare* auf *Neuer Kommentar* ❶. Rechts erscheint ein Feld mit Ihrem Benutzernamen, geben Sie Ihren Kommentartext ein und klicken Sie abschließend auf das Symbol *Posten* ❷.

Mit Kommentaren versehene Stellen sind im Dokument hervorgehoben ❸ und am rechten Rand mit einem Kommentarsymbol ❹ versehen. Zum Anzeigen eines Kommentars zeigen Sie entweder auf die betreffende Stelle im Dokument oder blenden mit Klick auf *Kommentare anzeigen* alle Kommentare in einer gesonderten Spalte ein.

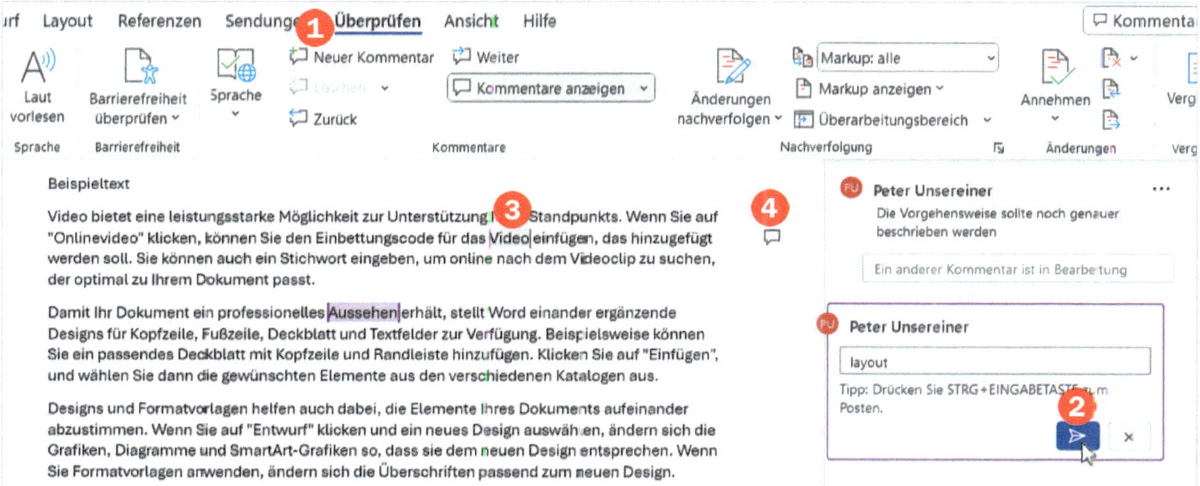

Weitere Befehle zum Verwalten von Kommentaren finden Sie ebenfalls im Register *Überprüfen*, Gruppe *Kommentare*. Mit den Schaltflächen *Löschen*, *Vorheriges Element* und *Nächstes Element* können Sie Kommentare löschen beziehungsweise schnell auswählen.

Microsoft Word: Fußnoten erstellen, ändern und löschen

Fuß- oder Endnoten einschließlich einem hochgestellten Fußnotenzeichen lassen sich auf einfache Weise einfügen und verwalten. Die Nummerierung erfolgt automatisch und wird bei späteren Änderungen aktualisiert. Fußnoten erscheinen am Ende der jeweiligen Seite, während Endnoten gesammelt und erst am Dokumentende eingefügt werden.

Fußnote einfügen

1. Cursor an die Stelle im Text setzen, an der das Fußnotenzeichen eingefügt werden soll.
2. Menüband, Register *Referenzen* ▶ *Fußnoten* ▶ Schaltfläche *Fußnote einfügen*.
3. Ein hochgestelltes Fußnotenzeichen, in der Standardeinstellung eine fortlaufende Nummerierung mit arabischen Zahlen, wird an der Cursorposition eingefügt, gleichzeitig erscheint am Ende der Seite in einem gesonderten Fußnotenbereich dasselbe Zeichen zusammen mit dem Cursor und Sie können hier Ihren Text eingeben.
4. Mit Doppelklick auf das Fußnotenzeichen wechseln Sie schnell vom Fußnotenbereich wieder zurück in den Text an die ursprüngliche Stelle.

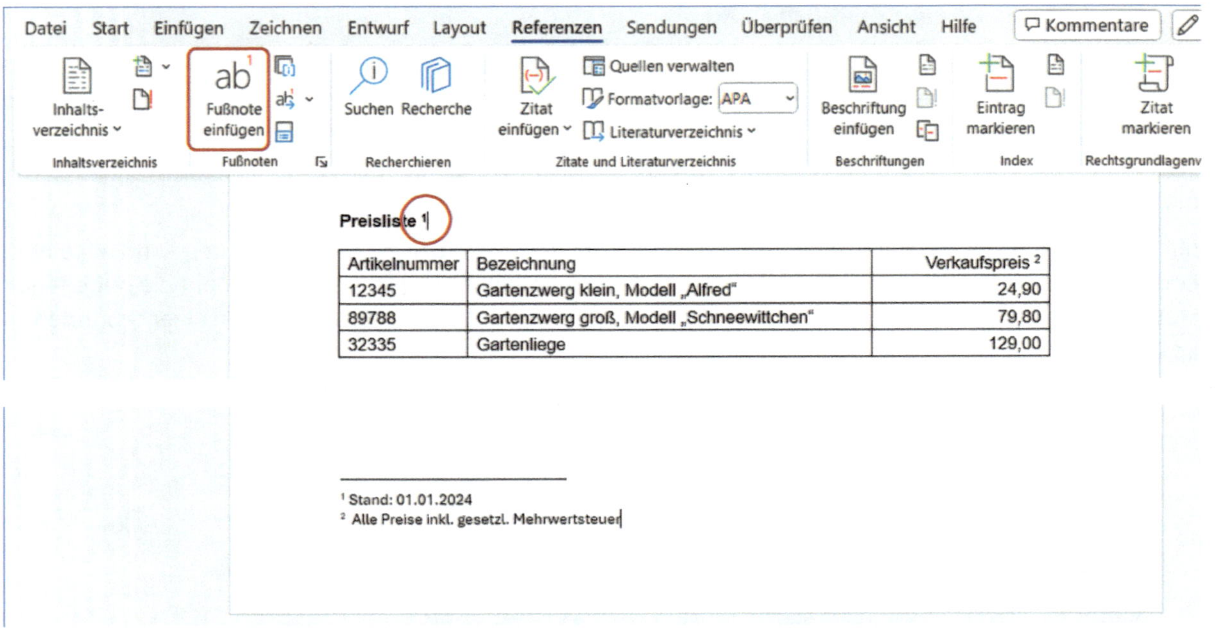

Endnote einfügen: Genauso gehen Sie auch vor, wenn Sie anstelle einer Fußnote eine Endnote einfügen möchten. In diesem Fall klicken Sie stattdessen auf die Schaltfläche *Endnote einfügen*.

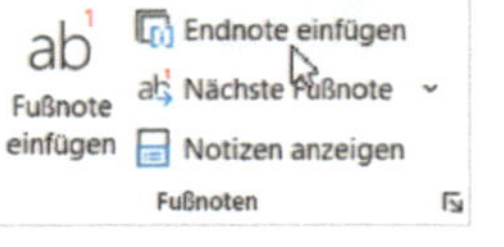

Achtung: Endnoten werden in der Standardeinstellung mit kleinen römischen Zahlen (i, ii, ...) nummeriert.

Fußnote entfernen

Zum Entfernen einer Fuß- oder Endnote genügt es, wenn Sie das Fußnotenzeichen im Text löschen, der dazugehörige Fußnotentext verschwindet automatisch und die Nummerierung der übrigen Fuß- oder Endnoten wird aktualisiert.

3 Prüfungsaufgaben Textverarbeitung Microsoft Word

Aufgabe 1 Innerbetriebliche Mitteilung Schreibregeln

In dieser Aufgabe üben Sie, ...
- neue Dokumente zu erstellen und zu speichern,
- Fußzeilen mit Autotext/Schnellbausteinen einzurichten, das Dokument zu formatieren und auszudrucken,
- eine Tabelle zu erstellen, zu bearbeiten und zu formatieren,
- Textfelder einzufügen, zu bearbeiten und zu formatieren,
- eine innerbetriebliche Mitteilung zu erstellen und zu formulieren.

Bei dieser Aufgabe helfen Ihnen:
- Lerninhalte aus dem Lernfeld 2 (Büroprozesse gestalten und Arbeitsvorgänge organisieren, Informations- und Kommunikationswege nutzen).

Für diese Aufgabe brauchen Sie:
- Technische Kenntnisse in Word 2016, 2019, 2021 oder 2024/Microsoft 365 zu oben aufgeführten Inhalten.

Ausgangssituation

Sie sind Auszubildende/Auszubildender beziehungsweise Praktikantin/Praktikant während der Ausbildung/Umschulung bei der Übungsfirma Habermann + Partner KG, Monschauer Straße 36 – 38, 40549 Düsseldorf, Telefon 0211 8560 und zurzeit in der Abteilung Organisation eingesetzt. Sie selbst sind unter der Durchwahl -12 zu erreichen. Sie haben Artvollmacht.

Ihre Vorgesetzte, Frau Pilz, ärgert sich zurzeit sehr darüber, dass viele Kollegen die Regeln der DIN 5008:2020 nicht einhalten. Die Geschäftsführung ist bereits über diesen Zustand informiert und möchte, dass alle Mitarbeiterinnen und Mitarbeiter über wichtige Regeln zur DIN 5008:2020 in einer internen Mitteilung informiert werden.

Frau Pilz erteilt Ihnen die Aufgabe, dieses Mitteilungsschreiben an die Belegschaft zu erstellen und in einem zusätzlichen Informationsblatt (siehe Anlage 1) auf wichtige Regeln der DIN 5008:2020 hinzuweisen.

Anlage 1

DIN 5008:2020 Wichtige Schreibregeln

Schreibregeln zu ...	Bedeutung	Beispiel
Unterstreichungen	Unterstreichungen sind mit dem Grundstrich vom ersten bis zum letzten Zeichen vorzunehmen.	Alle angefallenen Reisekosten werden erstattet.
Postfachnummern	Bei Postfachnummern werden von rechts beginnend zweistellige Gliederungen vorgenommen.	2 31 50
Prozentzeichen	Zwischen Zahl und Prozentzeichen wird ein Leerzeichen gesetzt.	Wir gewähren Ihnen einen Kundentreuerabatt in Höhe von 10 %.
Uhrzeiten	Uhrzeiten werden mit je zwei Ziffern angegeben und mit einem Doppelpunkt getrennt.	Die Veranstaltung beginnt um 10:30 Uhr und endet um 12:30 Uhr.

Arbeitsanweisungen

Teil 1 Merkblatt erfassen

1. Erstellen Sie mit Ihrem Textverarbeitungsprogramm ein neues leeres Dokument und speichern Sie dieses unter dem Namen **Merkblatt.docx** ab.
2. Wählen Sie für das Merkblatt die Schriftart Arial mit einer Schriftgröße von 9 Pt.

3. Fügen Sie in der Fußzeile linksbündig den Dateinamen und rechtsbündig Ihren Namen ein.
4. Erstellen Sie ab der vierten Zeile die, unter Anlage 1, aufgeführte Tabelle inklusive Überschrift und mit den abgebildeten Formatierungen.
5. Die Spaltenbreiten richten Sie wie folgt ein:
   - 1. Spalte: 4,0 cm
   - 2. Spalte: 8,0 cm
   - 3. Spalte: 4,0 cm
6. Die erste Tabellenzeile (Tabellenkopf) erhält eine Zeilenhöhe von genau 1,5 cm und keine Rahmenlinien.
7. Über der Tabelle fügen Sie in der zweiten Zeile des Dokuments nun ein Textfeld mit folgender Größe ein: 1,0 cm hoch und 5,0 cm breit. Füllen Sie das Textfeld hellblau mit dunkelblauer Rahmenlinie, Stärke 1 Pt.
8. Richten Sie das Textfeld horizontal zentriert aus und schreiben Sie das Wort *Merkblatt* in der Schriftart Arial, fett und mit Schriftgröße 20 Pt. zentriert in das Textfeld. Versehen Sie das Feld nun mit einem Formeffekt „Schatten außen unten rechts".
9. Die Tabellenüberschrift in der ersten Tabellenzeile *„DIN 5008: 2020 Wichtige Schreibregeln"* formatieren Sie in der Schriftgröße 18 Pt., zentriert und fett.
10. Die Zeile mit den Überschriften *„Schreibregeln zu…"* und *„Bedeutung und Beispiel"* wird mit einer hellgrauen Füllung und einer unteren dicken Linie mit 3 Pt. versehen. Der Schriftgrad beträgt 10 Pt.
11. Ergänzen Sie die Tabelle um nachstehende DIN-Schreibregeln:
    - IBAN
    - Postleitzahl
    - Telefonnummer national mit Vorwahl und Durchwahl.
12. Die ½ Pt. starken Rahmenlinien der Tabelle ab Zeile 3 sollen in einer dunkelblauen Farbe eingefärbt werden.

Teil 2 Interne Mitteilung erstellen

1. Erstellen Sie mit Ihrem Textverarbeitungsprogramm ein neues leeres Dokument und speichern Sie dieses unter dem Namen **Interne Mitteilung DIN-Regelungen.docx** ab.
2. Wählen Sie für diese innerbetriebliche Mitteilung die Schriftart Arial mit einer Schriftgröße von 11 Pt. Die Mitteilung darf insgesamt höchstens eine DIN A4-Seite umfassen und soll in ganzen Sätzen und mit eigenen Worten, nicht stichwortartig, formuliert werden. Achten Sie hierbei auf eine übersichtliche Darstellung und eine gute Ausdrucksweise.
3. Die interne Mitteilung 2025/20xx ist an alle Mitarbeiterinnen und Mitarbeiter der Firma Habermann + Partner KG mit dem heutigen Datum zu erstellen. Frau Pilz gibt Ihnen folgende weitere Informationen, die in der Mitteilung vorhanden sein sollen:
   - Überschrift: *3. interne Mitteilung des Jahres [zum Beispiel 2025]*,
   - ein Verweis auf das beigefügte Merkblatt,
   - Begründung der Notwendigkeit für diese interne Mitteilung,
   - eine Weiterbildung zu diesem Thema ist geplant,
   - Interessenten können sich in den nächsten 14 Tagen bei Frau Pilz melden.
4. Denken Sie an Ihren Namen unten rechts in der Fußzeile. Hier gibt es keine Vorgabe einer Schriftgröße, orientieren Sie sich daher einfach an den Corporate Design-Angaben oder an der Arbeitsanweisung.
5. Drucken Sie die interne Mitteilung sowie das Merkblatt aus.

Aufgabe 2 Büromaterialbestellung

In dieser Aufgabe üben Sie, ...
- neue Dokumente zu erstellen, bestehende Dokumente zu öffnen, Dokumente zu speichern,
- die Kopfzeile einzurichten, Dokumente zu formatieren und auszudrucken,
- eine Seite einzurichten,
- Tabulatoren und Tabellen zu erstellen, zu bearbeiten und zu formatieren,
- ein Onlineformular zu erstellen und geeignete Steuerelemente zu benutzen,
- eine E-Mail nach Norm DIN 5008:2020 zu erstellen und zu formulieren.

Bei dieser Aufgabe helfen Ihnen:
- Lerninhalte aus dem Lernfeld 2 (Büroprozesse gestalten und Arbeitsvorgänge organisieren, Informations- und Kommunikationswege nutzen).

Für diese Aufgabe in Word brauchen Sie:
- Technische Kenntnisse in Word 2016, 2019, 2021 oder 2024/Microsoft 365 zu oben aufgeführten Inhalten.

Ausgangssituation

Sie sind Auszubildende/Auszubildender beziehungsweise Praktikantin/Praktikant während der Ausbildung/Umschulung in unserer Übungsfirma Habermann + Partner KG, Monschauer Straße 36 – 38, 40549 Düsseldorf, Telefon 0211 8560 und zurzeit in der Abteilung Einkauf eingesetzt. Sie selbst sind unter der Durchwahl -12 zu erreichen. Sie haben Artvollmacht.

Unter anderem sind Sie zuständig für die Bestellungen von Büromaterial für die Mitarbeiter:innen. Ihre Abteilungsleiterin, Frau Fuchs, hat erfahren, dass Sie über weiterführende Kenntnisse in der Textbe- und -verarbeitung verfügen.

Sie erteilt Ihnen den Auftrag, ein Online-Bestellformular für Büromaterial (ähnlich dem Beispiel), ausgelegt für 6 Bestellpositionen, zu erstellen: Halten Sie sich hierzu explizit an die Arbeitsanweisungen im "Teil 1 Online-Bestellformular entwerfen".

Von:
An: Abteilung Einkauf
Datum:
Bestellformular Büromaterial

Artikelbezeichnung	Menge
...	...
...	...
...	...
...	...
...	...
...	...

Name:

Nachdem Sie das Onlineformular erstellt haben, bittet Sie Frau Fuchs, das Formular anschließend in einem 2. Teil der Aufgabe an alle Mitarbeiter:innen per E-Mail zu senden.

Arbeitsanweisungen

Teil 1 Online-Bestellformular entwerfen

1. Öffnen Sie mit Ihrem Textverarbeitungsprogramm ein neues leeres Dokument und speichern Sie dieses unter dem Namen **Bestellformular.docx** ab.
2. Wählen Sie für das Bestellformular die Schriftart Arial mit einer Schriftgröße von 10 Pt.
3. Richten Sie das Dokument im Querformat als DIN A5 mit folgenden Seitenrändern ein: Links: 1,5 cm, Rechts: 1,5 cm, Oben: 2,0 cm und Unten: 1,5 cm.
4. Tragen Sie in der Kopfzeile linksbündig Ihren Namen und rechtsbündig den Firmennamen ein.
5. Richten Sie ab der zweiten Zeile für die Felder *Von:*, *An:* und *Datum:* je einen linksbündigen Tabstopp bei 4,0 cm ein.
6. Fügen Sie für die Eingabe der Felder *Von:* und *Datum:* geeignete Steuerelemente ein.
7. Fügen Sie eine Überschrift in Schriftgröße 18 Pt., fett und linksbündig hinzu.
8. Für die Artikelpositionen richten Sie eine Tabelle mit 7 Zeilen und 2 Spalten ein.
9. Die erste Spalte soll 9,0 cm und die zweite Spalte 8,5 cm Breite haben.
10. Die Spaltenüberschrift formatieren Sie in der Schriftgröße 12 Pt. und fett. Der Inhalt der ersten Spalte wird linksbündig und der Inhalt der zweiten Spalte zentriert ausgerichtet.
11. Fügen Sie für die Eingabe der 6 Artikelpositionen geeignete Steuerelemente ein.
12. Der Text in den Tabellenzeilen 1 bis 7 erhält einen Absatzabstand von 6 Pt. Abstand oberhalb und 6 Pt. unterhalb.
13. Richten Sie unterhalb der Tabelle für die Zeile *Name* ebenfalls einen linksbündigen Tabstopp bei 4,0 cm ein.
14. Fügen Sie für das Feld *Name* ein geeignetes Steuerelement hinzu.

Teil 2 E-Mail erstellen

1. Öffnen Sie mit Ihrem Textverarbeitungsprogramm in dem, Ihnen zur Verfügung gestellten Ordner **Download\Vorlagen** die Datei **E-Mail-Vorlage.docx** und speichern Sie diese unter der Bezeichnung **E-Mail-Bestellformular.docx** ab.
2. Schreiben Sie eine E-Mail an alle Mitarbeiter:innen (E-Mail-Adresse: alle@hapa.de) und Frau Fuchs als Kopieempfänger (E-Mail-Adresse: michaela.fuchs@hapa.de). Ihre eigene E-Mail-Adresse lautet: vorname.nachname@hapa.de.
3. Informieren Sie die gesamte Belegschaft über das neu entwickelte Bestellformular für Büromaterial. Verweisen Sie darauf, dass künftig Büromaterialien nur noch über dieses Bestellformular zu bestellen sind.
4. Rückfragen können gerne an Frau Fuchs oder Sie gestellt werden.
5. Fügen Sie das Bestellformular als Dateianhang bei.
6. Schließen Sie die E-Mail mit einem Gruß, den Kommunikations- und Firmenangaben ab.

Notizen:

Aufgabe 3 Eignungstest

In dieser Aufgabe üben Sie, …

- neue Dokumente zu erstellen, bestehende Dokumente zu öffnen, Dokumente zu speichern,
- Fußzeile(n) mit Autotexten einzurichten, Dokumente zu formatieren, eine Seite einzurichten,
- Tabellen als Datenquelle zu erstellen und zu formatieren,
- ein Serienbrief-Hauptdokument mit der Datenquelle zu verknüpfen und Seriendruck- und Bedingungsfelder einzufügen,
- einen Brief nach Norm DIN 5008:2020 zu erstellen und zu formulieren,
- Dokumente zu drucken: Datenquelle, Serienbrief, Hauptdokument mit Feldfunktionen.

Bei dieser Aufgabe helfen Ihnen:

- Lerninhalte aus dem Lernfeld 2 (Büroprozesse gestalten und Arbeitsvorgänge organisieren, Informations- und Kommunikationswege nutzen).

Für diese Aufgabe in Word brauchen Sie:

- Technische Kenntnisse in Word 2016, 2019, 2021 oder 2024/Microsoft 365 zu oben aufgeführten Inhalten.

Ausgangssituation

Sie sind Auszubildende/Auszubildender beziehungsweise Praktikantin/Praktikant während der Ausbildung/Umschulung in unserer Übungsfirma Habermann + Partner KG, Monschauer Straße 36 – 38, 40549 Düsseldorf, Telefon 0211 8560 und zurzeit in der Abteilung Personal eingesetzt. Sie selbst sind unter der Durchwahl -12 zu erreichen. Ihre E-Mail-Adresse lautet: vorname.nachname@hapa.de. Sie haben Artvollmacht.

Für das aktuelle Jahr sucht unsere Übungsfirma neue Auszubildende für die folgenden Ausbildungsberufe: Kaufmann/Kauffrau im Groß- und Außenhandel, Fachrichtung Großhandel und Kaufmann/Kauffrau für Büromanagement.

Herr Pichler, Ihr Abteilungsleiter, gibt Ihnen eine Liste mit geeigneten Bewerbern, die zu einem Eignungstest eingeladen werden sollen.

- *Kandidaten für den Ausbildungsberuf Kaufmann/Kauffrau im Groß- und Außenhandel, Fachrichtung Großhandel sollen am 11.06.2025 um 09:30 Uhr und Kandidaten für den Ausbildungsberuf Kaufmann/Kauffrau für Büromanagement am 09.06.2025 um 10:00 Uhr eingeladen werden.*
- *Bevor der Eignungstest beginnt, wird Herr Pichler den Kandidaten eine allgemeine Unternehmenspräsentation vorstellen. Für den Eignungstest sind insgesamt 90 Minuten vorgesehen.*
- *Folgende Kandidaten sollen zum Eignungstest eingeladen werden: (Aufstellung nicht DIN-gerecht!)*
  - **Tobias Prein**, Ernteweg 17, 2. Etage, 40472 Ratingen, Kaufmann für Büromanagement, Posteingang Bewerbung 2.5.2025
  - **Sabine Weber**, Talstraße 70, 40822 Mettmann, Kauffrau für Büromanagement, Posteingang Bewerbung 04.5.2025
  - **Tatiana Tsitroda**, Alice-Heye-Platz 8b, Wohnung 2, 40591 Düsseldorf -Wersten, Kauffrau im Großhandel, Posteingang Bewerbung 12.4.25
  - **Peter Fuchs**, Nordkanalallee 7, 41464 Neuss, Kaufmann im Großhandel, Posteingang Bewerbung 02.05.2025
  - **Fabienne Lenanova**, Benzenbergstraße 7a, 40219 Düsseldorf, Kauffrau für Büromanagement, Posteingang Bewerbung 4.05.2025

Arbeitsanweisungen

Teil 1 Datenquelle erstellen

1. Erstellen Sie mit Ihrem Textverarbeitungsprogramm ein neues leeres Dokument und speichern Sie dieses unter dem Namen **Datenquelle.docx** ab.
2. Wählen Sie für das Dokument die Schriftart Arial mit einer Schriftgröße von 10 Pt.
3. Richten Sie das Dokument im Querformat, DIN A4 mit folgenden Seitenrändern ein: Links: 2,5 cm, Rechts: 2,5 cm, Oben: 3,0 cm und Unten: 3,0 cm.
4. Tragen Sie in der Fußzeile linksbündig Ihren Namen und rechtsbündig mit einer geeigneten Funktion das Druckdatum ein.
5. Erstellen Sie aus den Angaben zu den Kandidaten eine Datenquelle für einen Serienbrief. Denken Sie bei den Angaben an die Umsetzung der Regeln nach DIN 5008:2020.
6. Wenden Sie an der Tabelle eine Formatierung nach DIN 5008:2020 an.

Teil 2 Serienbrief-Hauptdokument erfassen

1. Öffnen Sie mit Ihrem Textverarbeitungsprogramm in dem, Ihnen zur Verfügung gestellten, Ordner **Download\Vorlagen** die Datei **Brief.docx** und speichern Sie diese unter der Bezeichnung **HD Einladung Eignungstest.docx** ab.
2. Wählen Sie für das Dokument (Hauptdokument) die Schriftart Arial mit einer Schriftgröße von 11 Pt. Das Hauptdokument darf insgesamt höchstens eine DIN A4-Seite umfassen und soll in ganzen Sätzen und mit eigenen Worten, nicht stichwortartig, formuliert werden. Achten Sie hierbei auf eine übersichtliche Darstellung und eine gute Ausdrucksweise. Tagesdatum des Hauptdokumentes ist der 01.06.2025.
3. Verknüpfen Sie das Serienbrief-Hauptdokument mit der Datenquelle aus Teil 1.
4. Für alle Informationen aus der Datenquelle verwenden Sie an geeigneten Stellen Seriendruck- oder Bedingungsfelder. Für die Anrede im Adressfeld und für die Anrede im Hauptteil verwenden Sie bitte jeweils eine geeignete Regel.
5. Formulieren Sie den Text des Serienbrief-Hauptdokuments nach den Vorgaben der Ausgangssituation.
6. Formatieren Sie den Betreff nach DIN 5008:2020.
7. Wünschen Sie den Kandidaten viel Erfolg und lassen Sie sich die Teilnahme am Eignungstest bestätigen.
8. Drucken Sie nacheinander aus:
   - die Datenquelle,
   - den Serienbrief mit dem 1. Datensatz,
   - den Serienbrief mit dem 4. Datensatz,
   - das Hauptdokument mit Feldfunktionen.

Notizen:

....

....

....

....

....

Aufgabe 4 Ausbildungsbetrieb

In dieser Aufgabe üben Sie, ...
- neue Dokumente zu erstellen, bestehende Dokumente zu öffnen, Dokumente zu speichern,
- Texte einzufügen, zu bearbeiten und zu formatieren,
- eine Seite einzurichten, Kopf- und Fußzeile zu definieren,
- eine Grafik als Wasserzeichen einzufügen,
- eine E-Mail nach Norm DIN 5008:2020 zu erstellen und zu formulieren,
- eine E-Mail auszudrucken.

Bei dieser Aufgabe helfen Ihnen:
- Lerninhalte aus dem Lernfeld 1 (Die eigene Rolle im Betrieb mitgestalten und den Betrieb präsentieren) und
- Lerninhalte aus dem Lernfeld 2 (Informations- und Kommunikationswege nutzen).

Für diese Aufgabe in Word brauchen Sie:
- Technische Kenntnisse in Word 2016, 2019, 2021 oder 2024/Microsoft 365 zu oben aufgeführten Inhalten.

Ausgangssituation

Sie sind Auszubildende/Auszubildender beziehungsweise Praktikantin/Praktikant während der Ausbildung/Umschulung in unserer Übungsfirma Habermann + Partner KG, Monschauer Straße 36 – 38, 40549 Düsseldorf, Telefon 0211 8560 und zurzeit in der Abteilung Personal eingesetzt. Sie selbst sind unter der Durchwahl -12 zu erreichen. Ihre E-Mail-Adresse lautet: vorname.nachname@hapa.de. Sie haben Artvollmacht.

Herr Pichler, Ihr Abteilungsleiter, legt Ihnen einen Beschwerdebrief der Auszubildenden Verena Sommer vor. Ihr Vorgesetzter, Herr Thobias Müllner aus der Abteilung Einkauf hätte ihr mitgeteilt, dass sie die Ruhepausenzeiten nicht einhält. Sie behauptet in dem Schreiben, dass ihr, da sie erst 17 Jahre alt ist, alle 3 Stunden 30 Minuten Pausen zustehen.

Herr Pichler erteilt Ihnen die Aufgabe, im Jugendarbeitsschutzgesetz nach den Pausenzeiten zu recherchieren und ein entsprechendes Dokument zu den Ruhepausen zu erstellen.

Arbeitsanweisungen

Teil 1 Textgestaltung

1. Öffnen Sie mit Ihrem Textverarbeitungsprogramm in dem, Ihnen zur Verfügung gestellten, Ordner **Download\Texte** die Datei **Auszug Jugendarbeitsschutzgesetz.docx** und speichern diese unter dem Namen **Pausenzeiten.docx** ab.
2. Suchen Sie im Gesetzestext den *§ 11 Ruhepausen, Aufenthaltsräume.*
3. Löschen Sie den Text vor und nach dem § 11.
4. Richten Sie das Dokument im Querformat, DIN A5 aus.
5. Schriftart für den gesamten Text Arial, 10 Pt.
6. Legen Sie für alle Absätze einen 1,5-fachen Zeilenabstand fest.
7. Gestalten Sie das gesamte Dokument im Blocksatz mit automatischer Silbentrennung.
8. Formatieren Sie unter Absatz (1) die Punkte 1. und 2. fett, unterstrichen und linksbündig.
9. Umrahmen Sie den gesamten Text mit der Einstellung: Kontur, Breite: 1,0 Pt.
10. Geben Sie in der Kopfzeile zentriert in der Schriftart Arial, 16 Pt., fett folgenden Text ein:
    Auszug aus dem Jugendarbeitsschutzgesetz (JArbSchG)

11. Geben Sie in der Fußzeile linksbündig in der Schriftart Arial, 10 Pt. das aktuelle Datum als Feld im Format JJJJ-MM-TT ein und dahinter, getrennt mit einem Schrägstrich Ihren Namen. Das Datum soll beim Öffnen automatisch aktualisiert werden.
12. Ändern Sie die Seitenränder wie folgt:
    Links und Rechts: jeweils 2,5 cm, Oben und Unten: jeweils 3,0 cm.
13. Fügen Sie aus dem, Ihnen zur Verfügung gestellten, Ordner **Download\Grafiken** die Datei **Paragraf.jpg** als Wasserzeichen (Kontrollkästchen *Auswaschen* deaktivieren) ein[1].

Teil 2 E-Mail erstellen

Herr Pichler dankt Ihnen für Ihr Engagement und bittet Sie, Frau Verena Sommer in einer E-Mail über den korrekten Sachverhalt zu informieren. Er bittet Sie, zusätzlich Herrn Müllner sowie ihn in Kopie zu setzen.

E-Mail-Adressen:

Frau Verena Sommer: **verena.sommer@hapa.de**

Herr Thobias Müllner: **thobias.muellner@hapa.de**

Herr Wolfgang Pichler: **wolfgang.pichler@hapa.de**

1. Öffnen Sie mit Ihrem Textverarbeitungsprogramm in dem, Ihnen zur Verfügung gestellten, Ordner **Download\Vorlagen** die Datei **E-Mail-Vorlage.docx** und speichern Sie diese unter dem Namen **E-Mail-Sommer.docx** ab.
2. Nehmen Sie in der E-Mail Stellung zur Ausgangssituation und klären Sie Frau Sommer über den korrekten Sachverhalt auf.
3. Öffnen Sie die Datei **Pausenzeiten.docx** und speichern Sie diese unter dem Namen **Pausenzeiten.pdf** ab. Fügen Sie die Datei **Pausenzeiten.pdf** als Dateianhang der E-Mail bei.
4. Schließen Sie die E-Mail mit einem Gruß, den Kommunikations- sowie den Firmenangaben ab.
5. Drucken Sie die E-Mail aus.

Notizen:

1 Sollte das Wasserzeichen nicht funktionieren, fügen Sie das Paragraphenzeichen einfach in den Hintergrund mit einer Transparenz von 65 % oder ähnlich ein.

Aufgabe 5 Poststelle

In dieser Aufgabe üben Sie, ...

- neue Dokumente zu erstellen, bestehende Dokumente zu öffnen, Dokumente zu speichern,
- eine Seite einzurichten, Kopf- und Fußzeile zu definieren,
- Texte zu bearbeiten und zu formatieren,
- Texte dreispaltig zu formatieren,
- eine WordArt einzufügen und zu formatieren,
- ein Textfeld einzufügen, zu bearbeiten und zu formatieren,
- eine interne Mitteilung zu erstellen und zu formulieren,
- Dokumente auszudrucken.

Bei dieser Aufgabe helfen Ihnen:

- Lerninhalte aus dem Lernfeld 2 (Büroprozesse gestalten und Arbeitsvorgänge organisieren, Informations- und Kommunikationswege nutzen).

Für diese Aufgabe brauchen Sie:

- Technische Kenntnisse in Word 2016, 2019, 2021 oder 2024/Microsoft 365 zu oben aufgeführten Inhalten.

Ausgangssituation

Sie sind Auszubildende/Auszubildender beziehungsweise Praktikantin/Praktikant während der Ausbildung/Umschulung in unserer Übungsfirma Habermann + Partner KG, Monschauer Straße 36 – 38, 40549 Düsseldorf, Telefon 0211 8560 und zurzeit in der Poststelle eingesetzt. Sie selbst sind unter der Durchwahl -12 zu erreichen. Ihre E-Mail-Adresse lautet: vorname.nachname@hapa.de. Sie haben Artvollmacht.

Die Deutsche Post AG bietet als Zustellnachweis für Briefzustellungen das Einschreiben an. Herr Münch, Abteilungsleiter der Poststelle, möchte, dass Sie für die Abteilung ein Merkblatt für Einschreibezustellungen entwerfen und dieses in einer internen Mitteilung allen Mitarbeitern:innen zur Verfügung stellen.

Arbeitsanweisungen

Teil 1 Merkblatt erstellen

1. Öffnen Sie mit Ihrem Textverarbeitungsprogramm in dem, Ihnen zur Verfügung gestellten, Ordner **Download\Texte** die Datei **Einschreiben.docx** und speichern Sie diese unter dem Namen **Merkblatt_Einschreiben.docx** ab.
2. Richten Sie das Dokument im Querformat, DIN A4 mit folgenden Seitenrändern ein: Links: 3,0 cm, Rechts: 3,0 cm, Oben: 3,0 cm und Unten: 3,0 cm.
3. Schreiben Sie in der Kopfzeile mit einem beliebigen Texteffekt (oder einer WordArt-Vorlage) und in Schriftgröße 24 Pt. den Text: *Produktvarianten Zustellnachweise für Briefsendungen*.
4. Tragen Sie in der Fußzeile linksbündig Ihren Namen und rechtsbündig den Dateinamen ein.
5. Der Text ist in Arial 10 Pt. mit Blocksatz und automatischer Silbentrennung zu formatieren.
6. Formatieren Sie die jeweiligen Überschriften *Einschreiben, Rückschein (Nur in Verbindung mit Einschreiben), Eigenhändig (Nur in Verbindung mit Einschreiben), Einschreiben eigenhändig, Rückschein* und *Einschreiben Einwurf* in Schriftgröße 12 Pt., fett.
7. Formatieren Sie den Text dreispaltig.
8. In Spalte 1 soll der Text mit den Überschriften *Einschreiben* und *Rückschein (Nur in Verbindung mit Einschreiben)*, in Spalte 2 der Text mit den Überschriften *Eigenhändig (Nur in Verbindung mit Einschreiben)* und *Einschreiben eigenhändig Rückschein* und in Spalte 3 der Text mit der Überschrift *Einschreiben Einwurf* aufgeführt sein.

9. Formatieren Sie das Wort *Achtung* fett, kursiv, unterstrichen und in roter Schriftfarbe.
10. Fügen Sie ein Textfeld in der Größe von 10,0 cm Höhe und 1,5 cm Breite ein und versehen Sie es mit einem Rahmen (½ Pt.) und einer beliebigen Füllfarbe. Schreiben Sie in das Textfeld den Text *Einschreiben.*
11. Drehen Sie den Text (Textrichtung) im Textfeld um 270° und formatieren Sie diesen in der Schriftart Arial, 20 Pt., fett. Richten Sie den Text horizontal und vertikal zentriert aus.
12. Platzieren Sie das Textfeld links neben der Spalte 1.
13. Umrahmen Sie das Dokument mit einem Rahmen und mit Schereneffekt.

Teil 2 Interne Mitteilung erstellen

1. Erstellen Sie mit Ihrem Textverarbeitungsprogramm ein neues leeres Dokument und speichern Sie dieses unter dem Namen **Interne Mitteilung Produktvarianten Einschreiben.docx** ab.
2. Wählen Sie für die interne Mitteilung die Schriftart Arial mit einer Schriftgröße von 11 Pt. Die Mitteilung darf insgesamt höchstens eine DIN A4-Seite umfassen und soll in ganzen Sätzen und mit eigenen Worten, nicht stichwortartig, formuliert werden. Achten Sie hierbei auf eine übersichtliche Darstellung und eine gute Ausdrucksweise.
3. Die interne Mittteilung ist an alle Mitarbeiter:innen der Firma Habermann + Partner KG mit dem heutigen Datum zu erstellen.
4. Herr Münch gibt Ihnen folgende weitere Informationen, die in der Mitteilung vorhanden sein sollen:
   - 7. interne Mitteilung des Jahres,
   - wichtige Dokumente möglichst als Einschreiben mit Rückschein,
   - Bitte um Beachtung,
   - Verweis auf das beigefügte Merkblatt,
   - Rückfragen jederzeit möglich.
5. Drucken Sie die interne Mitteilung sowie das Merkblatt aus.

Notizen:

Aufgabe 6 Angebot

In dieser Aufgabe üben Sie, ...

- neue Dokumente zu erstellen, bestehende Dokumente zu öffnen, Dokumente zu speichern,
- eine Seite einzurichten, Kopf- und Fußzeile zu definieren,
- Tabellen zu erstellen, zu bearbeiten und zu formatieren,
- Dateiinhalte einzufügen,
- Corporate Design-Anweisungen zu beachten,
- einen Brief nach Norm DIN 5008:2020 zu erstellen und zu formulieren,
- Dokumente zu drucken.

Bei dieser Aufgabe helfen Ihnen:

- Lerninhalte aus dem Lernfeld 2 (Büroprozesse gestalten und Arbeitsvorgänge organisieren, Informations- und Kommunikationswege nutzen).

Für diese Aufgabe brauchen Sie:

- Technische Kenntnisse in Word 2016, 2019, 2021 oder 2024/Microsoft 365 zu oben aufgeführten Inhalten.

Ausgangssituation

Sie sind Auszubildende/Auszubildender beziehungsweise Praktikantin/Praktikant während der Ausbildung/Umschulung in unserer Übungsfirma Habermann + Partner KG, Monschauer Straße 36 – 38, 40549 Düsseldorf, Telefon 0211 8560 und in der Abteilung Verkauf eingesetzt. Sie selbst sind unter der Durchwahl -28 zu erreichen. Ihre E-Mail-Adresse lautet: vorname.nachname@hapa.de. Sie haben Artvollmacht.

Unter anderem sind Sie für die Bearbeitung von Kundenanfragen zuständig. Ihnen liegt eine Anfrage (siehe Anlage 1) vom Kunden Herbert Vestermann GmbH, Hamm vor. Diese Anfrage sollen Sie bearbeiten. Alle angefragten Artikel sind auf Lager und bestellbar. Darüber hinaus erhalten Sie von Ihrem Vorgesetzten den Auftrag, ein Werbeblatt zu erstellen und dieses dem Angebot als Anlage beizufügen.

Formulieren Sie das Angebot in ganzen Sätzen und nicht stichwortartig. Beachten Sie den Ausdruck, die Rechtschreibung sowie die Zeichensetzung. Gestalten Sie Ihre Ergebnisse übersichtlich und wenden Sie die Regeln der DIN 5008:2020 in der Textverarbeitung an.

Beachten Sie folgende Corporate Design-Anweisungen

- Schriftart Arial, Schriftgröße 11 Pt.
- Überschriften zentriert, Schriftgröße 16 Pt., fett

Anlage 2

Artikelblätter:
PC Artos 7800: Art.-Nr.: 5020, AMD® Ryzen® 7 7800X3D Prozessor 4,2 GHz, 16 GB RAM, 1 TB SSD, Microsoft Windows 11 Professional 64-bit, NVIDIA® RTX 5000, 32 GB GDDR6, Blue-Ray Brenner, USB C 3.1, DVI, HDMI 2.0, DisplayPort 1.4a. **Preis pro Stück 899,00 EUR netto.**

Monitor Zortex 24 Zoll LED LCD: Art.-Nr.: 6040, LED LCD 24 Zoll (61 cm), Full HD, 1920 x 1200 WUXGA, HDMI, USB C 3.1. **Preis pro Stück 256,00 EUR netto.**

Hinweis: Die Bezugszeichen- oder auch Kommunikationszeile wurde im Zuge der Globalisierung in der aktuellen DIN 5008:2020 gestrichen, da der Informationsblock rechts oben mehr Platz für Informationen bietet. Da die DIN-Norm aber auch nur eine Empfehlung ist, darf die Bezugszeichenzeile dennoch in der Praxis Verwendung finden. Die Anlagen, Übungen und Vorlagen in diesem Buch halten sich allerdings eng an die IHK-Vorgaben in der Prüfung. Maßgeblich ist immer die Vorgabe auf www.ihk-aka.de/download in der aktuellen NÜRA-Datei, Ordner Vorlagendateien ▶ Brief.

Anlage 1

Herbert Vestermann GmbH

Ihr Zeichen:
Ihre Nachricht vom:
Unser Zeichen: wi
Unsere Nachricht vom:

Herbert Vestermann GmbH, Am Vorfeld 70, 59075 Hamm
Habermann und Partner KG
Abteilung Verkauf
Monschauer Straße 36 – 38
40549 Düsseldorf

Name: Wilma Winter
Telefon: 02381 542063-0
Telefax: 02381 542063-9
E-Mail: wilma.winter@vestermann.de

Datum: 12.07.2025

Angebotsanfrage

Sehr geehrte Damen und Herren,

von einem befreundeten Geschäftspartner habe ich erfahren, dass Sie hervorragende PCs und Monitore in Ihrem Angebot haben.

Bitte senden Sie uns ein Angebot für folgende Artikel:

- 3 x PC Artos 7800
- 2 x Monitor Zortex 24 Zoll, LED LCD

Darüber hinaus benötigen wir eine genaue Artikelbeschreibung.
Informieren Sie uns bitte auch über alle anfallenden Kosten sowie den Gerichtsstand und Erfüllungsort.

Wir legen Wert auf eine zuverlässige Lieferung.

Mit freundlichen Grüßen

Herbert Vestermann GmbH

Wilma Winter

i. A. Wilma Winter

Telefon: 02381 542063-0	**Geschäftsführer:**	**Steuernummer:**	**Bankverbindung:**
Telefax: 02381 542063-9	Herbert Vestermann	322/585/01526	Sparkasse Hamm
Internet: www.vestermann.de	HRB 982	**Ust.-IdNr.:**	IBAN: DE89 4105 0095 0000 1803 77
E-Mail: info@vestermann.de	Amtsgericht Hamm	DE182270962	BIC: WELADED1HAM

Arbeitsanweisungen

Teil 1 Werbeblatt erstellen

1. Erstellen Sie mit Ihrem Textverarbeitungsprogramm ein neues leeres Dokument und speichern Sie dieses unter dem Namen **Werbeblatt.docx** ab.
2. Geben Sie in der Fußzeile linksbündig in Schriftgröße 8 Pt., Schriftart Arial Ihren Namen ein. Ändern Sie den Abstand der Fußzeile zum unteren Seitenrand auf 0,8 cm und richten Sie das Dokument im Querformat aus.
3. Schreiben Sie in die 1. Zeile gemäß Corporate Design-Anweisung die Überschrift *Ihr Partner für Hard- und Software Habermann + Partner KG* und fügen Sie anschließend zwei Leerzeilen ein.
4. Fügen Sie aus dem, Ihnen zur Verfügung gestellten, Ordner **Download\Texte** die Datei **Artikel.docx** ein und richten die Tabelle zentriert aus.
5. Löschen Sie die beiden Spalten *Lagerbestand* und *Meldebestand*.
6. Geben Sie der Spalte *Artikel* eine Spaltenbreite von 4,7 cm und der Spalte *Beschreibung* eine Breite von 9,0 cm.
7. Die Zeilen 2 bis 6 erhalten eine Zeilenhöhe von mindestens 2,0 cm.
8. Sämtliche Absätze innerhalb der Tabelle – ohne die Überschriftszeile – erhalten einen Abstand ober- und unterhalb von je 6 Pt.
9. Sortieren Sie die Artikel der Tabelle absteigend nach Artikelnummern.
10. Formatieren Sie den gesamten Tabelleninhalt in Schriftgröße 11 Pt. und heben Sie die Zeilen der Artikel *PC Artos 5200* und *Monitor Zortex 24 Zoll* fett hervor.
11. Die Zeilen 1, 3 und 5 erhalten eine beliebige, hellblaue Hintergrundfarbe.

Teil 2 Angebot erfassen

1. Öffnen Sie mit Ihrem Textverarbeitungsprogramm in dem, Ihnen zur Verfügung gestellten, Ordner **Download\Vorlagen** die Datei **Brief.docx** und speichern Sie diese unter dem Namen **Angebot Vestermann GmbH.docx** ab.
2. Schreiben Sie ein Angebot zur unter Anlage 1 vorliegenden Anfrage. Angaben zu den Artikeln finden Sie in Anlage 2. Als Zahlungsziel sind 30 Tage festgelegt oder bei Zahlung innerhalb von 14 Tagen mit 2 % Skonto. Die Lieferung erfolgt 3 Tage nach Eingang der Bestellung. Für die Beförderung und Verpackung übernimmt die Habermann + Partner KG die Kosten. Gerichtsstand und Erfüllungsort sind gemäß den gesetzlichen Regelungen anzugeben. Verweisen Sie zusätzlich auf weitere Artikel, die im Werbeblatt beigefügt sind. Das Angebot gilt, solange der Vorrat reicht.
3. Drucken Sie das Werbeblatt und das Angebot aus.

Notizen:

Aufgabe 7 Produktfragebogen

In dieser Aufgabe üben Sie, …

- neue Dokumente zu erstellen, bestehende Dokumente zu öffnen und Dokumente zu speichern,
- eine Seite einzurichten, Kopf- und Fußzeile zu definieren, Tabellen zu erstellen, zu bearbeiten und zu formatieren,
- die Corporate Design-Anweisungen zu beachten, eine Fußnote sowie Sonderzeichen und eine Grafik einzufügen und zu formatieren,
- ein Onlineformular zu erstellen und geeignete Steuerelemente zu benutzen, ein Serienbrief-Hauptdokument mit der Datenquelle zu verknüpfen sowie Seriendruck- und Bedingungsfelder zu hinterlegen,
- einen Brief nach Norm DIN 5008:2020 zu erstellen und zu formulieren,
- Dokumente auszudrucken, hier: Datenquelle, Serienbrief und Hauptdokument mit Feldfunktionen.

Bei dieser Aufgabe helfen Ihnen:

- Lerninhalte aus dem Lernfeld 5 (Kunden akquirieren und binden) und
- Lerninhalte aus dem Lernfeld 2 (Informations- und Kommunikationswege nutzen).

Für diese Aufgabe brauchen Sie:

- Technische Kenntnisse in Word 2016, 2019, 2021 oder 2024/Microsoft 365 zu oben aufgeführten Inhalten.

Ausgangssituation

Sie sind Auszubildende/Auszubildender beziehungsweise Praktikantin/Praktikant während der Ausbildung/Umschulung in unserer Übungsfirma Habermann + Partner KG, Monschauer Straße 36 – 38, 40549 Düsseldorf, Telefon 0211 8560 und in der Abteilung Marketing eingesetzt. Sie selbst sind unter der Durchwahl -34 zu erreichen. Ihre E-Mail-Adresse lautet: vorname.nachname@hapa.de. Sie haben Artvollmacht.

Herr Pachlhuber, Ihr Abteilungsleiter, möchte im Rahmen einer Kundenbefragung unter Stammkunden (Einverständnis der Kunden vorausgesetzt) diesen einen Monitortyp zu Testzwecken über einen Zeitraum von 14 Tagen zur Verfügung stellen. Die Stammkunden sollen anschließend einen Produktfragebogen ausfüllen und diesen per E-Mail an Sie zurücksenden.

Folgende Stammkunden sollen angeschrieben werden (Übersicht nicht DIN-konform!):

Firma	Straße	PLZ	Ort	Anrede	Ansprechpartner
Weber & Sohn	Am Platz 7	50969	Köln	Frau	Tatjana Weber
Gernot Hein KG	Kurfürstenanlage 3-5	69115	Heidelberg	Herrn	Peter Hein
Haller GmbH	Wirmerstr. 124	44803	Bochum	Frau	Larissa Haller
Biehlstein und Partner AG	An der Goldgrube 18b	55131	Mainz	Herrn	Wolfgang Thalbach

Formulieren Sie das Anschreiben an die Stammkunden in ganzen Sätzen und nicht stichwortartig. Beachten Sie die Ausdrucksweise, die Rechtschreibung sowie die Zeichensetzung. Gestalten Sie Ihre Ergebnisse übersichtlich und wenden Sie die Regeln der DIN 5008:2020 in der Textverarbeitung beziehungsweise im gesamten Anschreiben, insbesondere bei den Adressaten an.

Beachten Sie folgende Corporate Design-Anweisungen:

- Schriftart Calibri, Schriftgröße 11 Pt.
- Überschriften zentriert, Schriftgröße 16 Pt., fett

Arbeitsanweisungen

Teil 1 Produktfragebogen erstellen

1. Öffnen Sie mit Ihrem Textverarbeitungsprogramm ein neues leeres Dokument und speichern Sie dieses unter der Bezeichnung **Produktfragebogen.docx** ab.
2. Richten Sie das Dokument im DIN A4 Hochformat aus und ändern Sie alle Seitenränder auf 1,5 cm. Tragen Sie in der Fußzeile rechtsbündig Ihren Namen ein.
3. Geben Sie in Zeile 1 die Überschrift *Produktfragebogen Monitor Hallifex LED 27 Zoll* ein. Fügen Sie am Ende der Überschrift eine Fußnote mit dem Text *Stand 2025* ein.
4. Fügen Sie in Zeile 3 aus dem, Ihnen zur Verfügung gestellten, Ordner **Download\Grafiken** die Datei **Monitor.jpg** ein. Richten Sie die Grafik zentriert aus und skalieren Sie die Größe sinnvoll nach eigenem Ermessen.
5. Gestalten Sie anschließend den Fragebogen annähernd wie nachfolgend abgebildet gemäß der Corporate Design-Vorgaben.

	SEHR GUT	**GUT**	**BEFRIEDIGEND**	**AUSREICHEND**	**MANGELHAFT**	**UNGENÜGEND**
Unsere Fragen ...	Note **1**	Note **2**	Note **3**	Note **4**	Note **5**	Note **6**
Wie gefällt Ihnen unser neues **Design**?						
Wie beurteilen Sie den **Bedienkomfort**?						
Wie ist die **Bedienungsanleitung**?						

	Bewertung		
	★★★	★★	★
Wie beurteilen Sie ...	**GUT**	**MITTEL**	**SCHLECHT**
Einschaltzeit			
Kontrast			
Helligkeit			

Allgemeine Angaben	
Firma:	
Name, Vorname:	
Datum:	
Bemerkungen:	
Würden Sie weitere Produkte testen?	

6. Legen Sie für die Tabellen eine Zeilenhöhe von mindestens 1,0 cm fest.
7. Spaltenbreiten:
   - **Tabelle 1**: Spalte 1: 4,3 cm, Spalten 2 – 6: jeweils 2,4 cm
   - **Tabelle 2**: Spalte 1: 4,0 cm, Spalten 2 – 4: jeweils 2,4 cm
   - **Tabelle 3**: Spalte 1: 4,0 cm, Spalte 2: 10,0 cm

8. Fügen Sie an den erforderlichen Stellen Kontrollkästchen-Steuerelemente ein.
9. Für Datumsangaben wählen Sie ein Datums-Auswahlsteuerelement, für die Position *Weitere Produkte testen:* wählen Sie ein Auswahlfeld mit den Optionen *Ja/Nein/Vielleicht* sowie für die Eingaben von Texten geeignete Steuerelemente. Probieren Sie bei den Steuerelementen auch verschiedene Eigenschaften aus und verändern Sie über deren Eigenschaften das Aussehen beispielsweise von Markierungen (Aktiviert/Deaktiviert-Symbol: Also statt einem *X* vielleicht mal das Symbol ■ oder ●).
10. Schränken Sie die Bearbeitung ein (nur das *Ausfüllen von Formularen* erlauben).
11. Tragen Sie in der Fußzeile rechtsbündig Ihren Namen ein.
12. Schützen Sie die Datei ohne Passwort (keine Eingabe).
13. Probieren Sie den Fragebogen eigenständig für sich aus, um ein Gefühl für Steuerelemente zu bekommen.
14. Drucken Sie den Produktfragebogen aus.

Teil 2 Serienbrief-Hauptdokument erfassen

1. Öffnen Sie mit Ihrem Textverarbeitungsprogramm ein neues leeres Dokument und erstellen Sie die, unter der Ausgangssituation aufgeführte, Datenquelle (Stammkunden).
2. Formatieren Sie die Tabelle nach den Regeln der DIN 5008:2020.
3. Speichern Sie diese unter dem Dateinamen **DQ_Stammkunden.docx.**
4. Öffnen Sie mit Ihrem Textverarbeitungsprogramm aus dem, Ihnen zur Verfügung gestellten, Ordner Download\Vorlagen die Datei **Brief.docx** und speichern Sie diese unter dem Namen **HD_Stammkunden_Produktfragebogen.docx** ab.
5. Verknüpfen Sie das Serienbrief-Hauptdokument mit der Datenquelle.
6. Für alle Informationen aus der Datenquelle verwenden Sie an geeigneten Stellen Seriendruck- oder Bedingungsfelder.
7. Formulieren Sie den Text des Serienbrief-Hauptdokuments nach den Vorgaben der Ausgangssituation. Vermerken Sie im Schreiben, dass das Online-Formular zusätzlich zur Anlage in einer separaten E-Mail zugesendet wird.
8. Formatieren Sie den Betreff nach DIN 5008:2020.
9. Drucken Sie nacheinander aus:
   - die Datenquelle,
   - den Serienbrief mit dem 3. Datensatz,
   - das Hauptdokument mit Feldfunktionen.

Notizen:

Aufgabe 8 Bestellung (Zeit: 1 Stunde)

In dieser Aufgabe üben Sie, ...

- bestehende Dokumente zu öffnen, Dokumente zu speichern,
- eine Seite einzurichten, Kopf- und Fußzeile zu definieren, Tabellen zu erstellen, zu bearbeiten und zu formatieren, Corporate Design-Anweisungen zu beachten,
- eine Grafik einzufügen und zu formatieren, einen Brief nach Norm DIN 5008:2020 zu erstellen und zu formulieren, Dokumente zu drucken.

Bei dieser Aufgabe helfen Ihnen:

- Lerninhalte aus dem Lernfeld 4 (Sachgüter und Dienstleistungen beschaffen und Verträge schließen) und
- Lerninhalte aus dem Lernfeld 2 (Informations- und Kommunikationswege nutzen).

Für diese Aufgabe brauchen Sie:

- Technische Kenntnisse in Word 2016, 2019, 2021 oder 2024/Microsoft 365 zu oben aufgeführten Inhalten.

Achtung: Das ist die erste Prüfung, die Sie auf Zeit ablegen sollten. Sie haben für die Bearbeitung dieser beiden Prüfungsteile maximal eine Stunde Zeit. Im Lösungsteil finden Sie anschließend die Musterlösung sowie die Angabe der Punktevergabe für die Note, die anschließend von Ihnen selbst oder vom Dozenten vorgenommen werden kann.

Ausgangssituation

Sie sind Auszubildende/Auszubildender beziehungsweise Praktikantin/Praktikant während der Ausbildung/Umschulung in unserer Übungsfirma Habermann + Partner KG, Monschauer Straße 36 – 38, 40549 Düsseldorf, Telefon 0211 8560 und in der Abteilung Einkauf eingesetzt. Sie selbst sind unter der Durchwahl -17 zu erreichen. Ihre E-Mail-Adresse lautet: vorname.nachname@hapa.de. Sie haben Artvollmacht.

Frau Thielmann, Ihre Abteilungsleiterin im Einkauf, gibt Ihnen die Aufgabe, zwei Angebote zu vergleichen:

> *„Wir wollen zukünftig Dokumentenkameras in unser Warenangebot aufnehmen. Ich habe heute zwei Angebote von namhaften Anbietern für jeweils 20 Stück erhalten.*
>
> *Zum einen haben wir ein Angebot vom Hersteller BitTec GmbH aus Münster (siehe Anlage 1) für die Dokumentenkamera Optical PC 60 und zum Vergleich das Angebot vom Hersteller READONE KG aus München (siehe Anlage 2) für ein gleichwertiges Produkt, die Dokumentenkamera vom Typ Olson ELDC 3020, vorliegen. Laut den beiden Angeboten sind die Artikel kurzfristig lieferbar.*
>
> *Ihre Aufgabe besteht darin, die Angebote zu vergleichen und beim günstigsten Anbieter zu bestellen. Für die Bearbeitung dieser Aufgabe haben Sie 1 Stunde Zeit, dann möchte ich den Angebotsvergleich und die Bestellung ausgedruckt vorgelegt bekommen."*

Formulieren Sie die Bestellung in ganzen Sätzen und nicht stichwortartig. Beachten Sie Ausdrucksweise, Rechtschreibung sowie die Zeichensetzung. Gestalten Sie Ihre Ergebnisse übersichtlich und wenden Sie die Regeln der DIN 5008:2020 in der Textverarbeitung an.

Beachten Sie folgende Corporate Design-Anweisungen

- Schriftart Arial, Schriftgröße 11 Pt.
- Überschriften zentriert, Schriftgröße 16 Pt., fett

Anlage 1

BitTec GmbH

Geister Landweg 80 • 48153 Münster
info@bittec.eu • www.bittec.eu
Fon: 0251 7850-0 • Fax: 0251 7850-9

Ihr Zeichen: th
Ihre Nachricht vom: 10.07.2025
Unser Zeichen: Mü
Unsere Nachricht vom:

BitTec GmbH • Geister Landweg 80 • 48153 Münster
Habermann + Partner KG
Frau Sabine Thielmann
Monschauer Straße 36 – 38
40549 Düsseldorf

Name: Helmut Müller
Telefon: 0251 7850-16
E-Mail: mueller.helmut@bittec.eu

Datum: 16.07.2025

Angebot

Sehr geehrte Frau Thielmann,

vielen Dank für Ihr Interesse an unseren hochwertigen Produkten. Wir möchten Ihnen folgendes Angebot unterbreiten:

Artikel-Nr.: 76520
Artikelbezeichnung: Dokumentenkamera „Optical PC 60"
Menge: 20 Stück
Einzelpreis: 350,00 EUR
Gesamtpreis: 7.000,00 EUR

Artikelbeschreibung: Breite: 26 cm, Höhe: 7,6 cm, Tiefe: 6 cm, Auflösung: 1920 x 1080 px. Full HD, Digitaler Zoom: 8-fach, Kamera Sensor: 1/2,7' CMOS-Sensor.
Lieferumfang: Easy Interactive Tools, TWAIN-Treiber für Dokumentenkamera (Windows), Leistungsaufnahme: 2,5 W, Fokussierungsfunktion: Manueller und automatischer Fokus, Frames per Second: 30 fps, Farbe: Weiß, Eingänge: USB Typ C.

Zahlungsbedingungen: Zahlbar innerhalb von 30 Tagen. Bei Zahlungen innerhalb von 14 Tagen gewähren wir einen Skontoabzug in Höhe von 2 %.
Die Lieferung erfolgt innerhalb von fünf Werktagen nach Bestelleingang und innerhalb Deutschlands frei Haus.

Darüber hinaus gewähren wir Ihnen einen Rabatt in Höhe von 10 % bei Abnahme von mindestens 15 Dokumentenkameras. Übrigens – Bei Abnahme von 25 Dokumentenkameras gewähren wir Ihnen sogar einen Rabatt in Höhe von 20 %!

Wir freuen uns, wenn Ihnen unser Angebot zusagt und sichern Ihnen eine zuverlässige Ausführung Ihres Auftrags zu.

Mit freundlichen Grüßen

BitTec GmbH

i. A. Helmut Müller
Helmut Müller

Steuer-Nr.: 133/5906/0753
Ust.-IdNr.: DE244517979
Handelsregister HRB 1142
Amtsgericht Münster

Geschäftsführender Gesellschafter:
Herbert Westermann
Weitere Geschäftsführer:
Frau Dr. Marion Klein
Herr Prof. Klaus Weber

Bankverbindung:
Bank: Sparkasse Münsterland Ost
IBAN: DE38 4005 0150 0000 0010 18
BIC/Swift-Code: WELADED1MST

Anlage 2

READ ONE KG

info@readone.de | www.readone.de

READ ONE KG | Viktualienmarkt 15 | 80331 München
Habermann und Partner KG
Frau Sabine Thielmann
Monschauer Straße 36 – 38
40549 Düsseldorf

Ihr Zeichen: th
Ihre Nachricht vom: 10.07.2025
Unser Zeichen: me
Unsere Nachricht vom:

Name: Manuela Eichler
Telefon: 089-526300-15
Telefax: 089-526300-99
E-Mail: m.eichler@readone.de

Datum: 16.07.2025

Angebot Nr. 2025/06-145
Dokumentenkamera „Olson ELDC 3020“

Sehr geehrte Frau Sabine Thielmann,

vielen Dank für Ihre schriftliche Anfrage. Wir bieten Ihnen wie folgt an:

Artikelnummer	Bezeichnung	Menge	Einzelpreis
452360	Olson ELDC 3020	20 Stück	370,00 EUR
			Gesamtpreis 7.400,00 EUR

Artikelbeschreibung: Farbe lichtgrau, Auflösung bis FullHD 1920 x 1080 px. bei bis zu 60 Hz, hochauflösender CMOS-Sensor mit 5 MP, Aufnahmebereich bis DIN A3-Format, **Anschlüsse**: Steckplatz SD-Karte™, HDMI-Ausgang, VGA Ein- und Ausgang, USB-Live Kommentarfunktion (Zeichnen von Linien und Grafiken), integriertes Mikrofon für Webcam und Videotelefonie.

Bei Abnahme von zehn Dokumentenkameras bieten wir Ihnen einen Mengenrabatt von 20 %. Zahlbar innerhalb von 30 Tagen netto oder bei Zahlung innerhalb von 14 Tagen mit 3 % Skonto. Die Lieferung erfolgt spätestens drei Tage nach Ihrer Bestellung. Die Versandkosten betragen 160,00 EUR.

Wenn Ihnen unser Angebot zusagt, freuen wir uns über Ihre Bestellung und werden Ihren Auftrag zu Ihrer vollsten Zufriedenheit erfüllen.

Mit freundlichen Grüßen

READ ONE KG

Manuela Eichler

i. A. Manuela Eichler

READ ONE

READ ONE KG
Viktualienmarkt 15
80331 München
Telefon: 089 526300
Telefax: 089 526399

HRA München 87741
Amtsgericht München
Steuernummer: 146/139/70199
Ust.-IdNr.: DE215544934
Geschäftsführer: Dr. Wilhelm Ostermann

Bankverbindung:
Postbank München
IBAN: DE26 7001 0080 0018 9928 09
Swift: PBNKDEFF

Arbeitsanweisungen

Teil 1 Angebotsvergleich erstellen

1. Öffnen Sie mit Ihrem Textverarbeitungsprogramm in dem, Ihnen zur Verfügung gestellten, Ordner **Download\Texte** die Datei **Lieferantenvergleich.docx** und speichern Sie diese unter dem Namen **Angebotsvergleich Dokumentenkameras.docx** ab.
2. Ändern Sie die Seitenausrichtung auf Querformat und stellen Sie die Seitenränder wie folgt ein: Links und Rechts jeweils 3,0 cm, Oben und Unten jeweils 1,5 cm.
3. Fügen Sie in der Fußzeile linksbündig das Druckdatum und rechtsbündig Ihren Namen ein.
4. Fügen Sie in die Tabelle oberhalb der ersten Zeile eine neue Zeile ein und verbinden Sie in dieser Zeile alle Zellen miteinander. Die Zeile erhält eine Höhe von 1,0 cm.
5. Geben Sie in die erste Tabellenzeile die Überschrift: *Angebotsvergleich 20 Dokumentenkameras* ein.
6. Richten Sie die Tabelle horizontal und vertikal zentriert aus.
7. Fügen Sie aus dem, Ihnen zur Verfügung gestellten, Ordner **Download\Grafiken** die Datei **Kamera.jpg** ein und richten Sie diese oberhalb der Tabelle horizontal zentriert aus.
8. Geben Sie in der Zeile *Anbieter* die beiden Artikellieferanten ein und formatieren Sie die beiden Anbieter mit einem beliebigen Texteffekt.
9. Die Zeilen 2 bis 12 formatieren Sie mit einer Zeilenhöhe von mindestens 0,8 cm.
10. Erstellen Sie den Angebotsvergleich aufgrund der Angaben der Angebote in Anlage 1 und Anlage 2. Den günstigsten Anbieter kennzeichnen Sie durch Ankreuzen des entsprechenden Kontrollkästchens.
11. Formatieren Sie die Tabelle nach den Regeln der DIN 5008:2020.

Teil 2 Bestellung erfassen

12. Öffnen Sie mit Ihrem Textverarbeitungsprogramm in dem, Ihnen zur Verfügung gestellten, Ordner **Download\Vorlagen** die Datei **Brief.docx** und speichern Sie diese unter dem Namen **Bestellung.docx** ab.
13. Schreiben Sie aufgrund der Ausgangssituation und den Angeboten die Bestellung. Beachten Sie bei der Bestellung folgende weitere Fakten:
    - 5 Dokumentenkameras sollen an die Hauptadresse und 15 Kameras an folgende Adresse geliefert werden:
      Habermann + Partner KG
Außenlager
Emil-Beerli-Straße 108
40822 Mettmann
    - Fragen Sie bei der Bestellung auch nach dem aktuellen Produktkatalog mit Preisen.
14. Drucken Sie das Angebot sowie den Angebotsvergleich für die Dokumentenkameras aus.

Notizen:

Aufgabe 9 Lager

In dieser Aufgabe üben Sie, …

- neue Dokumente zu erstellen, bestehende Dokumente zu öffnen, Dokumente zu speichern,
- eine Seite einzurichten, Kopf- und Fußzeile zu definieren, Tabellen zu erstellen, zu bearbeiten und zu formatieren, Zeichen und Absätze zu formatieren,
- ein Online-Formular mit geeigneten Steuerelementen zu erstellen,
- ein Formular zu schützen,
- ein Ergebnisprotokoll zu erstellen,
- das Formular und Ergebnisprotokoll zu drucken.

Bei dieser Aufgabe helfen Ihnen:

- Lerninhalte aus dem Lernfeld 4 (Sachgüter und Dienstleistungen beschaffen und Verträge schließen).

Für diese Aufgabe benötigen Sie:

- Technische Kenntnisse in Word 2016, 2019, 2021 oder 2024/Microsoft 365 zu oben aufgeführten Inhalten.

Ausgangssituation

Sie sind Auszubildende/Auszubildender beziehungsweise Praktikantin/Praktikant während der Ausbildung/Umschulung in unserer Übungsfirma Habermann + Partner KG, Monschauer Straße 36 – 38, 40549 Düsseldorf, Telefon 0211 8560 und in der Abteilung Lager eingesetzt. Sie selbst sind unter der Durchwahl -47 zu erreichen. Ihre E-Mail-Adresse lautet: vorname.nachname@hapa.de. Sie haben Artvollmacht.

Ihr Abteilungsleiter, Herr Willibert Albrecht teilt Ihnen mit, dass er heute um 10:00 Uhr eine Sitzung mit allen Mitarbeitern:innen der Abteilung durchführen möchte:

> *„Es gab in letzter Zeit einige Beschwerden von Mitarbeitern:innen zum Einen, was die Überstunden angeht, zum Anderen häufen sich Beschädigungen an unausgepackten Waren, dem unbedingt nachgegangen werden sollte. Frau Ludmilla Müller möchte darüber hinaus noch einen Antrag stellen. Ein Vertreter vom Personalrat wird daher ebenfalls zugegen sein.*
>
> *Ich möchte, dass Sie bei der Sitzung als Protokollführer fungieren und das Ergebnisprotokoll anfertigen".*
>
> *Ort: Besprechungsraum 2, Zeit: heutiges Datum von 10:00 Uhr bis 10:45 Uhr*

Besprechungsverlauf

Herr Albrecht (Sitzungsleiter):	„Guten Morgen liebe Kolleginnen und Kollegen, ich habe zu dieser heutigen Sitzung eingeladen und freue mich, dass Sie, bis auf den Kollegen Michael Bauer, es einrichten konnten, am Termin teilzunehmen. Es gibt einige wichtige Dinge zu besprechen. Ich begrüße daher auch die Kollegin Frau Sabine Meinrad vom Personalrat, die ich für dieses Meeting eingeladen habe. Ich hoffe, Sie sind alle bei bester Gesundheit."
Frau Sabine Meinrad (Personalrat):	„Vielen Dank für die Einladung, Herr Albrecht. Ich bin gerne dazu gekommen und höre mir Ihre Anliegen an. Ich muss allerdings darauf hinweisen, dass ich leider nur wenig Zeit mitgebracht habe. Ich habe um 10:30 Uhr bereits ein weiteres Meeting bei der Geschäftsleitung."
Herr Albrecht:	„In Anbetracht der kurzen Zeit lassen Sie uns doch direkt anfangen. Frau Müller beklagt, dass Sie viel zu viele Überstunden machen müsse und Andere würden gar keine Überstunden leisten. Sagen Sie doch mal etwas dazu, Frau Müller!"
Frau Ludmilla Müller (Mitarbeiterin Lager):	„Herr Albrecht, Sie wissen, dass durch den neuen Großauftrag in unserer Abteilung wesentlich mehr Arbeit anfällt als noch vor einem halben Jahr. Ich leiste dadurch im Durchschnitt 15 Überstunden im Monat. Meine Kollegen, Herr Peter Michels, Herr Michael Bauer und Frau Hilde Wild dagegen leisten kaum Überstunden. Frau Wild vielleicht drei Stunden, aber Herr Michels und Herr Bauer gar keine. Das ist nicht fair."
Herr Peter Michels (Mitarbeiter Lager):	„Frau Müller, Sie haben recht, dass ich zur Zeit keine Überstunden mache. Ich schaffe alles in der Arbeitszeit ohne Überstunden."
Frau Hilde Wild (Mitarbeiterin Lager):	„Ja, ich kann dem nur zustimmen. Ich benötige auch im Durchschnitt nicht mehr als ein bis drei Überstunden. Wieso haben Sie eigentlich 15 Überstunden?"

Frau Ludmilla Müller:	„Es hat mit dem Großauftrag zu tun. Der raubt doch viel mehr Zeit. Wenn ich Unterstützung durch Sie hätte oder einen finanziellen Ausgleich, wäre mir doch sehr geholfen. Bisher mache ich das alles ohne zusätzliche Bezahlung."
Herr Peter Michels und Frau Hilde Wild:	„Ja, gegen eine Bezahlung der Überstunden haben wir nichts." Frau Wild nickt.
Herr Albrecht:	„Ja, ich sehe es so, dass wir in nächster Zeit häufiger Großaufträge bekommen werden. Die Produktivität könnte dadurch in unserer Abteilung gesteigert werden".
Frau Ludmilla Müller:	„Herr Albrecht, ich stelle hiermit den Antrag, dass ab sofort Überstunden bezahlt werden."
Frau Hilde Wild:	„Ja, ich bin dafür."
Herr Peter Michels:	„Ich bin auch dafür."
Frau Sabine Meinrad:	„Vorausgesetzt, Herr Bauer stimmt dem auch zu, könnte ich Ihren Antrag bei der Geschäftsleitung vorbringen. Meine Kolleginnen und Kollegen, ich sagte Ihnen, dass ich zum nächsten Meeting muss und verabschiede mich. Ich lade Sie am 18. des nächsten Monats zu einem Meeting ein. Bis dahin habe ich alle Formalitäten – auch die finanziellen – geklärt. Auf Wiedersehen."
Herr Albrecht:	„Lassen Sie uns zum letzten Punkt kommen. Ich habe in letzter Zeit sehr oft Beschwerden aus der Abteilung Verkauf erhalten, dass Produkte sowie die Verpackung der Produkte beschädigt wären. Kann jemand von Ihnen etwas dazu sagen?"
Herr Peter Michels:	„Herr Albrecht, dazu gibt es eine Erklärung. Der neue Gabelstapler Typ Vario 5 ist das Problem. Seine Gabeln beschädigen sehr oft die Pakete und damit auch unter Umständen die Ware. Ich habe dies schon beim Hersteller bemängelt, bisher ohne Ergebnis."
Herr Albrecht:	„Geben Sie mir die Telefonnummer des Herstellers. Dem mache ich Dampf unterm Kessel. Dann haben wir ja alle Punkte geklärt. Ich danke Ihnen für Ihr Erscheinen. Dann mal wieder ran an die Arbeit."

Arbeitsanweisungen

Teil 1 Formular erstellen

1. Öffnen Sie mit Ihrem Textverarbeitungsprogramm in dem, Ihnen zur Verfügung gestellten, Ordner **Download\Vorlagen** die Datei **Protokoll.docx** und speichern Sie diese als **Vorlage** unter dem Namen **Ergebnisprotokoll Vorlage.dotx** ab.
2. Richten Sie das Dokument im DIN A4-Hochformat aus und ändern Sie alle Seitenränder auf 2,5 cm.
3. Tragen Sie in der Fußzeile rechtsbündig Ihren Namen (Schriftart Arial, 10 Pt.) und in der Kopfzeile zentriert den Text *Habermann + Partner KG* ein.
4. Formatieren Sie den Text *Habermann + Partner KG* in der Schriftart Arial, Schriftgröße 14 Pt. Versehen Sie den Absatz mit einer Rahmenlinie unten, Strichbreite 1 Pt.
5. Geben Sie als zentrierte Überschrift den Text *Ergebnisprotokoll* ein und formatieren Sie diese in der Schriftart Arial, 28 Pt., fett mit einem beliebigen Texteffekt und einer Spiegelung. Der Zeichenabstand soll erweitert, breit um 2 Pt. eingestellt werden.
6. Formatieren Sie die Tabelle in der Schriftart Arial, 10 Pt.
7. Fügen Sie vor der Zeile *Protokollführer/-in* 2 Leerzeilen ein. Beschriften Sie die 1. neu eingefügte Zeile mit *Anwesend:* und die 2. eingefügte Zeile mit dem Text *Abwesend:*
8. Erweitern Sie die Tabelle gemäß Anlage 1.

Anlage 1

<table>
<tr><td>Nächster Termin:</td><td colspan="2"></td></tr>
<tr><td colspan="2">Für die Richtigkeit:</td><td>Abnahme Protokoll:</td></tr>
<tr><td colspan="2"></td><td></td></tr>
<tr><td colspan="2">Unterschrift Protokollführer/-in</td><td>Unterschrift Sitzungsleiter/-in</td></tr>
</table>

9. Die Zeilen 1 bis 11 und die Zeilen 13 bis 16 erhalten eine Zeilenhöhe von genau 0,7 cm und Zeile 12 erhält eine Zeilenhöhe von genau 8,2 cm.
10. Richten Sie die Inhalte aller Zellen vertikal zentriert und am linken Rand der Zelle aus. Korrigieren Sie sodann die Zeile 12 und richten Sie diese oben links aus.
11. Fügen Sie für die Felder *Datum:, Thema:, Beginn:, Ende:, Anwesend:, Abwesend:, Erstellt am:, Tagesordnung:, Text* und *Nächster Termin:* geeignete Steuerelemente ein.
12. Für die Felder *Sitzungsleitung:, Sitzungsort:* und *Protokollführer/-in:* richten Sie aufgrund der Ausgangssituation geeignete Auswahlfelder ein.
13. Schützen Sie das Formular ohne Kennwort und lassen Sie nur das Ausfüllen von Formularen zu.
14. Drucken Sie das Formular aus.

Teil 2 Ergebnisprotokoll erfassen

1. Öffnen Sie mit Ihrem Textverarbeitungsprogramm über die, von Ihnen in Teil 1 erstellte Dokumentenvorlage **Ergebnisprotokoll Vorlage.dotx** ein neues Dokument und speichern Sie dieses unter dem Namen **Ergebnisprotokoll.docx** ab.
2. Erstellen Sie zur Ausgangssituation und zum Besprechungsverlauf das Ergebnisprotokoll.
3. Drucken Sie das Ergebnisprotokoll aus und unterschreiben Sie es als Protokollführer/-in. Das Unterschriftsfeld Sitzungsleiter bleibt leer.

Notizen:

Aufgabe 10 Marketing (Zeit: 1 Stunde)

In dieser Aufgabe üben Sie, ...

- bestehende Dokumente und Dateien zu öffnen, zu bearbeiten und zu speichern,
- die Corporate Design-Anweisungen zu beachten,
- eine Datenquelle für einen Serienbrief vorzubereiten,
- eine E-Mail nach Norm DIN 5008:2020 zu erstellen und zu formulieren,
- einen Brief nach Norm DIN 5008:2020 zu erstellen und zu formulieren,
- den Ausdruck der Datenquelle, von Serienbriefen und eines Hauptdokuments mit Feldfunktionen.

Was Sie für diese Aufgabe wissen sollten:

- Lerninhalte aus dem Lernfeld 5 (Kunden akquirieren und binden) und
- Lerninhalte aus dem Lernfeld 2 (Informations- und Kommunikationswege nutzen).

Was Sie für diese Aufgabe wissen sollten:

- Technische Kenntnisse in Word 2016, 2019, 2021 oder 2024/Microsoft 365 zu oben aufgeführten Inhalten.

Achtung: Das ist die zweite Prüfung, die Sie auf Zeit ablegen sollten. Sie haben für die Bearbeitung dieser Prüfungsteile maximal eine Stunde Zeit. Im Lösungsteil und in den Dateien finden Sie anschließend die Musterlösung sowie die Angabe der Punktevergabe für die Note, die anschließend von Ihnen selbst oder vom Dozenten vorgenommen werden kann.

Ausgangssituation

Sie sind Auszubildende/Auszubildender beziehungsweise Praktikantin/Praktikant während der Ausbildung/Umschulung in unserer Übungsfirma Habermann + Partner KG, Monschauer Straße 36 – 38, 40549 Düsseldorf, Telefon 0211 8560 und in der Abteilung Verkauf eingesetzt. Sie selbst sind unter der Durchwahl -38 zu erreichen. Ihre E-Mail-Adresse lautet: vorname.nachname@hapa.de. Sie haben Artvollmacht.

Herr Peter Tünsch, Ihr Abteilungsleiter im Verkauf, möchte, dass Sie einen Werbebrief an diverse Bestandskunden erstellen. Es sollen alle Bestandskunden aus dem Postleitzahlengebiet 40000 bis 49999 angeschrieben werden. „Ich stelle Ihnen für diese Zwecke die bestehende Kundendatei zur Verfügung, die Sie entsprechend der Vorgabe anpassen müssen". Der Werbebrief soll dann im 2. Schritt als Serienbrief an die Bestandskunden versendet werden.

Frau Sabine Habermann, die geschäftsführende Gesellschafterin, möchte vorab über eine E-Mail informiert werden, welche Bestandskunden über den Werbebrief angeschrieben werden. Eventuell wird der eine oder andere Bestandskunde noch von ihr aus der Liste herausgenommen.

Ihre Aufgabe besteht darin, die bestehende Kundendatei anzupassen, eine E-Mail an die geschäftsführende Gesellschafterin zu erstellen und den Werbebrief als Serienbrief an die Bestandskunden zu verfassen und auszudrucken.

Beachten Sie folgende Corporate Design-Anweisungen:

- Schriftart Arial, Schriftgröße 11 Pt.
- Überschriften zentriert, Schriftgröße 16 Pt., fett

Formulieren Sie in ganzen Sätzen und nicht stichwortartig. Beachten Sie Ausdrucksweise, Rechtschreibung sowie die Zeichensetzung. Gestalten Sie Ihre Ergebnisse übersichtlich und wenden Sie die Regeln der DIN 5008:2020 in der Textverarbeitung an.

Arbeitsanweisungen

Teil 1 Kundendatei anpassen und E-Mail erstellen

1. Öffnen Sie mit Ihrem Tabellenkalkulationsprogramm aus dem, Ihnen zur Verfügung gestellten, Ordner **Download\Tabellen** die Datei **Kundenstamm.xlsx** und speichern Sie diese unter dem Namen **Kundenstamm 40000-49999.xlsx** ab.
2. Sortieren Sie die Tabelle nach der Postleitzahl aufsteigend und löschen Sie alle Datensätze, die nicht im Postleitzahlengebiet 40000 bis 49999 sind.
3. Richten Sie das Tabellenblatt für den Ausdruck im Querformat DIN A4 aus und fügen Sie in der Fußzeile rechtsbündig Ihren Namen ein.
4. Formatieren Sie die Tabelle in Schriftgröße Arial 10 Pt.
5. Passen Sie die Spaltenbreite automatisch an den Inhalt an und richten Sie die Zeilenhöhe der Zellen auf 20 Pt. ein.
6. Formatieren Sie die Tabelle nach den Gestaltungsregeln der DIN 5008:2020.
7. Öffnen Sie mit Ihrem Textverarbeitungsprogramm aus dem, Ihnen zur Verfügung gestellten, Ordner **Download\Vorlage** die Datei **E-Mail-Vorlage.docx** und speichern Sie diese unter dem Namen **E-Mail_Habermann.docx** ab.
8. Schreiben Sie auf Grund der Ausgangssituation eine E-Mail an die geschäftsführende Gesellschafterin Frau Sabine Habermann (sabine.habermann@hapa.de) und Ihren Abteilungsleiter Herr Tünsch (peter.tuensch@hapa.de) als Kopieempfänger.
9. Fügen Sie die Datei **Kundenstamm 40000-49999.xlsx** als Dateianhang an.
10. Formatieren Sie den Betreff fett (in der Praxis ist dies nur in Word, nicht aber in einem E-Mailprogramm möglich und dient hier ausschließlich zu Übungszwecken).
11. Schließen Sie die E-Mail mit einem Gruß und den Kommunikations- und Firmenangaben ab.

Teil 2 Werbebrief als Serienbrief erfassen

Ausgangssituation 2
Sie erhalten telefonisch Nachricht von Frau Sabine Habermann, dass bis auf den Kunden Bogert Farben, Düsseldorf (insolvent) alle anderen Kunden aus dem Postleitzahlengebiet 4 mit dem Werbebrief angeschrieben werden sollen.

Herr Tünsch gibt Ihnen folgende Informationen, die im Werbebrief enthalten sein sollen:

Aktionsartikel:	Personal Computer Phelonium I9-Prozessor
Aktionspreis:	499,00 EUR
Artikelbeschreibung:	Small Formfaktor Silber, CPU i3 (8 x 3,90GHz), 8 GB RAM, 500 GB SSD HD, Grafik Intel HD Graphics 630 shared memory, Multiformat DVD-Brenner, 1 x HDMI und 1 x VGA, 2 x USB 3.0, 6 x USB 2.0, 3 x Audio, Netzwerk Gigabit-LAN, 6-Kanal-Sound onboard, Microsoft Windows 11 pro 64 bit, Tastatur & Maus
Angebot gilt:	Zeit vom: aktuelles Datum + 2 Wochen und nur solange der Vorrat reicht
Lieferung:	Kostenlos im Umkreis von 100 km
Rabatt:	Bei Abnahme von 5 Stück Rabatt von 10 %

1. Öffnen Sie mit Ihrem Textverarbeitungsprogramm aus dem, Ihnen zur Verfügung gestellten, Ordner **Download\Vorlagen** die Datei **Brief.docx** und speichern diese unter dem Namen **HD_Werbebrief.docx** ab.

2. Verbinden Sie das Serienbrief-Hauptdokument mit der Excel-Datenquelle.
3. Für alle Informationen aus der Datenquelle verwenden Sie an geeigneten Stellen Seriendruck- und Bedingungsfelder.
4. Formulieren Sie den Werbebrief des Serienbrief-Hauptdokuments nach den Vorgaben der Ausgangssituation.
5. Fügen Sie in der Fußzeile unten rechts Ihren Namen ein.
6. Formatieren Sie den Betreff nach DIN 5008:2020.
7. Sorgen Sie dafür, dass der Kunde Bogert Farben nicht angeschrieben wird. **Achtung: Nicht löschen!**
8. Drucken Sie nacheinander aus:
   - die Datenquelle auf einer DIN A4-Seite im Querformat,
   - den Serienbrief mit dem 5. und 6. Datensatz beziehungsweise Empfänger und
   - das Hauptdokument mit Feldfunktionen.

Notizen:

4 Prüfungsaufgaben Tabellenkalkulation Microsoft Excel

Aufgabe 1 Absatz- und Umsatzstatistik

In dieser Aufgabe üben Sie, ...
- neue Arbeitsmappen und Tabellen zu erstellen und zu speichern,
- Arbeitsblätter zu bearbeiten,
- eine Druckseite einzurichten, Kopf- und Fußzeile zu definieren, Tabellen zu bearbeiten und zu formatieren,
- Formeln und Funktionen situationsbezogen anzuwenden,
- ein Diagramm gemäß Muster zu erstellen,
- Tabellen auszudrucken.

Für diese Aufgabe helfen Ihnen:
- Lerninhalte aus dem Lernfeld 5 (Kunden akquirieren und binden).

Für diese Aufgabe benötigen Sie:
- Technische Kenntnisse in Excel 2016, 2019, 2021 oder 2024/Microsoft 365 zu oben aufgeführten Inhalten.

Ausgangssituation

Sie sind Auszubildende/Auszubildender beziehungsweise Praktikantin/Praktikant während der Ausbildung/Umschulung bei der Übungsfirma Habermann + Partner KG, Monschauer Straße 36 – 38, 40549 Düsseldorf, Telefon 0211 8560 und derzeit in der Abteilung Verkauf eingesetzt. Sie selbst sind unter der Durchwahl -28 zu erreichen. Sie haben Artvollmacht.

Herr Peter Tünsch, Ihr Abteilungsleiter im Verkauf, möchte, dass Sie für ihn eine Absatz- und Umsatzstatistik erstellen. Die Zahlen stellt er Ihnen anhand Anlage 1 zur Verfügung.

Arbeitsanweisungen

Teil 1 Statistik Absatz- und Umsatzzahlen erstellen

1. Öffnen Sie mit Ihrem Tabellenkalkulationsprogramm eine neue leere Arbeitsmappe und speichern Sie diese unter dem Namen **Absatz_und_Umsatz.xlsx.**
2. Geben Sie in dieser Arbeitsmappe dem Arbeitsblatt **Tabelle 1** den Namen **Absatz_und_Umsatz_20xx** (20xx = aktuelles Jahr).
3. Wählen Sie für das gesamte Arbeitsblatt die Schriftart Arial und Schriftgröße 11 Pt.
4. Erstellen und formatieren Sie positionsgenau die unter Anlage 1 aufgeführte Tabelle.
5. Geben Sie in Zelle F2 mit einer geeigneten Formel beziehungsweise Funktion das aktuelle Tagesdatum ein.
6. Die Absatzmengen formatieren Sie so, dass diese mit einem Tausendertrennpunkt ohne Dezimalstellen angezeigt werden, zum Beispiel 1.000.
7. Ermitteln Sie in den Zellen C20 bis F20 mit einer geeigneten Funktion die Jahresabsatzmengen zu den Produkten A bis D.
8. Errechnen Sie mithilfe von Formeln in den Zellen C22 bis F22 die Umsätze, sowie in Zelle C26 den Gesamtumsatz für das Geschäftsjahr.
9. Formatieren Sie die Zellen mit den Stückpreisen und den Umsatzzahlen mit dem Zahlenformat Währung.
10. Ermitteln Sie über geeignete Formeln und Funktionen in den Zellen C23 bis F23 die Umsatzanteile in Prozent, wobei die Ergebnisse nach der zweiten Nachkommastelle aufgerundet werden sollen. Die Zahlen sollen mit Tausendertrennzeichen und zwei Nachkommastellen angezeigt werden.
11. In den Zellen C24 bis F24 soll die Rangfolge der meistverkauften Produkte über geeignete Formeln beziehungsweise Funktionen ermittelt werden.

12. Den ermittelten Rang formatieren Sie so, dass die jeweilige Zahl mit einem Punkt und dem Zusatz *Platz* angezeigt wird, also *1. Platz*, *2. Platz* und so weiter.
13. Das Arbeitsblatt soll im Querformat gedruckt werden.
14. In der Fußzeile soll im linken Abschnitt der Arbeitsblattname und im mittleren Abschnitt der Dateiname erscheinen.
15. In der Kopfzeile tragen Sie in den rechten Abschnitt Ihren Vor- und Nachnamen ein.
16. Richten Sie die Seitenränder wie folgt ein: oberer und unterer Rand 2,1 cm, linker und rechter Rand 2,5 cm.
17. Drucken Sie das Arbeitsblatt aus.
18. Kopieren Sie das Arbeitsblatt **Absatz_und_Umsatz_20xx** und benennen Sie die Kopie in **Formeln_ Absatz_und_ Umsatz_20xx** um.
19. Drucken Sie dieses Arbeitsblatt mit der Formelansicht und mit Zeilen- und Spaltenüberschriften aus.

Anlage 1

Habermann + Partner KG — Stand:

Absatzmengen- und Umsatzübersicht 20xx

	Produkt A	Produkt B	Produkt C	Produkt D
Januar	1200	900	1300	1200
Februar	1300	850	1200	1150
März	1350	800	1250	1100
April	1450	750	1300	1050
Mai	1300	700	1400	1000
Juni	1200	650	1500	950
Juli	1800	500	1600	1000
August	1300	750	1200	1200
September	1550	850	1500	1150
Oktober	1300	680	1400	1050
November	1400	720	1350	1520
Dezember	800	740	1450	1450

Absatzmenge gesamt				
Stückpreis	12,50 €	16,00 €	15,50 €	11,20 €
Umsatz				
Umsatzanteile in %				
Rangfolge der meistverkauften Produkte				

Gesamtumsatz ______

Teil 2 Diagramm

Ausgangssituation 2

Herr Tünsch ist begeistert über das Ergebnis und bittet Sie, ein Diagramm nach dem Muster in Anlage 2 (siehe nächste Seite) zu erstellen. Es soll im Arbeitsblatt **Absatz_und_Umsatz_20xx** *neben der Tabelle platziert, aber auf einer gesonderten Seite gedruckt werden.*

1. Formatieren Sie die Überschrift in der Schriftart Arial, Schriftgröße 12 Pt., fett.
2. Legende und Beschriftungen formatieren Sie in der Schriftart Arial, Schriftgröße 10 Pt., fett.

Anlage 2, Muster

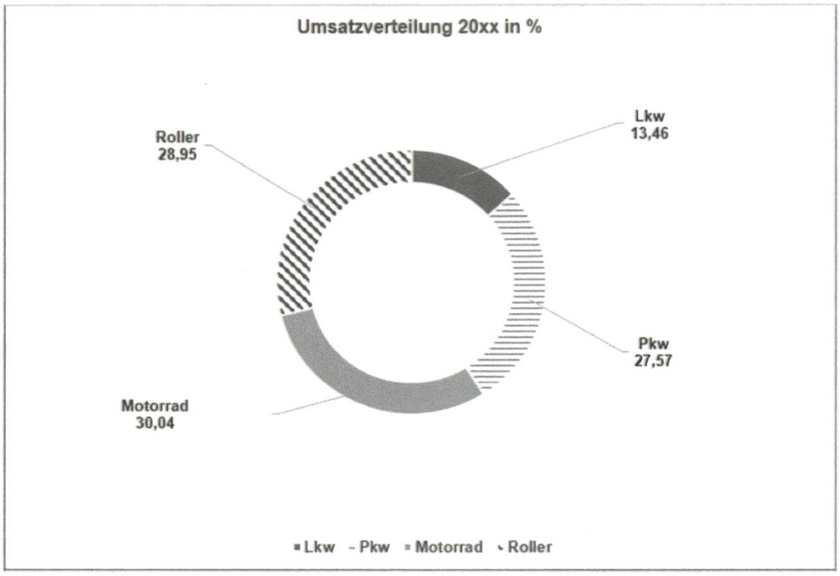

Notizen:

Aufgabe 2 Prämiensystem

In dieser Aufgabe üben Sie, ...

- bestehende Arbeitsmappen zu öffnen und erneut zu speichern,
- Arbeitsblätter zu bearbeiten,
- eine Druckseite einzurichten, Kopf- und Fußzeile zu definieren, Tabellen zu bearbeiten und zu formatieren,
- Formeln und Funktionen situationsbezogen anzuwenden,
- ein Textfeld einzufügen,
- Tabellen zu drucken.

Für diese Aufgabe benötigen Sie:

- Lerninhalte aus dem Lernfeld 2 (Büroprozesse gestalten und Arbeitsvorgänge organisieren).

Für diese Aufgabe benötigen Sie:

- Technische Kenntnisse in Excel 2016, 2019, 2021 oder 2024/Microsoft 365 zu oben aufgeführten Inhalten.

Ausgangssituation

Sie sind Auszubildende/Auszubildender beziehungsweise Praktikantin/Praktikant während der Ausbildung/Umschulung bei der Übungsfirma Habermann + Partner KG, Monschauer Straße 36 – 38, 40549 Düsseldorf, Telefon 0211 8560 und zurzeit in der Abteilung Organisation eingesetzt. Sie selbst sind unter der Durchwahl -12 zu erreichen. Sie haben Artvollmacht.

Ihre Vorgesetzte, Frau Pilz, möchte die Auszubildenden zur Industriekauffrau beziehungsweise zum Industriekaufmann für gute Noten in der Zwischenprüfung belohnen. Wurde die Zwischenprüfung mit Note 1 abgeschlossen, so erhält dieser eine Prämie von 300,00 EUR. Für die Note 2 werden 150,00 EUR und für Note 3 werden 50,00 EUR bezahlt. Mit Note 4 oder schlechter wird keine Prämie bezahlt.

Frau Pilz ist der Meinung, dass die männlichen Auszubildenden den geringeren Anteil an der Gesamtprämie erhalten werden, weil sie in der Minderheit wären. Die weiblichen Auszubildenden seien dagegen älter und reifer als die männlichen Auszubildenden und würden demnach auch die besseren Noten erreichen.

Frau Pilz bittet Sie, ihr dazu eine entsprechende Aufstellung zu erstellen und stellt Ihnen die Basisdaten zur Verfügung.

Arbeitsanweisungen

Prämiensystem erstellen

1. Öffnen Sie aus dem Ordner **Download\Tabellen** die Datei **Azubi.xlsx** und speichern Sie diese unter dem Namen **Prämiensystem.xlsx** ab.
2. Bearbeiten Sie das Arbeitsblatt **Tabelle3** in Ihrer Datei und geben Sie dem Arbeitsblatt den Namen **Zwischenprüfung**.
3. Wählen Sie für das gesamte Arbeitsblatt die Schriftart Arial mit einer Schriftgröße von 10 Pt.
4. Erstellen und formatieren Sie positionsgenau die unter Anlage 1 aufgeführte Tabelle.
5. Richten Sie die Druckseite für das Arbeitsblatt im Querformat aus.
6. In der Fußzeile soll im linken Abschnitt der Dateiname, im mittleren Abschnitt Ihr Vor- und Nachname und im rechten Abschnitt das aktuelle Datum erscheinen.
7. In der Kopfzeile soll im mittleren Abschnitt die aktuelle Seitenzahl und die Gesamtzahl der Seiten (zum Beispiel *Seite 1 von x*) angezeigt werden.
8. Seitenränder: Links und Rechts je 1,0 cm, Oben und Unten je 2,0 cm.

Anlage 1

Auswertung Zwischenprüfung

Personalnummer	Anrede	Vorname	Nachname	Geburtsdatum	Alter	Note	Prämie
132						3	
133						2	
134						1	
135						3	
136						4	
137						4	
138						3	
139						1	
140						1	
141						2	
142						5	
143						3	
144						2	

9. Übernehmen Sie mit geeigneten und kopierbaren Formeln beziehungsweise Funktionen aus dem Arbeitsblatt **Personaldaten** Anrede, Vorname, Nachname sowie das Geburtsdatum in die Tabelle.

10. Berechnen Sie mit einer geeigneten Formel oder Funktion in Spalte G das Alter der Auszubildenden. Ein Hinweis dazu: Das Alter muss nicht tagesgenau berechnet werden. Es genügt, wenn Sie das aktuelle Jahr und das Geburtsjahr zur Berechnung heranziehen.

11. In Spalte I ermitteln Sie in Abhängigkeit von den erzielten Noten die Prämien gemäß der Ausgangssituation. Formatieren Sie die Zahlen in Spalte I mit dem Zahlenformat Währung mit 2 Dezimalstellen.

12. Passen Sie die Spaltenbreiten wie folgt an:
Spalte A: 3; Spalte B: 16; Spalte C bis I: 14

13. Sortieren Sie die Tabelle aufsteigend nach weiblichen und männlichen Auszubildenden.

14. Fügen Sie zwischen den weiblichen und männlichen Auszubildenden eine Leerzeile ohne Rahmenlinien ein.

15. Erstellen Sie im Arbeitsblatt **Zwischenprüfung** positionsgenau die unter Anlage 2 aufgeführte Auswertungstabelle und formatieren Sie diese wie in der Anlage.

Anlage 2

Auswertungstabelle

	Anzahl	Anteil in %	Gesamtprämie	Prämienanteil in %	Durchschnittsnote	Durchschnittsalter
weibliche Azubis						
männliche Azubis						
Gesamt						

16. Ermitteln Sie in C23 und C24 mit geeigneten Formeln beziehungsweise Funktionen die Anzahl der weiblichen und männlichen Auszubildenden und in C25 die Gesamtanzahl der Auszubildenden.

17. In D23 und D24 berechnen Sie mit geeigneten Formeln beziehungsweise Funktionen die prozentualen Anteile der weiblichen und männlichen Auszubildenden. Diese erhalten das Zahlenformat mit zwei Dezimalstellen.

18. Berechnen Sie in E23 und E24 mit geeigneten Formeln beziehungsweise Funktionen die Summe der Prämien für weibliche und männliche Auszubildende. Die Ergebnisse erhalten das Format Währung mit zwei Dezimalstellen.

19. In den Zellen F23 und F24 ermitteln Sie über geeignete Formeln beziehungsweise Funktionen die prozentualen Prämienanteile der weiblichen und männlichen Auszubildenden. Die Ergebnisse erhalten das Zahlenformat mit zwei Dezimalstellen.
20. Berechnen Sie in den Zellen G23 und G24 mit geeigneten Formeln beziehungsweise Funktionen die Durchschnittsnoten der weiblichen und männlichen Auszubildenden und stellen Sie die Ergebnisse mit einer Dezimalstelle dar.
21. Ermitteln Sie in H23 und H24 mit geeigneten Formeln beziehungsweise Funktionen das Durchschnittsalter der weiblichen und männlichen Auszubildenden. Die Ergebnisse erhalten eine Dezimalstelle.
22. Fügen Sie unterhalb der Auswertungstabelle ein Textfeld ein und nehmen Sie hier Stellung zur Aussage der Abteilungsleiterin Frau Pilz.
23. Drucken Sie das Arbeitsblatt **Zwischenprüfung** aus. Sämtliche Inhalte sollten auf eine einzige Druckseite passen. Ändern Sie gegebenenfalls den oberen und/oder unteren Seitenrand.
24. Kopieren Sie das Arbeitsblatt **Zwischenprüfung** und benennen Sie die Kopie in **Formeln_Zwischenprüfung** um.
25. Löschen Sie das Textfeld aus dem Blatt **Formeln Zwischenprüfung**.
26. Drucken Sie das Arbeitsblatt mit der Formelansicht und mit Zeilen- und Spaltenüberschriften aus.

Notizen:

Aufgabe 3 Bezugspreiskalkulation

In dieser Aufgabe üben Sie, ...
- neue Arbeitsmappen zu erstellen und zu speichern,
- eine bedingte Formatierung anzuwenden,
- eine Druckseite einzurichten, Kopf- und Fußzeile zu definieren, Tabellen zu bearbeiten und zu formatieren,
- Formeln und Funktionen situationsbezogen anzuwenden,
- ein Diagramm gemäß Muster zu erstellen,
- ein Textfeld und eine Zeichnungsform einzufügen,
- Tabellen zu drucken.

Für diese Aufgabe helfen Ihnen:
- Lerninhalte aus dem Lernfeld 4 (Sachgüter und Dienstleistungen beschaffen).

Für diese Aufgabe benötigen Sie:
- Technische Kenntnisse in Excel 2016, 2019, 2021 oder 2024/Microsoft 365 zu oben aufgeführten Inhalten.

Ausgangssituation

Sie sind Auszubildende/Auszubildender beziehungsweise Praktikantin/Praktikant während der Ausbildung/Umschulung bei der Übungsfirma Habermann + Partner KG, Monschauer Straße 36 – 38, 40549 Düsseldorf, Telefon 0211 8560 und zurzeit in der Abteilung Einkauf eingesetzt. Sie selbst sind unter der Durchwahl -17 zu erreichen. Sie haben Artvollmacht.

Frau Thielmann, Ihre Abteilungsleiterin im Einkauf, informiert Sie darüber, dass die Geschäftsleitung plant, digitale Smartboards vom Typ Digi-Toom 2024 mit 80 Zoll Diagonale ins Warensortiment aufzunehmen.

Folgende Angebote liegen Ihnen vor:

Firma	Zocher und Partner KG, Bonn	Hillbach GmbH, München	Feisten + Jupp GmbH, Köln	Klein und Klein AG, Hannover
Listeneinkaufspreis	6.520,00 €	5.930,00 €	5.820,00 €	6.850,00 €
Lieferrabatt	10 %	5 %	0 %	15 %
Liefererskonto	2 %	0 %	0 %	3 %
Bezugskosten	165,00 €	185,00 €	210,00 €	160,00 €

Arbeitsanweisungen

Teil 1 Bezugspreiskalkulation erstellen

1. Öffnen Sie mit Ihrem Tabellenkalkulationsprogramm eine neue leere Arbeitsmappe und speichern diese unter dem Namen **Bezugspreiskalkulation.xlsx** ab.
2. Verwenden Sie das Arbeitsblatt **Tabelle1** in Ihrer Datei und benennen Sie es in **Zocher und Partner KG** um.
3. Legen Sie für das Arbeitsblatt die Schriftart Arial mit einer Schriftgröße von 11 Pt. fest.
4. Erstellen und formatieren Sie positionsgenau die unter Anlage 1 aufgeführte Tabelle.
5. Richten Sie die Druckseite wie folgt ein:
   - Hochformat
   - Seitenränder: oberer und unterer Rand 2,8 cm, linker und rechter Rand 2,5 cm
   - Die Tabelle soll auf der Seite horizontal und vertikal zentriert ausgerichtet werden

- In der Fußzeile soll im linken Abschnitt der Arbeitsblattname, im mittleren Abschnitt der Dateiname und im rechten unteren Abschnitt Ihr Vor- und Nachname gedruckt werden.

Anlage 1

	A	B	C	D	E	F	G	H	I	J
1										
2		**Bezugspreiskalkulation**								
3										
4		Lieferant:								
5										
6		Artikel:	**Digi-Toom 2024 80 Zoll**							
7										
8										
9		Listeneinkaufspreis:								
10										
11		- Lieferrabatt:								
12		Rabattsatz:		Betrag:						
13										
14										
15		???								
16										
17		- Liefererskonto:								
18		Skontosatz:		Betrag:						
19										
20										
21		???								
22										
23		+ Bezugskosten:								
24										
25										
26		???								
27										
28										
29										

6. Die Zellen C12 und C18 formatieren Sie mit 2 Dezimalstellen.
7. Alle Zellen, in denen Beträge aufgeführt werden, erhalten das Zahlenformat Währung.
8. Geben Sie in den Feldern mit *???* statt der Fragezeichen die korrekte Bezeichnung nach dem Kalkulationsschema einer Bezugspreiskalkulation ein.
9. Tragen Sie die Werte des ersten Angebots, der Firma Zocher und Partner KG, Bonn, in die entsprechenden Zellen des Arbeitsblatts ein.
10. Führen Sie formel- beziehungsweise funktionsgesteuert die Bezugspreiskalkulation zu diesem Angebot durch.
11. Kopieren Sie das Arbeitsblatt **Zocher und Partner KG** 3 x und benennen Sie diese Kopien mit den Firmenbezeichnungen der übrigen 3 Angebote.
12. Ersetzen Sie in den Arbeitsblättern **Hillbach GmbH**, **Feisten + Jupp GmbH** und **Klein und Klein AG** die Ausgangswerte durch die Zahlen des jeweiligen Angebots.
13. Fügen Sie der Arbeitsmappe ein neues Arbeitsblatt hinzu, dieses erhält den Namen **Auswertung**. Legen Sie auch für dieses Arbeitsblatt Schriftart Arial und Schriftgröße 11 Pt. fest.
14. Erstellen und formatieren Sie im Arbeitsblatt **Auswertung** positionsgenau die unter Anlage 2 (nächste Seite) aufgeführte Tabelle.
15. Übernehmen Sie bezugsgesteuert aus den Arbeitsblättern **Zocher und Partner KG**; **Hillbach GmbH**; **Feisten + Jupp GmbH** und **Klein und Klein AG** den Anbieter und den jeweils kalkulierten Bezugspreis.
16. Die Bezugspreise erhalten das Zahlenformat Währung.
17. Formatieren Sie die Zellen E7, E9, E11 und E13 so, dass der günstigste Bezugspreis mit grünem Zellhintergrund angezeigt wird.

Anlage 2

	A	B	C	D	E	F	G	H
1								
2		**Auswertung Bezugspreiskalkulation**						
3								
4		Artikel:	**Digi-Toom 2024 80 Zoll**					
5								
6								
7		Angebot 1		Bezugspreis:				
8								
9		Angebot 2		Bezugspreis:				
10								
11		Angebot 3		Bezugspreis:				
12								
13		Angebot 4		Bezugspreis:				
14								
15								

Ausgangssituation 2

Frau Thielmann möchte das Ergebnis der Auswertung den Geschäftsführern präsentieren. Herr Habermann, einer der geschäftsführenden Gesellschafter, wünscht, dass darüber hinaus eine Geschäftsgrafik nach folgendem Muster im Arbeitsblatt **Auswertung** *unterhalb der Auswertungstabelle eingefügt wird.*

Teil 2 Diagramm

Muster

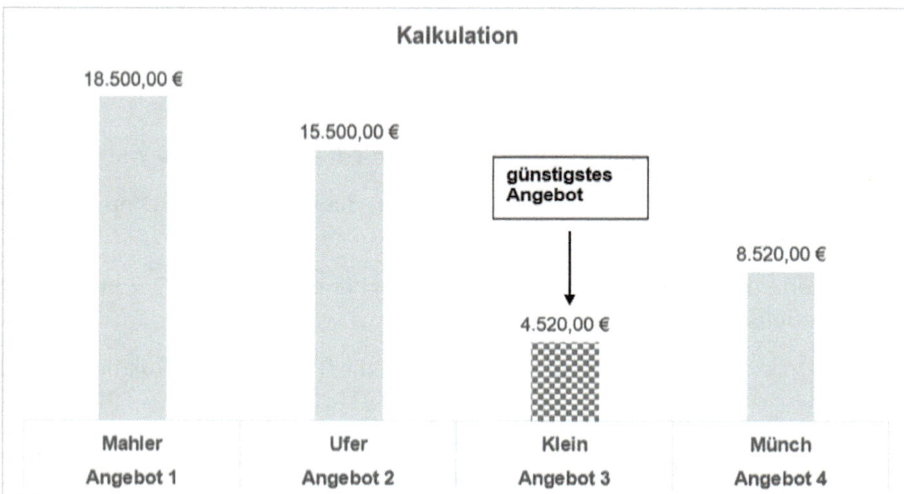

1. Geben Sie dem Diagramm eine passende Überschrift und formatieren Sie diese in der Schriftart Arial, Schriftgröße 14 Pt., fett.
2. Die Achsenbeschriftung und den Text *günstigstes Angebot* formatieren Sie in der Schriftart Arial, Schriftgröße 10 Pt., fett. Die Datenbeschriftungen erhalten Schriftgröße 10 Pt.
3. Drucken Sie das Arbeitsblatt **Auswertung** zusammen mit dem Diagramm und das Arbeitsblatt **Zocher und Partner KG** jeweils auf einer Seite aus.
4. Kopieren Sie das Arbeitsblatt **Zocher und Partner KG** und benennen Sie die Kopie in **Formeln Zocher und Partner KG** um.
5. Kopieren Sie das Arbeitsblatt **Auswertung**, und benennen Sie dies mit **Formeln Auswertung.**
6. Drucken Sie die Arbeitsblätter **Formeln Zocher und Partner KG** und **Formeln Auswertung** mit der Formelansicht und mit Zeilen- und Spaltenüberschriften im Querformat, jeweils auf die Größe einer Druckseite angepasst, aus.

Aufgabe 4 Optimale Bestellmenge

In dieser Aufgabe üben Sie, ...
- neue Arbeitsmappen zu erstellen und zu speichern,
- die bedingte Formatierung,
- eine Druckseite einzurichten, Kopf- und Fußzeile zu definieren, Tabellen zu bearbeiten und zu formatieren,
- Formeln und Funktionen situationsbezogen anzuwenden,
- ein Diagramm nach Vorgaben zu erstellen,
- ein Textfeld und Formen einzufügen,
- Tabellen zu drucken.

Für diese Aufgabe helfen Ihnen:
- Lerninhalte aus dem Lernfeld 4 (Sachgüter und Dienstleistungen beschaffen).

Für diese Aufgabe benötigen Sie:
- Technische Kenntnisse in Excel 2016, 2019, 2021 oder 2024/Microsoft 365 zu oben aufgeführten Inhalten.

Ausgangssituation

Sie sind Auszubildende/Auszubildender beziehungsweise Praktikantin/Praktikant während der Ausbildung/Umschulung bei der Übungsfirma Habermann + Partner KG, Monschauer Straße 36 – 38, 40549 Düsseldorf, Telefon 0211 8560 und zurzeit in der Abteilung Einkauf eingesetzt. Sie selbst sind unter der Durchwahl -17 zu erreichen. Sie haben Artvollmacht.

Ihre Abteilungsleiterin, Frau Thielmann, informiert Sie darüber, dass es notwendig wäre, die monatlichen Beschaffungen von TechNet-Tastaturen, Art-Nr. 7815-AT unter Berücksichtigung der entstehenden Bestell- und Lagerkosten zu überprüfen.

- *Insgesamt wurden im letzten Jahr insgesamt 1.800 Stück benötigt. Die Bestellkosten pro Bestellung betrugen jeweils 8,90 €.*
- *Bezugspreis pro Stück 3,20 €; ab einer Bestellmenge von 250 Stück 3,00 € und ab 400 Stück 2,80 €. Die Tastaturen werden direkt vom Hersteller TechNet bezogen. Der Lagerhaltungskostensatz beträgt 4,5 %.*

Benötigte Formelsammlung:
- **Lagerkosten** = durchschnittlicher Lagerbestand x Lagerhaltungskostensatz
- **Bestellkosten** = Kosten pro Bestellung x Bestellhäufigkeit
- **Lagerbestand** = (Bestellmenge / 2) x Einstandspreis
- **Beschaffungskosten** = Lagerkosten + Bestellkosten

Arbeitsanweisungen

Teil 1 Optimale Bestellmenge kalkulieren

1. Öffnen Sie mit Ihrem Tabellenkalkulationsprogramm eine neue leere Arbeitsmappe und speichern Sie diese unter dem Namen **Optimale Bestellmenge.xlsx**.
2. Das Arbeitsblatt **Tabelle1** erhält den Namen **TechNet-Tastaturen**.
3. Weisen Sie dem gesamten Arbeitsblatt **TechNet-Tastaturen** die Schriftart Arial und Schriftgröße 10 Pt. zu.
4. Erstellen und formatieren Sie positionsgenau die unter Anlage 1 aufgeführte Tabelle.
   Hinweis: Frau Thielmann gibt Ihnen den Tipp, dass von einer Bestellhäufigkeit von 1 bis 12 ausgegangen werden muss.

Anlage 1

	A	B	C	D	E	F	G	H
1								
2		**Artikel:**			**Artikelnummer:**			
3								
4		**Hersteller:**			**Jahresbeschaffungsmenge:**			
5								
6					**Lagerhaltungskostensatz:**			
7								
8					**Kosten je Bestellung:**			
9								
10								
11		**Optimale Bestellmenge**						
12								
13								
14		**Bestell-häufigkeit**	**Bestellmenge pro Bestellung**	**Durchschnittl. Lagerbestand**	**Lagerhaltungs-kosten pro Jahr**	**Bestellkosten pro Jahr**	**Beschaffungs-kosten pro Jahr**	
15		1						
16		2						
17		3						
18		4						
19		5						
20		6						
21		7						
22		8						
23		9						
24		10						
25		11						
26		12						
27								

5. Die Spalten B bis G erhalten eine einheitliche Breite von jeweils 15 Zeichen.

6. Geben Sie in den Zellen C2, C4 und F2 die Artikeldaten gemäß der Ausgangssituation ein. Formatieren Sie diese Zellen fett, kursiv, doppelt unterstrichen (nur Zeichen) und in Schriftgröße 12 Pt.

7. Geben Sie in G4 die Jahresbeschaffungsmenge ein und formatieren Sie diese mit Tausendertrennzeichen ohne Dezimalstellen.

8. In G6 geben Sie den Lagerhaltungskostensatz ein. Dieser erhält das Prozentformat mit zwei Dezimalstellen.

9. Die Kosten je Bestellung geben Sie in G8 ein. Zahlenformat: Währung.

10. Erstellen und formatieren Sie in B6 bis C9 die nachfolgend aufgeführte Hilfstabelle. Die Bezugspreise erhalten das Format Währung.

Bestellmenge	Bezugspreis
1	3,20 €
250	3,00 €
400	2,80 €

11. Berechnen Sie in C15 bis C26 mit geeigneten und kopierbaren Formeln die Bestellmenge pro Bestellung. Die Bestellmenge soll dabei mit einer geeigneten Funktion auf null Nachkommastellen auf- beziehungsweise abgerundet werden. Die Zahlen sollen mit Tausendertrennzeichen ohne Dezimalstellen angezeigt werden.

12. Ermitteln Sie in den Zellen D15 bis D26 mit geeigneten und kopierbaren Formeln und Funktionen den durchschnittlichen Lagerbestand. Zahlenformat: Währung.

13. Errechnen Sie in den Zellen E15 bis E26 mit geeigneten und kopierbaren Formeln die Lagerhaltungskosten pro Jahr. Zahlenformat: Währung.

14. Ermitteln Sie in den Zellen F15 bis F26 mit geeigneten und kopierbaren Formeln die Bestellkosten pro Jahr. Zahlenformat: Währung.

15. Errechnen Sie letztendlich in den Zellen G15 bis G26 mit geeigneten und kopierbaren Formeln die Beschaffungskosten pro Jahr.

16. Formatieren Sie den Zellbereich B15 bis G26 so, dass die Tabellenzeile (Spalte B bis G) mit der optimalen Bestellmenge mit grüner Füllfarbe hervorgehoben wird.
17. Richten Sie die Druckseite wie folgt ein:
    Querformat, Seitenränder: linker und rechter Rand 1,5 cm, unterer und oberer Rand 2,0 cm.
18. In der Kopfzeile soll im linken Abschnitt der Dateiname, im mittleren Abschnitt Ihr Vor- und Nachname und im rechten Abschnitt das aktuelle Datum erscheinen.

Teil 2 Diagramm Optimale Bestellmenge

1. Fügen Sie im selben Arbeitsblatt rechts neben der Tabelle ein Liniendiagramm ein, das die Lagerhaltungskosten, Bestellkosten und Beschaffungskosten darstellt. Aus den Bestellmengen soll die waagerechte Achse (Rubrikenachse) gebildet werden.
2. Positionieren Sie das Diagramm so, dass es beim Drucken auf der zweiten Seite gedruckt wird.
3. Geben Sie dem Diagramm eine aussagefähige Überschrift in Schriftart Arial, 12 Pt., fett.
4. Die Legende soll oben angezeigt werden, die Legendenbeschriftung lautet: *Lagerhaltungskosten*, *Bestellkosten* und *Beschaffungskosten* – alles in der Schriftart Arial 10 Pt.
5. Fügen Sie dem Diagramm einen horizontalen und einen vertikalen Achsentitel hinzu. Beschriften Sie diese mit *Bestellmenge* und *Kosten pro Jahr*. Schriftart: Arial 10 Pt., fett.
6. Formatieren Sie die horizontale und die vertikale Achse in der Schriftart Arial 10 Pt.
7. Die Zeichnungsfläche des Diagramms erhält einen hellgrauen Hintergrund.
8. Fügen Sie dem Diagramm horizontale und vertikale Gitternetzlinien hinzu (nur Hauptgitternetz).
9. Richten Sie die horizontale Achsenposition so ein, dass sich die Datenpunkte exakt auf den vertikalen Gitternetzlinien beziehungsweise auf den Teilstrichen anstatt dazwischen befinden.
10. Heben Sie im Diagramm die optimale Bestellmenge zusätzlich hervor:
    - Weisen Sie mit einem Linienpfeil auf den Datenpunkt mit der optimalen Bestellmenge.
    - Beschriften Sie den Pfeil mit einem Textfeld und geben Sie hier den Text *Optimale Bestellmenge mit* der Schriftart Arial, 10 Pt. ein.
11. Drucken Sie das Arbeitsblatt **TechNet-Tastaturen** mit der 1. und der 2. Seite aus.
12. Kopieren Sie das **Arbeitsblatt TechNet-Tastaturen** und benennen Sie die Kopie in **Formeln_TechNet-Tastaturen** um.
13. Drucken Sie die erste Seite des Arbeitsblatts **Formeln_TechNet-Tastaturen** mit Formelansicht und Zeilen- und Spaltenüberschriften aus.

Notizen:

Aufgabe 5 Umsätze (ABC-Analyse)

In dieser Aufgabe üben Sie, ...

- bestehende Arbeitsmappen zu öffnen und erneut zu speichern,
- Arbeitsblätter zu bearbeiten,
- eine Druckseite einzurichten, Kopf- und Fußzeile zu definieren, Tabellen zu bearbeiten und zu formatieren,
- Formeln und Funktionen situationsbezogen anzuwenden,
- ein Diagramm nach Muster zu erstellen,
- Tabellen zu drucken,
- Corporate Design-Vorgaben zu beachten und umzusetzen.

Für diese Aufgabe helfen Ihnen:

- Lerninhalte aus dem Lernfeld 4 (Sachgüter und Dienstleistungen beschaffen und Verträge schließen).

Für diese Aufgabe brauchen Sie:

- Technische Kenntnisse in Excel 2016, 2019, 2021 oder 2024/Microsoft 365 zu oben aufgeführten Inhalten.

Ausgangssituation

Sie sind Auszubildende/Auszubildender beziehungsweise Praktikantin/Praktikant während der Ausbildung/Umschulung bei der Übungsfirma Habermann + Partner KG, Monschauer Straße 36 – 38, 40549 Düsseldorf, Telefon 0211 8560 und zurzeit in der Abteilung Verkauf eingesetzt. Sie selbst sind unter der Durchwahl -28 zu erreichen. Sie haben Artvollmacht.

Herr Peter Tünsch, Ihr Abteilungsleiter im Verkauf, möchte, dass Sie für ihn eine ABC-Analyse durchführen. Die Zahlen stellt er Ihnen anhand Anlage 1 (im Ordner ***Download\Tabellen****, siehe Arbeitsanweisungen unten) zur Verfügung.*

Beachten Sie folgende Corporate Design-Anweisungen, die in dieser Aufgabe zu berücksichtigen sind:

Schrift

- Schriftart Arial, Schriftgröße 10 Pt.
- Überschriften zentriert, Schriftgröße 14 Pt., Fettschrift
- Diagramm mit voreingestellter Schriftart, Diagrammtitel in Schriftgröße 14 Pt., fett

Zahlen

- Währung mit Tausendertrennzeichen, zwei Dezimalstellen
- Prozentzahlen mit zwei Dezimalstellen, ohne %-Zeichen
- Sonstige Zahlen mit Tausendertrennzeichen, ohne Dezimalstellen

Arbeitsanweisungen

Teil 1 ABC-Analyse durchführen

1. Öffnen Sie im Ordner **Download\Tabellen** die Arbeitsmappe **Produkte.xlsx** und speichern Sie diese unter dem Namen **ABC-Analyse_Umsätze.xlsx.**
2. Benennen Sie das Arbeitsblatt **Tabelle1** in **ABC-Analyse** um.
3. Richten Sie für den Druck das Arbeitsblatt im Querformat aus. Seitenränder: Links und Rechts je 2,5 cm, Oben und Unten je 2,5 cm.
4. In der Fußzeile soll im mittleren Abschnitt Ihr Vor- und Nachname und im rechten Abschnitt das Tagesdatum erscheinen.
5. Formatieren Sie die Tabelle nach folgender Vorlage:

ABC-Analyse Habermann + Partner KG

Artikel-Nr.	Produkt	Umsatz in EUR	Umsatz in %	Kumulierter Umsatz	ABC-Analyse
6815-ZU	Monitor 24" LED	45.805,60 €			
1115-AG	Tastatur TechNet	6.520,30 €			
5263-RT	PC HelpDesk 19	35.650,00 €			
5264-RT	PC HelpDesk 43	42.585,00 €			
1125-AG	Tastatur Keyford	8.560,00 €			
3615-MI	Maus Keyford	12.530,00 €			
3648-MI	Maus TechNet	15.850,00 €			
5345-RT	PC Formline 5	48.520,30 €			
2516-KL	Drucker LS 5	36.520,00 €			
2542-KL	Drucker LS 7	28.542,80 €			
3870-MI	Maus Golf 3	4.260,00 €			
4125-FB	Digicam T8	14.560,00 €			
4001-FB	Digicam T2	18.560,00 €			
7041-HU	Beamer Hub 2	52.680,00 €			
7052-HU	Beamer Hub 9	35.850,60 €			
1252-AG	Tastatur Golf 3	15.420,00 €			

6. Berechnen Sie in D23 über eine geeignete Formel beziehungsweise Funktion den Gesamtumsatz. Die Zelle erhält dasselbe Format wie die Zellen darüber, außerdem zusätzlich Fettschrift.
7. Ermitteln Sie in E7 mit einer kopierbaren Formel den Umsatzanteil in % und kopieren Sie diese nach E8 bis E22.
8. Sortieren Sie die Tabelle absteigend nach Umsätzen.
9. Fügen Sie links von der Spalte *Kumulierter Umsatz* eine leere Spalte ein.
10. Geben Sie dieser neuen Spalte die Überschrift *Rang* und berechnen Sie in den Zellen darunter mit einer geeigneten und kopierbaren Formel oder Funktion die Rangfolge nach Umsatz.
11. Berechnen Sie in G7 bis G22 die kumulierten Umsatzanteile.
12. Geben Sie in C25 bis D28 die folgende Hilfstabelle ein und formatieren Sie diese wie abgebildet.

Kumulierter Anteil	Klasse
0,00	A
75,00	B
95,00	C

13. Ermitteln Sie in H7 bis H22 über kopierbare und geeignete Funktionen die Werte A, B und C nach der ABC-Analyse.

Teil 2 Diagramm ABC-Analyse

Ausgangssituation 2

Herr Tünsch kontrolliert und lobt Ihre Tabelle und möchte, dass Sie für ihn in einem gesonderten Blatt das Ergebnis der ABC-Analyse nach folgendem Musterdiagramm grafisch darstellen.

Musterdiagramm

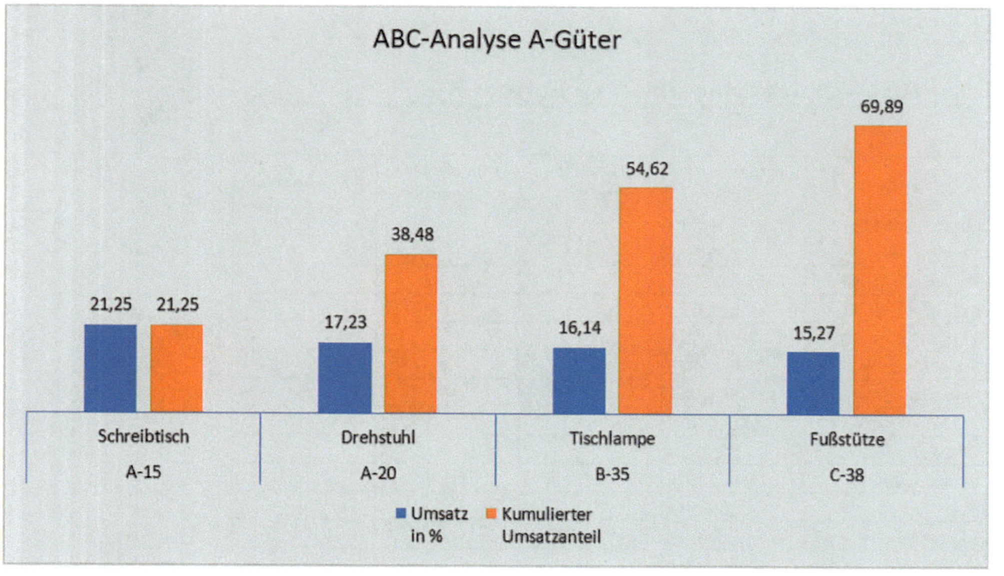

1. Erstellen Sie für Herrn Tünsch das gewünschte Diagramm. Das gesamte Diagramm erhält einen beliebigen hellgrauen Hintergrund.
2. Fügen Sie das Diagramm als neues Blatt mit dem Namen **ABC-Analyse Diagramm** in die aktuelle Arbeitsmappe ein.
3. Das Diagramm soll im Querformat gedruckt werden. Seitenränder: Links und Rechts je 2,5 cm, Oben und Unten je 2,5 cm.
4. In der Fußzeile sollen links der Name des Arbeitsblatts, in der Mitte Ihr Vor- und Nachname und rechts das aktuelle Datum erscheinen.
5. Drucken Sie die Arbeitsblätter **ABC-Analyse** und **ABC-Analyse Diagramm** aus.
6. Kopieren Sie das Arbeitsblatt **ABC-Analyse** und benennen Sie dieses in **Formeln ABC-Analyse** um.
7. Drucken Sie das Arbeitsblatt **Formeln ABC-Analyse** mit der Formelansicht und mit Zeilen- und Spaltenüberschriften aus.

Notizen:

Aufgabe 6 Stundenabrechnung

In dieser Aufgabe üben Sie, ...
- bestehende Arbeitsmappen zu öffnen und zu speichern,
- Arbeitsblätter zu bearbeiten,
- eine Druckseite einzurichten, Kopf- und Fußzeile zu definieren, Tabellen zu bearbeiten und zu formatieren,
- Formeln und Funktionen situationsbezogen anzuwenden,
- Zellbezüge auf andere Arbeitsblätter zu übertragen,
- Tabellen zu drucken.

Für diese Aufgabe helfen Ihnen:
- Lerninhalte aus dem Lernfeld 2 (Büroprozesse gestalten und Arbeitsvorgänge organisieren).

Für diese Aufgabe benötigen Sie:
- Technische Kenntnisse in Excel 2016, 2019, 2021 oder 2024/Microsoft 365 zu oben aufgeführten Inhalten.

Ausgangssituation

Sie sind Auszubildende/Auszubildender beziehungsweise Praktikantin/Praktikant während der Ausbildung/Umschulung bei der Übungsfirma Habermann + Partner KG, Monschauer Straße 36 – 38, 40549 Düsseldorf, Telefon 0211 8560 und zurzeit in der Abteilung Organisation eingesetzt. Sie selbst sind unter der Durchwahl -12 zu erreichen. Sie haben Artvollmacht.

Unter anderem unterstützt die Abteilung die Personalabteilung bei der monatlichen Stundenabrechnung der angestellten Arbeiter:innen aus den verschiedenen Abteilungen. Frau Pilz, Abteilungsleiterin der Abteilung Organisation, möchte, dass Sie die monatliche Stundenabrechnung für den aktuellen Monat erstellen und stellt Ihnen hierzu das entsprechende Datenmaterial zur Verfügung.

Angestellte Arbeiter:innen werden nach verschiedenen Tarifgruppen abgerechnet. Darüber hinaus erhalten verschiedene Mitarbeiter:innen aufgrund ihres Beschäftigungsverhältnisses in der Firma Zulagen.

Beachten Sie folgende Corporate Design-Anweisungen, die in dieser Aufgabe zu berücksichtigen sind:

Schrift allgemein
- Schriftart Arial, Schriftgröße 10 Pt.
- Überschriften zentriert, Schriftgröße 12 Pt., Fettschrift

Zahlendarstellung
- Währung mit Tausendertrennzeichen, zwei Dezimalstellen
- Prozentformat mit zwei Dezimalstellen
- Alle anderen Zahlen mit Tausendertrennzeichen, ohne Dezimalstellen

Arbeitsanweisungen

Teil 1 Stundenabrechnung Arbeiter

1. Öffnen Sie im Ordner **Download\Tabellen** die Datei **Personal_2.xlsx** und speichern Sie diese unter dem Namen **Loehne.xlsx** ab.
2. Löschen Sie die Arbeitsblätter **Pachten** und **Flächen**.
3. Benennen Sie das Arbeitsblatt **Tabelle8** in **Stundenabrechnung Arbeiter** um. Erstellen Sie in diesem Arbeitsblatt die unter Anlage 1 aufgeführte Tabelle und formatieren Sie diese wie in der Anlage.
4. Das Arbeitsblatt soll im Querformat gedruckt werden.
5. In der Kopfzeile sollen im mittleren Abschnitt Ihr Vor- und Nachname und in der Fußzeile im rechten Abschnitt der Name des Arbeitsblatts gedruckt werden.

Anlage 1

Habermann + Partner KG Stundenabrechnung Arbeiter

Personal-nummer	Anrede	Name	Abteilung	Tarif	geleistete Stunden
15					140
18					140
22					160
31					160
07					160
48					150
36					150
25					160
19					140
05					80
32					80
30					80
17					160
08					150
41					140
45					80
38					80
50					100
46					100
11					80
03					160

TARIF	Stundenlohn
I	18,50 €
II	21,60 €
III	24,80 €
IV	27,50 €

6. Übernehmen Sie aus dem Arbeitsblatt **Mitarbeiter Löhne** mit geeigneten Formeln beziehungsweise Funktionen Anrede, Name, Abteilung sowie die Tarifgruppe.

7. Fügen Sie der Tabelle rechts von Spalte G vier weitere Spalten hinzu. Diese erhalten die Überschriften *Tarifstundenlohn*, *Zulage*, *Gesamtlohn* und *Anteil von Gesamt*.

8. Passen Sie das Aussehen (Rahmenlinien und Überschriften) der neu hinzugefügten Spalten an die restlichen Tabelle an. Passen Sie außerdem die Spaltenbreiten so an, dass die gesamte Tabelle auf eine einzige Druckseite passt.

9. Berechnen Sie in Spalte H (*Tarifstundenlohn*) unter Berücksichtigung der Hilfstabelle mit geeigneten Formeln beziehungsweise Funktionen den jeweiligen Tarifstundenlohn des Mitarbeiters/der Mitarbeiterin.

10. Frau Pilz gibt Ihnen zur Berechnung der Zulagen in Spalte I folgenden Hinweis:
    Arbeiter:innen in der Abteilung Fertigung erhalten eine Zulage von 250,00 € und Arbeiter, die in der Abteilung Verkauf arbeiten, eine Zulage von 150,00 €, alle anderen Abteilungen 0 €.

    Ermitteln Sie die Zulagen mit geeigneten Formeln beziehungsweise Funktionen.

11. Berechnen Sie in der Spalte *Gesamtlohn* mit geeigneten Formeln beziehungsweise Funktionen den Gesamtlohn für jeden Mitarbeiter/jede Mitarbeiterin.

12. Geben Sie in Zelle I28 den Text *Gesamt* ein und formatieren Sie die Zelle rechtsbündig ausgerichtet und fett.

13. Ermitteln Sie in Zelle J28 über eine Formel beziehungsweise Funktion die Gesamtlöhne aller Arbeiter:innen und formatieren Sie das Ergebnis fett.

14. Berechnen Sie in der Spalte *Anteil von Gesamt* (Spalte K) die prozentualen Anteile am Gesamtlohn.

15. Sortieren Sie abschließend die Tabelle aufsteigend nach der Personalnummer.

Ausgangssituation 2

Herr Habermann, einer der geschäftsführenden Gesellschafter, sieht zufällig, dass Sie an der monatlichen Abrechnung der Lohnempfänger arbeiten und findet die Übersicht sehr gut. Er bittet Sie um eine zusätzliche Auswertung und wird Ihnen die Aufstellung per E-Mail zukommen lassen.

Teil 2 Auswertung erstellen

1. Die Auswertung lässt nicht lange auf sich warten. Fügen Sie rechts vom Blatt **Stundenabrechnung Arbeiter** ein neues Arbeitsblatt mit dem Namen **Auswertung** in die Arbeitsmappe ein. Erstellen Sie hier positionsgenau nach Anlage 2 die nachfolgende Auswertungstabelle und formatieren Sie diese wie abgebildet.

Anlage 2

Auswertung Stundenabrechnung Arbeiter Habermann + Partner KG

	Tarif I	Tarif II	Tarif III	Tarif IV
Gesamtlöhne pro Tarifgruppe				
geleistete Stunden				
Anzahl Mitarbeiter				

	Einkauf	Fertigung	Verwaltung	Verkauf
Gesamtlöhne pro Abteilung				
geleistete Stunden				
Anzahl Mitarbeiter				

Statistik	Tarif I	Tarif II	Tarif III	Tarif IV
durchschnittliche Arbeitsstunden				

Statistik	Einkauf	Fertigung	Verwaltung	Verkauf
durchschnittliche Arbeitsstunden				

2. Ermitteln Sie in den Zellen C6 bis F6 mit geeigneten Formeln beziehungsweise Funktionen die Gesamtlöhne pro Tarifgruppe.
3. In den Zellen C7 bis F7 errechnen Sie mit geeigneten Formeln beziehungsweise Funktionen die geleisteten Stunden pro Tarifgruppe.
4. Wie viele Arbeiter:innen nach Tarifgruppe I bis IV abgerechnet werden, ermitteln Sie über geeignete Formeln beziehungsweise Funktionen in den Zellen C8 bis F8.
5. Ermitteln Sie in den Zellen C13 bis F13 über geeignete Formeln beziehungsweise Funktionen die Gesamtlöhne pro Abteilung.
6. In den Zellen C14 bis F14 errechnen Sie über geeignete Formeln beziehungsweise Funktionen die geleisteten Stunden pro Abteilung.
7. Wie viele Arbeiter:innen in den verschiedenen Abteilungen beschäftigt sind, ermitteln Sie in den Zellen C15 bis F15 mithilfe von geeigneten Formeln beziehungsweise Funktionen.
8. Herr Habermann möchte von Ihnen noch die durchschnittlichen Arbeitsstunden, getrennt nach Tarifgruppen und Abteilungen in den Zellen C19 bis F19 und C22 bis F22 errechnet haben. Ermitteln Sie diese Zahlen mit geeigneten Formeln beziehungsweise Funktionen.
9. Das Arbeitsblatt soll im Hochformat gedruckt werden. Passen Sie die Spaltenbreiten und Seitenränder so an, dass die Tabelle auf eine einzige Druckseite passt.

10. In der Kopfzeile sollen links das Tagesdatum, im mittleren Abschnitt Ihr Vor- und Nachname und im rechten Abschnitt der Name des Arbeitsblatts gedruckt werden.
11. Drucken Sie die beiden Arbeitsblätter **Stundenabrechnung Arbeiter** und **Auswertung** aus.
12. Kopieren Sie die Arbeitsblätter **Stundenabrechnung Arbeiter** und **Auswertung** und benennen Sie diese in **Formeln Stundenabrechnung** und **Formeln Auswertung** um.
13. Drucken Sie die Arbeitsblätter **Formeln Stundenabrechnung** und **Formeln Auswertung** mit der Formelansicht und mit Zeilen- und Spaltenüberschriften aus.

    Tipp: *Seite einrichten*, Register *Papierformat*, *Skalierung* Option *Anpassen*: 2 Seite(n) breit und 1 Seite(n) hoch.

Notizen:

Aufgabe 7 Postausgang (Zeit: 1 Stunde)

In dieser Aufgabe üben Sie, ...
- bestehende Arbeitsmappen zu öffnen und zu speichern,
- Arbeitsblätter zu bearbeiten,
- eine Druckseite einzurichten, Kopf- und Fußzeile zu definieren, Tabellen zu bearbeiten und zu formatieren,
- Formeln und Funktionen situationsbezogen anzuwenden,
- ein Diagramm nach Vorlage zu erstellen,
- Tabellen zu drucken.

Für diese Aufgabe helfen Ihnen:
- Lerninhalte aus dem Lernfeld 2 (Büroprozesse gestalten und Arbeitsvorgänge organisieren).

Für diese Aufgabe benötigen Sie:
- Technische Kenntnisse in Excel 2016, 2019, 2021 oder 2024/Microsoft 365 zu oben aufgeführten Inhalten.

Achtung: Das ist die erste Prüfung in Microsoft Excel, die Sie auf Zeit ablegen sollten. Sie haben für die Bearbeitung maximal eine Stunde zur Verfügung. Im Lösungsteil finden Sie später für diese Aufgabe die passende Musterlösung sowie die einzelnen möglichen Punkte für die einzelnen Aufgabenteile, aus denen sich dann die entsprechende Note ergibt. Die Bewertung kann von Ihnen selbst oder vom Dozenten vorgenommen werden.

Ausgangssituation

Sie sind Auszubildende/Auszubildender beziehungsweise Praktikantin/Praktikant während der Ausbildung/Umschulung bei der Übungsfirma Habermann + Partner KG, Monschauer Straße 36 – 38, 40549 Düsseldorf, Telefon 0211 8560 und zurzeit in der Abteilung Poststelle eingesetzt. Sie selbst sind unter der Durchwahl -12 zu erreichen. Sie haben Artvollmacht.

Herr Münch, Abteilungsleiter der Abteilung Poststelle, bittet Sie, in sein Büro zu kommen.

> *Herr Münch: „Guten Tag, ich habe soeben von Herrn Habermann eine E-Mail erhalten, dass die Kosten für Briefporto im November des letzten Jahres ungewöhnlich hoch waren. Ich möchte der Ursache auf den Grund gehen.*
>
> *Bitte überprüfen Sie das. Ich stelle Ihnen hierzu eine Arbeitsmappe zur Verfügung, in der Sie die Postausgangsdaten finden. Sind Sie so nett und erstellen mir bitte eine Auswertung dazu.*
>
> *Wie ich mir diese vorstelle, sehen Sie im Anhang Nr. 1. Ich brauche das Ergebnis recht dringend, da ich es Herrn Habermann in einer Stunde vorstellen möchte. Erstellen Sie mir darüber hinaus auch eine Geschäftsgrafik dazu. Wie ich mir diese vorstelle sehen Sie im Muster Anhang Nr. 2."*

Beachten Sie folgende Corporate Design-Anweisungen, die in dieser Aufgabe zu berücksichtigen sind:

Schrift
- Schriftart Arial, Schriftgröße 10 Pt.
- Überschriften zentriert, Schriftgröße 12 Pt., Fettschrift
- Diagramm mit voreingestellter Schriftart, Diagrammtitel in Schriftgröße 14 Pt., fett

Zahlendarstellung
- Währung mit Tausendertrennzeichen, zwei Dezimalstellen
- Prozentsätze im Prozentformat mit zwei Dezimalstellen
- Alle anderen Zahlen mit Tausendertrennzeichen, ohne Dezimalstellen

Anhang Nr. 1

Postausgang Monat: November 2025

Datum	Menge	Art der Sendung	Entgelt je Sendung	Gesamt
02.11.2025	2	Brief Maxi		
	4	Brief Standard		
03.11.2025	2	Brief Standard		
	5	Päckchen (M) DHL		
09.11.2025	2	Brief Groß		
10.11.2025	5	Brief Standard		
	2	Brief Maxi		
	3	Päckchen (M) DHL		
12.11.2025	4	Brief Standard		
	2	Brief Groß		
	8	Päckchen (M) DHL		
18.11.2025	2	Brief Kompakt		
	3	Brief Standard		
23.11.2025	5	Einschreiben Rückschein		
	3	Einschreiben Einwurf		
	2	Brief Standard		
27.11.2025	2	Brief Kompakt		
	3	Brief Maxi		
	6	Brief Groß		
30.11.2025	5	Brief Kompakt		
			Summe:	

Anhang Nr. 2

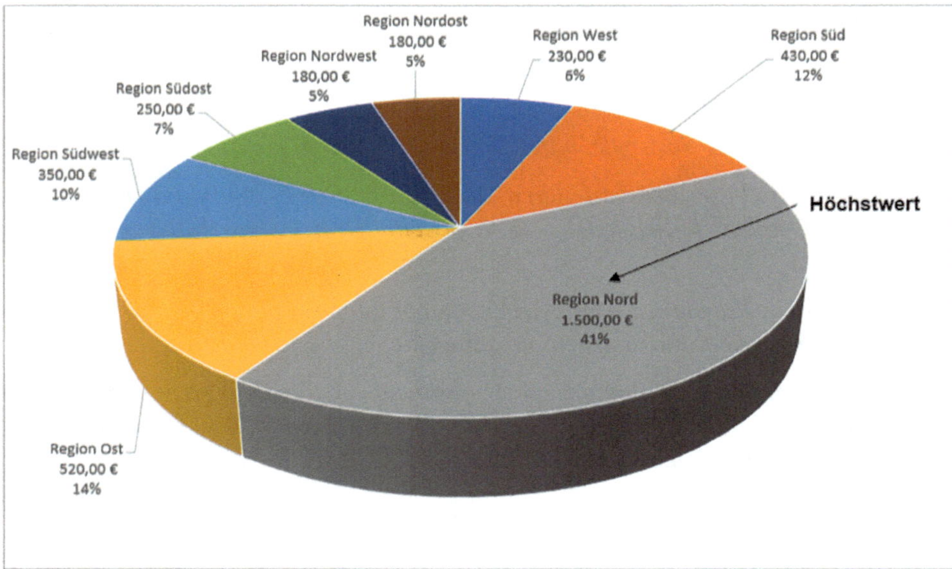

Arbeitsanweisungen

Teil 1 Postausgang überprüfen

1. Öffnen Sie aus dem Ordner **Download\Tabellen** die Datei **Postausgang.xlsx** und speichern Sie diese unter dem Namen **Portokostenauswertung_November.xlsx** ab.
2. Wählen Sie in dieser Arbeitsmappe das Arbeitsblatt **11** aus und benennen Sie das Arbeitsblatt in **Portokosten_November** um.
3. Erstellen und formatieren Sie in diesem Arbeitsblatt positionsgenau die unter Anhang Nr. 1 aufgeführte Tabelle.

4. Übernehmen Sie über kopierbare und geeignete Formeln beziehungsweise Funktionen aus dem Arbeitsblatt **Gebühren Deutsche Post AG** die jeweiligen Entgelte.
5. Berechnen Sie in der Spalte *Gesamt* über geeignete Formeln beziehungsweise Funktionen die jeweiligen Portoentgelte.
6. Geben Sie in Zelle B25 den Text *Summe:* ein und formatieren Sie diese Zelle fett. Außerdem soll der Inhalt rechtsbündig und vertikal mittig ausgerichtet werden.
7. Ermitteln Sie über eine geeignete Formel beziehungsweise Funktion in Zelle F25 die gesamten Postausgangskosten für den Monat November.
8. Geben Sie in Zelle D2 das Datum 01.11.2025 ein und formatieren Sie dieses Datum wie angegeben.
9. Richten Sie die Druckseite wie folgt ein:
   - Querformat
   - In der Kopfzeile soll im mittleren Abschnitt Ihr Vorname und Nachname und in der Fußzeile im linken Abschnitt der Dateiname aufgeführt werden.

Teil 2 Postausgang auswerten und grafisch darstellen

1. Bearbeiten Sie das Arbeitsblatt **Tabelle7** der Arbeitsmappe und benennen Sie es in **Auswertung** um.
2. Erstellen Sie im Arbeitsblatt **Auswertung** die nachfolgende Auswertungstabelle:

Postausgang Monat November Habermann + Partner KG

Art der Sendung	Gesamt	Anzahl	Anteil an Gesamt
Brief Standard			
Brief Kompakt			
Brief Groß			
Brief Maxi			
Päckchen (M) DHL			
Einschreiben Einwurf			
Einschreiben Rückschein			
Summe			

3. Ermitteln Sie in der Spalte *Gesamt* über geeignete Formeln beziehungsweise Funktionen die Gesamtportokosten je Sendungsart.
4. In der Spalte *Anzahl* ermitteln Sie über geeignete Formeln beziehungsweise Funktionen die Gesamtanzahl pro Sendungsart.
5. In Zelle C12 und in Zelle D12 errechnen Sie über geeignete Formeln beziehungsweise Funktionen die Summe der Portokosten sowie die Summe der Gesamtanzahl.
6. In den Zellen E5 bis E11 ermitteln Sie über geeignete Formeln beziehungsweise Funktionen den prozentualen Anteil der Portokosten pro Sendungsart an den Gesamtportokosten.
7. Erstellen Sie unterhalb der Auswertungstabelle das unter Anhang Nr. 2 geforderte Diagramm.
8. Geben Sie der Geschäftsgrafik eine passende Überschrift.
9. In der Fußzeile soll im mittleren Bereich der Blattname und im rechten Bereich Ihr Vorname und Nachname aufgeführt werden.
10. Drucken Sie das Arbeitsblatt **Auswertung** im Querformat auf einer Seite aus.

11. Kopieren Sie das Arbeitsblatt **Auswertung** und benennen Sie die Kopie in **Formeln Auswertung** um. Löschen Sie in diesem Arbeitsblatt das Diagramm.
12. Drucken Sie das Arbeitsblatt **Formeln Auswertung** mit der Formelansicht auf zwei Seiten und mit Zeilen- und Spaltenüberschriften aus.

    Tipp: *Seite einrichten*, Register *Papierformat*, *Skalierung* Option *Anpassen*: 2 Seite(n) breit und 1 Seite(n) hoch.
13. Kopieren Sie das Arbeitsblatt **Portokosten November** und benennen Sie die Kopie in **Formeln Portokosten_November** um.
14. Drucken Sie das Arbeitsblatt **Formeln Portokosten_November** mit der Formelansicht und mit Zeilen- und Spaltenüberschriften aus.

Notizen:

Aufgabe 8 Einkauf (ABC-Analyse)

In dieser Aufgabe üben Sie, ...
- neue Arbeitsmappen zu erstellen und zu speichern,
- Arbeitsblätter zu bearbeiten,
- eine Druckseite einzurichten, Kopf- und Fußzeile zu definieren, Tabellen zu bearbeiten und zu formatieren,
- Formeln und Funktionen situationsbezogen anzuwenden,
- Zellbezüge auf andere Arbeitsblätter zu übertragen,
- Tabellen zu drucken,
- ein Diagramm nach Vorgaben zu erstellen,
- ein Textfeld einzufügen.

Für diese Aufgabe helfen Ihnen:
- Lerninhalte aus dem Lernfeld 4 (Sachgüter und Dienstleistungen beschaffen und Verträge schließen).

Für diese Aufgabe benötigen Sie:
- Technische Kenntnisse in Excel 2016, 2019, 2021 oder 2024/Microsoft 365 zu oben aufgeführten Inhalten.

Ausgangssituation

Sie sind Auszubildende/Auszubildender beziehungsweise Praktikantin/Praktikant während der Ausbildung/Umschulung bei der Übungsfirma Habermann + Partner KG, Monschauer Straße 36 – 38, 40549 Düsseldorf, Telefon 0211 8560 und zurzeit in der Abteilung Einkauf eingesetzt. Sie selbst sind unter der Durchwahl -17 zu erreichen. Sie haben Artvollmacht.

Ihre Abteilungsleiterin, Frau Thielmann, bittet Sie, in ihr Büro zu kommen.

> *„Guten Morgen. Ich habe heute eine besondere Aufgabe für Sie. Ich habe hier eine Liste über diverse IT-Artikel vorliegen, für die ich gerne eine ABC-Analyse durchgeführt haben möchte. Ich vermute, dass lediglich 5 Artikel einer C-Klassifizierung entsprechen. Bitte untersuchen Sie dies. Ich bin auf Ihr Ergebnis gespannt.*
>
> *Die Zahlen stelle ich Ihnen gleich in einer zusätzlichen Tabelle zur Verfügung.*
>
> *Darüber hinaus möchte ich, dass Sie mir dazu zwei Geschäftsgrafiken erstellen, die das Ergebnis grafisch darstellen.“*

Beachten Sie folgende Corporate Design-Anweisungen, die in dieser Aufgabe zu berücksichtigen sind:

Schrift allgemein
- Schriftart Arial, Schriftgröße 10 Pt.
- Überschriften zentriert, Schriftgröße 12 Pt., Fettschrift

Diagramm
- Schriftart Arial, Diagrammtitel in Schriftgröße 14 Pt., fett
- Achsenbeschriftungen und Werte in Schriftgröße 10 Pt.

Zahlendarstellung
- Währung mit Tausendertrennzeichen, zwei Dezimalstellen
- Prozentsätze im Zahlenformat mit zwei Dezimalstellen
- Alle anderen Zahlen mit Tausendertrennzeichen, ohne Dezimalstellen

Arbeitsanweisungen

Teil 1 ABC-Analyse durchführen

1. Öffnen Sie mit Ihrem Tabellenkalkulationsprogramm eine neue leere Arbeitsmappe und speichern Sie diese unter dem Namen **ABC_Analyse_Einkauf.xlsx**.

2. Benennen Sie das Arbeitsblatt **Tabelle1** in **ABC-Analyse IT-Artikel** um.

3. Erstellen und formatieren Sie positionsgenau die nachfolgende Tabelle. Die Zahlen formatieren Sie nach den Corporate Design-Anweisungen.

	A	B	C	D	E	F	G	H
1								
2								
3								
4		Artikel	Verbrauchs-menge	Einstands-preis				
5		Mauspad HOF	1.360 Stück	1				
6		Maus HOF	1.210 Stück	3,8				
7		Tastatur HOF	1.120 Stück	3,5				
8		Grafikkarte Turex	500 Stück	25				
9		Grafikkarte HA RD	300 Stück	25				
10		DVD Brenner Nixum	270 Stück	16,5				
11		PC Black HP2	700 Stück	278				
12		PC GOLD HP2	600 Stück	300				
13		PC Rex HP2	430 Stück	250				
14		Monitor HOBI 24" LED	950 Stück	95				
15								
16								

4. Geben Sie in Zelle E4 den Text *Verbrauchswert* ein und formatieren Sie diesen wie abgebildet.

Verbrauchs-wert

5. Berechnen Sie in den darunterliegenden Zellen mit geeigneten und kopierbaren Formeln beziehungsweise Funktionen die Verbrauchswerte.

6. Sortieren Sie die Tabelle absteigend nach Verbrauchswerten.

7. Geben Sie in Zelle D16 den Text *Summe:* ein. Formatieren Sie diese Zelle fett, mit einer beliebigen hellgrauen Füllfarbe und einer Rahmenlinie außen. Der Inhalt soll rechtsbündig ausgerichtet sein.

8. Berechnen Sie in Zelle E16 mit einer geeigneten Formel beziehungsweise Funktion die Gesamtsumme der Verbrauchswerte. Formatieren Sie diese Zelle – zusätzlich zum Corporate Design – fett und mit einer Rahmenlinie außen.

9. Fügen Sie links von Spalte D (*Einstandspreis*) eine neue Spalte ein und geben Sie in Zelle D4 folgenden Text ein: *Verbrauchsmenge in % der Gesamtverbrauchsmenge*. Formatieren Sie die Zelle wie nebenstehend abgebildet.

Verbrauchs-menge in % der Gesamtver-brauchsmenge

10. Berechnen Sie in der neuen Spalte in den Zellen D5 bis D14 mit geeigneten und kopierfähigen Formeln beziehungsweise Funktionen die Verbrauchsmenge in Prozent der Gesamtverbrauchsmenge.

11. Fügen Sie links von Spalte E (*Einstandspreis*) eine neue Spalte ein.

12. Geben Sie in Zelle E4 den Text *Kumulierte Verbrauchsmengen in %* ein und formatieren Sie die Zelle wie rechts abgebildet.

Kumulierte Verbrauchs-mengen in %

13. Ermitteln Sie in den Zellen E5 bis E14 mit geeigneten und kopierbaren Formeln beziehungsweise Funktionen die kumulierten Verbrauchsmengen in %.

14. Ergänzen Sie die Tabelle rechts um drei weitere Spalten mit den Überschriften *Verbrauchswerte in % vom Gesamtverbrauchswert*, *Kumulierter Verbrauchswert in %* und *ABC-Analyse* und formatieren Sie diese wie nachfolgend abgebildet.

Verbrauchs-menge in % der Gesamtver-brauchsmenge	Kumulierte Verbrauchs-mengen in %	Einstands-preis	Verbrauchs-wert	Verbrauchswerte in % vom Gesamt-verbrauchswert	Kumulierter Verbrauchs-wert in %	ABC-Analyse

15. Ermitteln Sie in den Zellen H5 bis H14 mit geeigneten und kopierbaren Formeln oder Funktionen die Verbrauchswerte in % vom Gesamtverbrauchswert und in I5 bis I14 die kumulierten Verbrauchswerte in %.

16. Geben Sie in Vorbereitung auf die durchzuführende ABC-Analyse in den Zellen H19 bis J22 die folgende Hilfstabelle ein. Formatieren Sie außerdem die Hilfstabelle wie abgebildet.

	G	H	I	J	K	L	M
18							
19		kum. Verbrauchswert in %		Klasse			
20		bis	75,00	A			
21		bis	94,99	B			
22		größer oder gleich	95,00	C			
23							
24							

17. Führen Sie mit kopierbaren, geeigneten Formeln beziehungsweise Funktionen in J5 bis J14 mit Bezug auf die erstellte Hilfstabelle die ABC-Analyse durch. Richten Sie die Ergebnisse zentriert aus.

18. Geben Sie in Zelle A4 den Text *Rang* ein und ermitteln Sie in der dazugehörigen Spalte mit einer geeigneten und kopierbaren Formel beziehungsweise Funktion die Rangfolge. Übernehmen Sie für die Spaltenüberschrift das Format von Zelle B4.

19. Der Zellbereich A5 bis J14 erhält einfache Rahmenlinien innen und außen.

20. Richten Sie die Druckseite wie folgt ein:
    - Querformat,
    - Seitenränder: Links und Rechts je 2,0 cm, Oben und Unten je 2,5 cm,
    - horizontal und vertikal auf der Seite zentriert.

21. Die Kopfzeile soll im linken Abschnitt Ihren Vornamen und Nachnamen und im mittleren Abschnitt die Seitenzahl und die Anzahl der Seiten, nach dem Muster *Seite -1- von -1-* , enthalten. In der Fußzeile soll im linken Abschnitt der Arbeitsblattname und im rechten Abschnitt das aktuelle Datum erscheinen.

Teil 2 ABC-Analyse auswerten und grafisch darstellen

1. Erstellen und formatieren Sie positionsgenau in den Zellen C18 bis E23 die nachfolgend aufgeführte Tabelle.

	A	B	C	D	E	F	G
17							
18			Auswertung				
19			Analyse	Anzahl Artikel	Verbrauchswerte		
20			A				
21			B				
22			C				
23							
24							
25							

2. Ermitteln Sie in dieser Tabelle über geeignete und kopierbare Formeln beziehungsweise Funktionen die Anzahl der Artikel, die mit A, B oder C klassifiziert wurden.

3. In E20 bis E22 berechnen Sie über geeignete und kopierbare Funktionen beziehungsweise Formeln die Summe der Verbrauchswerte entsprechend der Klassifizierung A, B oder C.

4. Errechnen Sie in Zelle E23 über eine geeignete Formel die Gesamtsumme der Verbrauchswerte der Zellen E20, E21 und E22.

5. Erstellen Sie aus dem vorhandenen Zahlenmaterial der Tabelle unterhalb von A24 das auf der nächsten Seite aufgeführte Diagramm.

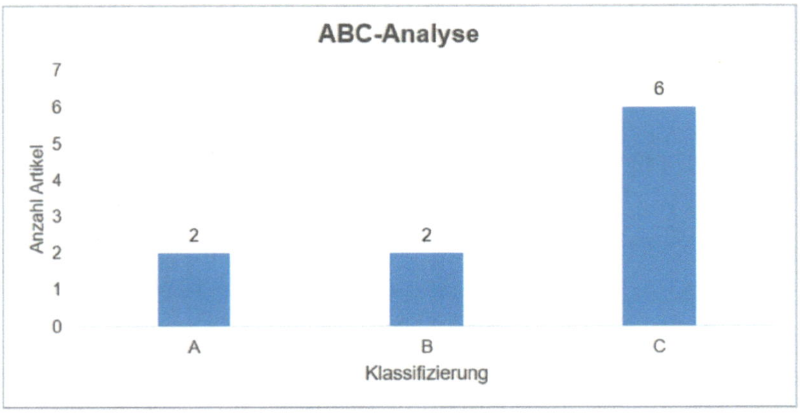

6. Formatieren Sie das Diagramm gemäß Corporate Design-Anweisung.
7. Das gesamte Diagramm erhält eine Höhe von 8,0 cm und eine Breite von 12,5 cm.
8. Fügen Sie unterhalb des Diagramms ein Textfeld ein und nehmen Sie hier Stellung zur Vermutung von Frau Thielmann.
9. Fügen Sie rechts neben dem Diagramm ein weiteres Auswertungsdiagramm ein, das die kumulierten Verbrauchswerte in der unten abgebildeten Form darstellt.

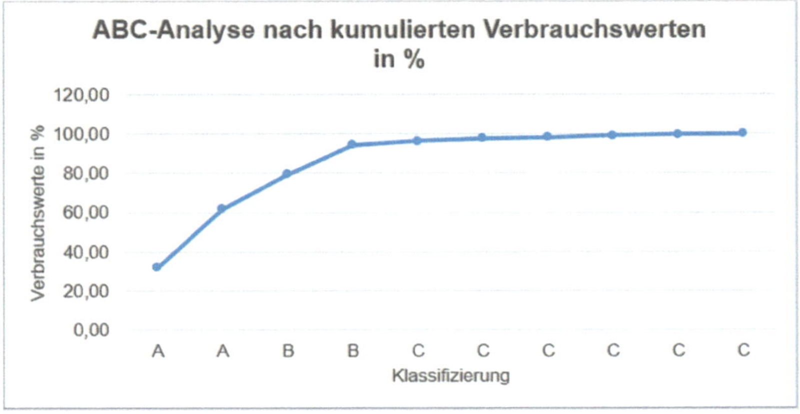

10. Formatieren Sie das Diagramm gemäß Corporate Design-Anweisung. Das gesamte Diagramm erhält ebenfalls eine Höhe von 8,0 cm und eine Breite von 12,5 cm.
11. Verbinden Sie die Zellen A2 bis J2 und geben Sie die Überschrift *Habermann + Partner KG ABC-Analyse IT-Artikel* ein. Formatieren Sie diese gemäß Corporate Design-Anweisung. Formatieren Sie die Zelle darüber hinaus mit einer beliebigen hellgrauen Füllfarbe und einer einfachen Rahmenlinie außen.
12. Drucken Sie das Arbeitsblatt **ABC-Analyse IT-Artikel** im Querformat auf **einer** Seite aus.
13. Kopieren Sie das Arbeitsblatt **ABC-Analyse IT-Artikel.** Die Kopie erhält den Namen **Formeln ABC-Analyse**. Löschen Sie in diesem Arbeitsblatt die Diagramme und das Textfeld mit der Stellungnahme.
14. Drucken Sie die 1. und 2. Seite des Arbeitsblattes **Formeln ABC-Analyse** mit der Formelansicht und mit Zeilen- und Spaltenüberschriften aus.

Aufgabe 9 Bonussystem (Zeit: 1 Stunde)

In dieser Aufgabe üben Sie, ...

- neue Arbeitsmappen zu erstellen und zu speichern,
- Arbeitsblätter zu bearbeiten,
- eine Druckseite einzurichten, Kopf- und Fußzeile zu definieren, Tabellen zu bearbeiten und zu formatieren,
- Formeln und Funktionen situationsbezogen anzuwenden,
- ein Diagramm nach Muster zu erstellen,
- Tabellen zu drucken.

Für diese Aufgabe helfen Ihnen:

- Lerninhalte aus dem Lernfeld 4 (Sachgüter und Dienstleistungen beschaffen und Verträge schließen).

Für diese Aufgabe benötigen Sie:

- Technische Kenntnisse in Excel 2016, 2019, 2021 oder 2024/Microsoft 365 zu oben aufgeführten Inhalten.

Achtung: Das ist die zweite Prüfung in Microsoft Excel, die Sie auf Zeit ablegen sollten. Sie haben für die Bearbeitung maximal eine Stunde zur Verfügung. Im Lösungsteil finden Sie später für diese Aufgabe die passende Musterlösung sowie die einzelnen möglichen Punkte für die einzelnen Aufgabenteile, aus denen sich dann die entsprechende Note ergibt. Die Bewertung kann von Ihnen selbst oder vom Dozenten vorgenommen werden.

Ausgangssituation

Sie sind Auszubildende/Auszubildender beziehungsweise Praktikantin/Praktikant während der Ausbildung/Umschulung bei der Übungsfirma Habermann – Partner KG, Monschauer Straße 36 – 38, 40549 Düsseldorf, Telefon 0211 8560 und zurzeit in der Abteilung Verkauf eingesetzt. Sie selbst sind unter der Durchwahl -28 zu erreichen. Sie haben Artvollmacht.

Herr Peter Tünsch, Ihr Abteilungsleiter im Verkauf, erklärt Ihnen, dass es unbedingt notwendig sei, ein neues Bonussystem für die angestellten Verkäufer im Außendienst aufzustellen. Im letzten Monat haben zwei der fest angestellten Verkäufer gekündigt, da sie mit dem bisherigen Bonussystem nicht zufrieden waren. Bisher gab es folgendes Bonussystem:

- *Alle angestellten Verkäufer im Außendienst erhielten ein Grundgehalt von 2.100 EUR und einen umsatzabhängigen Bonus.*
- *Bei einem Umsatz pro Monat ab 10.000 EUR erhielten sie einen Bonus von 2 % vom Umsatz, bei einem Umsatz pro Monat ab 50.000 EUR einen Bonus von 3 % vom Umsatz und bei einem Umsatz pro Monat ab 100.000 EUR einen Bonus von 4 % vom Umsatz.*

Herr Habermann, einer der geschäftsführenden Gesellschafter, denkt, dass in Zukunft folgendes Bonussystem sinnvoll wäre, um der Abwanderung der Verkäufer entgegenzuwirken.

Grundgehalt:	2.000 EUR	
Umsatz ab:	5.000 EUR	3 % vom Umsatz
Umsatz ab:	10.000 EUR	5 % vom Umsatz
Umsatz ab:	50.000 EUR	7 % vom Umsatz
Umsatz ab:	100.000 EUR	9 % vom Umsatz

„Ich möchte, dass Sie mir dazu eine Aufstellung vom letzten Monat (siehe Anlage 1) erstellen, in der das bisherige Bonussystem und das neue Bonussystem dargestellt werden.

Erstellen Sie mir außerdem über die Differenz ein Diagramm. Wie ich mir das Diagramm vorstelle, sehen Sie im Muster 1.

Die Aufstellung und das Diagramm benötige ich in einer Stunde. Dann möchte ich Ihr Ergebnis Herrn Habermann vorstellen".

Beachten Sie folgende Corporate Design-Anweisungen, die in dieser Aufgabe zu berücksichtigen sind:

Schrift allgemein

- Schriftart Cambria, Schriftgröße 11 Pt.
- Überschriften zentriert, Schriftgröße 14 Pt., Fettschrift

Diagramm

- Voreingestellte Schriftart, Diagrammtitel in Schriftgröße 14 Pt., fett
- Achsentitel und Werte in Schriftgröße 10 Pt.
- Zahlen und Prozentwerte als Achsenbeschriftungen ohne Dezimalstellen

Zahlen

- Format Währung mit Tausendertrennzeichen, zwei Dezimalstellen
- Prozentformat mit zwei Dezimalstellen
- übrige Zahlen mit Tausendertrennzeichen, ohne Dezimalstellen

Anlage 1

	A	B	C	D	E	F	G	H	I	J
1										
2		Bonussystem Außendienst Habermann + Partner KG						Stand:	Tagesdatum	
3										
4		Bonus						Grundgehalt:	2100	
5		ab	10000	0,02						
6		ab	50000	0,03						
7		ab	100000	0,04						
8										
9		Altes Bonussystem								
10										
11		Pers.-Nr.	Nachname	Vorname	Umsatz	Bonus	Gehalt			
12		05	Meier	Petra	6530					
13		03	Vogel	Manfred	11260					
14		07	Herold	Inge	51450					
15		11	Achtermann	Grietje	8530					
16		08	Faltkrog	Einnar	74350					
17										
18										
19		Neues Bonussystem						Grundgehalt:	2000	
20										
21		Pers.-Nr.	Nachname	Vorname	Umsatz	Bonus	Gehalt	Mehrgehalt	Mehrgehalt prozentual	
22										
23										
24										
25										
26										
27										
28		Bonusstaffel								
29		Umsatz	0	5000	10000	50000	100000			
30		Bonussatz	0	0,03	0,05	0,07	0,09			
31										
32										

Muster 1

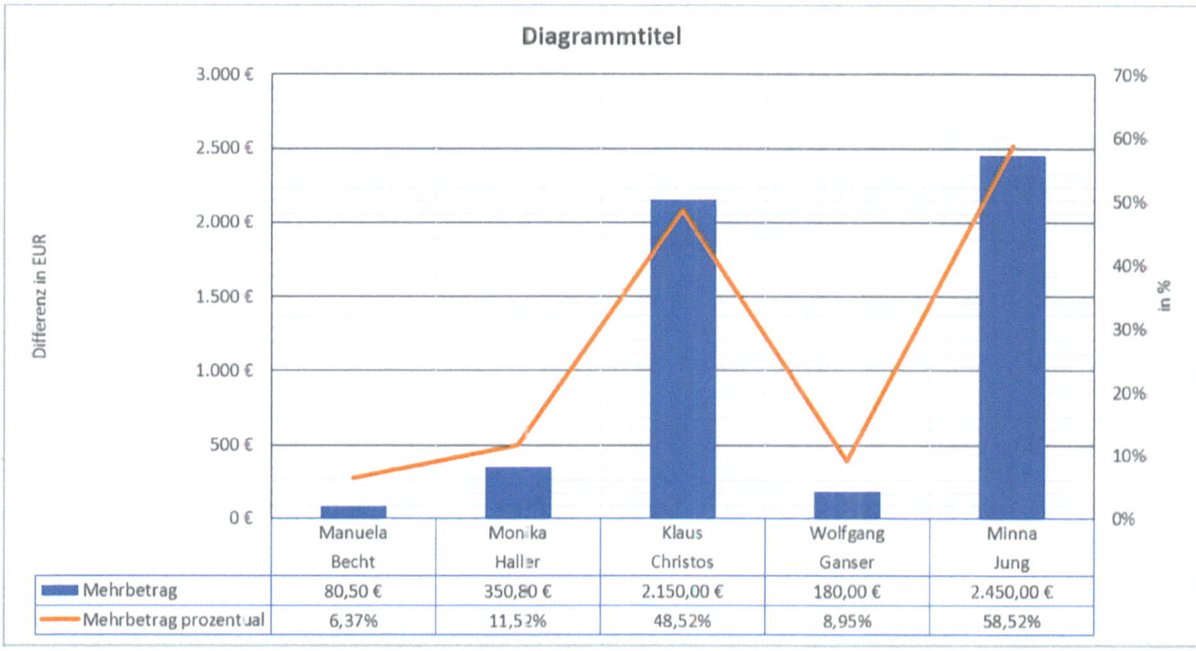

Arbeitsanweisungen

Teil 1 Gegenüberstellung erstellen

1. Öffnen Sie mit Ihrem Tabellenkalkulationsprogramm eine neue leere Arbeitsmappe und speichern Sie diese unter dem Namen **Bonussystem_Aussendienst.xlsx**.
2. Bearbeiten Sie in der Arbeitsmappe das Arbeitsblatt **Tabelle1** und geben Sie dem Arbeitsblatt den Namen **Bonussystem**.
3. Erstellen und formatieren Sie positionsgenau die unter Anlage 1 aufgeführten Tabellen und beachten Sie darüber hinaus die Corporate Design-Anweisungen.
4. Fügen Sie in Zelle I2 eine Formel beziehungsweise Funktion ein, die das jeweils aktuelle Datum anzeigt.
5. Berechnen Sie über kopierbare und geeignete Formeln beziehungsweise Funktionen in den Zellen F12 bis F16 mit Bezug auf die Hilfstabelle Bonus den jeweiligen Bonusbetrag nach dem alten Bonussystem.

   Hinweis: Bei einem Umsatz unter 10.000 EUR soll der Wert 0 ausgegeben werden.
6. Ermitteln Sie über geeignete und kopierbare Formeln beziehungsweise Funktionen die Gehälter der einzelnen Mitarbeiter nach dem alten Bonussystem.
7. Kopieren Sie die Werte aus B12 bis B16 in die Zellen B22 bis B26.
8. Übernehmen Sie aus der Tabelle *Altes Bonussystem* über kopierbare und geeignete Formeln beziehungsweise Funktionen *Nachname*, *Vorname* und *Umsatz* in die Tabelle *Neues Bonussystem*.
9. Ermitteln Sie aus der Hilfstabelle *Bonusstaffel* über geeignete Formeln beziehungsweise Funktionen den Bonusbetrag für das neue Bonussystem.
10. Ermitteln Sie über geeignete und kopierbare Formeln beziehungsweise Funktionen die Gehälter der einzelnen Mitarbeiter:innen nach dem neuen Bonussystem.
11. Errechnen Sie in den Zellen H22 bis H26 über geeignete und kopierbare Formeln beziehungsweise Funktionen den Mehrbetrag im Vergleich zum alten Bonussystem und formatieren Sie die Ergebnisse zusätzlich fett.
12. In den Zellen I22 bis I26 ermitteln Sie über geeignete und kopierbare Formeln beziehungsweise Funktionen das Mehrgehalt in % und formatieren Sie die Ergebnisse ebenfalls fett.

13. Richten Sie die Druckseite ein:
    Querformat, Seitenränder: Links und Rechts je 2,0 cm, Oben und Unten je 2,0 cm.
14. In der Fußzeile soll im linken Abschnitt der Arbeitsblattname, im mittleren Bereich Ihr Vorname und Nachname und im rechten Abschnitt der Dateiname erscheinen.
15. Drucken Sie das Arbeitsblatt **Bonussystem** aus.
16. Kopieren Sie das Arbeitsblatt **Bonussystem**. Die Kopie erhält den Namen **Formeln Bonussystem**.
17. Drucken Sie das Arbeitsblatt **Formeln Bonussystem** mit der Formelansicht und mit Zeilen- und Spaltenüberschriften aus.

    Tipp: *Seite einrichten*, Register *Papierformat*, *Skalierung* Option *Anpassen*: 2 Seite(n) breit und 1 Seite(n) hoch.

Teil 2 Diagramm

1. Erstellen Sie das unter Muster 1 geforderte Diagramm und verschieben Sie das Diagramm in ein gesondertes Blatt der Arbeitsmappe. Dieses Blatt erhält den Namen **Bonussystem-Diagramm**.
2. Das Diagrammblatt soll im Querformat gedruckt werden, Seitenränder: Links und Rechts je 2,0 cm, Oben und Unten je 2,0 cm.
3. In der Fußzeile soll im linken Abschnitt der Arbeitsblattname, im mittleren Bereich Ihr Vorname und Nachname und im rechten Abschnitt der Dateiname erscheinen.
4. Geben Sie dem Diagramm eine passende Überschrift.
5. Drucken Sie das Diagrammblatt **Bonussystem-Diagramm** aus.

Notizen:

Aufgabe 10 Personalentwicklung

In dieser Aufgabe üben Sie, …

- neue Arbeitsmappen zu erstellen und zu speichern,
- Arbeitsblätter zu bearbeiten,
- eine Druckseite einzurichten, Kopf- und Fußzeile zu definieren, Tabellen zu bearbeiten und zu formatieren,
- Formeln und Funktionen situationsbezogen anzuwenden,
- Zellbezüge auf andere Arbeitsblätter zu übertragen,
- Tabellen zu drucken,
- ein Diagramm nach Vorgaben zu erstellen,
- ein Textfeld und ein Zeichnungsobjekt einzufügen.

Bei dieser Aufgabe helfen Ihnen:

- Lerninhalte aus dem Lernfeld 8 (Personalwirtschaftliche Aufgaben wahrnehmen).

Für diese Aufgaben benötigen Sie:

- Technische Kenntnisse in Excel 2016, 2019, 2021 oder 2024/Microsoft 365 zu oben aufgeführten Inhalten.

Ausgangssituation

Sie sind Auszubildende/Auszubildender beziehungsweise Praktikantin/Praktikant während der Ausbildung/Umschulung bei der Übungsfirma Habermann + Partner KG, Monschauer Straße 36 – 38, 40549 Düsseldorf, Telefon 0211 8560 und zurzeit in der Abteilung Organisation eingesetzt. Sie selbst sind unter der Durchwahl -12 zu erreichen. Sie haben Artvollmacht.

Unter anderem unterstützt Sie die Personalabteilung bei verschiedensten statistischen Aufgaben. Frau Pilz, Abteilungsleiterin der Abteilung Organisation, bittet Sie, in ihr Büro zu kommen.

> *Frau Pilz: „Guten Tag, ich habe soeben eine erschreckende Nachricht von Herrn Habermann erhalten, dass in den nächsten vier Jahren wohl einige Mitarbeiter der Abteilung Produktion in den Ruhestand gehen. Herr Polster, Abteilungsleiter in der Personalabteilung, sieht dies nicht so beunruhigend, sondern behauptet, dass durch Übernahme von Auszubildenden die Personaldecke immer wieder geschlossen wird.*
>
> *Er hat mir die Zahlen dazu zur Verfügung gestellt. Sind Sie so nett und erstellen mir dazu eine Auswertung. Wie ich mir dies vorstelle, sehen Sie im Anhang Nr. 1. Ich möchte, dass Sie mir dazu auch noch eine Geschäftsgrafik erstellen. Ein Muster stelle ich Ihnen ebenfalls zur Verfügung.*
>
> *Ich bin gespannt, ob seine Vermutung stimmt. Nehmen Sie bitte dazu Stellung.“*

Beachten Sie folgende Corporate Design-Anweisungen, die in dieser Aufgabe zu berücksichtigen sind:

Schrift

- Schriftart Arial, Schriftgröße 10 Pt.
- Überschriften zentriert, Schriftgröße 12 Pt., Fettschrift
- Diagramm mit voreingestellter Schriftart, Diagrammtitel in Schriftgröße 14 Pt., fett

Zahlen

- Prozentsätze im Zahlenformat mit zwei Dezimalstellen
- Alle anderen Zahlen mit Tausendertrennzeichen, ohne Dezimalstellen
- Datum alphanumerisch gemäß DIN 5008:2020

Anhang Nr. 1

Mitarbeiter Abteilung Produktion 2025 bis 2028

Personal-nummer	Name	Vorname	Datum Renteneintritt
418	Zucker	Erwin	15. Okt. 2025
218	Schulz	Peter	1. Mai. 2026
420	Faßbinder	Klaus	4. Jan. 2025
265	Kleeheinz	Hans	8. Jan. 2028
384	Hoger	Manfred	4. Apr. 2027
452	Sperber	Katrin	18. Dez. 2027
286	Adams	Johann	26. Mrz. 2025
186	Waller	Heinrich	24. Jul. 2025
276	Halberstadt	Matthias	11. Feb. 2026
151	Meter	Michael	4. Mai. 2028
284	Ast	Wolfgang	4. Jul. 2025
244	Johannes	Frank	16. Apr. 2025

Auszubildende Abteilung Produktion 2025 bis 2028

Personal-nummer	Name	Vorname	Abschluss Ausbildung
935	Schneider	Berthold	12. Jun. 2027
822	Stöber	Martha	30. Jun. 2026
752	Grosse	Johanna	24. Jun. 2025
712	Kleinschmidt	Barbara	24. Jun. 2025
813	Pauland	Volker	30. Jun. 2026
920	Alles	Petra	12. Jun. 2027
918	Kerber	Christine	12. Jun. 2027
905	Hilbert	Peter	12. Jun. 2027
814	Holbein	Stefan	25. Mai. 2026
999	Klein	Luisa	30. Jun. 2028
958	Horn	Klaus	12. Jun. 2027

Muster Diagramm

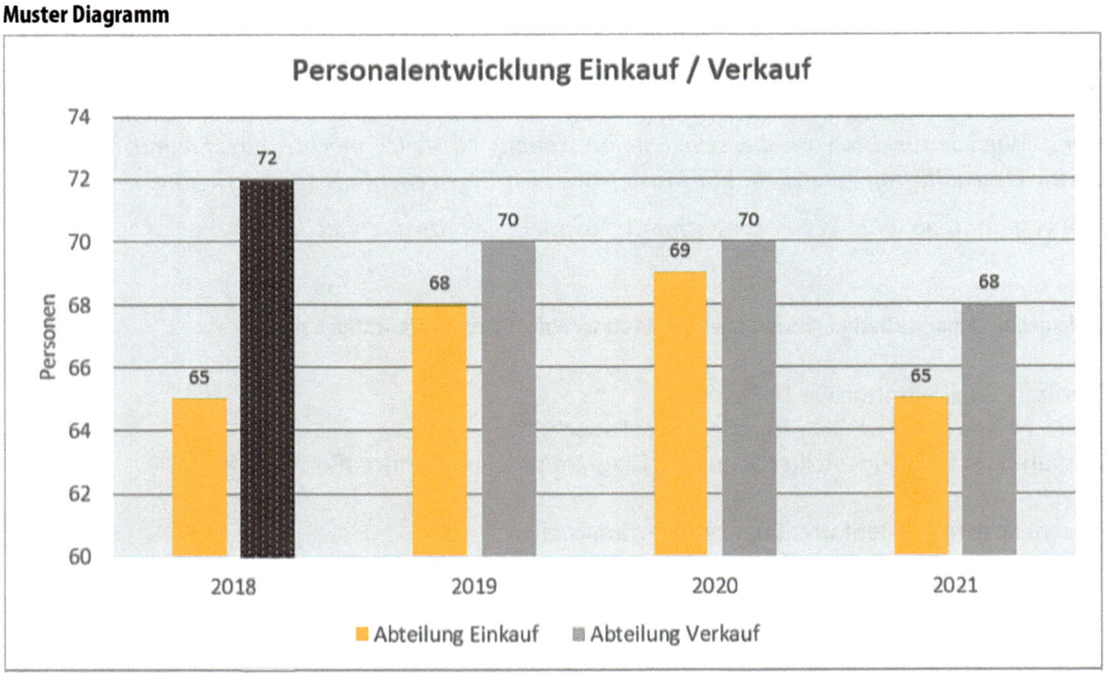

Teil 1 Personalauswertung erstellen

1. Öffnen Sie mit Ihrem Tabellenkalkulationsprogramm eine neue leere Arbeitsmappe und speichern Sie diese unter dem Namen **Personal_Ruhestand.xlsx** ab.
2. Bearbeiten Sie in Ihrer Datei das Arbeitsblatt **Tabelle1** und geben Sie dem Arbeitsblatt den Namen **Auswertung Ruhestand**.
3. Erstellen und formatieren Sie positionsgenau die unter Anhang Nr. 1 aufgeführte Tabelle und beachten Sie darüber hinaus die Corporate Design-Anweisungen.
4. Fügen Sie der Tabelle *Mitarbeiter Abteilung Produktion...* rechts von der Spalte *Datum Renteneintritt* eine weitere Spalte hinzu. Diese erhält in F5 die Überschrift *Jahr*.
5. Passen Sie das Aussehen dieser Spalte an die Tabelle an.
6. Ermitteln Sie über eine kopierbare und geeignete Formel beziehungsweise Funktion in F6 bis F17 das Renteneintrittsjahr.
7. Fügen Sie der Tabelle *Auszubildende Abteilung Produktion...* rechts von der Spalte *Abschluss Ausbildung* eine weitere Spalte hinzu. Diese erhält in F22 die Überschrift *Abschlussjahr*.
8. Passen Sie das Aussehen dieser Spalte an die Tabelle an.
9. Ermitteln Sie über eine geeignete und kopierbare Formel beziehungsweise Funktion das Abschlussjahr der Auszubildenden.
10. Geben Sie in Zelle E18 den Text *Gesamt:* ein und formatieren Sie die Zelle mit einer einfachen Rahmenline außen. Außerdem soll der Zellinhalt rechtsbündig ausgerichtet werden und Fettschrift erhalten.
11. Ermitteln Sie in Zelle F18 über eine geeignete Formel beziehungsweise Funktion die Anzahl der Mitarbeiter, die in den Jahren 2025 bis 2028 in den Ruhestand gehen. Die Zelle erhält ebenfalls eine Rahmenlinie außen.
12. Geben Sie in Zelle E34 den Text *Gesamt:* ein und formatieren Sie die Zelle mit einer einfachen Rahmenline außen. Außerdem soll der Zellinhalt rechts ausgerichtet werden und Fettschrift erhalten.
13. Ermitteln Sie in F34 über eine geeignete Formel beziehungsweise Funktion die Anzahl der Auszubildenden, die ihre Ausbildung in den Jahren 2025 bis 2028 abschließen. Die Zelle erhält eine Rahmenlinie außen.
14. Errechnen Sie in Zelle F37 die prozentuale Differenz der Renteneintritte 2025 bis 2028 gegenüber den Auszubildenden der Abteilung Produktion in den Abschlussjahren 2025 bis 2028.
15. Verbinden Sie die Zellen B37 bis E37 und geben Sie eine passende Beschriftung ein.
16. Richten Sie das Arbeitsblatt im Querformat aus: Seitenränder: Links und Rechts je 1,5 cm, Oben und Unten je 1,5 cm.
17. Fügen Sie in der Kopfzeile im mittleren Bereich den Namen des Arbeitsblatts ein. Die Fußzeile soll im linken Bereich das aktuelle Datum und darunter die aktuelle Uhrzeit sowie im rechten Bereich Ihren Vor- und Nachnamen enthalten.

Teil 2 Statistik und grafische Darstellung

1. Erstellen Sie im Blatt **Auswertung Ruhestand** positionsgenau die nachfolgend aufgeführte Auswertungstabelle.

	A	B	C	D	E	F	G	H
38								
39		Jahr	Renteneintritt Mitarbeiter	Renteneintritt in %	Übernahme Auszubildende	Übernahme Auszubildende in %		
40		2025						
41		2026						
42		2027						
43		2028						
44								
45								

2. In den Zellen C40 bis C43 errechnen Sie über geeignete und kopierbare Formeln beziehungsweise Funktionen pro Jahr die Anzahl der Mitarbeiter, die in den Jahren 2025 bis 2028 in den Ruhestand ausscheiden.
3. Ermitteln Sie in den Zellen D40 bis D43 über kopierbare und geeignete Formeln beziehungsweise Funktionen den prozentualen Anteil der Renteneintritte pro Jahr.
4. In den Zellen E40 bis E43 ermitteln Sie über kopierbare und geeignete Funktionen beziehungsweise Formeln pro Jahr die Anzahl der Auszubildenden, die höchstwahrscheinlich übernommen werden können.
5. Errechnen Sie in den Zellen F40 bis F43 über kopierbare und geeignete Formeln beziehungsweise Funktionen pro Jahr den prozentualen Anteil der Auszubildenden, die übernommen werden können.
6. Fügen Sie ab der Zelle B44 ein Textfeld ein und nehmen Sie ausführlich Stellung zu den Aussagen von Herrn Habermann und Herrn Polster.
7. Erstellen Sie unterhalb der Stellungnahme das geforderte Diagramm entsprechend dem Muster-Diagramm.
8. Geben Sie dem Diagramm eine passende Überschrift.
9. Verringern Sie die Abstandsbreite der Säulen auf den Wert 100.
10. Achten Sie auf einen sinnvollen Seitenumbruch und drucken Sie die erste und zweite Seite des Arbeitsblatts **Auswertung Ruhestand** aus.
11. Kopieren Sie das Arbeitsblatt **Auswertung Ruhestand** und benennen Sie die Kopie in **Formeln Ruhestand** um. Entfernen Sie aus diesem Arbeitsblatt das Diagramm und das Textfeld mit der Stellungnahme.
12. Drucken Sie das Arbeitsblatt **Formeln Ruhestand** mit der ersten und zweiten Seite in der Formelansicht und mit Zeilen- und Spaltenüberschriften aus.

    Tipp: *Seite einrichten*, Register *Papierformat*, *Skalierung* Option *Anpassen*: 1 Seite(n) breit und 2 Seite(n) hoch.

Notizen:

5 Lösungen Textverarbeitung Microsoft Word

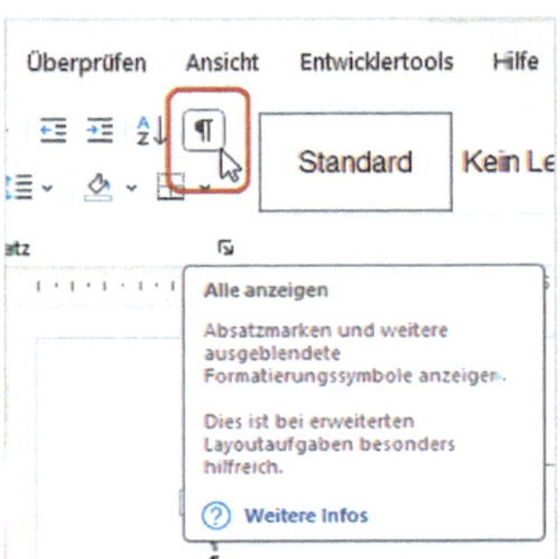

Anmerkung:
Die abgebildeten Lösungen im Buch beinhalten bis auf wenige Ausnahmen keine sichtbaren Absatzmarken. Diese sehen Sie aber immer in den Lösungsdateien (**Download\Loesungen**), wenn Sie die Absatzmarken einschalten.

Lösung Aufgabe 1 Innerbetriebliche Mitteilung Schreibregeln

Teil 1 Merkblatt erfassen

Ordner: Loesungen\Kap_5_Word
Datei: 1_Merkblatt.docx

Merkblatt

DIN 5008:2020 – Wichtige Schreibregeln

Schreibregeln zu ...	Bedeutung	Beispiel
Unterstreichung	Unterstreichungen sind mit dem Grundstrich vom ersten bis zum letzten Zeichen vorzunehmen.	Alle angefallenen Reisekosten werden erstattet.
Postfachnummern	Bei Postfachnummern werden von rechts beginnend zweistellige Gliederungen vorgenommen.	2 31 50
Prozentzeichen	Zwischen Zahl und Prozentzeichen wird ein Leerzeichen gesetzt.	Wir gewähren Ihnen einen Kundentreuerabatt in Höhe von 10 %.
Uhrzeiten	Uhrzeiten werden mit je zwei Ziffern angegeben und mit einem Doppelpunkt getrennt.	Die Veranstaltung beginnt um 10:30 Uhr und endet um 12:30 Uhr.
IBAN	von links beginnend fünfmal Vierergruppe, einmal Zweiergruppe	IBAN DE89 5230 5260 2320 2050 20
PLZ	fünfstellig, ohne Leerzeichen	50969 Köln
Telefonnummer national mit Vorwahl und Durchwahl	Durchwahlanschluss national	0221 525236-15

Fußzeile

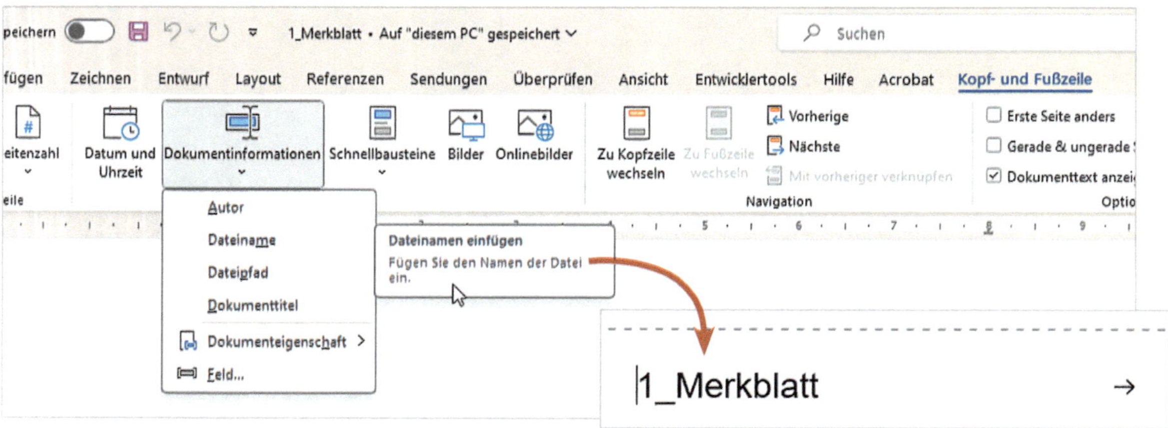

Oder alternativ:

Schnellbausteine ▶ *Feld...* ▶ Kategorie *Dokumentinformationen* ▶ *FileName*

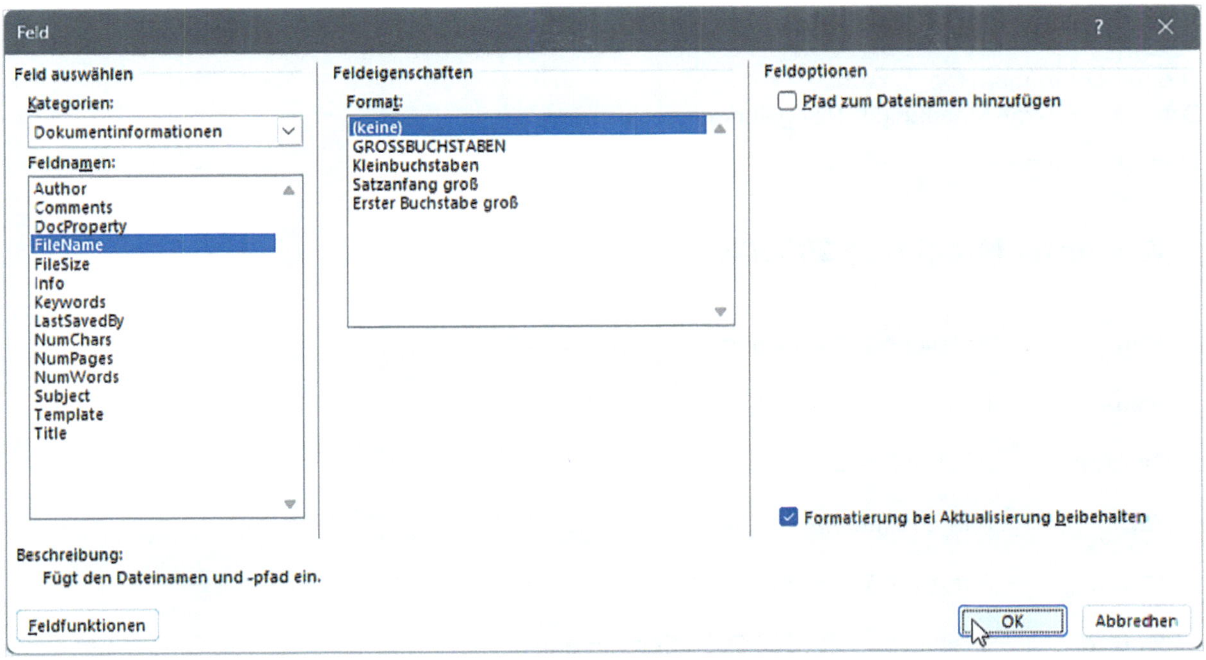

Inhalt in Fußzeile ausrichten

Zum Ausrichten am rechten Seitenrand (Ihr Name) die voreingestellten Tabstopps (rechtsbündiger Tabstopp) der Fußzeile nutzen und zweimal die Tab-Taste betätigen.

Alternative: Tabelle mit einer Zeile und zwei Spalten einfügen, linke Spalte linksbündig und rechte Spalte rechtsbündig ausrichten. Tabelle markieren und ohne Rahmenlinien formatieren.

Textfeld

Layoutoptionen ▶ *Textumbruch Quadrat* oder *Vor den Text*. Dann auf *Weitere anzeigen* klicken (oder Rechtsklick und *Weitere Layoutoptionen...* oder im Register *Format* ▶ *Postion* ▶ *Layoutoptionen*). Dann im Fenster *Layout* im Register *Position* ▶ *Ausrichtung Zentriert*, *gemessen von Seite* wählen.

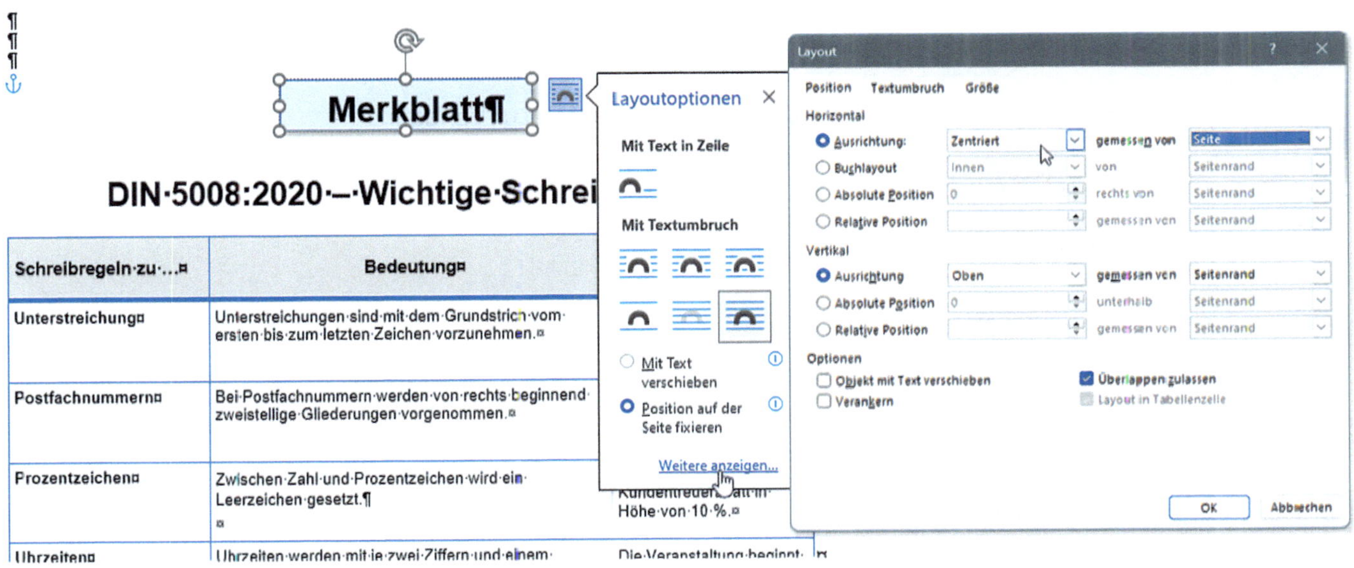

Teil 2 Interne Mitteilung erstellen

Ordner: Loesungen\Kap_5_Word
Datei: 1_Interne Mitteilung DIN Regelungen.docx

Mögliche Lösung

3. interne Mitteilung 2025/20xx

Von:	Abteilung Organisation
Name:	Ihr Name
Telefon:	0211 8560-12
An:	Alle Mitarbeiter
Datum:	Aktuelles Tagesdatum
Betreff:	Missstand DIN 5008:2020 Schreibregeln

Sehr geehrte Mitarbeiterinnen und Mitarbeiter,

die Einhaltung der DIN 5008:2020 beim Schreiben von Geschäftsbriefen gehört zu den kaufmännischen Grundfertigkeiten. Frau Pilz fiel in letzter Zeit auf, dass viele der Kolleginnen und Kollegen die Regeln der DIN 5008:2020 nicht einhalten. Die Geschäftsführung ist bereits über diesen Zustand informiert.

Aus diesem Grund ist eine Weiterbildung zu diesem Thema geplant. Bitte melden Sie sich dazu innerhalb der nächsten 14 Tage bei Frau Pilz an, damit sie die Terminierung für diese Weiterbildung veranlassen kann.

Ein kleines Merkblatt mit einigen Hinweisen zu den Schreibregeln zur DIN 5008:2020 habe ich dieser Mitteilung als Anlage vorab beigefügt. Ich bitte um zukünftige Beachtung.

Bei Rückfragen stehen Frau Pilz und ich Ihnen gerne zur Verfügung.

Mit freundlichen Grüßen

(i. A.) Ihre Unterschrift

(oder i. A.) Ihr Name

Anlage
Merkblatt

Lösung Aufgabe 2 Büromaterialbestellung

Teil 1 Online Bestellformular entwerfen

Ordner: Loesungen\Kap_5_Word
Datei: 2_Bestellformular.docx

Ihr Name Habermann + Partner KG

Von: Klicken oder tippen Sie hier, um Text einzugeben.

An: Abteilung Einkauf

Datum: Klicken oder tippen Sie, um ein Datum einzugeben.

Bestellformular Büromaterial

Artikelbezeichnung	Menge
Klicken oder tippen Sie hier, um Text einzugeben.	Klicken oder tippen Sie hier, um Text einzugeben.
Klicken oder tippen Sie hier, um Text einzugeben.	Klicken oder tippen Sie hier, um Text einzugeben.
Klicken oder tippen Sie hier, um Text einzugeben.	Klicken oder tippen Sie hier, um Text einzugeben.
Klicken oder tippen Sie hier, um Text einzugeben.	Klicken oder tippen Sie hier, um Text einzugeben.
Klicken oder tippen Sie hier, um Text einzugeben.	Klicken oder tippen Sie hier, um Text einzugeben
Klicken oder tippen Sie hier, um Text einzugeben.	Klicken oder tippen Sie hier, um Text einzugeben

Name: Klicken oder tippen Sie hier, um Text einzugeben.

Tabstopps festlegen
Absätze markieren und Doppelklick ins Lineal bei 4 cm. Ausrichtung kontrollieren, eventuell die Position kontrollieren und ändern und auf *Festlegen* klicken. Dann das Fenster mit *OK* schließen.

Tipp: Die Tabstopps mit *Format übertragen* (Formatpinsel) auch dem Absatz in der letzten Zeile zuweisen.

Steuerelemente einfügen
Als Steuerelemente *Nur-Text-Inhaltssteuerelemente* einfügen (Register *Entwicklertools*).

Kopfzeile
Nutzen Sie in der Kopfzeile die voreingestellten Tabstopps: Links Namen eingeben, dann zweimal Tab-Taste und Firmenname eingeben. Der Text rechts wird automatisch rechtsbündig am rechten Seitenrand ausgerichtet (rechtsbündiger Tabstopp).

Teil 2 E-Mail erstellen

Ordner: Loesungen\Kap_5_Word
Datei: 2_E-Mail-Bestellformular.docx

Mögliche Lösung:

Von:	vorname.nachname@hapa.de
An:	alle@hapa.de
Cc:	michaela.fuchs@hapa.de
Bcc:	
Betreff:	Bestellformular Büromaterial
Anhang:	Bestellformular.docx

Sehr geehrte Damen und Herren,

in Zusammenarbeit mit Frau Fuchs haben wir ein neues Bestellformular für Büromaterial entworfen. Wir bitten ab sofort nur noch das als Dateianhang aufgeführte Bestellformular für Bestellungen von Büromaterial zu verwenden.

Bei Rückfragen können Sie sich gerne an Frau Fuchs oder an mich wenden.

Mit freundlichen Grüßen

Habermann + Partner KG

i. A. Ihr Name

Telefon: 0211 8560-12
E-Mail: vorname.nachname@hapa.de

Anschrift / Sitz: Monschauer Straße 36 – 38, 40549 Düsseldorf
Handelsregister HRA 2560 / Amtsgericht Düsseldorf

Anmerkung zum Dateianhang: Da das Formular ausfüllbar sein soll, wurde hier der Anhang als Word-Dokument (.docx) aufgeführt. Da heutzutage aber auch PDF-Formulare ausfüllbar sind, ist auch Bestellformular.pdf als Anhang korrekt.

Lösung Aufgabe 3 Eignungstest

Teil 1 Datenquelle erstellen

Ordner: Loesungen\Kap_5_Word
Datei: 3_Datenquelle.docx

Achtung: Die Tabelle muss mit der ersten Zeile des Dokuments beginnen! Formatierungen sind nicht notwendig, die DIN 5008 muss Anwendung finden.

Anrede	Vorname	Nachname	Straße	PLZ	Ort	Beruf ❶	Am	Um	Posteingang
Herrn	Tobias	Prein	Ernteweg 17 // 2. Etage	40472	Ratingen	Kaufmann für Büromanagement	09.06.2025	10:00	02.05.2025
Frau	Sabine	Weber	Talstraße 70	40822	Mettmann	Kauffrau für Büromanagement	09.06.2025	10:00	04.05.2025
Frau	Tatiana	Tsitroda	Alice-Heye-Platz 8 b // W 2	40591	Düsseldorf	Kauffrau im Großhandel	11.06.2025	09:30	12.04.2025
Herrn	Peter	Fuchs	Nordkanalallee 7 a	41464	Neuss	Kaufmann im Großhandel	11.06.2025	09:30	02.05.2025
Frau	Fabienne	Lenanova	Benzenbergstraße 7 a	40219	Düsseldorf	Kauffrau für Büromanagement	09.06.2025	10:00	04.05.2025

❶ Aus Platzgründen ist hier die Tabelle zweigeteilt untereinander abgebildet. Die richtige Darstellung in einer einzigen Tabelle finden Sie in den Lösungen als Download.

Druckdatum einfügen

Im Register *Einfügen* oder *Kopf- und Fußzeilentools-Entwurf* auf *Schnellbausteine* ▶ *Feld* klicken. Kategorie *Datum und Uhrzeit* und *PrintDate* auswählen, mit *OK* an der Cursorposition einfügen.

Alternativ: Register *Einfügen* ▶ auf *Datum und Uhrzeit* klicken und Format auswählen.

Teil 2 Serienbrief-Hauptdokument erfassen

Ordner: Loesungen\Kap_5_Word
Datei: 3_HD Einladung Eignungstest.docx

Anrede im Brief in einem einzigen Feld

1. Gleichbleibenden Teil der Briefanrede eingeben und Cursor unmittelbar dahinter setzen (kein Leerzeichen) ▶ *Sehr geehrt|*
2. Nun auf *Sendungen* ▶ *Regeln* ▶ *Wenn... Dann... Sonst...* klicken.
3. Feld *Anrede* auswählen, *Vergleichswert*, *Dann-Text* und *Sonst-Text* eingeben und mit *OK* übernehmen.

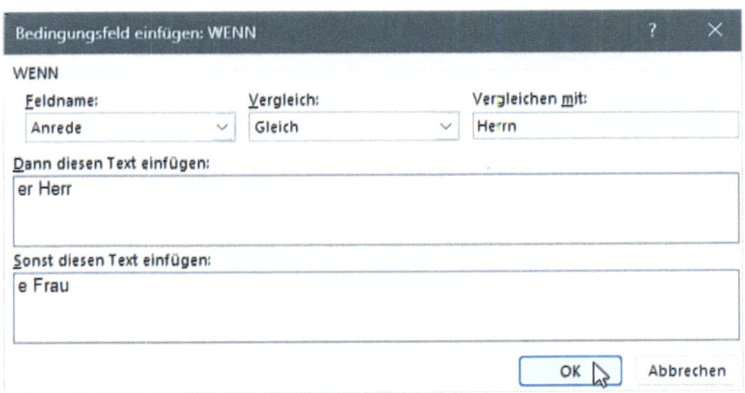

4. Nach dem „OK" ein Leerzeichen eingeben und das Seriendruckfeld *Nachname* und ein Komma einfügen.

Habermann + Partner KG, Monschauer Str. 36 – 38, 40549 Düsseldorf
«Anrede»
«Vorname» «Nachname»
«Straße»
«PLZ» «Ort»

Ihr Zeichen:
Ihre Nachricht vom: «Posteingang»
Unser Zeichen: Ihr Kürzel
Unsere Nachricht vom:

Name: Ihr Name
Telefon: 0211 8560-12
Telefax: 0211 8560-20
E-Mail: vorname.nachname@hapa.de

Datum: 01.06.2025

Einladung zum Eignungstest

Sehr geehrter Herr «Nachname»,

wir freuen uns Ihnen mitzuteilen, dass wir Sie in die engere Wahl für den Ausbildungsberuf «Beruf» nehmen konnten und möchten Sie hiermit zu einem Eignungstest einladen.

Der Test findet am **«Am» um «Um» Uhr** in unserem Hause statt.

Bevor dieser beginnt, wird Herr Pichler Ihnen das Unternehmen mittels einer allgemeinen Präsentation vorstellen.

Für den Eignungstest sind insgesamt 90 Minuten vorgesehen und wir wünschen Ihnen dazu bereits jetzt schon viel Erfolg.

Bitte bestätigen Sie uns, dass Sie am oben genannten Termin teilnehmen können.

Bei Rückfragen stehen wir Ihnen gerne zur Verfügung.

Freundliche Grüße aus Düsseldorf

Habermann + Partner KG

i. A. Ihre Unterschrift

(oder auch i. A.) Ihr Name

Habermann + Partner KG	Geschäftsführende	Steuer-Nr.: 133/5906/0753	Bankverbindung:
Telefon: 0211 8560-0	Gesellschafterin:	Ust.-IdNr.: DE137695905	DE63 3005 0110 0000 0123 69
Telefax: 0211 8560-20	Frau Sabine Habermann	Handelsregister HRA 2560	Stadtsparkasse Düsseldorf
Internet: www.hapa.de		Amtsgericht Düsseldorf	BIC: DUSSDEDDXXX
E-Mail: info@hapa.de			

Achtung: Welche Briefanrede im Brief angezeigt wird, hängt davon ab, welche Adresse beziehungsweise welcher Datensatz der Datenquelle gerade ausgewählt ist.

Ersten und vierten Datensatz drucken

Register *Sendungen* ▶ *Vorschau Ergebnisse* aktivieren, ersten Datensatz auswählen und auf *Fertig stellen und zusammenführen* ▶ *Dokumente drucken* klicken. *Aktueller Datensatz* auswählen. Dann 4. Datensatz auswählen und genauso verfahren.

1. Datensatz, aktuellen Datensatz drucken

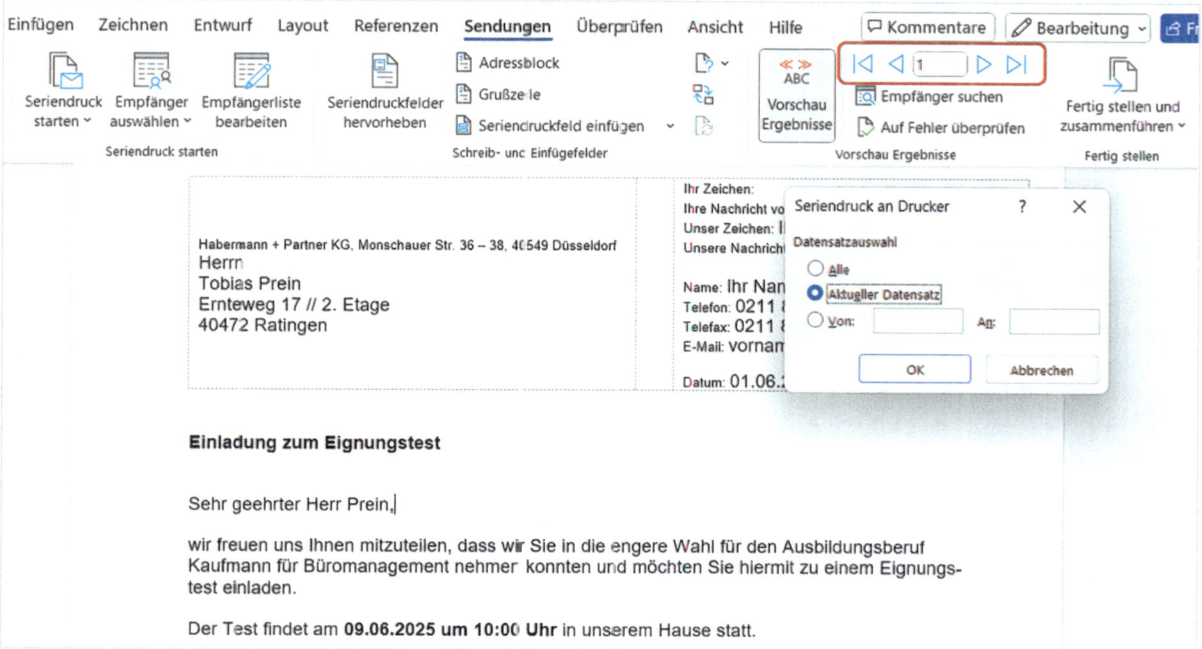

4. Datensatz drucken

Habermann + Partner KG, Monschauer Str. 36 — 38, 40549 Düsseldorf
Herrn
Peter Fuchs
Nordkanalallee 7 a
41464 Neuss

Ihr Zeichen:
Ihre Nachricht vom: 02.05.2025
Unser Zeichen: Li
Unsere Nachricht vom:

Name: Ihr Name
Telefon: 0211 8560-12
Telefax: 0211 8560-20
E-Mail: vorname.nachname@hapa.de

Datum: 01.06.2025

Einladung zum Eignungstest

Sehr geehrter Herr Fuchs,

wir freuen uns Ihnen mitzuteilen, dass wir Sie in die engere Wahl für den Ausbildungsberuf Kaufmann im Großhandel nehmen konnten und möchten Sie hiermit zu einem Eignungstest einladen.

Der Test findet am **11.06.2025 um 09:30 Uhr** in unserem Hause statt.

Feldfunktionen drucken

Word-Optionen öffnen (*Datei* ▶ *Optionen*), auf *Erweitert* klicken und im Abschnitt *Drucken* das Drucken von Feldfunktionen anstelle von Werten aktivieren.

Achtung: nach dem Drucken wieder deaktivieren!

Ihr Zeichen:
Ihre Nachricht vom: **{** MERGEFIELD Posteingang **}**
Unser Zeichen: Ihr Kürzel
Unsere Nachricht vom:

Name: Ihr Name
Telefon: 0211 8560-12
Telefax: 0211 8560-20
E-Mail: vorname.nachname@hapa.de

Datum: 01.06.2025

Habermann + Partner KG, Monschauer Str. 36 – 38, 40549 Düsseldorf
{ MERGEFIELD Anrede **}**
{ MERGEFIELD Vorname **}** **{** MERGEFIELD Nachname **}**
{ MERGEFIELD Straße **}**
{ MERGEFIELD PLZ **}** **{** MERGEFIELD Ort **}**

Einladung zum Eignungstest

Sehr geehrt**{** IF **{** MERGEFIELD Anrede **}** = "Herrn" "er Herr" "e Frau" **}** **{** MERGEFIELD Nachname **}**,

wir freuen uns Ihnen mitzuteilen, dass wir Sie in die engere Wahl für den Ausbildungsberuf **{** MERGEFIELD Beruf **}** nehmen konnten und möchten Sie hiermit zu einem Eignungstest einladen.

Der Test findet am **{ MERGEFIELD Am } um { MERGEFIELD Um } Uhr** in unserem Hause statt.

Bevor dieser beginnt, wird Herr Pichler Ihnen das Unternehmen mittels einer allgemeinen Präsentation vorstellen.

Für den Eignungstest sind insgesamt 90 Minuten vorgesehen und wir wünschen Ihnen dazu bereits jetzt schon viel Erfolg.

Bitte bestätigen Sie uns, dass Sie am oben genannten Termin teilnehmen können.

Bei Rückfragen stehen wir Ihnen gerne zur Verfügung.

Freundliche Grüße aus Düsseldorf

Habermann + Partner KG

i. A. Ihre Unterschrift

(oder auch i. A.) Ihr Name

Habermann + Partner KG	Geschäftsführende	Steuer-Nr.: 133/5906/0753	Bankverbindung:
Telefon: 0211 8560-0	Gesellschafterin:	Ust.-IdNr.: DE137695905	DE63 3005 0110 0000 0123 69
Telefax: 0211 8560-20	Frau Sabine Habermann	Handelsregister HRA 2560	Stadtsparkasse Düsseldorf
Internet: www.hapa.de		Amtsgericht Düsseldorf	BIC: DUSSDEDDXXX
E-Mail: info@hapa.de			

Lösung Aufgabe 4 Ausbildungsbetrieb

Teil 1 Textgestaltung

Ordner: Loesungen\Kap_5_Word
Datei: 4_Pausenzeiten.docx

Mögliche Lösung:

Auszug aus dem Jugendarbeitsschutzgesetz (JArbSchG)

§ 11 Ruhepausen, Aufenthaltsräume

(1) Jugendlichen müssen im Voraus feststehende Ruhepausen von angemessener Dauer gewährt werden. Die Ruhepausen müssen mindestens betragen

1. 30 Minuten bei einer Arbeitszeit von mehr als viereinhalb bis zu sechs Stunden,

2. 60 Minuten bei einer Arbeitszeit von mehr als sechs Stunden.

Als Ruhepause gilt nur eine Arbeitsunterbrechung von mindestens 15 Minuten.

(2) Die Ruhepausen müssen in angemessener zeitlicher Lage gewährt werden, frühestens eine Stunde nach Beginn und spätestens eine Stunde vor Ende der Arbeitszeit. Länger als viereinhalb Stunden hintereinander dürfen Jugendliche nicht ohne Ruhepause beschäftigt werden.

(3) Der Aufenthalt während der Ruhepausen in Arbeitsräumen darf den Jugendlichen nur gestattet werden, wenn die Arbeit in diesen Räumen während dieser Zeit eingestellt ist und auch sonst die notwendige Erholung nicht beeinträchtigt wird.

(4) Absatz 3 gilt nicht für den Bergbau unter Tage.

2025-07-08 / Ihr Name

Fußzeile
Register *Einfügen* oder Register *Kopf- und Fußzeile* auf *Datum und Uhrzeit* klicken, Datumsformat auswählen und Kontrollkästchen *Automatisch aktualisieren* aktivieren. Dann dahinter Schrägstrich und Namen eingeben.

Wasserzeichen einfügen
Register *Entwurf* ▶ *Wasserzeichen* ▶ *Benutzerdefiniertes Wasserzeichen*. Option *Bildwasserzeichen* und auf Schaltfläche *Bild auswählen...* klicken. *Aus einer Datei* und auf *Durchsuchen* klicken, dann Ordner und Datei auswählen.

Sollte das nicht funktionieren, das Bild einfügen (siehe oben) und über *Bildformat* ▶ *Transparenz* zum Beispiel Transparent: 65 % auswählen. Danach in den Hintergrund stellen.

Teil 2 E-Mail erstellen

Ordner: Loesungen\Kap_5_Word
Datei: 4_E-Mail_Sommer.docx

Mögliche Lösung:

Von:	vorname.nachname@hapa.de
An:	verena.sommer@hapa.de
Cc:	wolfgang.pichler@hapa.de; thobias.muellner@hapa.de
Bcc:	
Betreff:	Pausenzeiten nach Jugendarbeitsschutzgesetz
Anhang:	Pausenzeiten.pdf

Sehr geehrte Frau Sommer,

Sie hatten sich in einem Beschwerdebrief an Herrn Pichler gewandt. Sie beschwerten sich darüber, dass Ihnen aufgrund Ihres Alters alle 3 Stunden 30 Minuten Pausen zustehen würden.

Ihr Vorgesetzter, Herr Müllner, hat Ihnen bereits mitgeteilt, dass dies so nicht zutrifft.

Gemäß § 11 Jugendarbeitsschutzgesetz stehen Ihnen die folgenden Pausenzeiten zu:

Bei einer Arbeitszeit von mehr als viereinhalb bis zu sechs Stunden stehen Ihnen 30 Minuten und bei einer Arbeitszeit von mehr als sechs Stunden eine Ruhepause von 60 Minuten zu.

Den entsprechenden Paragrafen habe ich Ihnen als Dateianhang beigefügt.

Wir bitten Sie, künftig die gesetzliche Regelung zu beachten.

Mit freundlichen Grüßen

Habermann + Partner KG

i. A. Ihr Name

Telefon: 0211 8560-12
E-Mail: vorname.nachname@hapa.de

Anschrift / Sitz: Monschauer Straße 36 – 38, 40549 Düsseldorf
Handelsregister HRA 2560 / Amtsgericht Düsseldorf

Lösung Aufgabe 5 Poststelle

Teil 1 Merkblatt erstellen

Ordner: Loesungen\Kap_5_Word
Datei: 5_Merkblatt_Einschreiben.docx

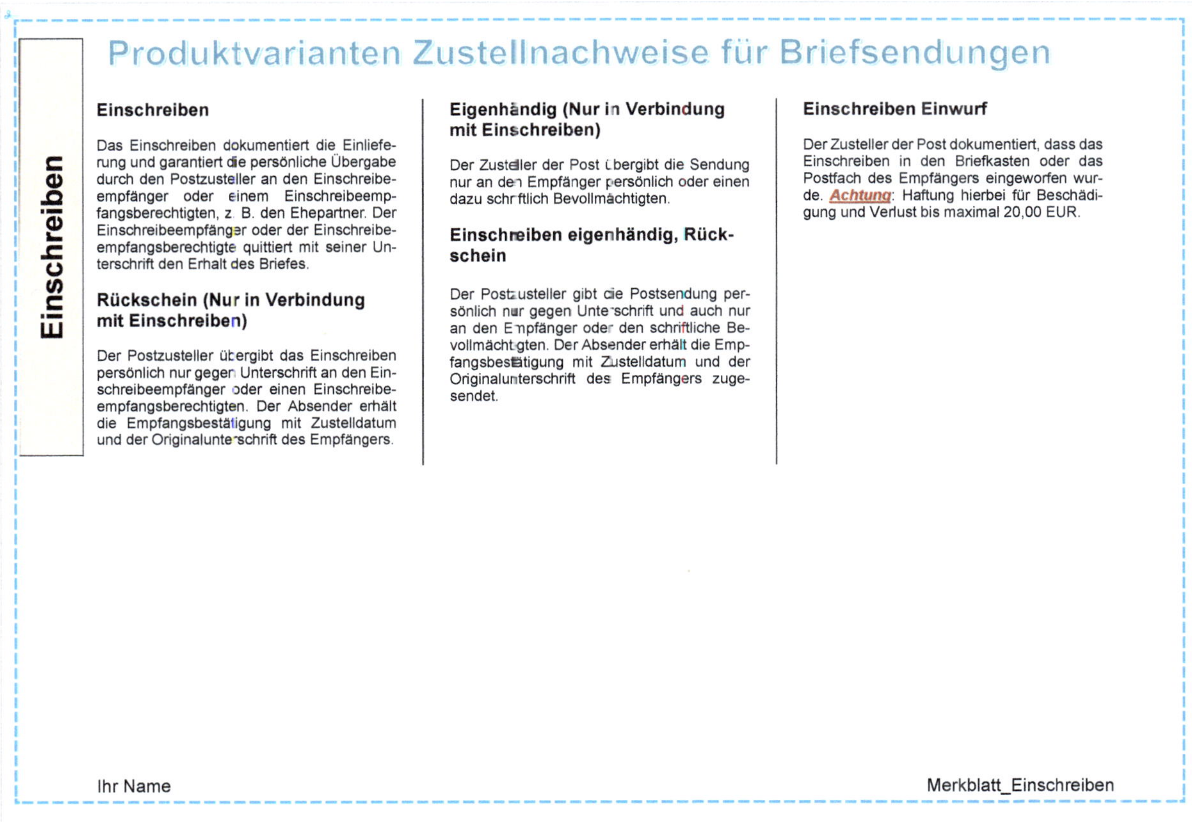

Einschreiben

Produktvarianten Zustellnachweise für Briefsendungen

Einschreiben

Das Einschreiben dokumentiert die Einlieferung und garantiert die persönliche Übergabe durch den Postzusteller an den Einschreibeempfänger oder einem Einschreibeempfangsberechtigten, z. B. den Ehepartner. Der Einschreibeempfänger oder der Einschreibeempfangsberechtigte quittiert mit seiner Unterschrift den Erhalt des Briefes.

Rückschein (Nur in Verbindung mit Einschreiben)

Der Postzusteller übergibt das Einschreiben persönlich nur gegen Unterschrift an den Einschreibeempfänger oder einen Einschreibeempfangsberechtigten. Der Absender erhält die Empfangsbestätigung mit Zustelldatum und der Originalunterschrift des Empfängers.

Eigenhändig (Nur in Verbindung mit Einschreiben)

Der Zusteller der Post übergibt die Sendung nur an den Empfänger persönlich oder einen dazu schriftlich Bevollmächtigten.

Einschreiben eigenhändig, Rückschein

Der Postzusteller gibt die Postsendung persönlich nur gegen Unterschrift und auch nur an den Empfänger oder den schriftliche Bevollmächtigten. Der Absender erhält die Empfangsbestätigung mit Zustelldatum und der Originalunterschrift des Empfängers zugesendet.

Einschreiben Einwurf

Der Zusteller der Post dokumentiert, dass das Einschreiben in den Briefkasten oder das Postfach des Empfängers eingeworfen wurde. Achtung: Haftung hierbei für Beschädigung und Verlust bis maximal 20,00 EUR.

Ihr Name Merkblatt_Einschreiben

Dreispaltiger Text
Register *Layout* ▶ *Spalten* ▶ *Drei* auswählen.

Spaltenumbruch
Cursor am Beginn des Absatzes positionieren, der in die nächste Spalte wandern soll, hier die Überschrift „*Eigenhändig (Nur in Verbindung mit Einschreiben)*". Dann im Register *Layout* auf *Umbrüche* und *Spalte* klicken.

Dasselbe für die Überschrift „*Einschreiben Einwurf*" wiederholen.

Textfeld drehen und Text ausrichten
Textfeld markieren und im Register *Formformat* (je nach Word-Version auch *Zeichentools-Format*) auf *Textrichtung* ▶ *Text um 270°* drehen klicken. Dann im selben Register auf *Text ausrichten* ▶ *Zentriert* klicken, zuletzt im Register *Start* den Absatz zentriert ausrichten.

Dokument einrahmen
Register *Entwurf* ▶ *Seitenränder*. Dann im Fenster *Rahmen und Schattierung*, Register *Seitenrand* im Feld *Effekte* den geforderten Effekt (hier Schere) auswählen und mit der Einstellung *Kontur* dafür sorgen, dass der Rahmen auf allen vier Seiten erscheint.

Teil 2 Interne Mitteilung erstellen

Ordner: Loesungen\Kap_5_Word
Datei: 5_Interne Mitteilung Produktvarianten Einschreiben.docx

Mögliche Lösung

7. interne Mitteilung 2025 bzw. 202x

Von:	Abteilung Poststelle
Name:	Ihr Name
Telefon:	0211 8560-12
An:	Alle Mitarbeiter
Datum:	Aktuelles Tagesdatum
Betreff:	Zustellnachweise für Briefsendungen

Sehr geehrte Mitarbeiterinnen und Mitarbeiter,

wir bitten Sie um sorgfältige Beachtung dieses Schreibens.

Die Deutsche Post AG bietet als Zustellnachweis für Briefzustellungen das Einschreiben an. Dieser Nachweis bei Briefsendungen und anderen Dokumenten ist aus Beweissicherungsgründen bei Rechtsstreitigkeiten sehr wichtig.

Aus diesem Grund haben wir ein Merkblatt mit den diversen Produktvarianten und entsprechenden Hinweisen entworfen und dieser Mitteilung als Anlage beigefügt.
Bevorzugt sollte bei wichtigen Dokumenten mindestens das Produkt <u>Einschreiben mit Rückschein</u> gewählt werden.

Im Zweifelsfall und bei Rückfragen stehen Herr Münch und ich Ihnen gerne jederzeit zur Verfügung.

Wir danken für Ihre Aufmerksamkeit.

Mit freundlichen Grüßen

i. A. Ihre Unterschrift

(oder i. A.) Ihr Name

Anlage
Merkblatt Einschreiben

Lösung Aufgabe 6 Angebot

Teil 1 Werbeblatt erstellen

Ordner: Loesungen\Kap_5_Word
Datei: 6_Werbeblatt.docx

Ihr Partner für Hard- und Software Habermann + Partner KG

Artikel-nummer	Artikel	Beschreibung	Mengen-einheit	Nettopreis in EUR
7030	PC Flexbox 1235	Intel® Core™ i5-1235U, 6 × 3,4 GHz, 8 GB RAM, NVIDIA® RTX 6000, 48 GB GDDR6, 750 GB SSD, Microsoft Windows 11 Professional 64-bit, USB C 3.1, HDMI 2.0, DisplayPort 1.4a	Stück	516,00
6050	Monitor Zortex 27 Zoll LED LCD	LED LCD 27 Zoll (69 cm), Full HD, 1920 x 1200 WUXGA, HDMI 2.0, DisplayPort 1.4a, USB C 3.1	Stück	290,00
6040	**Monitor Zortex 24 Zoll LED LCD**	**LED LCD 24 Zoll (61 cm), Full HD, 1920 x 1200 WUXGA, HDMI, USB C 3.1**	**Stück**	**256,00**
5020	**PC Artos 7800**	**AMD® Ryzen® 7 7800X3D Prozessor 4,2 GHz, 16 GB RAM, 1 TB SSD, Microsoft Windows 11 Professional 64-bit, NVIDIA® RTX 5000, 32 GB GDDR6, Blue-Ray Brenner, USB C 3.1, DVI, HDMI 2.0, DisplayPort 1.4a**	**Stück**	**899,00**
3020	Laptop Fix Pli 7	Intel® Core i5-6006U Prozessor, 1 TB SSD, NVIDIA GeForce RTX4060, 8 GB, 1.920 x 1080 Pixel, 15,6' Display LED matt, 8 GB GDDR5 RAM, HDMI 2.0, USB C 3.1, WLAN, Bluetooth 5.0, Webcam HD, Windows 11 Home 64-bit	Stück	633,00

Ihr Name

Abstand der Fußzeile zum Seitenrand
Register *Kopf- und Fußzeile*, unter *Position* ▶ *Fußzeile von unten* 0,8 cm eingeben.

Tabelle zentriert ausrichten
Rechtsklick in die Tabelle und Befehl *Tabelleneigenschaften* (oder Register *Tabellentools-Layout* ▶ *Eigenschaften*). Dann im Fenster *Tabelleneigenschaften*, Register *Tabelle* unter *Ausrichtung* auf *Zentriert* klicken.

Mindestzeilenhöhe
Zeilen 2 bis 6 markieren, Rechtsklick und Befehl *Tabelleneigenschaften*. Auf Register *Zeile* klicken, unter *Größe* ▶ *Höhe definieren* aktivieren, daneben 1,5 cm eingeben und im Feld daneben *Mindestens* auswählen.

Absatzabstände
Absätze markieren – Achtung, nicht die Tabelle – Dialogfenster *Absatz* ▶ *Abstand vor* und *nach* je 6 Pt.

Teil 2 Angebot erfassen

Ordner: Loesungen\Kap_5_Word
Datei: 6_Angebot Vestermann GmbH.docx

Mögliche Lösung

Habermann + Partner KG, Monschauer Str. 36 – 38, 40549 Düsseldorf
Herbert Vestermann GmbH
Frau Wilma Winter
Am Vorfeld 70
59075 Hamm

Ihr Zeichen: wi
Ihre Nachricht vom: 12.07.2025
Unser Zeichen: Li
Unsere Nachricht vom:

Name: Ihr Name
Telefon: 0211 8560-28
Telefax: 0211 8560-20
E-Mail: vorname.nachname@hapa.de

Datum: 14.07.2025

Angebot PC und Monitor

Sehr geehrte Frau Winter,

vielen Dank für Ihre Anfrage vom 12.07.2025.

Wir bieten Ihnen freibleibend an:

- **Artikel-Nr.: 5020 – PC Artos 7800**: AMD® Ryzen® 7 7800X3D Prozessor 4,2 GHz, 16 GB RAM, 1 TB SSD, Microsoft Windows 11 Professional 64-bit, NVIDIA® RTX 5000, 32 GB GDDR6, Blue-Ray Brenner, USB C 3.1, DVI, HDMI 2.0, DisplayPort 1.4a.
Preis pro Stück 899,00 EUR netto zuzüglich 19 % gesetzliche Umsatzsteuer.

- **Artikel-Nr.: 6040 – Monitor Zortex**: LED LCD 24 Zoll (61 cm), Full HD, 1920 x 1200 WUXGA, HDMI, USB C 3.1.
Preis pro Stück 256,00 EUR netto zuzüglich 19 % gesetzliche Umsatzsteuer.

Die Lieferung erfolgt innerhalb von drei Werktagen nach Bestelleingang. Zahlbar innerhalb von 30 Tagen rein netto. Bei Zahlungen innerhalb von 14 Tagen gewähren wir einen Skontoabzug in Höhe von 2 %.

Die Beförderungs- und Verpackungskosten übernehmen wir gemäß den gesetzlichen Bestimmungen. Gerichtsstand und Erfüllungsort ist Hamm. Das Angebot gilt solange der Vorrat reicht.

Wir haben Ihnen zusätzlich ein aktuelles Werbeblatt mit weiteren Angeboten beigefügt und freuen uns auf Ihren Auftrag.

Freundliche Grüße

Habermann + Partner KG

i. A. Ihre Unterschrift
(oder auch i. A.) Ihr Name

Anlage
Werbeblatt

Habermann + Partner KG	Geschäftsführende	Steuer-Nr.: 133/5906/0753	Bankverbindung:
Telefon: 0211 8560-0	Gesellschafterin:	Ust.-IdNr.: DE137695905	DE63 3005 0110 0000 0123 69
Telefax: 0211 8560-20	Frau Sabine Habermann	Handelsregister HRA 2560	Stadtsparkasse Düsseldorf
Internet: www.hapa.de		Amtsgericht Düsseldorf	BIC: DUSSDEDDXXX
E-Mail: info@hapa.de			

Lösung Aufgabe 7 Produktfragebogen

Teil 1 Produktfragebogen erstellen

Ordner: Loesungen\Kap_5_Word
Datei: 7_Produktfragebogen.docx

Produktfragebogen Monitor Hallifex LED 27 Zoll[1]

	SEHR GUT	GUT	BEFRIEDIGEND	AUSREICHEND	MANGELHAFT	UNGENÜGEND
Unsere Fragen ...	Note 1	Note 2	Note 3	Note 4	Note 5	Note 6
Wie gefällt Ihnen unser neues **Design**?	☐	■	●	☒	☐	☐
Wie beurteilen Sie den **Bedienkomfort**?	☒	☐	☐	☐	☐	☐
Wie ist die **Bedienungs-anleitung**?	☒	☐	☐	☐	☐	☐

	Bewertung		
	★★★	★★	★
Wie beurteilen Sie ...	GUT	MITTEL	SCHLECHT
Einschaltzeit	☒	☐	☐
Kontrast	☒	☐	☐
Helligkeit	☐	☒	☐

In der ersten Zeile oben sehen Sie exemplarisch verschiedene Markierungssymbole (Änderung über: *Eigenschaften von Steuerfeldern*).

Hier wurde auch die *Anzeigen als*-Eigenschaft auf *ohne* gestellt.

Allgemeine Angaben	
Firma:	Klicken oder tippen Sie hier, um Text einzugeben.
Name, Vorname:	Klicken oder tippen Sie hier, um Text einzugeben.
Datum:	Klicken oder tippen Sie, um ein Datum einzugeben.
Bemerkungen:	Klicken oder tippen Sie hier, um Text einzugeben.
Würden Sie weitere Produkte testen?	Wählen Sie ein Element aus.

[1] Stand 2025

Symbole einfügen

Register *Einfügen* ▶ *Symbol* ▶ *Weitere Symbole*. Eine Symbolschriftart, zum Beispiel Wingdings auswählen, Symbol markieren und auf *Einfügen* klicken.

Fußnote einfügen

1. Cursor rechts von der Überschrift platzieren.
2. Register *Referenzen* (je nach Word-Version auch *Verweise*) ▶ *Fußnote einfügen*.
3. Das Fußnotenzeichen wird an der Cursorposition (rechts von der Überschrift) eingefügt und automatisch hochgestellt formatiert. Gleichzeitig wird die Fußnote am unteren Rand der Seite mit dem Fußnotenzeichen eingefügt und Sie brauchen nur den dazugehörigen Fußnotentext eingeben.

Produktfragebogen Monitor Hallifex LED 27 Zoll[1]

[1] Stand 2025

Ihr Name

Datumsauswahl-Inhaltssteuerelement

Register *Entwicklertools* ▶ *Steuerelemente* auf *Datumsauswahl-Inhaltssteuerelement* klicken.

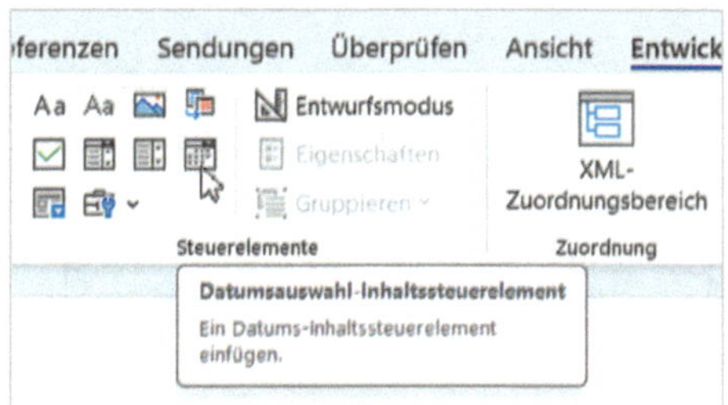

Auswahlfeld

1. Register *Entwicklertools* ▶ *Steuerelemente* auf *Kombinationsfeld-Inhaltssteuerelement* klicken.
2. Dann Steuerelement markieren, Register *Entwicklertools* ▶ Schaltfläche *Eigenschaften*.

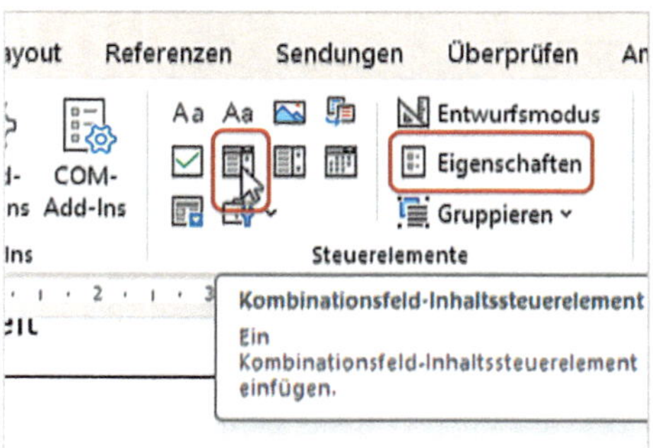

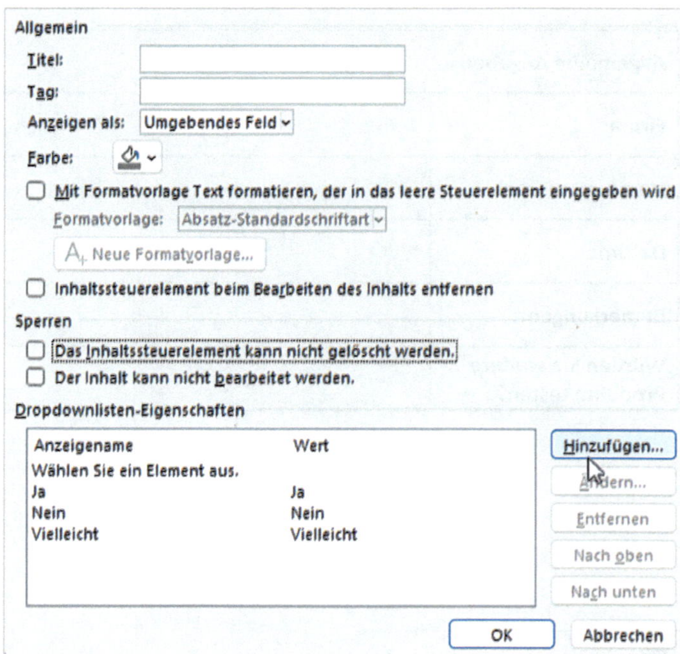

3. Bei *Dropdownlisten-Eigenschaften* auf *Hinzufügen* klicken und nacheinander Anzeigename beziehungsweise Wert eingeben, mit *OK* übernehmen.

Teil 2 Serienbrief-Hauptdokument erfassen

Ordner: Loesungen\Kap_5_Word
Datei: 7_DQ_Stammkunden.docx

Mögliche Lösung Datenquelle
Achten Sie darauf, dass die Tabelle in der ersten Zeile des Dokument beginnt!

Firma	Straße	PLZ	Ort	Anrede	Ansprechpartner
Weber & Sohn	Am Platz 7	50969	Köln	Frau	Tatjana Weber
Gernot Hein KG	Kurfürstenanlage 3 – 5	69115	Heidelberg	Herrn	Peter Hein
Haller GmbH	Wirmerstraße 124	44803	Bochum	Frau	Larissa Haller
Biehlstein und Partner AG	An der Goldgrube 18 b	55131	Mainz	Herrn	Wolfgang Thalbach

Hauptdokument mit Seriendruckfeldern
Ordner: Loesungen\Kap_5_Word
Datei: 7_HD Stammkunden Produktfragebogen.docx

HABERMANN • PARTNER KG
H+P KG

Ihr Zeichen:
Ihre Nachricht vom:
Unser Zeichen: Li
Unsere Nachricht vom:

Habermann + Partner KG, Monschauer Straße 36 – 38, 40549 Düsseldorf
«Firma»
«Anrede» «Ansprechpartner»
«Straße»
«PLZ» «Ort»

Name: Ihr Name
Telefon: 0211 8560-34
Telefax: 0211 8560-20
E-Mail: vorname.nachname@hapa.de

Datum: aktuelles Datum

Produktfragebogen Monitor Hallifex LED 27 Zoll

Sehr geehrte Frau «Ansprechpartner»,

wir erweitern unser Angebot und entwickeln zurzeit einen neuen Monitortyp, den wir gerne – Ihr Einverständnis vorausgesetzt – unseren besten Kunden zu Testzwecken über einen Zeitraum von 14 Tagen zur Verfügung stellen.

Bitte teilen Sie uns mit, ob Sie an unserer Befragung teilnehmen, damit wir Ihnen den Monitor schnellstmöglich zusenden können.

Mögliche Lösung Brief

3. Datensatz

Ihr Zeichen:
Ihre Nachricht vom:
Unser Zeichen: Li
Unsere Nachricht vom:

Habermann + Partner KG, Monschauer Straße 36 – 38, 40549 Düsseldorf
Haller GmbH
Frau Larissa Haller
Wirmerstraße 124
44803 Bochum

Name: Ihr Name
Telefon: 0211 8560-34
Telefax: 0211 8560-20
E-Mail: vorname.nachname@hapa.de

Datum: aktuelles Datum

Produktfragebogen Monitor Hallifex LED 27 Zoll

Sehr geehrte Frau Larissa Haller,

wir erweitern unser Angebot und entwickeln zurzeit einen neuen Monitortyp, den wir gerne – Ihr Einverständnis vorausgesetzt – unseren besten Kunden zu Testzwecken über einen Zeitraum von 14 Tagen zur Verfügung stellen.

Bitte teilen Sie uns mit, ob Sie an unserer Befragung teilnehmen, damit wir Ihnen den Monitor schnellstmöglich zusenden können.

Wir sind jetzt schon auf Ihr Urteil gespannt.

Ich sende Ihnen bei Zusage den Online-Produktfragebogen auch noch einmal per E-Mail zu, damit Sie möglichst wenig Zeit für die Befragung aufwenden müssen. Teilen Sie uns diese bitte noch kurz mit. Das Ergebnis können Sie uns später einfach per E-Mail zurücksenden.

Mit freundlichen Grüßen

Habermann + Partner KG

i. A. Ihre Unterschrift

(oder i. A.) Ihr Name

Anlage
Produktfragebogen

Habermann + Partner KG
Telefon: 0211 8560-0
Telefax: 0211 8560-20
Internet: www.hapa.de
E-Mail: info@hapa.de

Geschäftsführende
Gesellschafterin:
Frau Sabine Habermann

Steuer-Nr.: 133/5906/0753
Ust.-IdNr.: DE137695905
Handelsregister HRA 2560
Amtsgericht Düsseldorf

Bankverbindung:
DE63 3005 0110 0000 0123 69
Stadtsparkasse Düsseldorf
BIC: DUSSDEDDXXX

Feldfunktionen

Ihr Zeichen:
Ihre Nachricht vom:
Unser Zeichen: Li
Unsere Nachricht vom:

Habermann + Partner KG, Monschauer Straße 36 – 38, 40549 Düsseldorf
{ MERGEFIELD Firma }
{ MERGEFIELD Anrede } { MERGEFIELD Ansprechpartner }
{ MERGEFIELD Straße }
{ MERGEFIELD PLZ } { MERGEFIELD Ort }

Name: Ihr Name
Telefon: 0211 8560-34
Telefax: 0211 8560-20
E-Mail: vorname.nachname@hapa.de

Datum: aktuelles Datum

Produktfragebogen Monitor Hallifex LED 27 Zoll

Sehr geehrte{ IF { MERGEFIELD Anrede } = "Herrn" "r Herr" " Frau" } { MERGEFIELD Ansprechpartner },

wir erweitern unser Angebot und entwickeln zurzeit einen neuen Monitortyp, den wir gerne – Ihr Einverständnis vorausgesetzt – unseren besten Kunden zu Testzwecken über einen Zeitraum von 14 Tagen zur Verfügung stellen.

Bitte teilen Sie uns mit, ob Sie an unserer Befragung teilnehmen, damit wir Ihnen den Monitor schnellstmöglich zusenden können.

Wir sind jetzt schon auf Ihr Urteil gespannt.

Ich sende Ihnen bei Zusage den Online-Produktfragebogen auch noch einmal per E-Mail zu, damit Sie möglichst wenig Zeit für die Befragung aufwenden müssen. Teilen Sie uns diese bitte noch kurz mit. Das Ergebnis können Sie uns später einfach per E-Mail zurücksenden.

Mit freundlichen Grüßen

Habermann + Partner KG

i. A. Ihre Unterschrift

(oder i. A.) Ihr Name

Anlage
Produktfragebogen

Habermann + Partner KG
Telefon: 0211 8560-0
Telefax: 0211 8560-20
Internet: www.hapa.de
E-Mail: info@hapa.de

Geschäftsführende
Gesellschafterin:
Frau Sabine Habermann

Steuer-Nr.: 133/5906/0753
Ust.-IdNr.: DE137695905
Handelsregister HRA 2560
Amtsgericht Düsseldorf

Bankverbindung:
DE63 3005 0110 0000 0123 69
Stadtsparkasse Düsseldorf
BIC: DUSSDEDDXXX

Hinweis: Anzeigen mit Alt + F9 (+ evtl. Fn beim Laptop). Zum Drucken Einstellung in den *Word-Optionen* ändern (*Optionen* ▶ *Erweitert* ▶ *Drucken* ▶ *Feldfunktionen anstelle von Werten drucken*.

Lösung Aufgabe 8 Bestellung (Zeit 1 Stunde)

Teil 1 Angebotsvergleich erstellen

Ordner: Loesungen\Kap_5_Word
Datei: 8_Angebotsvergleich Dokumentenkameras.docx

Mögliche, grafisch ansprechende Musterlösung

Angebotsvergleich 20 Dokumentenkameras				
Anbieter	**BitTec GmbH**		**READ ONE KG**	
Berechnungen (kaufmännisch mit 2 Nachkommastellen)	**Prozentsatz**	**Angebot**	**Prozentsatz**	**Angebot**
Bestellmenge		20 Stück		20 Stück
Listeneinkaufspreis je Stück		350,00 EUR		370,00 EUR
Listeneinkaufspreis (gesamt)		7.000,00 EUR		7.400,00 EUR
Rabatt	10 %	700,00 EUR	20 %	1.480,00 EUR
Zieleinkaufspreis		6.300,00 EUR		5.920,00 EUR
Skonto	2 %	126,00 EUR	3 %	177,60 EUR
Bareinkaufspreis		6.174,00 EUR		5.742,40 EUR
Bezugskosten		0,00 EUR		160,00 EUR
Bezugspreis gesamt		**6.174,00 EUR**		**5.902,40 EUR**
Entscheidung nach Produktvergleich (Bitte ankreuzen)		☐		☒

21.07.2025 Ihr Name

Fußzeile Druckdatum
Im Register *Einfügen* oder *Kopf- und Fußzeile* auf *Schnellbausteine* ▶ *Feld* klicken. Kategorie *Datum und Uhrzeit* und *PrintDate* auswählen, mit *OK* an der Cursorposition einfügen. Alternativ: *Einfügen* ▶ *Datum und Uhrzeit* (*Automatisch aktualisieren* optional).

Grafik ausrichten
Für die Grafik als Layout beziehungsweise Textumbruch *Mit Text in Zeile* wählen und als Absatz zentriert ausrichten (Register *Start*, *Absatz*).

Tabelle ausrichten
Rechtsklick in die Tabelle, Befehl *Tabelleneigenschaften*. Im Register *Tabelle* ▶ *Ausrichtung Zentriert* festlegen.

Teil 2 Bestellung erfassen

Ordner: Loesungen\Kap_5_Word
Datei: 8_Bestellung.docx

Mögliche Lösung

Ihr Zeichen: me
Ihre Nachricht vom: 16.07.2025
Unser Zeichen: Ihr Namenszeichen
Unsere Nachricht vom:

Habermann + Partner KG, Monschauer Straße 36 – 38, 40549 Düsseldorf
Read One KG
Frau Manuela Eichler
Viktualienmarkt 15
80331 München

Name: Ihr Name
Telefon: 0211 8560-17
Telefax: 0211 8560-20
E-Mail: vorname.nachname@hapa.de

Datum: 20.07.2025

Bestellung

Sehr geehrte Frau Eichler,

wir danken Ihnen für Ihr Angebot Nr. 2025/45 und bestellen folgende Artikel:

20 Stück Dokumentenkameras Typ „Olson ELDC 3020" (Artikelnummer 452360)
zum Preis von 370,00 EUR pro Stück.

Liefern Sie bitte fünf Stück an die Hauptadresse und 15 Stück an folgende Lieferadresse:

Habermann + Partner KG
Außenlager
Emil-Beerli-Straße 108
40822 Mettmann

Wir erhalten von Ihnen bei einem Bezug von 20 Dokumentenkameras einen Rabatt von 20 % und können bei Zahlung innerhalb von 14 Tagen 3 % Skonto in Abzug bringen. Die Versandkosten betragen insgesamt **160,00 EUR** und Sie liefern die Ware nach Eingang unserer heutigen Bestellung innerhalb von 3 Tagen aus. Wir erwarten eine fristgemäße Lieferung.

Da wir von Ihren Waren äußerst begeistert sind, senden Sie uns bitte Ihren aktuellen Produktkatalog mit passender Preisliste zu. Vielen Dank!

Mit freundlichen Grüßen

Habermann + Partner KG

i. A. Ihre Unterschrift

(oder auch i. A.) Ihr Name

Habermann + Partner KG	Geschäftsführende	Steuer-Nr.: 133/5906/0753	Bankverbindung:
Telefon: 0211 8560-0	Gesellschafterin:	Ust.-IdNr.: DE137695905	DE63 3005 0110 0000 0123 69
Telefax: 0211 8560-20	Frau Sabine Habermann	Handelsregister HRA 2560	Stadtsparkasse Düsseldorf
Internet: www.hapa.de		Amtsgericht Düsseldorf	BIC: DUSSDEDDXXX
E-Mail: info@hapa.de			

Bewertung (Zeit: 1 Stunde)

Teil 1 Angebotsvergleich erstellen

Aufgabenstellung		Mögliche Punkte	Erreicht
1	Öffnen Sie ...	2	
2	Ändern Sie ... (Seitenränder)	4	
3	Fügen Sie ... (Fußzeile)	4	
4	Fügen Sie ... (Tabellenzeile einfügen)	6	
5	Geben Sie in die ... (Überschrift)	2	
6	Richten Sie die Tabelle ...	6	
7	Fügen Sie aus dem ... (Grafik einfügen, ausrichten)	4	
8	Geben Sie in der ... (Anbieter)	6	
9	Die Zeilen 2 bis 12 ... (Zeilenhöhe)	6	
10	Erstellen Sie den ... (Angebotsvergleich)	10	
11	Formatieren Sie die Tabelle ...	2	
	Zusatz: DIN 5008:2020 beachtet, in ganzen Sätzen formuliert, guter Ausdruck und korrekte Zeichensetzung.	10	
Gesamt		**62**	

Teil 2 Bestellung erfassen

Aufgabenstellung		Mögliche Punkte	Erreicht
12	Öffnen Sie ...	2	
13	Schreiben Sie ... (Bestellung)	10	
	5 Dokumentenkameras ...	5	
	Fragen Sie bei der ...	5	
14	Drucken Sie ...	6	
	Zusatz: DIN 5008:2020 beachtet, in ganzen Sätzen formuliert, guter Ausdruck und korrekte Zeichensetzung.	10	
Gesamt		**38**	

Insgesamt **100 Punkte**

Bewertung nach offiziellem IHK-Notenschlüssel, Teilpunkte von maximaler Punktzahl abziehen (zum Beispiel Nr. 1 – Seitenränder: jeweils 1 Punkt für links, rechts, oben und unten) und so weiter.

Lösung Aufgabe 9 Lager

Teil 1 Formular erstellen

Ordner: Loesungen\Kap_5_Word
Datei: 9_Ergebnisprotokoll Vorlage.docx

Habermann + Partner KG

Ergebnisprotokoll

Datum:	Klicken oder tippen Sie, um ein Datum einzugeben.
Thema:	Klicken oder tippen Sie hier, um Text einzugeben.
Sitzungsleitung:	Wählen Sie ein Element aus.
Sitzungsort:	Wählen Sie ein Element aus.
Beginn:	Klicken oder tippen Sie hier, um Text einzugeben. Uhr
Ende:	Klicken oder tippen Sie hier, um Text einzugeben. Uhr
Anwesend:	Klicken oder tippen Sie hier, um Text einzugeben.
Abwesend:	Klicken oder tippen Sie hier, um Text einzugeben.
Protokollführer/-in:	Ihr Vor- und Nachname
Erstellt am:	Klicken oder tippen Sie, um ein Datum einzugeben.
Tagesordnung:	Klicken oder tippen Sie hier, um Text einzugeben.
Klicken oder tippen Sie hier, um Text einzugeben.	
Nächster Termin:	Klicken oder tippen Sie, um ein Datum einzugeben.
Für die Richtigkeit:	Abnahme Protokoll:
Unterschrift Protokollführer/in	Unterschrift Sitzungsleiter/-in

Ihr Name

Auswahlfelder

1. Register *Entwicklertools* ▶ *Steuerelemente* auf *Kombinationsfeld-Inhaltssteuerelement* klicken.
2. Steuerelement markieren, Register *Entwicklertools* ▶ Schaltfläche *Eigenschaften*.
3. Im Fenster *Eigenschaften von Inhaltssteuerelementen* auf *Hinzufügen* klicken und nacheinander die benötigten Werte eingeben.

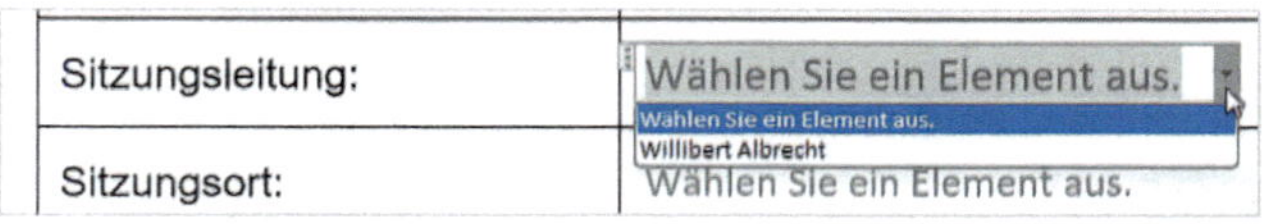

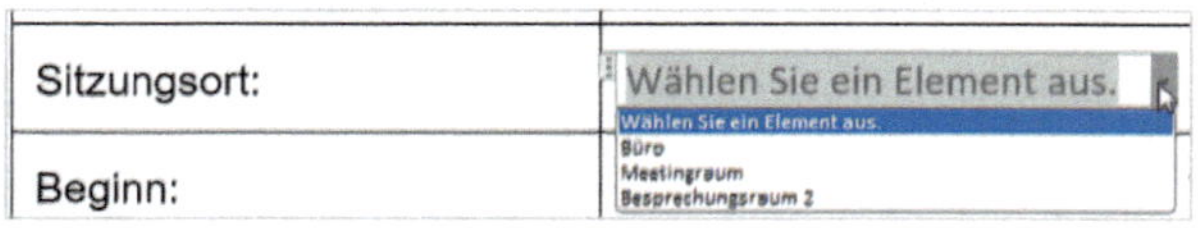

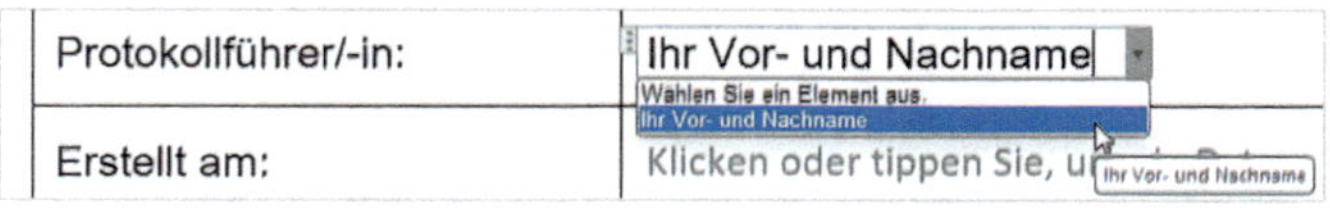

Formular schützen

1. Register *Entwicklertools* ▶ *Schützen* auf *Bearbeitung einschr.* klicken. Oder Register *Datei* ▶ *Informationen* ▶ *Dokument schützen* ▶ *Bearbeitung einschränken*.
2. Kontrollkästchen *Nur diese Bearbeitungen im Dokument zulassen* aktivieren und *Ausfüllen von Formularen* auswählen.
3. Auf *Ja, Schutz jetzt anwenden* klicken.
4. Feld *Kennwort* beziehungsweise *Kennwort bestätigen* leer lassen und auf *OK* klicken.

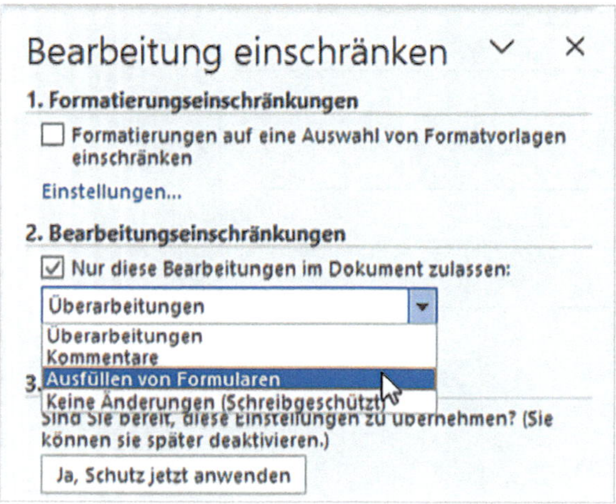

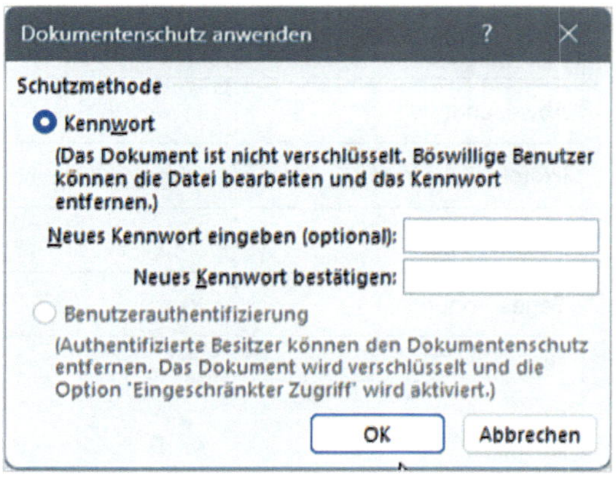

Teil 2 Ergebnisprotokoll erfassen

Ordner: Loesungen\Kap_5_Word
Datei: 9_Ergebnisprotokoll.docx

Mögliche Lösung

Habermann + Partner KG

Ergebnisprotokoll

Datum:	Heutiges Datum
Thema:	Teamsitzung
Sitzungsleitung:	Herr Willibert Albrecht, Abteilung Lager
Sitzungsort:	Besprechungsraum 2
Beginn:	10:00 Uhr
Ende:	10:45 Uhr
Anwesend:	Herr Willibert Albrecht (Abteilungsleiter), Frau Sabine Meinrad (Personalrat), Frau Ludmilla Müller (Abteilung Lager), Herr Peter Michels (Abteilung Lager) Frau Hilde Wild (Abteilung Lager), Ihr Name (Abteilung Lager)
Abwesend:	Herr Michael Bauer, Abteilung Lager (erkrankt)
Protokollführer/-in:	Ihr Name, Abteilung Lager
Erstellt am:	Heutiges Datum
Tagesordnung:	TOP 1: Überstundenregelung TOP 2: Antrag Frau Ludmilla Müller TOP 3: Warenbeschädigungen

TOP 1: Frau Müller beklagt, dass sie in letzter Zeit zu viele Überstunden machen müsste. Alle anderen aus der Abteilung würden wenige oder keine Überstunden leisten. Die Überstunden sind durch einen Großauftrag begründet. Frau Müller leistet im Durchschnitt 15 Überstunden, Frau Wild im Durchschnitt 1 – 3 Stunden, Herr Michel und Herr Bauer gar keine. In Anbetracht der Tatsache, dass zukünftig häufiger Großaufträge eingehen und zur Motivation der Mitarbeiter wird ein finanzieller Ausgleich von allen Beteiligten von Vorteil gesehen.

TOP 2: Frau Ludmilla Müller stellt den Antrag, dass Überstunden bezahlt werden. Frau Meinrad bespricht dies mit der Geschäftsleitung und lädt alle am 18. des nächsten Monats zu einem Meeting dazu ein.

TOP 3: Eingang von Beschwerden von der Abteilung Verkauf, dass Produkte und Verpackungen der Produkte beschädigt seien. Herr Albrecht erklärt dazu, dass der neue Gabelstapler Vario 5 das Problem sei, weil seine Gabeln die Verpackungen und gegebenenfalls so auch das Produkt beschädigen. Er hat dies schon beim Hersteller reklamiert. Herr Albrecht kümmert sich nun selbst darum und ruft den Hersteller an, um den Sachverhalt zu klären.

Nächster Termin:	Datum vom 18. des nächsten Monats

Für die Richtigkeit:	Abnahme Protokoll:
Ihre Unterschrift	*frei lassen*
Unterschrift Protokollführer/-in	Unterschrift Sitzungsleiter/-in

Ihr Name

Lösung Aufgabe 10 Marketing (Zeit 1 Stunde)

Teil 1 Kundendatei anpassen und E-Mail erstellen

Ordner: Loesungen\Kap_5_Word
Datei: 10_Kundenstamm 40000-49999.xlsx (Achtung: Mit Tabellenkalkulation öffnen!)

Kunden-Nr.	Firma	Anrede	Ansprechpartner	Straße	Postleitzahl	Ort	Umsatz 2024
30500	Messe & Events	Frau	Loredana Zesch	Hoffeldstraße 33	40235	Düsseldorf	12.850,00 €
30800	team Bau	Herrn	Helmut Wünsch	Oberrather Straße 228	40472	Düsseldorf	8.240,00 €
20006	Bogert Farbe	Herrn	Paul Ilgau	Stockumer Kirchstraße 11	40474	Düsseldorf	5.800,00 €
10001	Holster & Partner GmbH	Herrn	Peter Michel	Knechtstedener Straße 25 – 28	41540	Dormagen	11.600,00 €
60980	KWD AG	Herrn	Thomas Wirtz	Heisinger Straße 41	42529	Essen	6.900,00 €
50002	BSN Medical GmbH & Co. KG	Frau	Sylvia Garching	Schleefstraße 50	44287	Dortmund	7.900,00 €
51000	Klenke GmbH	Herrn	Paul Klenke	Herner Straße 41	44807	Bochum	11.850,00 €
60900	Visotec Arlox AG	Frau	Paula Sohn	Johannastraße 12 – 18	45899	Gelsenkirchen	11.450,00 €
60904	Masterflex GmbH	Herrn	Schorch	Bannemer Feld 16	46569	Hünxe	9.500,00 €
10008	Klar Möbel	Herrn	Zacharias Milbertshausen	Siempelkampstraße 50 b	47803	Krefeld	16.700,00 €

** Straße wird ausgeschrieben, auch wenn es auf Straßenschildern abgekürzt ist. Abgekürzt, z. B. "Herner Str." wird nur, wenn zu wenig Platz bereit steht.*

Mögliche Lösung E-Mail
Ordner: Loesungen\Kap_5_Word
Datei: 10_E-Mail_Habermann.docx

Hinweis: Auch wenn es im E-Mail-Programm im Betreff keine Formatierung „fett" gibt, dient dies hier zu Übungszwecken.

Von:	vorname.nachname@hapa.de
An:	sabine.habermann@hapa.de
Cc:	peter.tuensch@hapa.de
Bcc:	
Betreff:	**Werbebrief an Bestandskunden Postleitzahlengebiet 40000 – 49999**
Anhang:	Kundenstamm 40000-49999.xlsx

Sehr geehrte Frau Habermann,

in Absprache mit Herrn Tünsch soll ich einen Werbebrief an diverse Bestandskunden erstellen. Es sollen alle Bestandskunden aus den Postleitzahlgebieten 40000 bis 49999 angeschrieben werden.

Ich habe die Kundenstammdatei an das gewünschte Postleitzahlengebiet angepasst und Ihnen als Dateianhang beigefügt.

Falls nicht alle Bestandskunden aus diesem Gebiet den Werbebrief erhalten sollen, lassen Sie mich dies bitte wissen. Ich werde dann die entsprechenden Datensätze aus der Datenquelle herausnehmen, sodass diese später im Werbebrief nicht angeschrieben werden.

Mit freundlichen Grüßen

Habermann + Partner KG

i. A. Ihr Name

Telefon: 0211 8560-38
E-Mail: vorname.nachname@hapa.de

Anschrift / Sitz: Monschauer Straße 36 – 38, 40549 Düsseldorf
Handelsregister HRA 2560 / Amtsgericht Düsseldorf

Teil 2 Werbebrief als Serienbrief erfassen

Ordner: Loesungen\Kap_5_Word
Datei: 10_HD_Werbebrief.docx

Mögliche Lösung Hauptdokument mit Seriendruckfeldern

Ihr Zeichen:
Ihre Nachricht vom:
Unser Zeichen: Li
Unsere Nachricht vom:

Habermann + Partner KG, Monschauer Str. 36 – 38, 40549 Düsseldorf
«Firma»
«Anrede» «Ansprechpartner»
«Straße»
«Postleitzahl» «Ort»

Name: Ihr Name
Telefon: 0211 8560-38
Telefax: 0211 8560-20
E-Mail: vorname.nachname@hapa.de

Datum: heutiges Datum

Aktion Personal Computer Phelonium i9-Prozessor
Unser spezielles Angebot nur für Sie!

Sehr geehrte Frau «Ansprechpartner»,

finden Sie nicht auch, dass es an der Zeit ist, sich einen neuen Computer zu leisten?
Wir haben hier genau das Richtige für Sie.

Wir bieten Ihnen heute den **PC Phelonium i9** zum Aktionspreis von nur **499,00 EUR** an.

Der PC bietet folgende Features:
Small Formfaktor Silber, CPU i3 (8 x 3,90 GHz), 8 GB RAM, 500 GB SSD HD, Grafik Intel HD Graphics 630 shared memory, Multiformat DVD-Brenner, 1 x HDMI und 1 x VGA 2 x USB 3.0, 6 x USB 2.0, 3 x Audio, Netzwerk Gigabit-LAN, 6-Kanal-Sound onboard, Microsoft Windows 11 pro 64 bit, Tastatur & Maus

Diese Aktion gilt ab heute bis zum xx.xx.20xx und nur solange der Vorrat reicht.

Im Umkreis von 100 km liefern wir den Computer kostenlos, also ganz ohne zusätzliche Versandkosten. Außerdem gewähren wir Ihnen ab einer Bestellmenge von 5 Stück einen Kundenrabatt in Höhe von 10 %.

Greifen Sie jetzt zu! Wir freuen uns auf Ihre Bestellung und stehen Ihnen gerne bei Rückfragen zur Verfügung.

Freundliche Grüße aus Düsseldorf

Habermann + Partner KG

i. A. Ihre Unterschrift

(oder auch i. A.) Ihr Name

Habermann + Partner KG
Telefon: 0211 8560-0
Telefax: 0211 8560-20
Internet: www.hapa.de
E-Mail: info@hapa.de

Geschäftsführende
Gesellschafterin:
Frau Sabine Habermann

Steuer-Nr.: 133/5906/0753
Ust.-IdNr.: DE137695905
Handelsregister HRA 2560
Amtsgericht Düsseldorf

Bankverbindung:
DE63 3005 0110 0000 0123 69
Stadtsparkasse Düsseldorf
BIC: DUSSDEDDXXX

Feldfunktionen

Ihr Zeichen:
Ihre Nachricht vom:
Unser Zeichen: Li
Unsere Nachricht vom:

Name: Ihr Name
Telefon: 0211 8560-38
Telefax: 0211 8560-20
E-Mail: vorname.nachname@hapa.de

Datum: heutiges Datum

Habermann + Partner KG, Monschauer Str. 36 – 38, 40549 Düsseldorf
{ MERGEFIELD Firma }
{ MERGEFIELD Anrede } { MERGEFIELD Ansprechpartner }
{ MERGEFIELD Straße }
{ MERGEFIELD Postleitzahl } { MERGEFIELD Ort }

Aktion Personal Computer Phelonium i9-Prozessor
Unser spezielles Angebot nur für Sie!

Sehr geehrt{ IF { MERGEFIELD Anrede } = "Herrn" "er Herr " "e Frau " }{ MERGEFIELD Ansprechpartner },

Hinweis: Anzeigen mit Alt + F9 (+ evtl. Fn beim Laptop). Zum Drucken Einstellung in den *Word-Optionen* ändern (*Optionen* ▶ *Erweitert* ▶ *Drucken* ▶ *Feldfunktionen anstelle von Werten drucken*.

Serienbrief 5. Datensatz/Empfänger

Ihr Zeichen:
Ihre Nachricht vom:
Unser Zeichen: Li
Unsere Nachricht vom:

Name: Ihr Name
Telefon: 0211 8560-38
Telefax: 0211 8560-20
E-Mail: vorname.nachname@hapa.de

Datum: heutiges Datum

Habermann + Partner KG, Monschauer Str. 36 – 38, 40549 Düsseldorf
KWD AG
Herrn Thomas Wirtz
Heisinger Straße 41
42529 Essen

Aktion Personal Computer Phelonium i9-Prozessor
Unser spezielles Angebot nur für Sie!

Sehr geehrter Herr Thomas Wirtz,

finden Sie nicht auch, dass es an der Zeit ist, sich einen neuen Computer zu leisten?
Wir haben hier genau das Richtige für Sie.

Wir bieten Ihnen heute den **PC Phelonium i9** zum Aktionspreis von nur **499,00 EUR** an.

Serienbrief 6. Datensatz/Empfänger

Habermann + Partner KG, Monschauer Str. 36 – 38, 40549 Düsseldorf
BSN Medical GmbH & Co. KG
Frau Sylvia Garching
Schleefstraße 50
44287 Dortmund

Ihr Zeichen:
Ihre Nachricht vom:
Unser Zeichen: Li
Unsere Nachricht vom:

Name: Ihr Name
Telefon: 0211 8560-38
Telefax: 0211 8560-20
E-Mail: vorname.nachname@hapa.de

Datum: heutiges Datum

Aktion Personal Computer Phelonium i9-Prozessor
Unser spezielles Angebot nur für Sie!

Sehr geehrte Frau Sylvia Garching,

finden Sie nicht auch, dass es an der Zeit ist, sich einen neuen Computer zu leisten?
Wir haben hier genau das Richtige für Sie.

Wir bieten Ihnen heute den **PC Phelonium i9** zum Aktionspreis von nur **499,00 EUR** an.

Der PC bietet folgende Features:
Small Formfaktor Silber, CPU i3 (8 x 3,90 GHz), 8 GB RAM, 500 GB SSD HD, Grafik Intel HD Graphics 630 shared memory, Multiformat DVD-Brenner, 1 x HDMI und 1 x VGA 2 x USB 3.0, 6 x USB 2.0, 3 x Audio, Netzwerk Gigabit-LAN, 6-Kanal-Sound onboard, Microsoft Windows 11 pro 64 bit, Tastatur & Maus

Diese Aktion gilt ab heute bis zum xx.xx.20xx und nur solange der Vorrat reicht.

Im Umkreis von 100 km liefern wir den Computer kostenlos, also ganz ohne zusätzliche Versandkosten. Außerdem gewähren wir Ihnen ab einer Bestellmenge von 5 Stück einen Kundenrabatt in Höhe von 10 %.

Greifen Sie jetzt zu! Wir freuen uns auf Ihre Bestellung und stehen Ihnen gerne bei Rückfragen zur Verfügung.

Freundliche Grüße aus Düsseldorf

Habermann + Partner KG

i. A. Ihre Unterschrift

(oder auch i. A.) Ihr Name

Habermann + Partner KG
Telefon: 0211 8560-0
Telefax: 0211 8560-20
Internet: www.hapa.de
E-Mail: info@hapa.de

Geschäftsführende
Gesellschafterin:
Frau Sabine Habermann

Steuer-Nr.: 133/5906/0753
Ust.-IdNr.: DE137695905
Handelsregister HRA 2560
Amtsgericht Düsseldorf

Bankverbindung:
DE63 3005 0110 0000 0123 69
Stadtsparkasse Düsseldorf
BIC: DUSSDEDDXXX

Bewertung (Zeit: 1 Stunde)

Teil 1 Kundendatei anpassen und E-Mail erstellen

Aufgabenstellung		Mögliche Punkte	Erreicht
1	Öffnen Sie mit ...	2	
2	Sortieren Sie ...	4	
3	Richten Sie ... (Druckseite)	4	
4	Formatieren Sie die Tabelle in Schriftgröße ...	1	
5	Passen Sie die Spaltenbreite ...	3	
6	Formatieren Sie die Tabelle ... (DIN 5008)	4	
7	Öffnen Sie mit ...	2	
8	Schreiben Sie ...	8	
9	Fügen Sie die Datei ...	2	
10	Formatieren Sie den Betreff ...	1	
11	Schließen Sie die ...	2	
	Zusatz: DIN 5008 beachtet, in ganzen Sätzen formuliert, guter Ausdruck und korrekte Zeichensetzung.	10	
Gesamt		**43**	

Teil 2 Werbebrief als Serienbrief erfassen

Aufgabenstellung		Mögliche Punkte	Erreicht
1	Öffnen Sie mit ...	2	
2	Verbinden Sie ...	2	
3	Für alle Informationen ... (Seriendruckfelder)	6	
4	Formulieren Sie ...	15	
5	Fügen Sie ... (Fußzeile)	1	
6	Formatieren Sie den Betreff ...	2	
7/8	Sorgen Sie ... / Drucken Sie ...	9	
	Zusatz: DIN 5008 beachtet, in ganzen Sätzen formuliert, guter Ausdruck und korrekte Zeichensetzung.	10	
Gesamt		**47**	

Insgesamt **100 Punkte**

Bewertung nach offiziellem IHK-Notenschlüssel, Teilpunkte von maximaler Punktzahl abziehen (zum Beispiel Nr. 3 – Richten Sie ...: Querformat 2 Punkte, Name Fußzeile 2 Punkte).

6 Lösungen Tabellenkalkulation Microsoft Excel

Lösung Aufgabe 1 Absatz und Umsatzstatistik

Ordner: Loesungen\Kap_6_Excel
Datei: 1_Absatz_und_Umsatz.xlsx

Teil 1 Statistik Absatz- und Umsatzzahlen

	A	B	C	D	E	F
1						
2		Habermann + Partner KG			Stand:	=HEUTE()
3						
4		Absatzmengen- und Umsatzübersicht 20xx				
5						
6			Produkt A	Produkt B	Produkt C	Produkt D
7		Januar	1.200	900	1.300	1.200
8		Februar	1.300	850	1.200	1.150
9		März	1.350	800	1.250	1.100
10		April	1.450	750	1.300	1.050
11		Mai	1.300	700	1.400	1.000
12		Juni	1.200	650	1.500	950
13		Juli	1.800	500	1.600	1.000
14		August	1.300	750	1.200	1.200
15		September	1.550	850	1.500	1.150
16		Oktober	1.300	680	1.400	1.050
17		November	1.400	720	1.350	1.520
18		Dezember	800	740	1.450	1.450
19						
20		Absatzmenge gesamt	15.950	8.890	16.450	13.820
21		Stückpreis	12,50 €	16,00 €	15,50 €	11,20 €
22		Umsatz	199.375,00 €	142.240,00 €	254.975,00 €	154.784,00 €
23		Umsatzanteile in %	26,54	18,94	33,94	20,61
24		Rangfolge der meistverkauften Produkte	2. Platz	4. Platz	1. Platz	3. Platz
25						
26		Gesamtumsatz	751.374,00 €			
27						

Tabellenblätter: Absatz_und_Umsatz_20xx | Formeln_Absatz_und_Umsatz_20xx

Kopf- und Fußzeile

Ansicht *Seitenlayout*, dann in den gewünschten Abschnitt klicken und Text eingeben. Blattname und Dateiname über das Menüband, Register *Entwurf* oder *Kopf- und Fußzeile* (je nach Excel-Version) und die Schaltflächen einfügen.

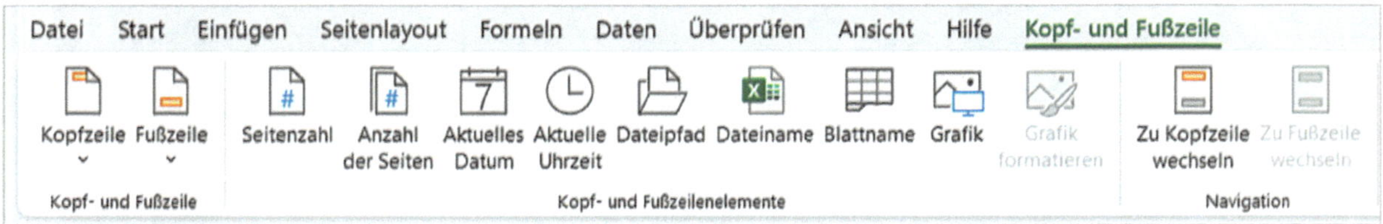

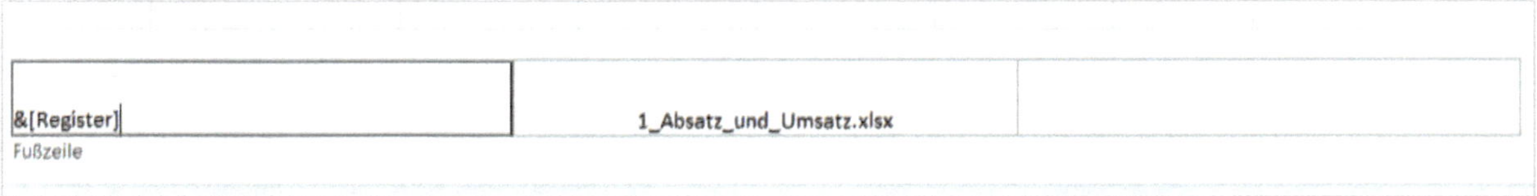

Zahlenformat mit dem Zusatz Platz

Rechtsklick in den markierten Zellbereich, Befehl *Zellen formatieren.....* Register *Zahlen*, Kategorie *Benutzerdefiniert* und im Feld *Typ* folgendes Format eingeben: 0". Platz".

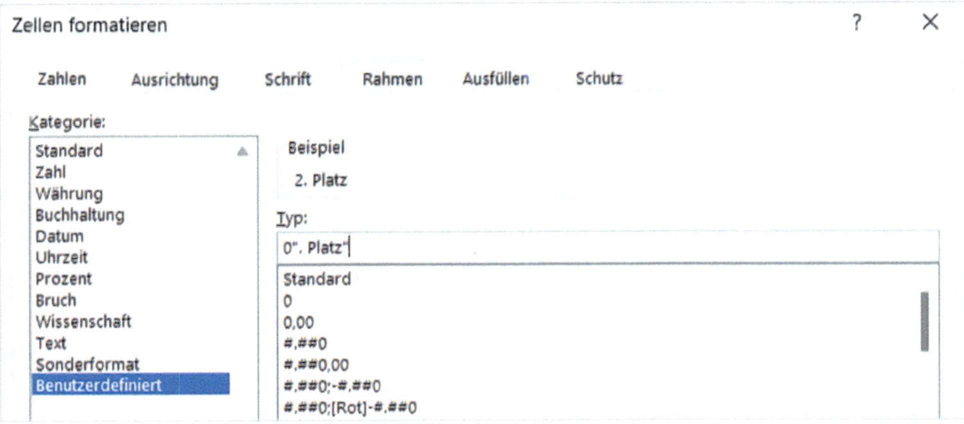

Formeln Teil 1

	A	B	C	D
19				
20		Absatzmenge gesamt	=SUMME(C7:C18)	=SUMME(D7:D18)
21		Stückpreis	12,5	16
22		Umsatz	=C20*C21	=D20*D21
23		Umsatzanteile in %	=AUFRUNDEN(C22/$C$26*100;2)	=AUFRUNDEN(D22/$C$26*100;2)
24		Rangfolge der meistverkauften Produkte	=RANG(C20;$C$20:$F$20;0)	=RANG(D20;$C$20:$F$20;0)
25				
26		**Gesamtumsatz**	**=SUMME(C22:F22)**	
27				

Formeln Teil 2

	E	F	G	H
19				
20	=SUMME(E7:E18)	=SUMME(F7:F18)		
21	15,5	11,2		
22	=E20*E21	=F20*F21		
23	=AUFRUNDEN(E22/$C$26*100;2)	=AUFRUNDEN(F22/$C$26*100;2)		
24	=RANG(E20;$C$20:$F$20;0)	=RANG(F20;$C$20:$F$20;0)		
25				

Hinweis: Microsoft empfiehlt, statt RANG die neuere Funktion RANG.GLEICH zu verwenden. Beide Funktionen sind gleich aufgebaut und liefern auch dasselbe Ergebnis.

	A	B	C	D
19				
20		Absatzmenge gesamt	=SUMME(C7:C18)	=SUMME(D7:D18)
21		Stückpreis	12,5	16
22		Umsatz	=C20*C21	=D20*D21
23		Umsatzanteile in %	=AUFRUNDEN(C22/$C$26*100;2)	=AUFRUNDEN(D22/$C$26*100
24		Rangfolge der meistverkauften Produkte	=RANG.GLEICH(C20;$C$20:$F$20;0)	=RANG.GLEICH(D20;$C$20:$F
25				
26		**Gesamtumsatz**	**=SUMME(C22:F22)**	
27				

Teil 2 Diagramm

Zellbereich C6:F6 und C23:F23 markieren (Mehrfachmarkierung mit gedrückter Strg-Taste), im Register *Einfügen* ▶ *Diagramm* auf *Kreis* klicken und *Ring* auswählen.

Datenbeschriftung hinzufügen

1. Register *Diagrammtools - Entwurf* bzw. *Diagrammentwurf* ▶ *Diagrammelement hinzufügen* ▶ *Datenbeschriftungen* ▶ *Weitere Datenbeschriftungsoptionen*.
2. *Rubrikenname*, *Wert* und *Führungslinien anzeigen* aktivieren, als Trennzeichen *Neue Zeile* wählen.
3. Beschriftungselemente mit der Maus platzieren (bei Ringdiagrammen lässt sich die Beschriftungsposition leider nicht pauschal wählen).
4. Diagrammtitel einfügen beziehungsweise ändern.

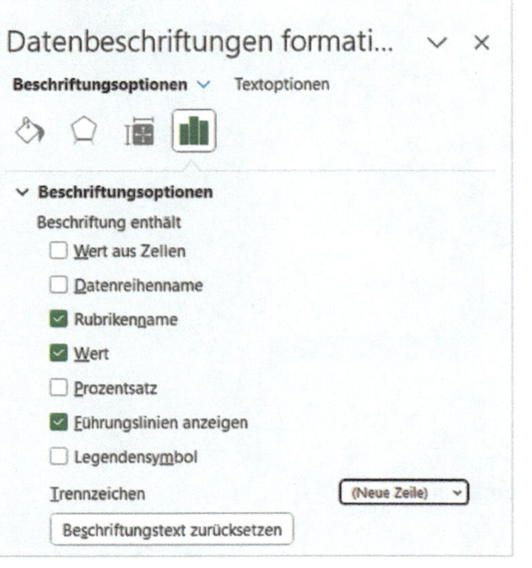

Kreissegmente formatieren

Kreis- bzw. Ringabschnitt markieren, Rechtsklick ▶ *Datenpunkt formatieren*. Option *Musterfüllung* und Muster sowie Farbe *Vordergrund* wählen.

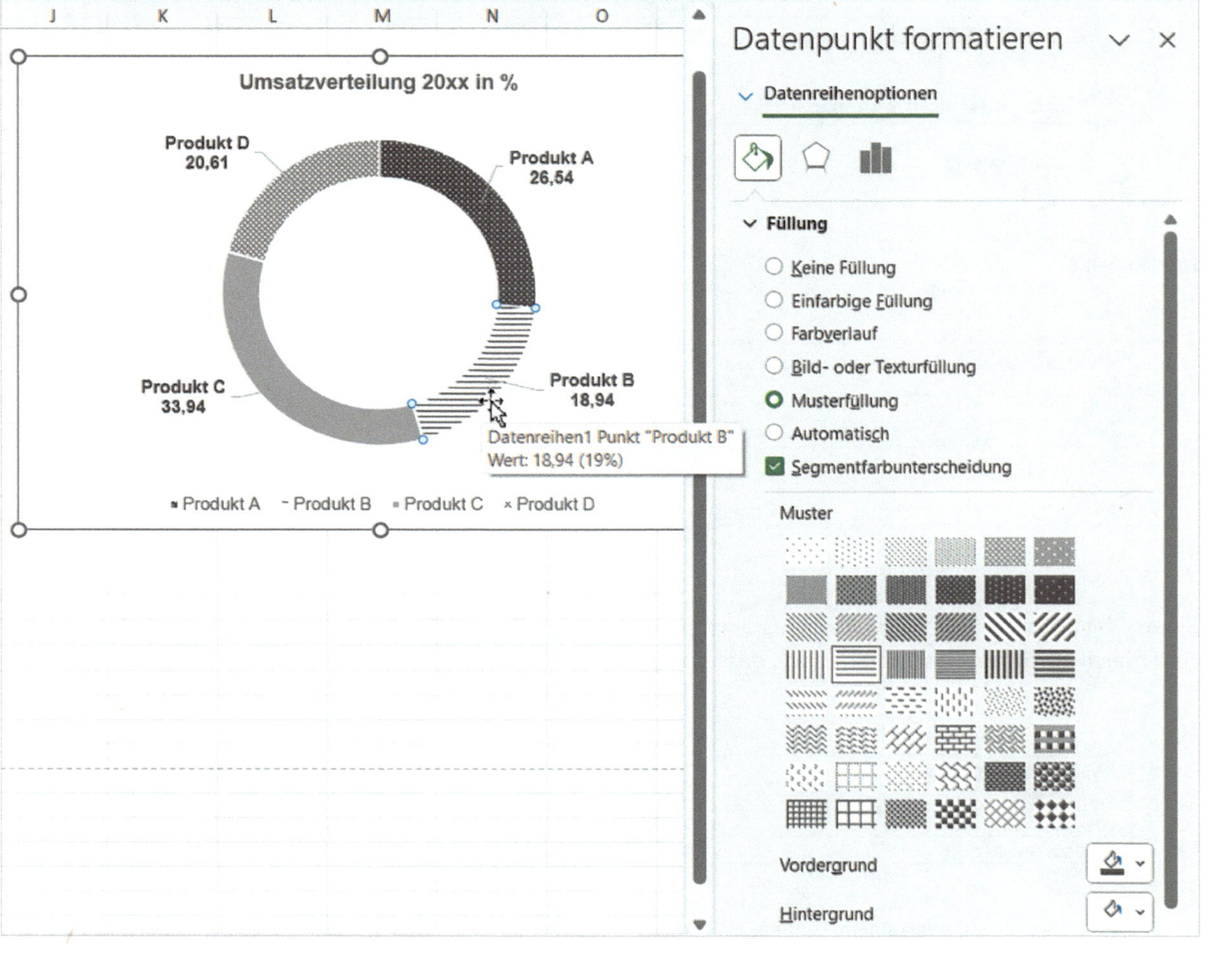

Diagramm auf der 2. Seite platzieren

Die Platzierung des Diagramms auf der zweiten Seite nehmen Sie am besten in der Ansicht *Seitenlayout* vor. In der Ansicht *Normal* sind die Seitenumbrüche, die nach der ersten Kontrolle mit der Druckvorschau als gestrichelte Linien im Tabellenblatt erscheinen, ebenfalls ein guter Anhaltspunkt.

Lösung Aufgabe 2 Prämiensystem

Ordner: Loesungen\Kap_6_Excel
Datei: 2_ Prämiensystem.xlsx

Seite 1 von 1

Auswertung Zwischenprüfung

Personalnummer	Anrede	Vorname	Nachname	Geburtsdatum	Alter	Note	Prämie
133	Frau	Tina	Strick	30.12.2004	21	2	150,00 €
134	Frau	Helga	Klaus	15.02.2006	19	1	300,00 €
136	Frau	Fabienne	Fröhlich	12.06.2005	20	4	0,00 €
137	Frau	Jutta	Richter	09.08.2005	20	4	0,00 €
138	Frau	Franziska	Helm	12.02.2005	20	3	50,00 €
143	Frau	Monika	Weyer	16.07.2006	19	3	50,00 €
144	Frau	Beate	Klein	05.08.2003	22	2	150,00 €
132	Herrn	Toni	Raudis	16.04.2005	20	3	50,00 €
135	Herrn	Peter	Imann	08.11.2004	21	3	50,00 €
139	Herrn	Ullrich	Glaser	12.05.2006	19	1	300,00 €
140	Herrn	Kevin	Tisch	30.09.2005	20	1	300,00 €
141	Herrn	Günther	Ullmann	28.08.2006	19	2	150,00 €
142	Herrn	Helmut	Helberg	12.09.2005	20	5	0,00 €

Auswertungstabelle

	Anzahl	Anteil in %	Gesamtprämie	Prämienanteil in %	Durchschnitts-note	Durchschnitts-alter
weibliche Azubis	7	53,85%	700,00 €	45,16	2,7	20,1
männliche Azubis	6	46,15%	850,00 €	54,84	2,5	19,8
Gesamt	13		1.550,00 €			

Stellungnahme: Frau Pilz hat mit ihrer Behauptung, dass die männlichen Auszubildenden einen geringeren Anteil an der Gesamtprämie erhalten würden, unrecht. Im Gegenteil, obwohl diese in der Minderheit sind, haben sie einen Gesamtprämienanteil von 850 € erreicht.

Auch die Behauptung, dass die weiblichen Auszubildenden bessere Noten erzielen würden, trifft nicht zu. Sie sind zwar im Durchschnitt älter als ihre männlichen Kollegen, trotzdem haben die männlichen Auszubildenden die bessere Durchschnittsnote von 2,5 im Vergleich zu 2,7 erreicht.

2_Prämiensystem.xlsx	Vorname Nachname	&[Datum]

Fußzeile

Anrede, Vorname, Nachname und Geburtsdatum aus dem Blatt Personaldaten übernehmen
Dazu benutzen Sie die Funktion SVERWEIS, Suchkriterium ist immer die Personalnummer. Da exakte Übereinstimmung erforderlich ist, muss als Bereichverweis 0 oder FALSCH angegeben werden.

Als kopierbare Formel kann in B5 eine der beiden folgenden Formeln verwendet werden. Die zweite Formel mit dem gemischten Zellbezug auf das Suchkriterium ($B5, d. h. Spalte B bleibt fix) hat den Vorteil, dass sie nicht nur nach unten, sondern auch nach rechts in die Spalten *Vorname*, *Nachname* und *Geburtsdatum* kopiert werden kann. In diesem Fall brauchen Sie dann nur noch jeweils den Spaltenindex anpassen.

=SVERWEIS(**B5**;Personaldaten!$A$4:$I$32;2;FALSCH) oder
=SVERWEIS(**$B5**;Personaldaten!$A$4:$I$32;2;FALSCH)

Achtung: SVERWEIS übernimmt keine Formate, das Ergebnis in Spalte F ist daher korrekt, das Geburtsdatum muss anschließend noch als Datum formatiert werden.

C5 =SVERWEIS($B5;Personaldaten!$A$4:$I$32;2;FALSCH)

Auswertung Zwischenprüfung

Personalnummer	Anrede	Vorname	Nachname	Geburtsdatum	Alter	Note
132	Herrn	Toni	Raudis	38458		3
133						2
134						1
135						3

Alter berechnen

Da das Alter nicht tagesgenau berechnet werden muss, kann in G5 eine der folgenden Formeln verwendet werden:

=JAHR(HEUTE())-JAHR(F5)

= 2025-JAHR(F5)

Achtung: Die Ergebnisse in der Abbildung gehen vom Jahr 2025 aus! Eine Berechnung mit einem anderen Jahr führt also zu anderen Ergebnissen.

Die zweite Formel liefert ein festes Ergebnis und kann hier ebenfalls verwendet werden, da dies für die geforderte Auswertung nicht von Bedeutung ist.

Tipp: Obwohl nicht gefordert, hier eine Möglichkeit zur korrekten Altersberechnung:

=DATEDIF(F5;HEUTE();"y")

wobei F5 das Geburtsdatum (Anfangsdatum) enthält und HEUTE() das aktuelle Datum (Enddatum) liefert, zusätzlich gibt "y" die Einheit an (y = year). Leider ist diese praktische Funktion nicht dokumentiert, Excel bietet also keinerlei Hilfen dazu an.

Prämie berechnen

Zur Berechnung der Prämie wird eine verschachtelte WENN-Funktion benötigt, diese lautet in I5 wie folgt und kann in dieser Form problemlos kopiert werden.

=WENN(H5=1;300;WENN(H5=2;150;WENN(H5=3;50;0)))

Auswertungstabelle

Spaltenüberschriften: Zeilenumbruch an der gewünschten Stelle mit Alt + Enter erzeugen.

C23 =ZÄHLENWENN(C5:C18;"Frau")

Auswertungstabelle

	Anzahl	Anteil in %	Gesamtprämie	Prämienanteil in %	Durchschnitts- note	Durchschnitts- alter
weibliche Azubis	7	53,85%	700,00 €	45,16	2,7	20,1
männliche Azubis	6	46,15%	850,00 €	54,84	2,5	19,8
Gesamt	13		1.550,00 €			

Anzahl berechnen: =ZÄHLENWENN(C5:C18;"Frau")

Gesamtprämie: =SUMMEWENN(C5:C18;"Frau";I5:I18)

Durchschnittsnote: =SUMMEWENN(C5:C18;"Frau";H5:H18)/C23

Durchschnittsalter: =SUMMEWENN(C5:C18;"Frau";G5:G18)/C24

Tipp: Werden in den Funktionen SUMMEWENN und ZÄHLWENN feste Zellbezüge verwendet wie im Bild unten, dann sind diese kopierbar und nur das jeweilige Kriterium muss angepasst werden.

Auswertungstabelle

	Anzahl	Anteil in %	Gesamtprämie	Prämienanteil in %
weibliche Azubis	=ZÄHLENWENN(C5:C18;"Frau")	=C23/$C$25	=SUMMEWENN($C$5:$C$18;"Frau";$I$5:$I$18)	=E23/$E$25*100
männliche Azubis	=ZÄHLENWENN(C5:C18;"Herrn")	=C24/$C$25	=SUMMEWENN($C$5:$C$18;"Herrn";$I$5:$I$18)	=E24/$E$25*100
Gesamt	=SUMME(C23:C24)		=SUMME(E23:E24)	

wertungstabelle

Prämienanteil in %	Durchschnitts- note	Durchschnitts- alter
=E23/$E$25*100	=SUMMEWENN($C$5:$C$18;"Frau";$H$5:$H$18)/C23	=SUMMEWENN($C$5:$C$18;"Frau";$G$5:$G$18)/C23
=E24/$E$25*100	=SUMMEWENN($C$5:$C$18;"Herrn";$H$5:$H$18)/C24	=SUMMEWENN($C$5:$C$18;"Herrn";$G$5:$G$18)/C24

Hinweis: Durchschnittsnote und -alter können seit Excel 2013 auch mit MITTELWERTWENN berechnet werden, diese Möglichkeit wurde hier jedoch nicht berücksichtigt, da sie nicht im Anforderungskatalog enthalten ist. Die Funktion MITTELWERTWENN besitzt denselben Aufbau wie SUMMEWENN und die Formel für die Durchschnittsnote lautet: =MITTELWERTWENN(C5:C18;"Frau";H5:H18)

Lösung Aufgabe 3 Bezugspreiskalkulation

Ordner: Loesungen\Kap_6_Excel
Datei: 3_Bezugspreiskalkulation.xlsx

Teil 1 Bezugspreiskalkulation erstellen (Zocher und Partner)

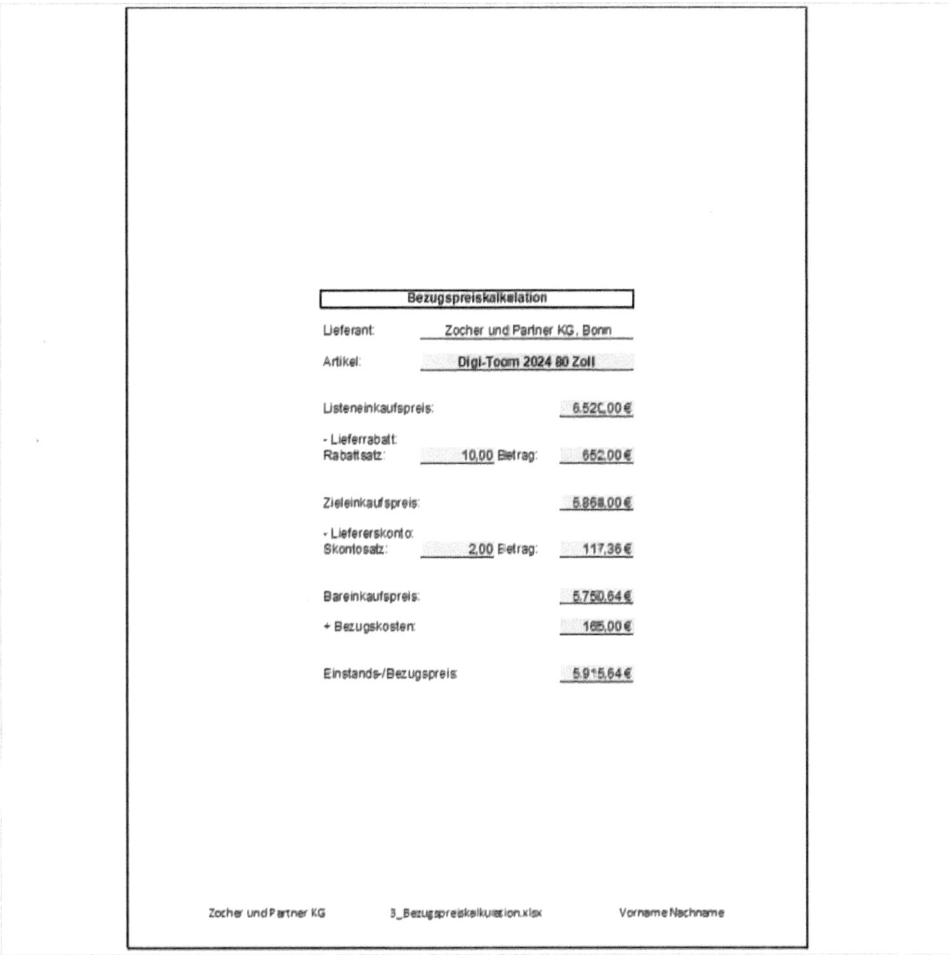

Bezugspreiskalkulation

Lieferant:	Zocher und Partner KG, Bonn		
Artikel:	Digi-Toom 2024 80 Zoll		
Listeneinkaufspreis:			6.520,00 €
- Lieferrabatt: Rabattsatz:	10,00	Betrag:	652,00 €
Zieleinkaufspreis:			5.868,00 €
- Liefererskonto: Skontosatz:	2,00	Betrag:	117,36 €
Bareinkaufspreis:			5.750,64 €
+ Bezugskosten:			165,00 €
Einstands-/Bezugspreis:			5.915,64 €

Zocher und Partner KG 3_Bezugspreiskalkulation.xlsx Vorname Nachname

	A	B	C	D	E
1					
2		Bezugspreiskalkulation			
3					
4		Lieferant:	Zocher und Partner KG, Bonn		
5					
6		Artikel:	Digi-Toom 2024 80 Zoll		
7					
8					
9		Listeneinkaufspreis:			6.520,00 €
10					
11		- Lieferrabatt:			
12		Rabattsatz:	10,00	Betrag:	652,00 €
13					
14					
15		Zieleinkaufspreis:			5.868,00 €
16					
17		- Liefererskonto:			
18		Skontosatz:	2,00	Betrag:	117,36 €
19					
20					
21		Bareinkaufspreis:			5.750,64 €
22					
23		+ Bezugskosten:			165,00 €
24					
25					
26		Einstands-/Bezugspreis:			5.915,64 €
27					

	A	B	C	D	E
1					
2		Bezugspreiskalkulation			
3					
4		Lieferant:	Zocher und Partner KG, Bonn		
5					
6		Artikel:	Digi-Toom 2024 80 Zoll		
7					
8					
9		Listeneinkaufspreis:			6520
10					
11		- Lieferrabatt:			
12		Rabattsatz:	10	Betrag:	=E9*C12/100
13					
14					
15		Zieleinkaufspreis:			=E9-E12
16					
17		- Liefererskonto:			
18		Skontosatz:	2	Betrag:	=E15*C18/100
19					
20					
21		Bareinkaufspreis:			=E15-E18
22					
23		+ Bezugskosten:			165
24					
25					
26		Einstands-/Bezugspreis:			=E21+E23
27					

Auswertung

	A	B	C	D	E	F	G
1							
2		**Auswertung Bezugspreiskalkulation**					
3							
4		Artikel:	**Digi-Toom 2024 80 Zoll**				
5							
6							
7		Angebot 1	Zocher und Partner KG, Bonn	Bezugspreis:	5.915,64 €		
8							
9		Angebot 2	Hillbach GmbH, München	Bezugspreis:	5.818,50 €		
10							
11		Angebot 3	Feisten & Jupp GmbH, Köln	Bezugspreis:	6.030,00 €		
12							
13		Angebot 4	Klein und Klein AG, Hannover	Bezugspreis:	5.807,83 €		

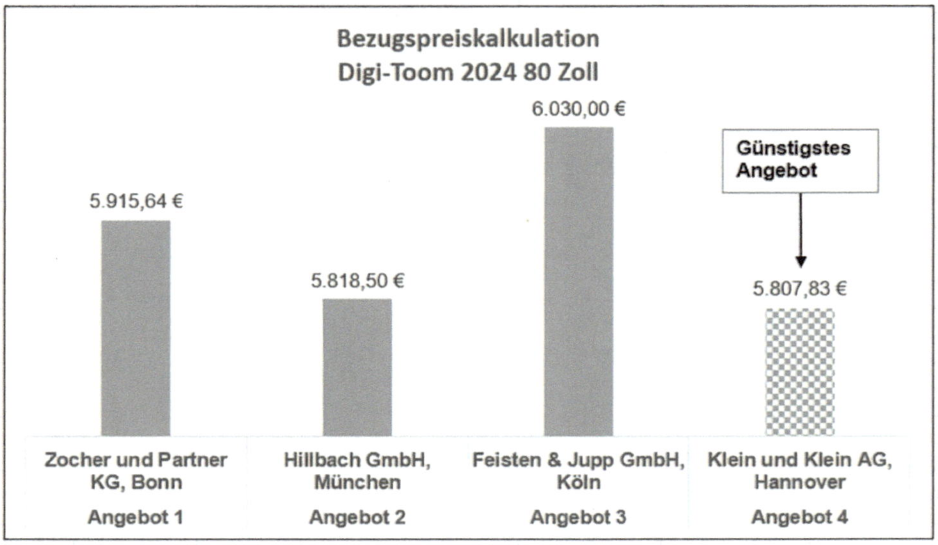

	B	C	D	E	F
1					
2	**Auswertung Bezugspreiskalkulation**				
3					
4	Artikel:	**Digi-Toom 2024 80 Zoll**			
5					
6					
7	Angebot 1	='Zocher und Partner KG'!C4	Bezugspreis:	='Zocher und Partner KG'!E26	
8					
9	Angebot 2	='Hillbach GmbH'!C4	Bezugspreis:	='Hillbach GmbH'!E26	
10					
11	Angebot 3	='Feisten & Jupp'!C4	Bezugspreis:	='Feisten & Jupp'!E26	
12					
13	Angebot 4	='Klein und Klein AG'!C4	Bezugspreis:	='Klein und Klein AG'!E26	
14					

Achtung: Der Firmenname befindet sich in C4:E4 des jeweiligen Arbeitsblatts (verbundene Zellen). Als Zellbezug sollte allerdings nicht C4:E4, sondern nur C4 angegeben werden!

Günstigsten Bezugspreis hervorheben

E7:E13 markieren und im Register *Start* auf *Bedingte Formatierung* klicken ...

Möglichkeit 1: *Regeln für oberste/unterste Werte* und Auswahl *Untere 10 Elemente*. Im nachfolgenden Fenster die Zahl 1 auswählen und Füllfarbe mit Klick auf *benutzerdefiniertem Format...* wählen (Bild links).

Möglichkeit 2: *Regeln zum Hervorheben von Zellen* ▶ *Gleich* und folgende Funktion eingeben (Bild rechts):
=MIN($E$7;$E$9;$E$11;$E$13)
Die Zellbezüge können durch Anklicken mit gedrückter Strg-Taste eingegeben werden oder einfach den Zellbereich E7:E13 markieren.

Möglichkeit 3: *Neue Regel...* ▶ *Nur obere und untere Werte formatieren* ▶ *Untere* und Zahl 1 auswählen.

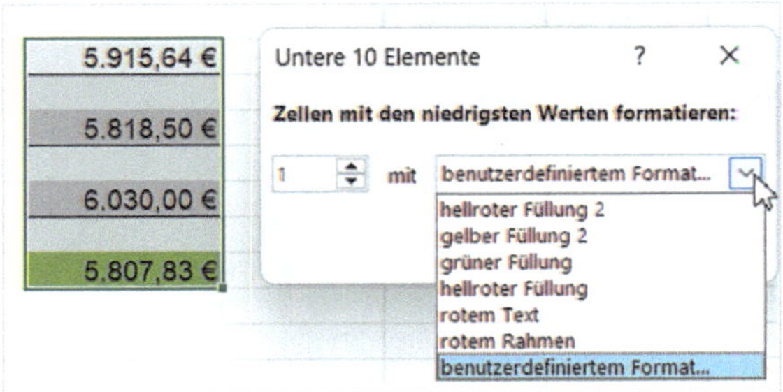

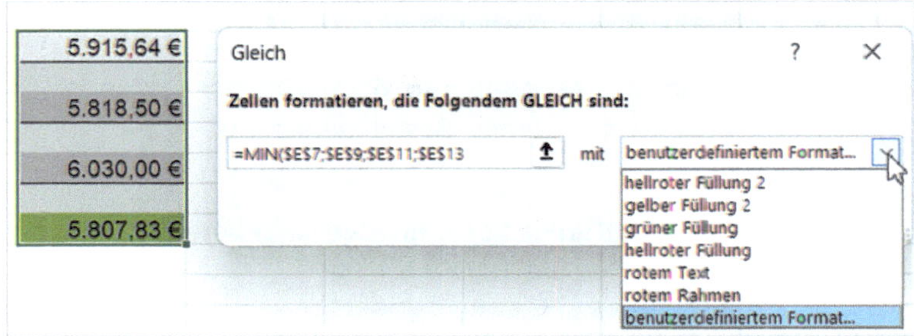

Teil 2 Diagramm

Die benötigten Zellen beziehungsweise Zellbereiche markieren, im Bild unten gelb hervorgehoben! Dann im Register *Einfügen* ▶ *Diagramme* auf *Säulendiagramm* klicken.

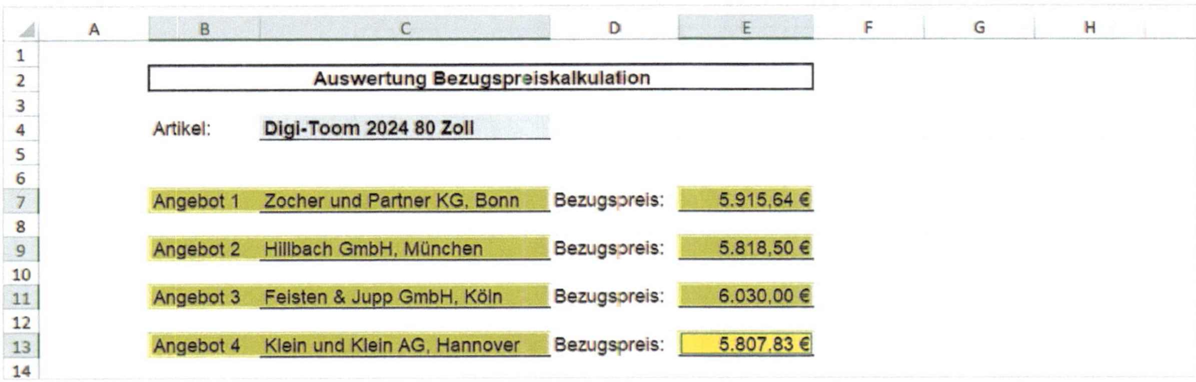

Datenreihe markieren und Füllfarbe ändern. Dann den **Datenpunkt** mit dem günstigsten Angebot markieren, Rechtsklick und Befehl *Datenpunkt formatieren...*

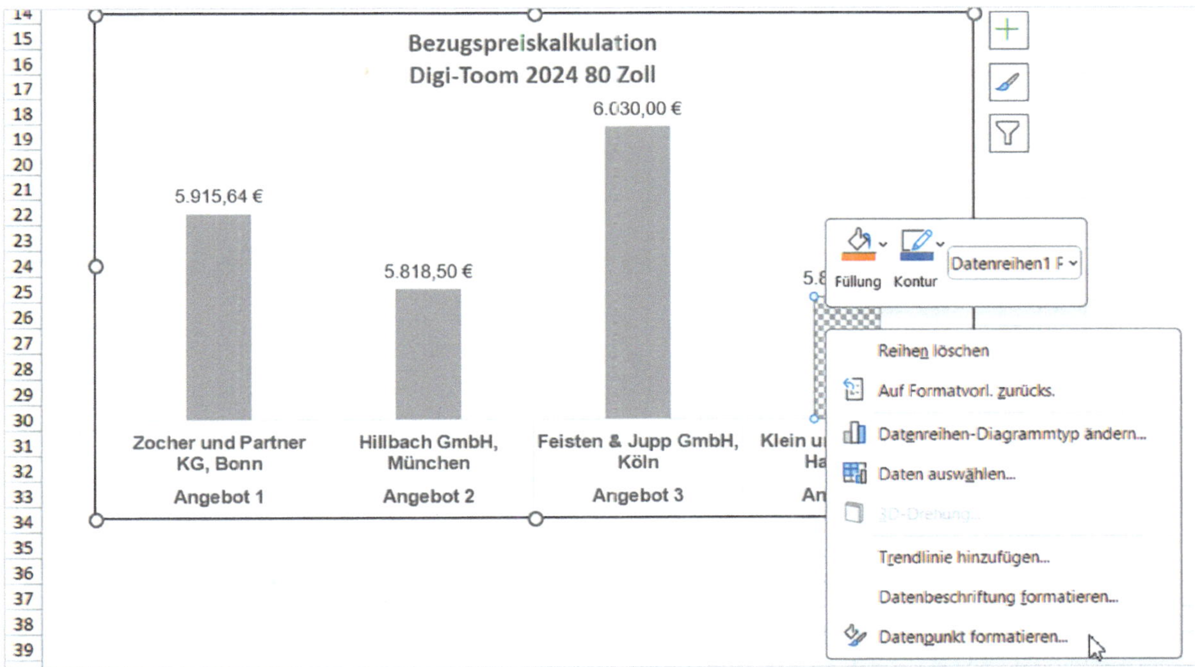

Lösung Aufgabe 4 Optimale Bestellmenge

Ordner: Loesungen\Kap_6_Excel
Datei: 4_Optimale Bestellmenge.xlsx

Teil 1 Optimale Bestellmenge kalkulieren

4_Optimale Bestellmenge.xlsx | Vorname Nachname | 18.08.2025

Artikel: ***TechNet-Tastaturen*** **Artikelnummer:** ***7815-AT***

Hersteller: ***TechNet*** **Jahresbeschaffungsmenge:** 1.800

Lagerhaltungskostensatz: 4,50%

Kosten je Bestellung: 8,90 €

Bestellmenge	Bezugspreis
1	3,20 €
250	3,00 €
400	2,80 €

Optimale Bestellmenge

Bestell-häufigkeit	Bestellmenge pro Bestellung	Durchschnittl. Lagerbestand	Lagerhaltungs-kosten pro Jahr	Bestellkosten pro Jahr	Beschaffungs-kosten pro Jahr
1	1.800	2.520,00 €	113,40 €	8,90 €	122,30 €
2	900	1.260,00 €	56,70 €	17,80 €	74,50 €
3	600	840,00 €	37,80 €	26,70 €	64,50 €
4	450	630,00 €	28,35 €	35,60 €	63,95 €
5	360	540,00 €	24,30 €	44,50 €	68,80 €
6	300	450,00 €	20,25 €	53,40 €	73,65 €
7	257	385,50 €	17,35 €	62,30 €	79,65 €
8	225	360,00 €	16,20 €	71,20 €	87,40 €
9	200	320,00 €	14,40 €	80,10 €	94,50 €
10	180	288,00 €	12,96 €	89,00 €	101,96 €
11	164	262,40 €	11,81 €	97,90 €	109,71 €
12	150	240,00 €	10,80 €	106,80 €	117,60 €

	B	C	D	E	F	G
14	Bestell-häufigkeit	Bestellmenge pro Bestellung	Durchschnittl. Lagerbestand	Lagerhaltungs-kosten pro Jahr	Bestellkosten pro Jahr	Beschaffungs-kosten pro Jahr
15	1	=RUNDEN($G$4/B15;0)	=C15/2*SVERWEIS(C15;$B$7:$C$9;2;1)	=D15*$G$6	=B15*$G$8	=F15+E15
16	2	=RUNDEN($G$4/B16;0)	=C16/2*SVERWEIS(C16;$B$7:$C$9;2;1)	=D16*$G$6	=B16*$G$8	=F16+E16
17	3	=RUNDEN($G$4/B17;0)	=C17/2*SVERWEIS(C17;$B$7:$C$9;2;1)	=D17*$G$6	=B17*$G$8	=F17+E17
18	4	=RUNDEN($G$4/B18;0)	=C18/2*SVERWEIS(C18;$B$7:$C$9;2;1)	=D18*$G$6	=B18*$G$8	=F18+E18
19	5	=RUNDEN($G$4/B19;0)	=C19/2*SVERWEIS(C19;$B$7:$C$9;2;1)	=D19*$G$6	=B19*$G$8	=F19+E19
20	6	=RUNDEN($G$4/B20;0)	=C20/2*SVERWEIS(C20;$B$7:$C$9;2;1)	=D20*$G$6	=B20*$G$8	=F20+E20
21	7	=RUNDEN($G$4/B21;0)	=C21/2*SVERWEIS(C21;$B$7:$C$9;2;1)	=D21*$G$6	=B21*$G$8	=F21+E21
22	8	=RUNDEN($G$4/B22;0)	=C22/2*SVERWEIS(C22;$B$7:$C$9;2;1)	=D22*$G$6	=B22*$G$8	=F22+E22
23	9	=RUNDEN($G$4/B23;0)	=C23/2*SVERWEIS(C23;$B$7:$C$9;2;1)	=D23*$G$6	=B23*$G$8	=F23+E23
24	10	=RUNDEN($G$4/B24;0)	=C24/2*SVERWEIS(C24;$B$7:$C$9;2;1)	=D24*$G$6	=B24*$G$8	=F24+E24
25	11	=RUNDEN($G$4/B25;0)	=C25/2*SVERWEIS(C25;$B$7:$C$9;2;1)	=D25*$G$6	=B25*$G$8	=F25+E25
26	12	=RUNDEN($G$4/B26;0)	=C26/2*SVERWEIS(C26;$B$7:$C$9;2;1)	=D26*$G$6	=B26*$G$8	=F26+E26

Optimale Bestellmenge hervorheben

Bereich B15:G26 markieren, Register *Start* ▶ *Bedingte Formatierung* ▶ *Neue Regel.... Formel zur Ermittlung der zu formatierenden Zellen verwenden* auswählen und im Eingabefeld die folgende Formel eingeben. **Achtung:** Für die zu vergleichenden Zellen ist für die Spalte G ein fester (absoluter) Bezug erforderlich, nicht aber für die Zeilen.

Entweder: =**$G15:$G26**=MIN($G$15:$G$26)
oder: =**$G15**=MIN($G$15:$G$26)

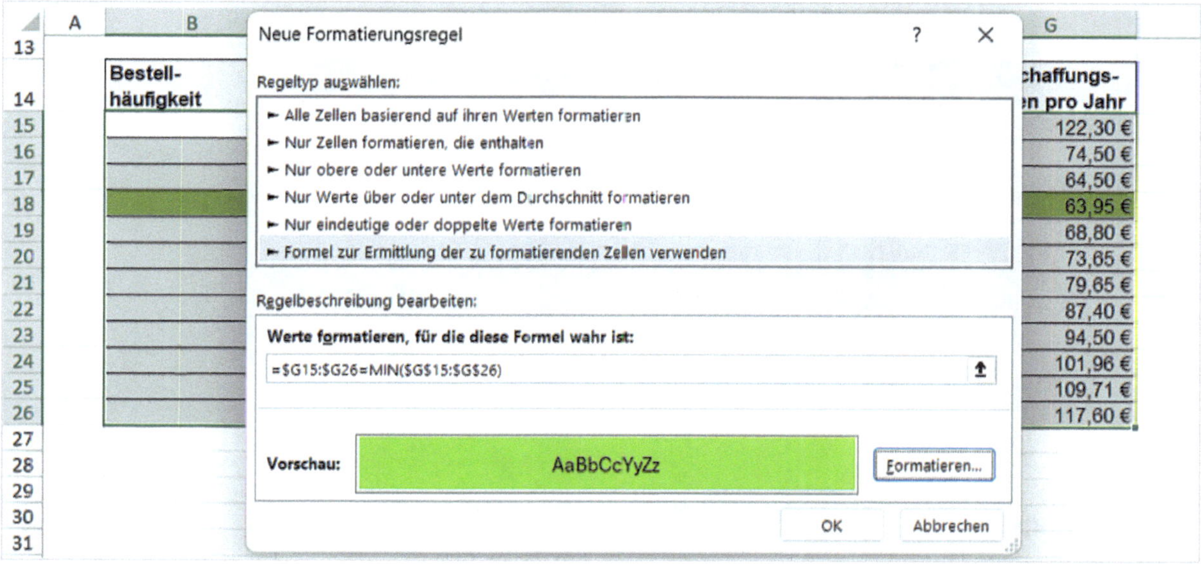

Teil 2 Diagramm

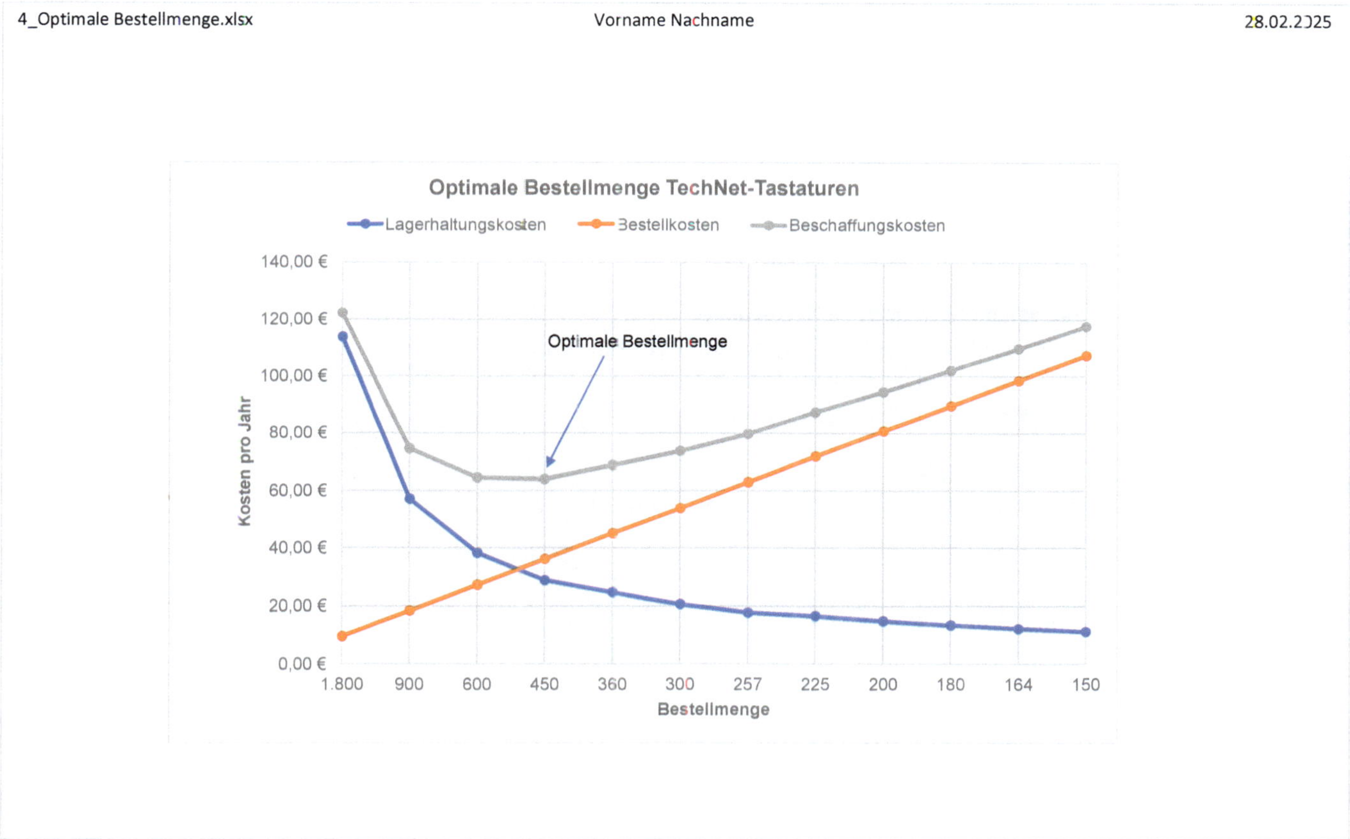

Spalteninhalte mit Zahlen, wie hier die Bestellmenge, werden von Excel meist als Datenreihe und nicht als Achsenbeschriftung interpretiert, daher am besten zunächst F15:G26 markieren und auf *Einfügen* ▶ *Diagramm* ▶ *Liniendiagramm* (mit oder ohne Datenpunkte) klicken (**Achtung**: Nicht gestapelt!).

Bestellmenge als Beschriftung der X-Achse hinzufügen

Register *Diagrammtools* ▶ *Entwurf* bzw. *Diagrammentwurf* auf *Daten auswählen* klicken. Unter *Horizontale Achsenbeschriftungen* auf *Bearbeiten* klicken und Bereich C15:C26 (Bestellmengen) auswählen (Bild unten).

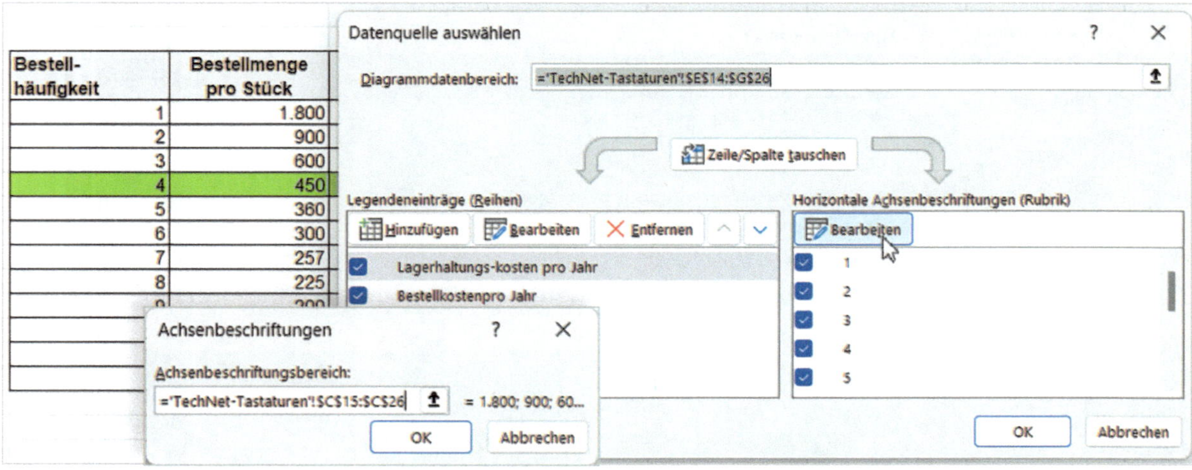

Legendenbeschriftung
Im Fenster *Datenquelle auswählen* unter *Legendeneinträge* die erste Datenreihe markieren und auf *Bearbeiten* klicken. Dann im Eingabefeld *Reihenname* den Zellbezug samt Gleichheitszeichen löschen und stattdessen die Beschriftung über die Tastatur eingeben.

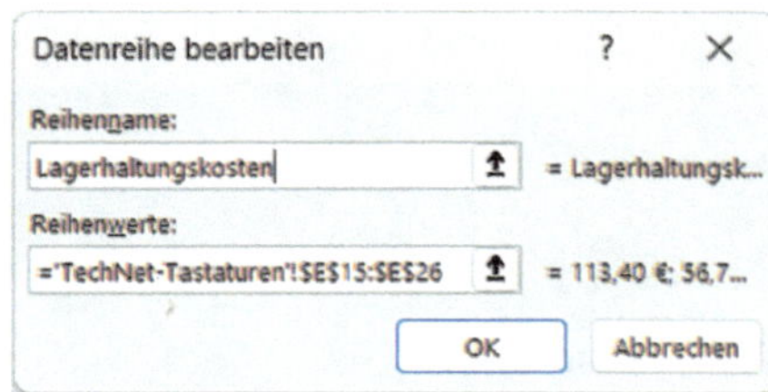

Alternativ kann auch ="Lagerhaltungskosten" eingegeben werden, dann muss der Text in Anführungszeichen stehen.

Genauso mit den übrigen Datenreihen verfahren.

Achsentitel und Gitternetzlinien hinzufügen
Diagrammtools-Entwurf ▶ *Diagrammelement hinzufügen* und auf *Achsentitel* klicken, anschließend Text eingeben.

Diagrammelement hinzufügen ▶ *Gitternetzlinien* ▶ *Primäres Hauptgitternetz horizontal* beziehungsweise *vertikal*.

Datenpunkte exakt auf den vertikalen Gitternetzlinien
Rechtsklick auf Beschriftung der waagrechten Achse und Befehl *Achse formatieren...*. Dann unter *Achsenoptionen* ▶ *Achsenposition* die Option *Auf Teilstrichen* wählen.

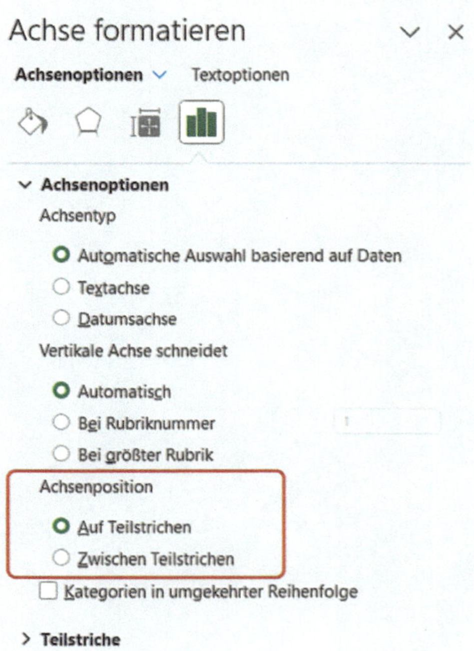

Auf der zweiten Druckseite platzieren
Um das Diagramm auf der zweiten Druckseite zu positionieren, bietet sich die Ansicht *Seitenlayout* an.

Lösung Aufgabe 5 Umsätze (ABC-Analyse)

Ordner: Loesungen\Kap_6_Excel
Datei: 5_ABC-Analyse-Umsätze.xlsx

Kopfzeile hinzufügen

ABC-Analyse Habermann + Partner KG

Artikel-Nr.	Produkt	Umsatz in EUR	Umsatz in %	Rang	Kumulierter Umsatz	ABC-Analyse
7041-HU	Beamer Hub 2	52.680,00 €	12,47	1	12,47	A
5345-RT	PC Formline 5	48.520,30 €	11,49	2	23,96	A
6815-ZU	Monitor 24" LED	45.805,60 €	10,84	3	34,80	A
5264-RT	PC HelpDesk 43	42.585,00 €	10,08	4	44,88	A
2516-KL	Drucker LS 5	36.520,00 €	8,65	5	53,53	A
7052-HU	Beamer Hub 9	35.850,60 €	8,49	6	62,02	A
5263-RT	PC HelpDesk 19	35.650,00 €	8,44	7	70,45	A
2542-KL	Drucker LS 7	28.542,80 €	6,76	8	77,21	B
4001-FB	Digicam T2	18.560,00 €	4,39	9	81,61	B
3648-MI	Maus TechNet	15.850,00 €	3,75	10	85,36	B
1252-AG	Tastatur Golf 3	15.420,00 €	3,65	11	89,01	B
4125-FB	Digicam T8	14.560,00 €	3,45	12	92,46	B
3615-MI	Maus Keyford	12.530,00 €	2,97	13	95,42	C
1125-AG	Tastatur Keyford	8.560,00 €	2,03	14	97,45	C
1115-AG	Tastatur TechNet	6.520,30 €	1,54	15	98,99	C
3870-MI	Maus Golf 3	4.260,00 €	1,01	16	100,00	C
		422.414,60 €				

Kumulierter Anteil	Klasse
0,00	A
75,00	B
95,00	C

Vorname Nachname &[Datum]

Fußzeile

ABC-Analyse Habermann + Partner KG

	B	C	D	E	F	G	H
6	Artikel-Nr.	Produkt	Umsatz in EUR	Umsatz in %	Rang	Kumulierter Umsatz	ABC-Analyse
7	7041-HU	Beamer Hub 2	52680	=D7/$D$23*100	=RANG.GLEICH(D7;$C$7:$D$22;0)	=E7	=SVERWEIS(G7;$C$26:$D$28;2;WAHR)
8	5345-RT	PC Formline 5	48520,3	=D8/$D$23*100	=RANG.GLEICH(D8;$C$7:$D$22;0)	=G7+E8	=SVERWEIS(G8;$C$26:$D$28;2;WAHR)
9	6815-ZU	Monitor 24" LED	45805,6	=D9/$D$23*100	=RANG.GLEICH(D9;$C$7:$D$22;0)	=G8+E9	=SVERWEIS(G9;$C$26:$D$28;2;WAHR)
10	5264-RT	PC HelpDesk 43	42585	=D10/$D$23*100	=RANG.GLEICH(D10;$C$7:$D$22;0)	=G9+E10	=SVERWEIS(G10;$C$26:$D$28;2;WAHR)
11	2516-KL	Drucker LS 5	36520	=D11/$D$23*100	=RANG.GLEICH(D11;$C$7:$D$22;0)	=G10+E11	=SVERWEIS(G11;$C$26:$D$28;2;WAHR)
12	7052-HU	Beamer Hub 9	35850,6	=D12/$D$23*100	=RANG.GLEICH(D12;$C$7:$D$22;0)	=G11+E12	=SVERWEIS(G12;$C$26:$D$28;2;WAHR)
13	5263-RT	PC HelpDesk 19	35650	=D13/$D$23*100	=RANG.GLEICH(D13;$C$7:$D$22;0)	=G12+E13	=SVERWEIS(G13;$C$26:$D$28;2;WAHR)
14	2542-KL	Drucker LS 7	28542,8	=D14/$D$23*100	=RANG.GLEICH(D14;$C$7:$D$22;0)	=G13+E14	=SVERWEIS(G14;$C$26:$D$28;2;WAHR)
15	4001-FB	Digicam T2	18560	=D15/$D$23*100	=RANG.GLEICH(D15;$C$7:$D$22;0)	=G14+E15	=SVERWEIS(G15;$C$26:$D$28;2;WAHR)
16	3648-MI	Maus TechNet	15850	=D16/$D$23*100	=RANG.GLEICH(D16;$C$7:$D$22;0)	=G15+E16	=SVERWEIS(G16;$C$26:$D$28;2;WAHR)
17	1252-AG	Tastatur Golf 3	15420	=D17/$D$23*100	=RANG.GLEICH(D17;$C$7:$D$22;0)	=G16+E17	=SVERWEIS(G17;$C$26:$D$28;2;WAHR)
18	4125-FB	Digicam T8	14560	=D18/$D$23*100	=RANG.GLEICH(D18;$C$7:$D$22;0)	=G17+E18	=SVERWEIS(G18;$C$26:$D$28;2;WAHR)
19	3615-MI	Maus Keyford	12530	=D19/$D$23*100	=RANG.GLEICH(D19;$C$7:$D$22;0)	=G18+E19	=SVERWEIS(G19;$C$26:$D$28;2;WAHR)
20	1125-AG	Tastatur Keyford	8560	=D20/$D$23*100	=RANG.GLEICH(D20;$C$7:$D$22;0)	=G19+E20	=SVERWEIS(G20;$C$26:$D$28;2;WAHR)
21	1115-AG	Tastatur TechNet	6520,3	=D21/$D$23*100	=RANG.GLEICH(D21;$C$7:$D$22;0)	=G20+E21	=SVERWEIS(G21;$C$26:$D$28;2;WAHR)
22	3870-MI	Maus Golf 3	4260	=D22/$D$23*100	=RANG.GLEICH(D22;$C$7:$D$22;0)	=G21+E22	=SVERWEIS(G22;$C$26:$D$28;2;WAHR)
23			**=SUMME(D7:D22)**				

	C	D
25	Kumulierter Anteil	Klasse
26	0	A
27	75	B
28	95	C

Tabelle nach Umsätzen sortieren

Um zu verhindern, dass die Summe in D23 in die Sortierung einbezogen wird, markieren Sie den Bereich B7:G22 und klicken auf *Daten* ▶ *Sortieren* oder *Start* ▶ *Sortieren und Filtern* ▶ *Benutzerdefiniertes Sortieren*.

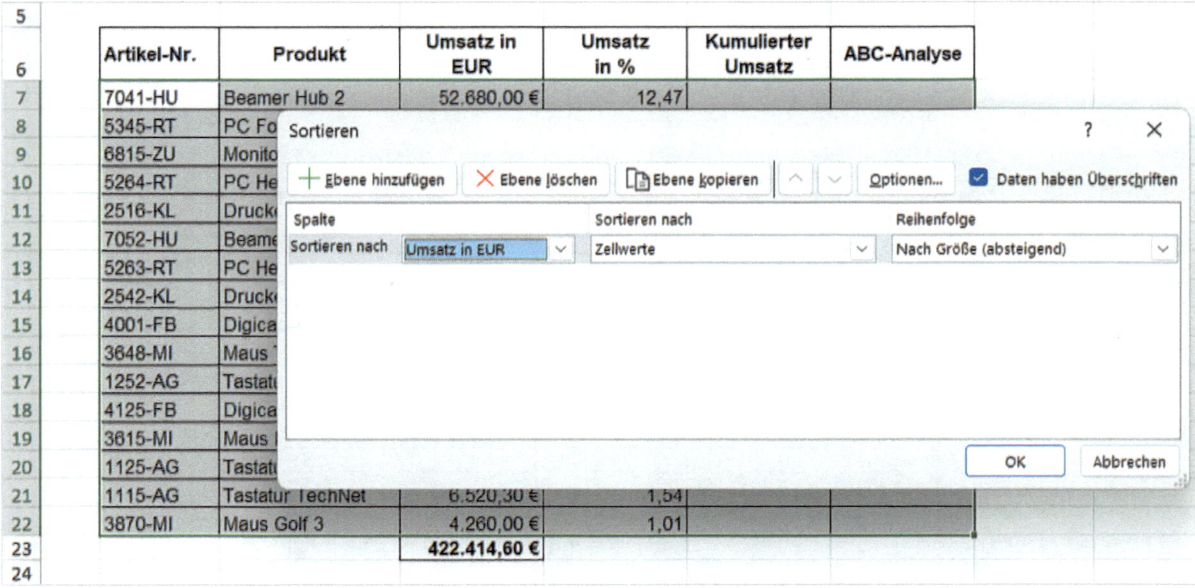

Formel ABC-Analyse

Die Klassifizierung nach ABC kann entweder mit SVERWEIS wie in der Musterlösung im Bild oben, oder einer verschachtelten WENN-Funktion erfolgen. Die entsprechenden Formeln in H7 lauten:

H7: =SVERWEIS(G7; $C$26:$D$28;2;WAHR) oder

H7: =WENN(G7>=$C$28;$D$28;WENN(G7>=$C$27;$D$27;$D$26))

Teil 2 Diagramm

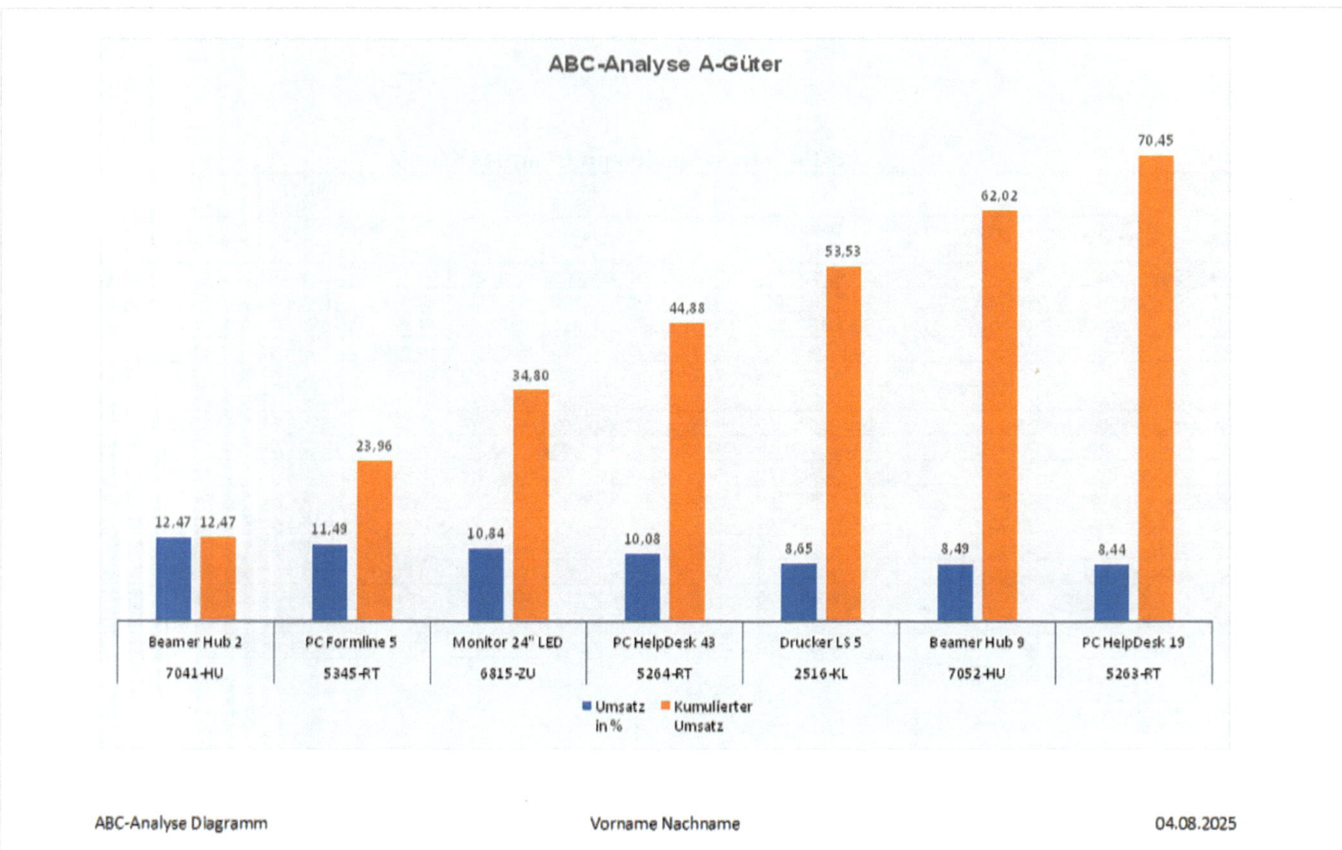

Zellbereiche markieren (Mehrfachmarkierung mit gedrückter Strg-Taste), im Bild gelb hervorgehoben.

	A	B	C	D	E	F	G	H	I
5									
6		Artikel-Nr.	Produkt	Umsatz in EUR	Umsatz in %	Rang	Kumulierter Umsatz	ABC-Analyse	
7		7041-HU	Beamer Hub 2	52.680,00 €	12,47	1	12,47	A	
8		5345-RT	PC Formline 5	48.520,30 €	11,49	2	23,96	A	
9		6815-ZU	Monitor 24" LED	45.805,60 €	10,84	3	34,80	A	
10		5264-RT	PC HelpDesk 43	42.585,00 €	10,08	4	44,88	A	
11		2516-KL	Drucker LS 5	36.520,00 €	8,65	5	53,53	A	
12		7052-HU	Beamer Hub 9	35.850,60 €	8,49	6	62,02	A	
13		5263-RT	PC HelpDesk 19	35.650,00 €	8,44	7	70,45	A	
14		2542-KL	Drucker LS 7	28.542,80 €	6,76	8	77,21	B	
15		4001-FB	Digicam T2	18.560,00 €	4,39	9	81,61	B	
16		3648-MI	Maus TechNet	15.850,00 €	3,75	10	85,36	B	
17		1252-AG	Tastatur Golf 3	15.420,00 €	3,65	11	89,01	B	
18		4125-FB	Digicam T8	14.560,00 €	3,45	12	92,46	B	
19		3615-MI	Maus Keyford	12.530,00 €	2,97	13	95,42	C	

Diagramm in gesondertes Blatt verschieben

Diagramm markieren und im Register *Diagrammtools-Entwurf* beziehungsweise *Diagrammentwurf* auf *Diagramm verschieben* klicken. Option *Neues Blatt* und daneben den Namen eingeben.

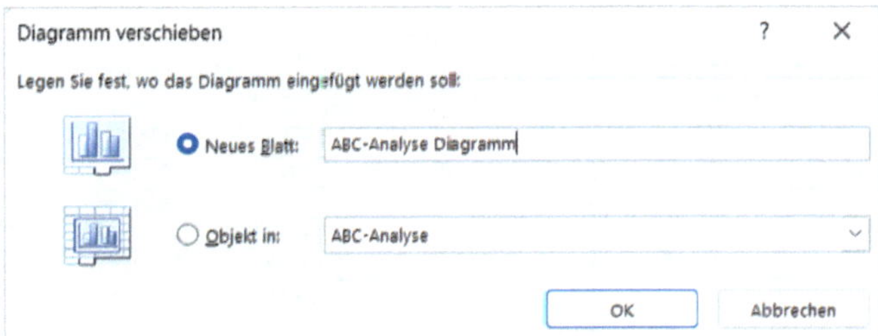

Kopf-/Fußzeile Diagrammblatt

Da für Diagrammblätter die Ansicht *Seitenlayout* nicht zur Verfügung steht, muss die Fußzeile über das Dialogfenster *Seite einrichten* eingegeben werden. Register *Kopfzeile/Fußzeile* und Schaltfläche *Benutzerdefinierte Fußzeile...* Dann mittels der Symbole *Blattname einfügen* (Register) und *Datum einfügen* die erforderlichen Elemente einfügen.

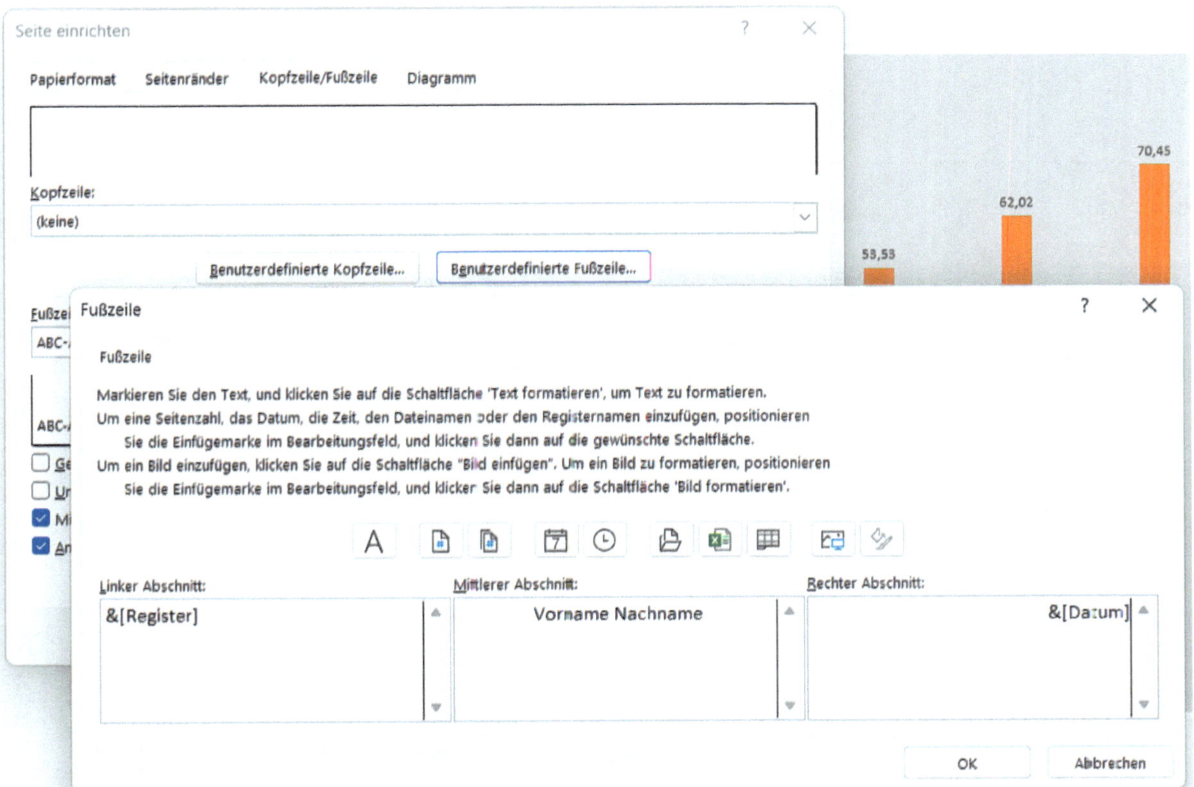

Lösung Aufgabe 6 Stundenabrechnung

Ordner: Loesungen\Kap_6_Excel
Datei: 6_Loehne.xlsx

Teil 1 Stundenabrechnung Arbeiter

Vorname Nachname

Habermann + Partner KG Stundenabrechnung Arbeiter

Personal-nummer	Anrede	Name	Abteilung	Tarif	geleistete Stunden	Tarifstunden-lohn	Zulage	Gesamtlohn	Anteil von Gesamt
03	Frau	Zacharias	Einkauf	III	160	24,80 €	0,00 €	3.968,00 €	6,45%
05	Herr	Bär	Verwaltung	II	80	21,60 €	0,00 €	1.728,00 €	2,81%
07	Herr	Strick	Fertigung	II	160	21,60 €	250,00 €	3.706,00 €	6,02%
08	Herr	Bauer	Fertigung	IV	150	27,50 €	250,00 €	4.375,00 €	7,11%
11	Herr	Heinze	Verkauf	II	80	21,60 €	150,00 €	1.878,00 €	3,05%
15	Frau	Adam	Fertigung	I	140	18,50 €	250,00 €	2.840,00 €	4,61%
17	Herr	Richter	Verkauf	I	160	18,50 €	150,00 €	3.110,00 €	5,05%
18	Herr	Zenzer	Einkauf	I	140	18,50 €	0,00 €	2.590,00 €	4,21%
19	Herr	Fröhlich	Fertigung	IV	140	27,50 €	250,00 €	4.100,00 €	6,66%
22	Frau	Wilhelm	Fertigung	I	160	18,50 €	250,00 €	3.210,00 €	5,21%
25	Frau	Fuchs	Fertigung	IV	160	27,50 €	250,00 €	4.650,00 €	7,55%
30	Herr	Paulsen	Einkauf	I	80	18,50 €	0,00 €	1.480,00 €	2,40%
31	Frau	Raudis	Verwaltung	I	160	18,50 €	0,00 €	2.960,00 €	4,81%
32	Herr	Oscas	Verwaltung	II	80	21,60 €	0,00 €	1.728,00 €	2,81%
36	Herr	Imann	Verwaltung	III	150	24,80 €	0,00 €	3.720,00 €	6,04%
38	Frau	Münch	Fertigung	I	80	18,50 €	250,00 €	1.730,00 €	2,81%
41	Frau	Helm	Fertigung	III	140	24,80 €	250,00 €	3.722,00 €	6,05%
45	Frau	Wolf	Fertigung	II	80	21,60 €	250,00 €	1.978,00 €	3,21%
46	Herr	Tisch	Fertigung	I	100	18,50 €	250,00 €	2.100,00 €	3,41%
48	Herr	Klaus	Einkauf	II	150	21,60 €	0,00 €	3.240,00 €	5,26%
50	Frau	Glaser	Einkauf	IV	100	27,50 €	0,00 €	2.750,00 €	4,47%
							Gesamt	**61.563,00 €**	

TARIF	Stundenlohn
I	18,50 €
II	21,60 €
III	24,80 €
IV	27,50 €

Stundenabrechnung Arbeiter

	A	B	C	D
4				
5		**Personal-nummer**	**Anrede**	**Name**
6		3	=SVERWEIS(B6;'Mitarbeiter Löhne'!$A$2:$E$22;2;FALSCH)	=SVERWEIS(B6;'Mitarbeiter Löhne'!$A$2:$E$22;3;FALSCH)
7		5	=SVERWEIS(B7;'Mitarbeiter Löhne'!$A$2:$E$22;2;FALSCH)	=SVERWEIS(B7;'Mitarbeiter Löhne'!$A$2:$E$22;3;FALSCH)
8		7	=SVERWEIS(B8;'Mitarbeiter Löhne'!$A$2:$E$22;2;FALSCH)	=SVERWEIS(B8;'Mitarbeiter Löhne'!$A$2:$E$22;3;FALSCH)
9		8	=SVERWEIS(B9;'Mitarbeiter Löhne'!$A$2:$E$22;2;FALSCH)	=SVERWEIS(B9;'Mitarbeiter Löhne'!$A$2:$E$22;3;FALSCH)
10		11	=SVERWEIS(B10;'Mitarbeiter Löhne'!$A$2:$E$22;2;FALSCH)	=SVERWEIS(B10;'Mitarbeiter Löhne'!$A$2:$E$22;3;FALSCH)
11		15	=SVERWEIS(B11;'Mitarbeiter Löhne'!$A$2:$E$22;2;FALSCH)	=SVERWEIS(B11;'Mitarbeiter Löhne'!$A$2:$E$22;3;FALSCH)
12		17	=SVERWEIS(B12;'Mitarbeiter Löhne'!$A$2:$E$22;2;FALSCH)	=SVERWEIS(B12;'Mitarbeiter Löhne'!$A$2:$E$22;3;FALSCH)
13		18	=SVERWEIS(B13;'Mitarbeiter Löhne'!$A$2:$E$22;2;FALSCH)	=SVERWEIS(B13;'Mitarbeiter Löhne'!$A$2:$E$22;3;FALSCH)
14		19	=SVERWEIS(B14;'Mitarbeiter Löhne'!$A$2:$E$22;2;FALSCH)	=SVERWEIS(B14;'Mitarbeiter Löhne'!$A$2:$E$22;3;FALSCH)
15		22	=SVERWEIS(B15;'Mitarbeiter Löhne'!$A$2:$E$22;2;FALSCH)	=SVERWEIS(B15;'Mitarbeiter Löhne'!$A$2:$E$22;3;FALSCH)
16		25	=SVERWEIS(B16;'Mitarbeiter Löhne'!$A$2:$E$22;2;FALSCH)	=SVERWEIS(B16;'Mitarbeiter Löhne'!$A$2:$E$22;3;FALSCH)
17		30	=SVERWEIS(B17;'Mitarbeiter Löhne'!$A$2:$E$22;2;FALSCH)	=SVERWEIS(B17;'Mitarbeiter Löhne'!$A$2:$E$22;3;FALSCH)
18		31	=SVERWEIS(B18;'Mitarbeiter Löhne'!$A$2:$E$22;2;FALSCH)	=SVERWEIS(B18;'Mitarbeiter Löhne'!$A$2:$E$22;3;FALSCH)
19		32	=SVERWEIS(B19;'Mitarbeiter Löhne'!$A$2:$E$22;2;FALSCH)	=SVERWEIS(B19;'Mitarbeiter Löhne'!$A$2:$E$22;3;FALSCH)
20		36	=SVERWEIS(B20;'Mitarbeiter Löhne'!$A$2:$E$22;2;FALSCH)	=SVERWEIS(B20;'Mitarbeiter Löhne'!$A$2:$E$22;3;FALSCH)
21		38	=SVERWEIS(B21;'Mitarbeiter Löhne'!$A$2:$E$22;2;FALSCH)	=SVERWEIS(B21;'Mitarbeiter Löhne'!$A$2:$E$22;3;FALSCH)
22		41	=SVERWEIS(B22;'Mitarbeiter Löhne'!$A$2:$E$22;2;FALSCH)	=SVERWEIS(B22;'Mitarbeiter Löhne'!$A$2:$E$22;3;FALSCH)
23		45	=SVERWEIS(B23;'Mitarbeiter Löhne'!$A$2:$E$22;2;FALSCH)	=SVERWEIS(B23;'Mitarbeiter Löhne'!$A$2:$E$22;3;FALSCH)
24		46	=SVERWEIS(B24;'Mitarbeiter Löhne'!$A$2:$E$22;2;FALSCH)	=SVERWEIS(B24;'Mitarbeiter Löhne'!$A$2:$E$22;3;FALSCH)
25		48	=SVERWEIS(B25;'Mitarbeiter Löhne'!$A$2:$E$22;2;FALSCH)	=SVERWEIS(B25;'Mitarbeiter Löhne'!$A$2:$E$22;3;FALSCH)
26		50	=SVERWEIS(B26;'Mitarbeiter Löhne'!$A$2:$E$22;2;FALSCH)	=SVERWEIS(B26;'Mitarbeiter Löhne'!$A$2:$E$22;3;FALSCH)
27				

Formeln Teil 2

	E	F	G
4			
5	**Abteilung**	**Tarif**	**geleistete Stunden**
6	=SVERWEIS(B6;'Mitarbeiter Löhne'!$A$2:$E$22;4;FALSCH)	=SVERWEIS(B6;'Mitarbeiter Löhne'!$A$2:$E$22;5;FALSCH)	160
7	=SVERWEIS(B7;'Mitarbeiter Löhne'!$A$2:$E$22;4;FALSCH)	=SVERWEIS(B7;'Mitarbeiter Löhne'!$A$2:$E$22;5;FALSCH)	80
8	=SVERWEIS(B8;'Mitarbeiter Löhne'!$A$2:$E$22;4;FALSCH)	=SVERWEIS(B8;'Mitarbeiter Löhne'!$A$2:$E$22;5;FALSCH)	160
9	=SVERWEIS(B9;'Mitarbeiter Löhne'!$A$2:$E$22;4;FALSCH)	=SVERWEIS(B9;'Mitarbeiter Löhne'!$A$2:$E$22;5;FALSCH)	150
10	=SVERWEIS(B10;'Mitarbeiter Löhne'!$A$2:$E$22;4;FALSCH)	=SVERWEIS(B10;'Mitarbeiter Löhne'!$A$2:$E$22;5;FALSCH)	80
11	=SVERWEIS(B11;'Mitarbeiter Löhne'!$A$2:$E$22;4;FALSCH)	=SVERWEIS(B11;'Mitarbeiter Löhne'!$A$2:$E$22;5;FALSCH)	140
12	=SVERWEIS(B12;'Mitarbeiter Löhne'!$A$2:$E$22;4;FALSCH)	=SVERWEIS(B12;'Mitarbeiter Löhne'!$A$2:$E$22;5;FALSCH)	160
13	=SVERWEIS(B13;'Mitarbeiter Löhne'!$A$2:$E$22;4;FALSCH)	=SVERWEIS(B13;'Mitarbeiter Löhne'!$A$2:$E$22;5;FALSCH)	140
14	=SVERWEIS(B14;'Mitarbeiter Löhne'!$A$2:$E$22;4;FALSCH)	=SVERWEIS(B14;'Mitarbeiter Löhne'!$A$2:$E$22;5;FALSCH)	140
15	=SVERWEIS(B15;'Mitarbeiter Löhne'!$A$2:$E$22;4;FALSCH)	=SVERWEIS(B15;'Mitarbeiter Löhne'!$A$2:$E$22;5;FALSCH)	160
16	=SVERWEIS(B16;'Mitarbeiter Löhne'!$A$2:$E$22;4;FALSCH)	=SVERWEIS(B16;'Mitarbeiter Löhne'!$A$2:$E$22;5;FALSCH)	160
17	=SVERWEIS(B17;'Mitarbeiter Löhne'!$A$2:$E$22;4;FALSCH)	=SVERWEIS(B17;'Mitarbeiter Löhne'!$A$2:$E$22;5;FALSCH)	80
18	=SVERWEIS(B18;'Mitarbeiter Löhne'!$A$2:$E$22;4;FALSCH)	=SVERWEIS(B18;'Mitarbeiter Löhne'!$A$2:$E$22;5;FALSCH)	160
19	=SVERWEIS(B19;'Mitarbeiter Löhne'!$A$2:$E$22;4;FALSCH)	=SVERWEIS(B19;'Mitarbeiter Löhne'!$A$2:$E$22;5;FALSCH)	80
20	=SVERWEIS(B20;'Mitarbeiter Löhne'!$A$2:$E$22;4;FALSCH)	=SVERWEIS(B20;'Mitarbeiter Löhne'!$A$2:$E$22;5;FALSCH)	150
21	=SVERWEIS(B21;'Mitarbeiter Löhne'!$A$2:$E$22;4;FALSCH)	=SVERWEIS(B21;'Mitarbeiter Löhne'!$A$2:$E$22;5;FALSCH)	80
22	=SVERWEIS(B22;'Mitarbeiter Löhne'!$A$2:$E$22;4;FALSCH)	=SVERWEIS(B22;'Mitarbeiter Löhne'!$A$2:$E$22;5;FALSCH)	140
23	=SVERWEIS(B23;'Mitarbeiter Löhne'!$A$2:$E$22;4;FALSCH)	=SVERWEIS(B23;'Mitarbeiter Löhne'!$A$2:$E$22;5;FALSCH)	80
24	=SVERWEIS(B24;'Mitarbeiter Löhne'!$A$2:$E$22;4;FALSCH)	=SVERWEIS(B24;'Mitarbeiter Löhne'!$A$2:$E$22;5;FALSCH)	100
25	=SVERWEIS(B25;'Mitarbeiter Löhne'!$A$2:$E$22;4;FALSCH)	=SVERWEIS(B25;'Mitarbeiter Löhne'!$A$2:$E$22;5;FALSCH)	150
26	=SVERWEIS(B26;'Mitarbeiter Löhne'!$A$2:$E$22;4;FALSCH)	=SVERWEIS(B26;'Mitarbeiter Löhne'!$A$2:$E$22;5;FALSCH)	100
27			

Formeln Teil 3

	H	I	J	K
4				
5	**Tarifstunden-lohn**	**Zulage**	**Gesamtlohn**	**Anteil von Gesamt**
6	=SVERWEIS(F6;$B$30:$C$33;2;0)	=WENN(E6="Fertigung";250;WENN(E6="Verkauf";150;0))	=G6*H6+I6	=J6/$J$28
7	=SVERWEIS(F7;$B$30:$C$33;2;0)	=WENN(E7="Fertigung";250;WENN(E7="Verkauf";150;0))	=G7*H7+I7	=J7/$J$28
8	=SVERWEIS(F8;$B$30:$C$33;2;0)	=WENN(E8="Fertigung";250;WENN(E8="Verkauf";150;0))	=G8*H8+I8	=J8/$J$28
9	=SVERWEIS(F9;$B$30:$C$33;2;0)	=WENN(E9="Fertigung";250;WENN(E9="Verkauf";150;0))	=G9*H9+I9	=J9/$J$28
10	=SVERWEIS(F10;$B$30:$C$33;2;0)	=WENN(E10="Fertigung";250;WENN(E10="Verkauf";150;0))	=G10*H10+I10	=J10/$J$28
11	=SVERWEIS(F11;$B$30:$C$33;2;0)	=WENN(E11="Fertigung";250;WENN(E11="Verkauf";150;0))	=G11*H11+I11	=J11/$J$28
12	=SVERWEIS(F12;$B$30:$C$33;2;0)	=WENN(E12="Fertigung";250;WENN(E12="Verkauf";150;0))	=G12*H12+I12	=J12/$J$28
13	=SVERWEIS(F13;$B$30:$C$33;2;0)	=WENN(E13="Fertigung";250;WENN(E13="Verkauf";150;0))	=G13*H13+I13	=J13/$J$28
14	=SVERWEIS(F14;$B$30:$C$33;2;0)	=WENN(E14="Fertigung";250;WENN(E14="Verkauf";150;0))	=G14*H14+I14	=J14/$J$28
15	=SVERWEIS(F15;$B$30:$C$33;2;0)	=WENN(E15="Fertigung";250;WENN(E15="Verkauf";150;0))	=G15*H15+I15	=J15/$J$28
16	=SVERWEIS(F16;$B$30:$C$33;2;0)	=WENN(E16="Fertigung";250;WENN(E16="Verkauf";150;0))	=G16*H16+I16	=J16/$J$28
17	=SVERWEIS(F17;$B$30:$C$33;2;0)	=WENN(E17="Fertigung";250;WENN(E17="Verkauf";150;0))	=G17*H17+I17	=J17/$J$28
18	=SVERWEIS(F18;$B$30:$C$33;2;0)	=WENN(E18="Fertigung";250;WENN(E18="Verkauf";150;0))	=G18*H18+I18	=J18/$J$28
19	=SVERWEIS(F19;$B$30:$C$33;2;0)	=WENN(E19="Fertigung";250;WENN(E19="Verkauf";150;0))	=G19*H19+I19	=J19/$J$28
20	=SVERWEIS(F20;$B$30:$C$33;2;0)	=WENN(E20="Fertigung";250;WENN(E20="Verkauf";150;0))	=G20*H20+I20	=J20/$J$28
21	=SVERWEIS(F21;$B$30:$C$33;2;0)	=WENN(E21="Fertigung";250;WENN(E21="Verkauf";150;0))	=G21*H21+I21	=J21/$J$28
22	=SVERWEIS(F22;$B$30:$C$33;2;0)	=WENN(E22="Fertigung";250;WENN(E22="Verkauf";150;0))	=G22*H22+I22	=J22/$J$28
23	=SVERWEIS(F23;$B$30:$C$33;2;0)	=WENN(E23="Fertigung";250;WENN(E23="Verkauf";150;0))	=G23*H23+I23	=J23/$J$28
24	=SVERWEIS(F24;$B$30:$C$33;2;0)	=WENN(E24="Fertigung";250;WENN(E24="Verkauf";150;0))	=G24*H24+I24	=J24/$J$28
25	=SVERWEIS(F25;$B$30:$C$33;2;0)	=WENN(E25="Fertigung";250;WENN(E25="Verkauf";150;0))	=G25*H25+I25	=J25/$J$28
26	=SVERWEIS(F26;$B$30:$C$33;2;0)	=WENN(E26="Fertigung";250;WENN(E26="Verkauf";150;0))	=G26*H26+I26	=J26/$J$28
27				
28		**Gesamt**	**=SUMME(J6:J27)**	
29				

Personalnummer mit führender 0 formatieren

Dialogfenster *Zellen formatieren* öffnen (entweder Rechtsklick und *Befehl Zellen formatieren...* oder im Menüband, Register *Start* Klick auf den Pfeil der Gruppe *Zahl*) und im Register *Zahlen* unter *Benutzerdefiniert* das Zahlenformat **00** eingeben.

Teil 2 Auswertung erstellen

Auswertung Stundenabrechnung Arbeiter Habermann + Partner KG

	Tarif I	Tarif II	Tarif III	Tarif IV
Gesamtlöhne pro Tarifgruppe	20.020,00 €	14.258,00 €	11.410,00 €	15.875,00 €
geleistete Stunden	1.020	630	450	550
Anzahl Mitarbeiter	8	6	3	4

	Einkauf	Fertigung	Verwaltung	Verkauf
Gesamtlöhne pro Abteilung	14.028,00 €	32.411,00 €	10.136,00 €	4.988,00 €
geleistete Stunden	630	1.310	470	240
Anzahl Mitarbeiter	5	10	4	2

Statistik	Tarif I	Tarif II	Tarif III	Tarif IV
durchschnittliche Arbeitsstunden	128	105	150	138

Statistik	Einkauf	Fertigung	Verwaltung	Verkauf
durchschnittliche Arbeitsstunden	126	131	118	120

Auswertung nach Tarifgruppen und Abteilungen

Tipp: Sie können die unten abgebildeten Formeln nach rechts kopieren und anschließend in den Formeln jeweils die Tarifgruppe ändern.

```
WENN  =SUMMEWENN('Stundenabrechnung Arbeiter'!$F$6:$F$26;"I";'Stundenabrechnung Arbeiter'!$J$6:$J$26)
```

Auswertung Stundenabrechnung Arbeiter Habermann + Partner KG

	Tarif I	Tarif II	Tarif III	Tarif IV
Gesamtlöhne pro Tarifgruppe	=SUMMEWENN('Stundenabrechnung Arbeiter'!$F$6:$F$26;"I";'Stundenabrechnung Arbeiter'!$J$6:$J$26)			
geleistete Stunden	SUMMEWENN(Bereich; **Suchkriterien**; [Summe_Bereich])			550
Anzahl Mitarbeiter	8	6	3	4

```
WENN  =SUMMEWENN('Stundenabrechnung Arbeiter'!$F$6:$F$26;"I";'Stundenabrechnung Arbeiter'!$G$6:$G$26)
```

Auswertung Stundenabrechnung Arbeiter Habermann + Partner KG

	Tarif I	Tarif II	Tarif III	Tarif IV
Gesamtlöhne pro Tarifgruppe	20.020,00 €	14.258,00 €	11.410,00 €	15.875,00 €
geleistete Stunden	=SUMMEWENN('Stundenabrechnung Arbeiter'!$F$6:$F$26;"I";'Stundenabrechnung Arbeiter'!$G$6:$G$26)			
Anzahl Mitarbeiter	SUMMEWENN(Bereich; **Suchkriterien**; [Summe_Bereich])			4

```
WENN  =ZÄHLENWENN('Stundenabrechnung Arbeiter'!$F$6:$F$26;"I")
```

	Tarif I	Tarif II	Tarif III	Tarif IV
Gesamtlöhne pro Tarifgruppe	20.020,00 €	14.258,00 €	11.410,00 €	15.875,00 €
geleistete Stunden	1.020	630	450	550
Anzahl Mitarbeiter	=ZÄHLENWENN('Stundenabrechnung Arbeiter'!$F$6:$F$26;"I")			
	ZÄHLENWENN(**Bereich**; Suchkriterien)			

Auswertung nach Abteilung

Hier verwenden Sie die jeweilige Spaltenüberschrift (*Einkauf, Fertigung*, ...) als Suchkriterium.

WENN =SUMMEWENN('Stundenabrechnung Arbeiter'!$E$6:$E$26;Auswertung!C$12;'Stundenabrechnung Arbeiter'!$J$6:$J$26)

	A	B	C	D	E	F	G	H	I	J
11										
12			Einkauf	Fertigung	Verwaltung	Verkauf				
13		Gesamtlöhne pro Abteilung	=SUMMEWENN('Stundenabrechnung Arbeiter'!$E$6:$E$26;Auswertung!C$12;'Stundenabrechnung Arbeiter'!$J$6:$J$26)							
14		geleistete Stunden	SUMMEWENN(Bereich; **Suchkriterien**; [Summe_Bereich])			240				
15		Anzahl Mitarbeiter	5	10	4	2				
16										

WENN =SUMMEWENN('Stundenabrechnung Arbeiter'!$E$6:$E$26;Auswertung!C$12;'Stundenabrechnung Arbeiter'!$G$6:$G$26)

	A	B	C	D	E	F	G	H	I	J
11										
12			Einkauf	Fertigung	Verwaltung	Verkauf				
13		Gesamtlöhne pro Abteilung	14.028,00 €	32.411,00 €	10.136,00 €	4.988,00 €				
14		geleistete Stunden	=SUMMEWENN('Stundenabrechnung Arbeiter'!$E$6:$E$26;Auswertung!C$12;'Stundenabrechnung Arbeiter'!$G$6:$G$26)							
15		Anzahl Mitarbeiter	SUMMEWENN(Bereich; **Suchkriterien**; [Summe_Bereich])			2				
16										

WENN =ZÄHLENWENN('Stundenabrechnung Arbeiter'!$E$6:$E$26;Auswertung!C12)

	A	B	C	D	E	F	G	H
11								
12			Einkauf	Fertigung	Verwaltung	Verkauf		
13		Gesamtlöhne pro Abteilung	14.028,00 €	32.411,00 €	10.136,00 €	4.988,00 €		
14		geleistete Stunden	630	1.310	470	240		
15		Anzahl Mitarbeiter	=ZÄHLENWENN('Stundenabrechnung Arbeiter'!$E$6:$E$26;Auswertung!C12)					
16			**ZÄHLENWENN**(Bereich; Suchkriterien)					
17								

Formeln Statistik

	A	B	C	D	E	F
17						
18		Statistik	Tarif I	Tarif II	Tarif III	Tarif IV
19		durchschnittliche Arbeitsstunden	=C7/C8	=D7/D8	=E7/E8	=F7/F8
20						
21		Statistik	Einkauf	Fertigung	Verwaltung	Verkauf
22		durchschnittliche Arbeitsstunden	=C14/C15	=D14/D15	=E14/E15	=F14/F15
23						
24						
25						

Lösung Aufgabe 7 Postausgang (Zeit: 1 Stunde)

Ordner: Loesungen\Kap_6_Excel
Datei: 7_Portokostenauswertung_November.xlsx

Teil 1 Postausgang überprüfen

Hinweis: Die Inhalte der Spalte D (Art der Sendung) werden mit Ausnahme der Überschrift mit dem Symbol *Einzug vergrößern* (Register *Start*) eingerückt.

Vorname Nachname

Postausgang Monat: November 2025

Datum	Menge	Art der Sendung	Entgelt je Sendung	Gesamt
02.11.2025	2	Brief Maxi	2,90 €	5,80 €
	4	Brief Standard	0,95 €	3,80 €
03.11.2025	2	Brief Standard	0,95 €	1,90 €
	5	Päckchen (M) DHL	5,19 €	25,95 €
09.11.2025	2	Brief Groß	1,80 €	3,60 €
10.11.2025	5	Brief Standard	0,95 €	4,75 €
	2	Brief Maxi	2,90 €	5,80 €
	3	Päckchen (M) DHL	5,19 €	15,57 €
12.11.2025	4	Brief Standard	0,95 €	3,80 €
	2	Brief Groß	1,80 €	3,60 €
	8	Päckchen (M) DHL	5,19 €	41,52 €
18.11.2025	2	Brief Kompakt	1,10 €	2,20 €
	3	Brief Standard	0,95 €	2,85 €
23.11.2025	5	Einschreiben Rückschein	5,80 €	29,00 €
	3	Einschreiben Einwurf	3,30 €	9,90 €
	2	Brief Standard	0,95 €	1,90 €
27.11.2025	2	Brief Kompakt	1,10 €	2,20 €
	3	Brief Maxi	2,90 €	8,70 €
	6	Brief Groß	1,80 €	10,80 €
30.11.2025	5	Brief Kompakt	1,10 €	5,50 €
			Summe:	189,14 €

7_Portokostenauswertung_November.xlsx

	A	B	C	D	E	F
1						
2		**Postausgai**	45962			
3						
4		**Datum**	**Menge**	**Art der Sendung**	**Entgelt je Sendung**	**Gesamt**
5		45963	2	Brief Maxi	=SVERWEIS(D5;'Gebühren Deutsche Post AG'!$B$6:$C$17;2;FALSCH)	=E5*C5
6			4	Brief Standard	=SVERWEIS(D6;'Gebühren Deutsche Post AG'!$B$6:$C$17;2;FALSCH)	=E6*C6
7		45964	2	Brief Standard	=SVERWEIS(D7;'Gebühren Deutsche Post AG'!$B$6:$C$17;2;FALSCH)	=E7*C7
8			5	Päckchen (M) DHL	=SVERWEIS(D8;'Gebühren Deutsche Post AG'!$B$6:$C$17;2;FALSCH)	=E8*C8
9		45970	2	Brief Groß	=SVERWEIS(D9;'Gebühren Deutsche Post AG'!$B$6:$C$17;2;FALSCH)	=E9*C9
10		45971	5	Brief Standard	=SVERWEIS(D10;'Gebühren Deutsche Post AG'!$B$6:$C$17;2;FALSCH)	=E10*C10
11			2	Brief Maxi	=SVERWEIS(D11;'Gebühren Deutsche Post AG'!$B$6:$C$17;2;FALSCH)	=E11*C11
12			3	Päckchen (M) DHL	=SVERWEIS(D12;'Gebühren Deutsche Post AG'!$B$6:$C$17;2;FALSCH)	=E12*C12
13		45973	4	Brief Standard	=SVERWEIS(D13;'Gebühren Deutsche Post AG'!$B$6:$C$17;2;FALSCH)	=E13*C13
14			2	Brief Groß	=SVERWEIS(D14;'Gebühren Deutsche Post AG'!$B$6:$C$17;2;FALSCH)	=E14*C14
15			8	Päckchen (M) DHL	=SVERWEIS(D15;'Gebühren Deutsche Post AG'!$B$6:$C$17;2;FALSCH)	=E15*C15
16		45979	2	Brief Kompakt	=SVERWEIS(D16;'Gebühren Deutsche Post AG'!$B$6:$C$17;2;FALSCH)	=E16*C16
17			3	Brief Standard	=SVERWEIS(D17;'Gebühren Deutsche Post AG'!$B$6:$C$17;2;FALSCH)	=E17*C17
18		45984	5	Einschreiben Rückschein	=SVERWEIS(D18;'Gebühren Deutsche Post AG'!$B$6:$C$17;2;FALSCH)	=E18*C18
19			3	Einschreiben Einwurf	=SVERWEIS(D19;'Gebühren Deutsche Post AG'!$B$6:$C$17;2;FALSCH)	=E19*C19
20			2	Brief Standard	=SVERWEIS(D20;'Gebühren Deutsche Post AG'!$B$6:$C$17;2;FALSCH)	=E20*C20
21		45988	2	Brief Kompakt	=SVERWEIS(D21;'Gebühren Deutsche Post AG'!$B$6:$C$17;2;FALSCH)	=E21*C21
22			3	Brief Maxi	=SVERWEIS(D22;'Gebühren Deutsche Post AG'!$B$6:$C$17;2;FALSCH)	=E22*C22
23			6	Brief Groß	=SVERWEIS(D23;'Gebühren Deutsche Post AG'!$B$6:$C$17;2;FALSCH)	=E23*C23
24		45991	5	Brief Kompakt	=SVERWEIS(D24;'Gebühren Deutsche Post AG'!$B$6:$C$17;2;FALSCH)	=E24*C24
25					**Summe:**	=SUMME(F5:F24)
26						

Teil 2 Postausgang auswerten und grafisch darstellen

Kopfzeile hinzufügen

Postausgang Monat November Habermann + Partner KG

Art der Sendung	Gesamt	Anzahl	Anteil an Gesamt
Brief Standard	19,00 €	20	10,05%
Brief Kompakt	9,90 €	9	5,23%
Brief Groß	18,00 €	10	9,52%
Brief Maxi	20,30 €	7	10,73%
Päckchen (M) DHL	83,04 €	16	43,90%
Einschreiben Einwurf	9,90 €	3	5,23%
Einschreiben Rückschein	29,00 €	5	15,33%
Summe	189,14 €	70	

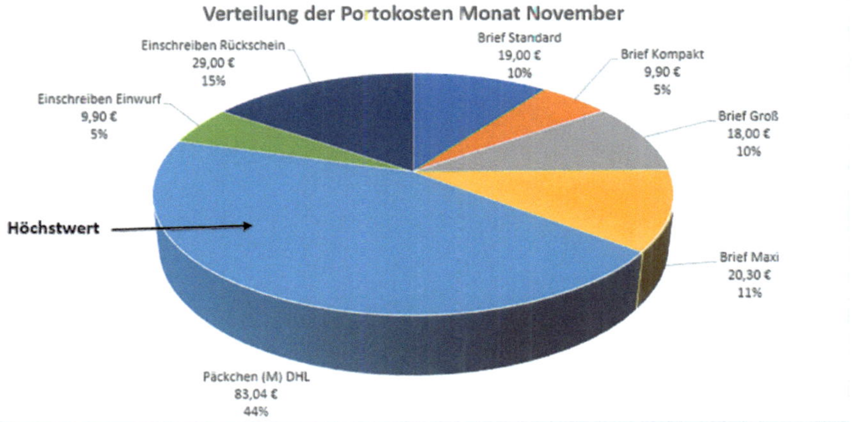

Auswertung Vorname Nachname

	A	B	C
3			
4		Art der Sendung	Gesamt
5		Brief Standard	=SUMMEWENN(Portokosten_November!$D$5:$D$24;'Formeln Auswertung'!B5;Portokosten_November!$F$5:$F$24)
6		Brief Kompakt	=SUMMEWENN(Portokosten_November!$D$5:$D$24;'Formeln Auswertung'!B6;Portokosten_November!$F$5:$F$24)
7		Brief Groß	=SUMMEWENN(Portokosten_November!$D$5:$D$24;'Formeln Auswertung'!B7;Portokosten_November!$F$5:$F$24)
8		Brief Maxi	=SUMMEWENN(Portokosten_November!$D$5:$D$24;'Formeln Auswertung'!B8;Portokosten_November!$F$5:$F$24)
9		Päckchen (M) DHL	=SUMMEWENN(Portokosten_November!$D$5:$D$24;'Formeln Auswertung'!B9;Portokosten_November!$F$5:$F$24)
10		Einschreiben Einwurf	=SUMMEWENN(Portokosten_November!$D$5:$D$24;'Formeln Auswertung'!B10;Portokosten_November!$F$5:$F$24)
11		Einschreiben Rückschein	=SUMMEWENN(Portokosten_November!$D$5:$D$24;'Formeln Auswertung'!B11;Portokosten_November!$F$5:$F$24)
12		Summe	=SUMME(C5:C11)
13			

	D	E
3		
4	Anzahl	Anteil an Gesamt
5	=SUMMEWENN(Portokosten_November!$D$5:$D$24;'Formeln Auswertung'!B5;Portokosten_November!$C$5:$C$24)	=C5/$C$12
6	=SUMMEWENN(Portokosten_November!$D$5:$D$24;'Formeln Auswertung'!B6;Portokosten_November!$C$5:$C$24)	=C6/$C$12
7	=SUMMEWENN(Portokosten_November!$D$5:$D$24;'Formeln Auswertung'!B7;Portokosten_November!$C$5:$C$24)	=C7/$C$12
8	=SUMMEWENN(Portokosten_November!$D$5:$D$24;'Formeln Auswertung'!B8;Portokosten_November!$C$5:$C$24)	=C8/$C$12
9	=SUMMEWENN(Portokosten_November!$D$5:$D$24;'Formeln Auswertung'!B9;Portokosten_November!$C$5:$C$24)	=C9/$C$12
10	=SUMMEWENN(Portokosten_November!$D$5:$D$24;'Formeln Auswertung'!B10;Portokosten_November!$C$5:$C$24)	=C10/$C$12
11	=SUMMEWENN(Portokosten_November!$D$5:$D$24;'Formeln Auswertung'!B11;Portokosten_November!$C$5:$C$24)	=C11/$C$12
12	=SUMME(D5:D11)	
13		

Bewertung (Zeit: 1 Stunde)

Corporate Design-Anweisungen	Mögliche Punkte	Erreicht
Schriftart Arial, Schriftgröße 10	2	
Überschriften zentriert, Schriftgröße 12, Fettschrift	2	
Diagramm mit voreingestellter Schriftart, Diagrammtitel in Schriftgröße 14, fett	2	
Zahlendarstellung:		
Währung mit Tausendertrennzeichen, zwei Dezimalstellen	2	
Prozentsätze im Prozentformat mit zwei Dezimalstellen	2	
Alle anderen Zahlen mit Tausendertrennzeichen, ohne Dezimalstellen	2	
Gesamt	12	

Teil 1 Postausgang überprüfen (30 Punkte)

Aufgabenstellung		Mögliche Punkte	Erreicht
1	Öffnen Sie aus ...	1	
2	Wählen Sie ...	1	
3	Tabelle erstellen und formatieren	5	
4	Übernehmen Sie ... (Formeln)	8	
5	Berechnen Sie ... (Summe)	4	
6	Geben Sie ...	2	
7	Ermitteln Sie über ... (Postausgangskosten)	2	
8	Geben Sie in ... (Datum)	4	
9	Richten Sie ... (Druckseite)	1	
	In der Kopfzeile	2	
Gesamt		**30**	

Teil 2 Postausgang auswerten und grafisch darstellen (58 Punkte)

Aufgabenstellung		Mögliche Punkte	Erreicht
1	Bearbeiten Sie ...	1	
2	Erstellen Sie ... (Auswertungstabelle)	5	
3	Ermitteln Sie in der Spalte Gesamt ...	8	
4	In der Spalte Anzahl ...	8	
5	In Zelle C12 ...	2	
6	In den Zellen E5 ...	3	
7	Erstellen Sie ... (Diagramm)	10	
	Form einfügen	2	
8	Überschrift Diagramm	4	
9	Fußzeile	2	
10	Auswertung drucken	2	
11	Auswertung kopieren, umbenennen	2	
12	Formeln Auswertung drucken	2	
13	Portokosten kopieren, umbenennen	2	
14	Formeln Portokosten drucken	2	
Gesamt		**58**	

Insgesamt 100 Punkte

Bewertung nach offiziellem IHK-Notenschlüssel, Teilpunkte von maximaler Punktzahl abziehen (zum Beispiel Nr. 12 – Formeln Auswertung drucken: Ausdruck ohne Formel 1 Punkt, mit Formeln 1 Punkt).

Lösung Aufgabe 8 Einkauf (ABC-Analyse)

Ordner: Loesungen\Kap_6_Excel
Datei: 8_ABC_Analyse_Einkauf.xlsx

Kopfzeile

Vorname Nachname | Seite -&[Seite]-- von -&[Seiten]--

Habermann + Partner KG ABC-Analyse IT-Artikel

Rang	Artikel	Verbrauchs-menge	Verbrauchs-menge in % der Gesamtver-brauchsmenge	Kumulierte Verbrauchs-mengen in %	Einstands-preis	Verbrauchs-wert	Verbrauchswerte in % vom Gesamt-verbrauchswert	Kumulierter Verbrauchs-wert in %	ABC-Analyse
1	PC Black HP2	700 Stück	9,41	9,41	278,00 €	194.600,00 €	32,08	32,08	A
2	PC GOLD HP2	600 Stück	8,06	17,47	300,00 €	180.000,00 €	29,67	61,75	A
3	PC Rex HP2	430 Stück	5,78	23,25	250,00 €	107.500,00 €	17,72	79,46	B
4	Monitor HOBI 24" LED	950 Stück	12,77	36,02	95,00 €	90.250,00 €	14,88	94,34	B
5	Grafikkarte Turex	500 Stück	6,72	42,74	25,00 €	12.500,00 €	2,06	96,40	C
6	Grafikkarte HA RD	300 Stück	4,03	46,77	25,00 €	7.500,00 €	1,24	97,64	C
7	Maus HOF	1.210 Stück	16,26	63,04	3,80 €	4.598,00 €	0,76	98,40	C
8	DVD Brenner Nixum	270 Stück	3,63	66,67	16,50 €	4.455,00 €	0,73	99,13	C
9	Tastatur HOF	1.120 Stück	15,05	81,72	3,50 €	3.920,00 €	0,65	99,78	C
10	Mauspad HOF	1.360 Stück	18,28	100,00	1,00 €	1.360,00 €	0,22	100,00	C
					Summe:	606.683,00 €			

Auswertung

Analyse	Anzahl Artikel	Verbrauchswerte
A	2	374.600,00 €
B	2	197.750,00 €
C	6	34.333,00 €
		606.683,00 €

kum. Verbrauchswert in %		Klasse
bis	75,00	A
bis	94,99	B
größer oder gleich	95,00	C

Teil 2 - Diagramm mit Fußzeile

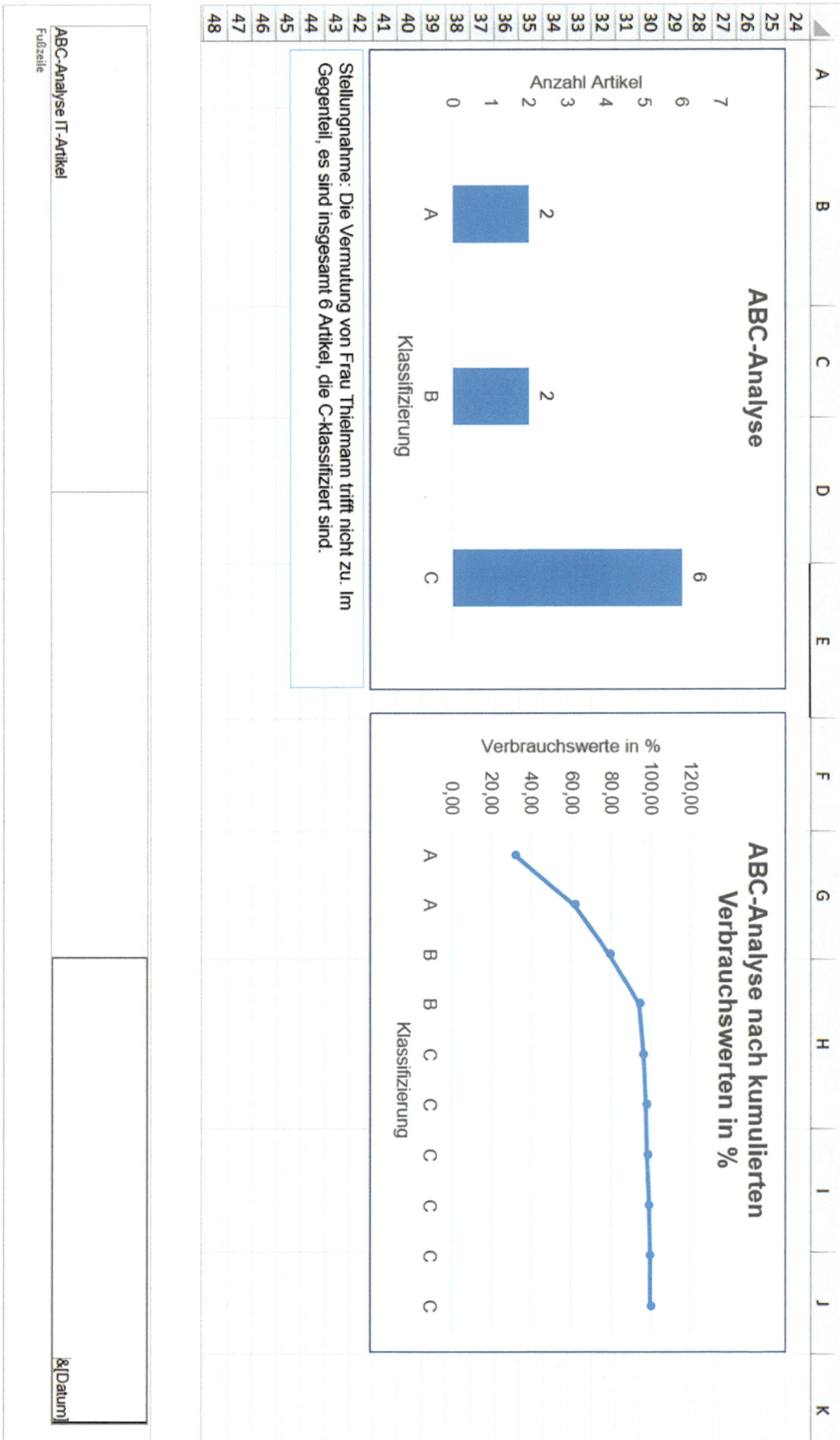

Formeln Teil 1

	A	B	C	D	E	F	G
1							
2					Habermann + Partner KG ABC-Analyse IT-Artikel		
3							
4		Artikel	Verbrauchs-menge	Verbrauchs-menge in % der Gesamtver-brauchsmenge	Kumulierte Verbrauchs-mengen in %	Einstands-preis	Verbrauchs-wert
5	G5;$G$5:$G$14;0)	PC Black HP2	700	=C5/SUMME($C$5:$C$14)*100	=D5	278	=C5*F5
6	G6;$G$5:$G$14;0)	PC GOLD HP2	600	=C6/SUMME($C$5:$C$14)*100	=E5+D6	300	=C6*F6
7	G7;$G$5:$G$14;0)	PC Rex HP2	430	=C7/SUMME($C$5:$C$14)*100	=E6+D7	250	=C7*F7
8	G8;$G$5:$G$14;0)	Monitor HOBI 24" LED	950	=C8/SUMME($C$5:$C$14)*100	=E7+D8	95	=C8*F8
9	G9;$G$5:$G$14;0)	Grafikkarte Turex	500	=C9/SUMME($C$5:$C$14)*100	=E8+D9	25	=C9*F9
10	G10;$G$5:$G$14;0)	Grafikkarte HA RD	300	=C10/SUMME($C$5:$C$14)*100	=E9+D10	25	=C10*F10
11	G11;$G$5:$G$14;0)	Maus HOF	1210	=C11/SUMME($C$5:$C$14)*100	=E10+D11	3,8	=C11*F11
12	G12;$G$5:$G$14;0)	DVD Brenner Nixum	270	=C12/SUMME($C$5:$C$14)*100	=E11+D12	16,5	=C12*F12
13	G13;$G$5:$G$14;0)	Tastatur HOF	1120	=C13/SUMME($C$5:$C$14)*100	=E12+D13	3,5	=C13*F13
14	G14;$G$5:$G$14;0)	Mauspad HOF	1360	=C14/SUMME($C$5:$C$14)*100	=E13+D14	1	=C14*F14
15							
16						Summe:	=SUMME(G5:G14)
17							
18			Auswertung				
19			Analyse	Anzahl Artikel	Verbrauchswerte		
20			A	=ZÄHLENWENN($J$5:$J$14;C20)	=SUMMEWENN($J$5:$J$14;C20;$G$5:G		
21			B	=ZÄHLENWENN($J$5:$J$14;C21)	=SUMMEWENN($J$5:$J$14;C21;$G$5:G		
22			C	=ZÄHLENWENN($J$5:$J$14;C22)	=SUMMEWENN($J$5:$J$14;C22;$G$5:G		
23					=SUMME(E20:E22)		
24							

Formeln Teil 2

	G	H	I	J
1				
2	IT-Artikel			
3				
4	Verbrauchs-wert	Verbrauchswerte in % vom Gesamt-verbrauchswert	Kumulierter Verbrauchs-wert in %	ABC-Analyse
5	=F5*C5	=G5/$G$16*100	=H5	=WENN(I5<=$I$20;$J$20;WENN(I5<=$I$21;$J$21;$J$22))
6	=F6*C6	=G6/$G$16*100	=H6+I5	=WENN(I6<=$I$20;$J$20;WENN(I6<=$I$21;$J$21;$J$22))
7	=F7*C7	=G7/$G$16*100	=H7+I6	=WENN(I7<=$I$20;$J$20;WENN(I7<=$I$21;$J$21;$J$22))
8	=F8*C8	=G8/$G$16*100	=H8+I7	=WENN(I8<=$I$20;$J$20;WENN(I8<=$I$21;$J$21;$J$22))
9	=F9*C9	=G9/$G$16*100	=H9+I8	=WENN(I9<=$I$20;$J$20;WENN(I9<=$I$21;$J$21;$J$22))
10	=F10*C10	=G10/$G$16*100	=H10+I9	=WENN(I10<=$I$20;$J$20;WENN(I10<=$I$21;$J$21;$J$22))
11	=F11*C11	=G11/$G$16*100	=H11+I10	=WENN(I11<=$I$20;$J$20;WENN(I11<=$I$21;$J$21;$J$22))
12	=F12*C12	=G12/$G$16*100	=H12+I11	=WENN(I12<=$I$20;$J$20;WENN(I12<=$I$21;$J$21;$J$22))
13	=F13*C13	=G13/$G$16*100	=H13+I12	=WENN(I13<=$I$20;$J$20;WENN(I13<=$I$21;$J$21;$J$22))
14	=F14*C14	=G14/$G$16*100	=H14+I13	=WENN(I14<=$I$20;$J$20;WENN(I14<=$I$21;$J$21;$J$22))
15				
16	=SUMME(G5:G14)			
17				
18				
19		kum. Verbrauchswert in %		Klasse
20		bis	75	A
21		bis	94,99	B
22		größer oder gleich	95	C
23				
24				

Hinweis: Statt der Funktion RANG kann in A5:A14 die Rangfolge auch mit der Funktion RANG.GLEICH berechnet werden. Dann lautet die Formel in A4: =RANG.GLEICH(G5;$G$5:$G$14;0)

Auf einer Seite drucken:
Dialogfenster *Seite einrichten* ▶ *Papierformat* ▶ *Skalierung*, Option *Anpassen* ▶ 1 Seite breit und 1 Seite hoch.

Diagramme erstellen

ABC-Analyse: Zellbereich C19:D22

ABC-Analyse nach kumulierten Verbrauchswerten:
Am besten zuerst ein leeres Diagramm einfügen (leere Zelle außerhalb der Tabelle anklicken, *Einfügen* und auf gewünschten Diagrammtyp, hier *Linie mit Datenpunkten* klicken). Danach Befehl *Daten auswählen* und Datenreihe und Beschriftung hinzufügen, wie im Bild unten.

Datenreihe: I5:I14, Beschriftung aus I4

Horizontale Achsenbeschriftung: J5:J14

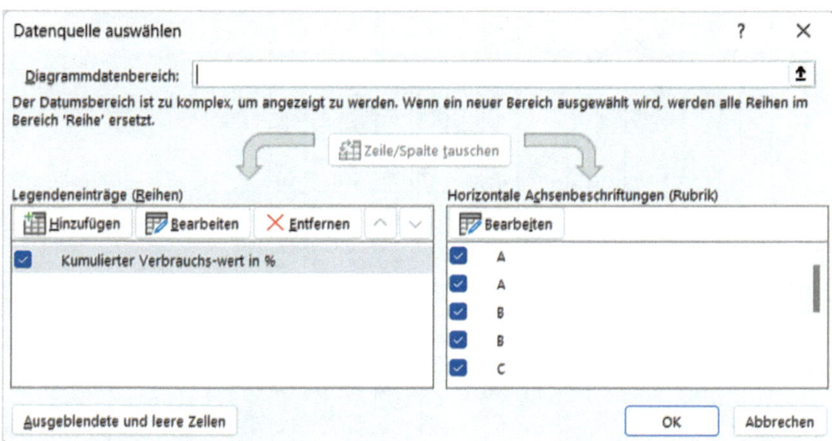

Lösung Aufgabe 9 Bonussystem (Zeit: 1 Stunde)

Ordner: Loesungen\Kap_6_Excel
Datei: 9_Bonussystem_Aussendienst.xlsx

Teil 1 Gegenüberstellung erstellen

Bonussystem Außendienst Habermann + Partner KG Stand: Tagesdatum

Grundgehalt: 2.100,00 €

	Bonus	
ab	10.000,00 €	2,00%
ab	50.000,00 €	3,00%
ab	100.000,00 €	4,00%

Altes Bonussystem

Pers.-Nr.	Nachname	Vorname	Umsatz	Bonus	Gehalt
05	Meier	Petra	6.530,00 €	0,00 €	2.100,00 €
03	Vogel	Manfred	11.260,00 €	225,20 €	2.325,20 €
07	Herold	Inge	51.450,00 €	1.543,50 €	3.643,50 €
11	Achtermann	Grietje	8.530,00 €	0,00 €	2.100,00 €
08	Faltkrog	Einnar	74.350,00 €	2.230,50 €	4.330,50 €

Neues Bonussystem Grundgehalt: 2.000,00 €

Pers.-Nr.	Nachname	Vorname	Umsatz	Bonus	Gehalt	Mehrgehalt	Mehrgehalt prozentual
05	Meier	Petra	6.530,00 €	195,90 €	2.195,90 €	**95,90 €**	**4,57%**
03	Vogel	Manfred	11.260,00 €	563,00 €	2.563,00 €	**237,80 €**	**10,23%**
07	Herold	Inge	51.450,00 €	3.601,50 €	5.601,50 €	**1.958,00 €**	**53,74%**
11	Achtermann	Grietje	8.530,00 €	255,90 €	2.255,90 €	**155,90 €**	**7,42%**
08	Faltkrog	Einnar	74.350,00 €	5.204,50 €	7.204,50 €	**2.874,00 €**	**66,37%**

			Bonusstaffel		
Umsatz	0,00 €	5.000,00 €	10.000,00 €	50.000,00 €	100.000,00 €
Bonussatz	0,00%	3,00%	5,00%	7,00%	9,00%

Bonussystem Vorname Nachname 9_Bonussystem_Aussendienst.xlsx

Personalnummer mit führender 0 formatieren

Dialogfenster *Zellen formatieren* ▶ Register *Zahlen* ▶ Kategorie *Benutzerdefiniert* und Typ **00** eingeben.

Bonus nach dem neuen Bonussystem berechnen

Der Bonus nach dem neuen System in F22:F26 kann auf zwei Wegen berechnet werden:

Möglichkeit 1: Am besten berechnen Sie den Bonus in F22:F26 mit WVERWEIS[1] (Waagrecht Verweis). Matrix ist in diesem Fall der Bereich C29:G30, als Zeilenindex muss 2 angegeben werden. Die Formel in F22 lautet:

=WVERWEIS(E22;$C$29:$G$30;2;1)*E22

Möglichkeit 2: Als zweite Möglichkeit könnte der Bonus auch mit einer mehrfach verschachtelten WENN-Funktion ermittelt werden. Dann müsste die kopierbare Formel in F22 lauten:

=WENN(E22<$D$29;$C$30;WENN(E22<$E$29;$D$30;WENN(E22<$F$29;$E$30;WENN(E22<$G$29;$F$30;$G$30))))*E22

Mit Ausnahme von E22 (der jeweilige Umsatz) sind in der Formel feste bzw. absolute Zellbezüge erforderlich.

1 Die Funktion WVERWEIS ist nicht Bestandteil der Befehlsübersicht der IHK, also nicht prüfungsrelevant. Allerdings darf in der Prüfung eine geeignete Formel/Funktion verwendet werden und somit sind auch nicht hinterlegte Funktionen erlaubt, da die Punkte für die richtige Lösung vergeben werden.

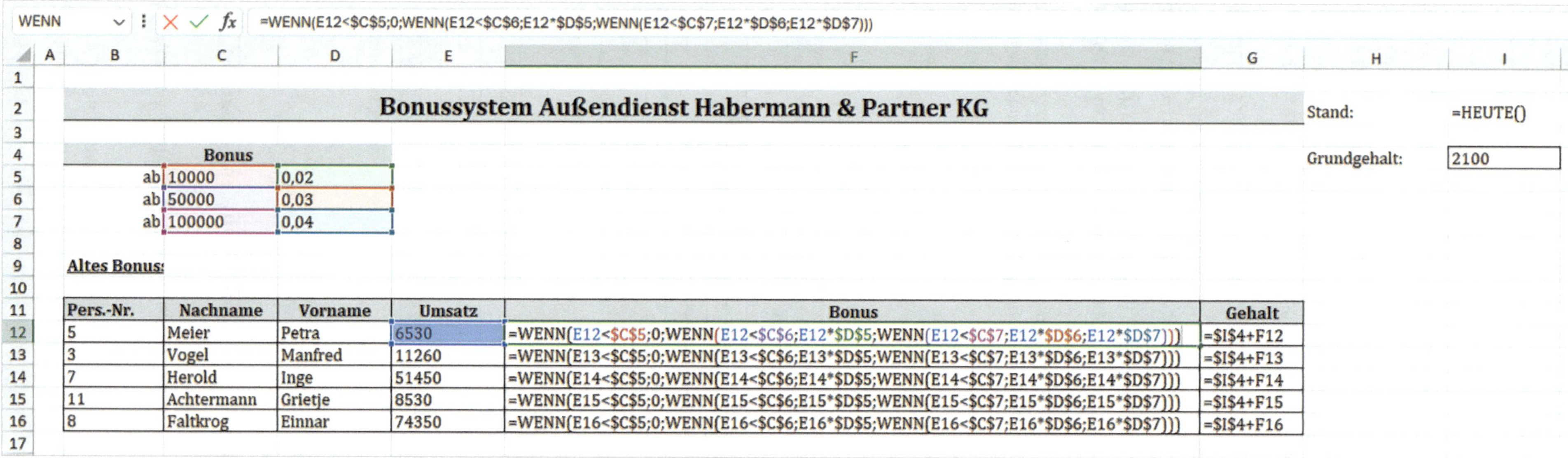

WENN =WENN(E12<$C$5;0;WENN(E12<$C$6;E12*$D$5;WENN(E12<$C$7;E12*$D$6;E12*$D$7)))

Bonussystem Außendienst Habermann & Partner KG

Stand: =HEUTE()

Grundgehalt: 2100

	Bonus	
ab	10000	0,02
ab	50000	0,03
ab	100000	0,04

Altes Bonus:

Pers.-Nr.	Nachname	Vorname	Umsatz	Bonus	Gehalt
5	Meier	Petra	6530	=WENN(E12<$C$5;0;WENN(E12<$C$6;E12*$D$5;WENN(E12<$C$7;E12*$D$6;E12*$D$7)))	=$I$4+F12
3	Vogel	Manfred	11260	=WENN(E13<$C$5;0;WENN(E13<$C$6;E13*$D$5;WENN(E13<$C$7;E13*$D$6;E13*$D$7)))	=$I$4+F13
7	Herold	Inge	51450	=WENN(E14<$C$5;0;WENN(E14<$C$6;E14*$D$5;WENN(E14<$C$7;E14*$D$6;E14*$D$7)))	=$I$4+F14
11	Achtermann	Grietje	8530	=WENN(E15<$C$5;0;WENN(E15<$C$6;E15*$D$5;WENN(E15<$C$7;E15*$D$6;E15*$D$7)))	=$I$4+F15
8	Faltkrog	Einnar	74350	=WENN(E16<$C$5;0;WENN(E16<$C$6;E16*$D$5;WENN(E16<$C$7;E16*$D$6;E16*$D$7)))	=$I$4+F16

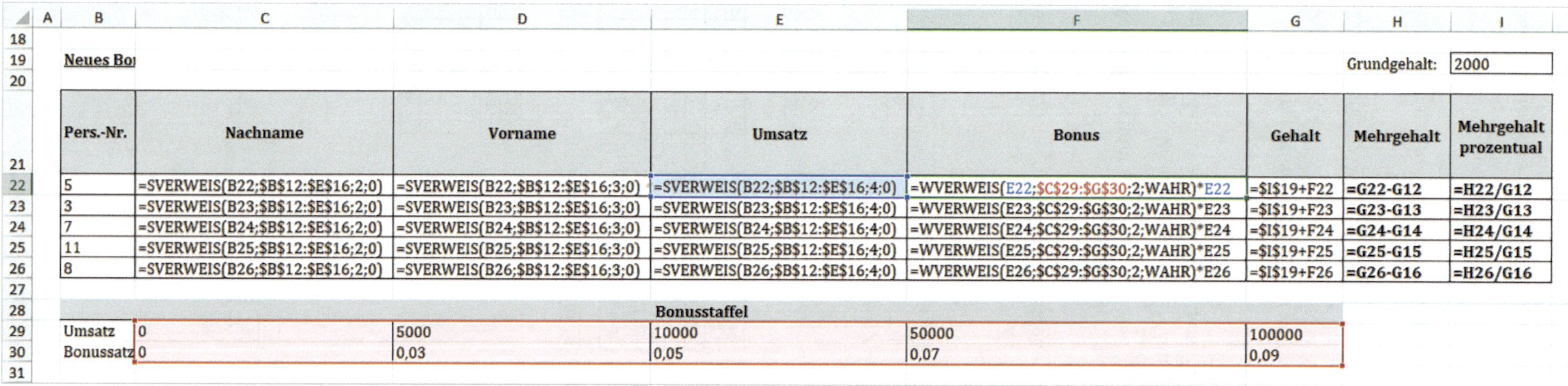

Neues Bo

Grundgehalt: 2000

Pers.-Nr.	Nachname	Vorname	Umsatz	Bonus	Gehalt	Mehrgehalt	Mehrgehalt prozentual
5	=SVERWEIS(B22;$B$12:$E$16;2;0)	=SVERWEIS(B22;$B$12:$E$16;3;0)	=SVERWEIS(B22;$B$12:$E$16;4;0)	=WVERWEIS(E22;$C$29:$G$30;2;WAHR)*E22	=$I$19+F22	=G22-G12	=H22/G12
3	=SVERWEIS(B23;$B$12:$E$16;2;0)	=SVERWEIS(B23;$B$12:$E$16;3;0)	=SVERWEIS(B23;$B$12:$E$16;4;0)	=WVERWEIS(E23;$C$29:$G$30;2;WAHR)*E23	=$I$19+F23	=G23-G13	=H23/G13
7	=SVERWEIS(B24;$B$12:$E$16;2;0)	=SVERWEIS(B24;$B$12:$E$16;3;0)	=SVERWEIS(B24;$B$12:$E$16;4;0)	=WVERWEIS(E24;$C$29:$G$30;2;WAHR)*E24	=$I$19+F24	=G24-G14	=H24/G14
11	=SVERWEIS(B25;$B$12:$E$16;2;0)	=SVERWEIS(B25;$B$12:$E$16;3;0)	=SVERWEIS(B25;$B$12:$E$16;4;0)	=WVERWEIS(E25;$C$29:$G$30;2;WAHR)*E25	=$I$19+F25	=G25-G15	=H25/G15
8	=SVERWEIS(B26;$B$12:$E$16;2;0)	=SVERWEIS(B26;$B$12:$E$16;3;0)	=SVERWEIS(B26;$B$12:$E$16;4;0)	=WVERWEIS(E26;$C$29:$G$30;2;WAHR)*E26	=$I$19+F26	=G26-G16	=H26/G16

Bonusstaffel					
Umsatz	0	5000	10000	50000	100000
Bonussatz	0	0,03	0,05	0,07	0,09

Teil 2 Diagramm

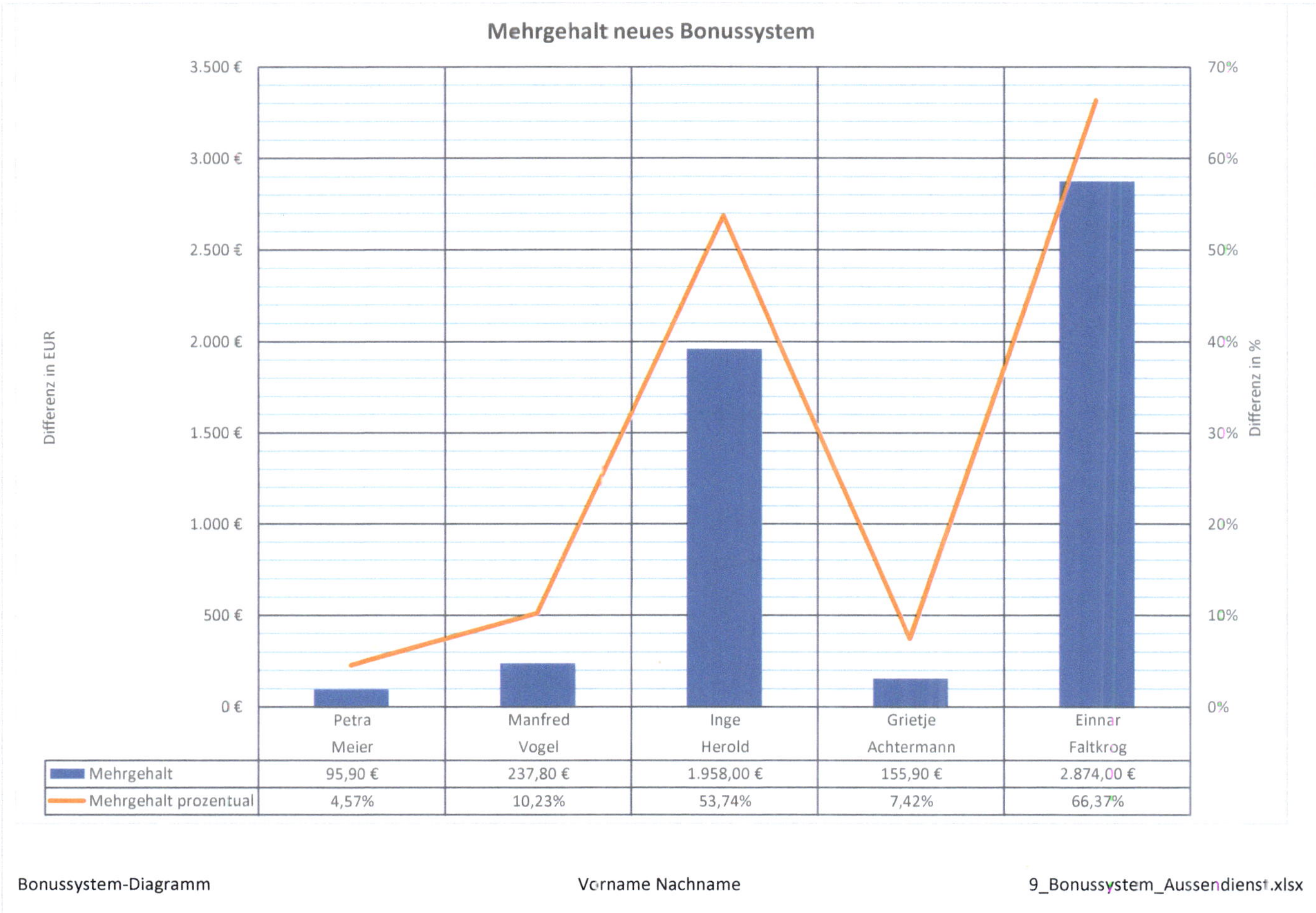

Zellen C21:D26 und H21:I26 markieren, im Bild unten gelb hervorgehoben.

Neues Bonussystem — Grundgehalt: 2.000,00 €

Pers.-Nr.	Nachname	Vorname	Umsatz	Bonus	Gehalt	Mehrgehalt	Mehrgehalt prozentual
05	Meier	Petra	6.530,00 €	195,90 €	2.195,90 €	95,90 €	4,57%
03	Vogel	Manfred	11.260,00 €	563,00 €	2.563,00 €	237,80 €	10,23%
07	Herold	Inge	51.450,00 €	3.601,50 €	5.601,50 €	1.958,00 €	53,74%
11	Achtermann	Grietje	8.530,00 €	255,90 €	2.255,90 €	155,90 €	7,42%
08	Faltkrog	Einnar	74.350,00 €	5.204,50 €	7.204,50 €	2.874,00 €	66,37%

Bonusstaffel					
Umsatz	0,00 €	5.000,00 €	10.000,00 €	50.000,00 €	100.000,00 €
Bonussatz	0,00%	3,00%	5,00%	7,00%	9,00%

Im Register *Einfügen* ▶ *Diagramme* auf Diagrammtyp *Kombi* beziehungsweise *Verbund* (je nach Excel-Version) klicken und Typ auswählen.

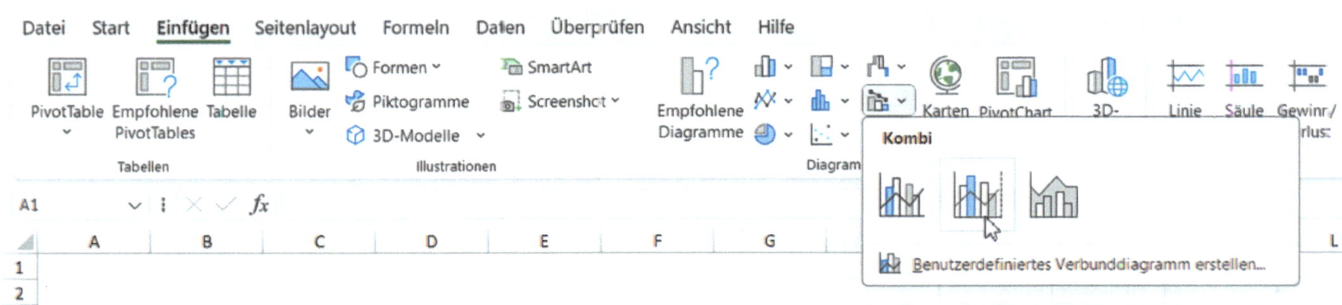

Gitternetzlinien

Die Gitternetzlinien fügen Sie über *Diagrammelement einfügen* hinzu. Die Gitternetzlinien sollen sich an der Hauptachse orientieren, aktivieren Sie daher Primäres vertikales und horizontales Hauptgitter sowie Primäres horizontales Hilfsgitter. Anschließend jeweils die Gitternetzlinien anklicken bzw. markieren und über *Formkontur* (Menüband) oder *Haupt-* und *Hilfsgitternetz-Optionen* (Aufgabenbereich) die Linienfarbe ändern.

Datenbeschriftungen

Da die verwendeten Daten aus dem Diagramm ersichtlich sein sollen, wählen Sie über *Diagrammelement einfügen* ▶ *Datentabelle mit Legendensymbolen*. Die Legende kann entfernt werden.

Beschriftung der primären und sekundären Achse ohne Dezimalstellen

Rechtsklick auf die betreffende Achse und Befehl *Achse formatieren...*. Dann unter *Achsenoptionen* ▶ *Zahl* im Feld *Dezimalstellen* 0 eintragen.

Diagramm in neues Blatt verschieben, Seite einrichten

Zuletzt Diagramm markieren, Register *Entwurf* ▶ *Diagramm verschieben* ▶ Option *Neues Blatt* und Namen eingeben.

Dialogfenster *Seite einrichten* öffnen und Seitenränder eingeben, im Register *Kopfzeile/Fußzeile* auf *Benutzerdefinierte Fußzeile* klicken und Text beziehungsweise Elemente einfügen (die Ansicht *Seitenlayout* ist in einem Diagrammblatt nicht verfügbar).

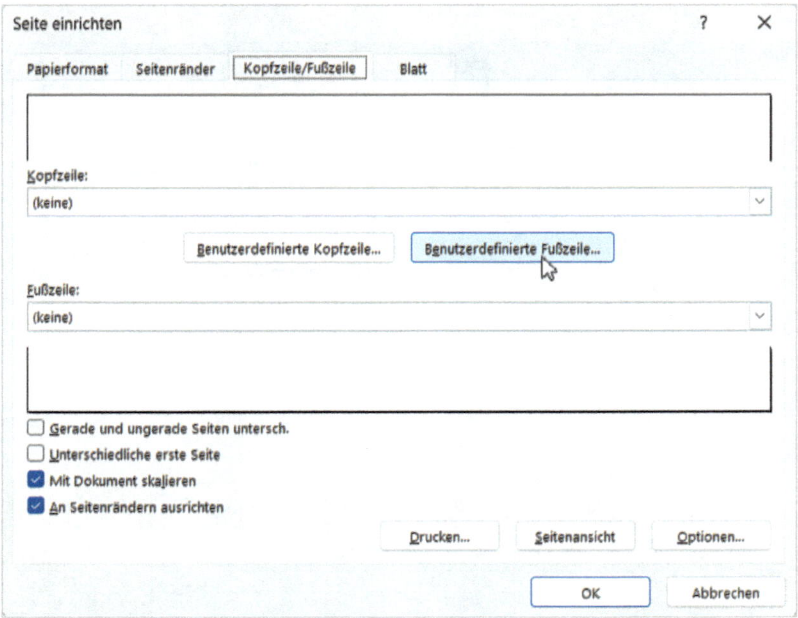

Bewertung (Zeit: 1 Stunde)

Corporate Design-Anweisungen	Mögliche Punkte	Erreicht
Schriftart Cambria, Schriftgröße 11	2	
Überschriften zentriert, Schriftgröße 14, Fettschrift	2	
Diagramm: Voreingestellte Schriftart, Diagrammtitel in Schriftgröße 14, fett	2	
Achsentitel und Werte: Schriftgröße 10, fett	2	
Zahlendarstellung:		

Corporate Design-Anweisungen	Mögliche Punkte	Erreicht
Währung mit Tausendertrennzeichen, zwei Dezimalstellen	2	
Prozentformat mit zwei Dezimalstellen	2	
Alle anderen Zahlen mit Tausendertrennzeichen, ohne Dezimalstellen	2	
Gesamt	**14**	

Teil 1 Postausgang überprüfen (30 Punkte)

Aufgabenstellung		Mögliche Punkte	Erreicht
1	Öffnen Sie aus ...	1	
2	Bearbeiten Sie ...	1	
3	Tabelle erstellen und formatieren ... (Tabellen)	12	
4	Fügen Sie ... (Datum)	2	
5	Berechnen Sie ... (Formeln/Funktionen)	10	
6	Ermitteln Sie ...	4	
7	Kopieren Sie ... (Formeln)	2	
8	Übernehmen Sie ... (Formeln)	12	
9	Ermitteln Sie ... (Neuer Bonus)	10	
10	Ermitteln Sie ... (Gehälter neues Bonussystem)	2	
11	Errechnen Sie ... (Mehrgehalt)	2	
12	In den Zellen J22:J26 ... (Mehrgehalt in %)	2	
13	Richten Sie ... (Druckseite)	1	
14	In der Fußzeile ...	2	
15	Drucken Sie ...	1	
16	Kopieren und umbenennen	1	
17	Formeln drucken	2	
Gesamt		**66**	

Teil 2 Diagramm Mehrgehalt

Aufgabenstellung		Mögliche Punkte	
1	Erstellen Sie ...	15	
2	Das Diagramm soll ...	1	
3	In der Fußzeile ...	2	
4	Drucken Sie ...	1	
Gesamt		**19**	

Insgesamt **100 Punkte**

Bewertung nach offiziellem IHK-Notenschlüssel, Teilpunkte von maximaler Punktzahl abziehen (zum Beispiel Nr. 17 – Formeln drucken: Ausdruck ohne Formel 1 Punkt, mit Formeln 1 Punkt).

Lösung Aufgabe 10 Personalentwicklung

Mögliche Lösung

Ordner: Loesungen\Kap_6_Excel

Datei: 10_Personal_Ruhestand.xlsx

Seitenansicht Seite 1 und Seite 2

Auswertung Ruhestand

Mitarbeiter Abteilung Produktion 2025 bis 2028

Personal-nummer	Name	Vorname	Datum Renteneintritt	Jahr
418	Zucker	Erwin	15. Okt. 2025	2025
218	Schulz	Peter	1. Mai. 2026	2026
420	Faßbinder	Klaus	4. Jan. 2025	2025
265	Kleeheinz	Hans	8. Jan. 2028	2028
384	Hoger	Manfred	4. Apr. 2027	2027
452	Sperber	Katrin	18. Dez. 2027	2027
286	Adams	Johann	26. Mrz. 2025	2025
186	Waller	Heinrich	24. Jul. 2025	2025
276	Halberstadt	Matthias	11. Feb. 2026	2026
151	Meter	Michael	4. Mai. 2028	2028
284	Ast	Wolfgang	4. Jul. 2025	2025
244	Johannes	Frank	16. Apr. 2025	2025
			Gesamt:	12

Auszubildende Abteilung Produktion 2025 bis 2028

Personal-nummer	Name	Vorname	Abschluss Ausbildung	Abschlussjahr
935	Schneider	Berthold	12. Jun. 2027	2027
822	Stöber	Martha	30. Jun. 2026	2026
752	Grosse	Johanna	24. Jun. 2025	2025
712	Kleinschmidt	Barbara	24. Jun. 2025	2025
813	Pauland	Volker	30. Jun. 2026	2026
920	Alles	Petra	12. Jun. 2027	2027
918	Kerber	Christine	12. Jun. 2027	2027
905	Hilbert	Peter	12. Jun. 2027	2027
814	Holbein	Stefan	25. Mai. 2026	2026
999	Klein	Luisa	30. Jun. 2028	2028
958	Horn	Klaus	12. Jun. 2027	2027
			Gesamt:	11

04.08.2025
13:46

Vorname Nachname

Auswertung Ruhestand

Prozentuale Veränderung der Renteneintritte 2025 bis 2028 gegenüber Übernahme Auszubildende 2025 bis 2028 — 9,09

Jahr	Renteneintritt Mitarbeiter	Renteneintritt in %	Übernahme Auszubildende	Übernahme Auszubildende in %
2025	6	50,00	2	18,18
2026	2	16,67	3	27,27
2027	2	16,67	5	45,45
2028	2	16,67	1	9,09

Stellungnahme: Herr Habermann hat Recht, dass in den Jahren 2025 - 2028 mehr Mitarbeiter die Firma verlassen werden. Es sind insgesamt 9,09 % mehr. Vor allem im Jahr 2025 macht sich dies bemerkbar, da insgesamt 6 Renteneintritten nur 2 Übernahmen gegenüber stehen. Erst 2026 und 2027 stehen mehr Übernahmen den Renteneintritten gegenüber. Herr Polster von der Personalabteilung hat daher nur bedingt Recht damit, dass die Personaldecke durch die Übernahme von Auszubildenden immer wieder geschlossen wird, da dies für die Jahre 2025 und 2028 nicht zutrifft.

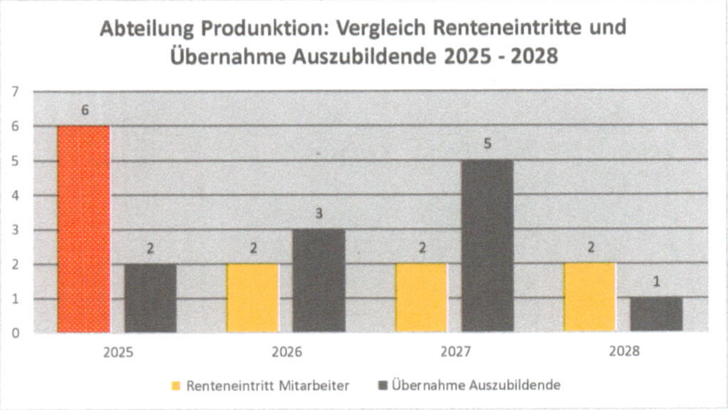

04.08.2025
13:46

Vorname Nachname

Teil 1 Personalauswertung erstellen

Auszubildende Abteilung Produktion 2025 bis 2028

Personal-nummer	Name	Vorname	Abschluss Ausbildung	Abschlussjahr
935	Schneider	Berthold	12. Jun. 2027	2027
822	Stöber	Martha	30. Jun. 2026	2026
752	Grosse	Johanna	24. Jun. 2025	2025
712	Kleinschmidt	Barbara	24. Jun. 2025	2025
813	Pauland	Volker	30. Jun. 2026	2026
920	Alles	Petra	12. Jun. 2027	2027
918	Kerber	Christine	12. Jun. 2027	2027
905	Hilbert	Peter	12. Jun. 2027	2027
814	Holbein	Stefan	25. Mai. 2026	2026
999	Klein	Luisa	30. Jun. 2028	2028
958	Horn	Klaus	12. Jun. 2027	2027
			Gesamt:	11

Prozentuale Veränderung der Renteneintritte 2025 bis 2028 gegenüber Übernahme Auszubildende 2025 bis 2028 9,09

Jahr	Renteneintritt Mitarbeiter	Renteneintritt in %	Übernahme Auszubildende	Übernahme Auszubildende in %
2025	6	50,00	2	18,18
2026	2	16,67	3	27,27
2027	2	16,67	5	45,45
2028	2	16,67	1	9,09

Stellungnahme: Herr Habermann hat Recht, dass in den Jahren 2025 – 2028 mehr Mitarbeiter die Firma verlassen werden. Es sind insgesamt 9,09 % mehr. Vor allem im Jahr 2025 macht sich dies bemerkbar, da insgesamt 6 Renteneintritten nur 2 Übernahmen gegenüber stehen. Erst 2026 und 2027 stehen mehr Übernahmen den Renteneintritten gegenüber. Herr Polster von der Personalabteilung hat daher nur bedingt Recht damit, dass die Personaldecke durch die Übernahme von Auszubildenden immer wieder geschlossen wird, da dies für die Jahre 2025 und 2028 nicht zutrifft.

Halbgeviertstrich eingeben

Register *Einfügen* ▶ *Symbole* ▶ *Symbol*. Im Fenster *Symbol* auf das Register *Sonderzeichen* klicken, *Halbgeviertstrich* auswählen und auf *Einfügen* klicken.

Formeln Teil 1

Mitarbeiter Abteilung Produktion 2025 bis 2028

Personal-nummer	Name	Vorname	Datum Renteneintritt	Jahr
418	Zucker	Erwin	45945	=JAHR(E6)
218	Schulz	Peter	46143	=JAHR(E7)
420	Faßbinder	Klaus	45661	=JAHR(E8)
265	Kleeheinz	Hans	46760	=JAHR(E9)
384	Hoger	Manfred	46481	=JAHR(E10)
452	Sperber	Katrin	46739	=JAHR(E11)
286	Adams	Johann	45742	=JAHR(E12)
186	Waller	Heinrich	45862	=JAHR(E13)
276	Halberstadt	Matthias	46064	=JAHR(E14)
151	Meter	Michael	46877	=JAHR(E15)
284	Ast	Wolfgang	45842	=JAHR(E16)
244	Johannes	Frank	45763	=JAHR(E17)
			Gesamt:	=ANZAHL(B6:B17)

Formeln Teil 2

	B	C	D	E	F
20	**Auszubildende Abteilung Produktion 2025 bis 2028**				
21					
22	**Personal-nummer**	**Name**	**Vorname**	**Abschluss Ausbildung**	**Abschlussjahr**
23	935	Schneider	Berthold	46550	=JAHR(E23)
24	822	Stöber	Martha	46203	=JAHR(E24)
25	752	Grosse	Johanna	45832	=JAHR(E25)
26	712	Kleinschmidt	Barbara	45832	=JAHR(E26)
27	813	Pauland	Volker	46203	=JAHR(E27)
28	920	Alles	Petra	46550	=JAHR(E28)
29	918	Kerber	Christine	46550	=JAHR(E29)
30	905	Hilbert	Peter	46550	=JAHR(E30)
31	814	Holbein	Stefan	46167	=JAHR(E31)
32	999	Klein	Luisa	46934	=JAHR(E32)
33	958	Horn	Klaus	46550	=JAHR(E33)
34				**Gesamt:**	=ANZAHL(B23:B33)
35					
36					
37	Prozentuale Veränderung der Renteneintritte 2025 bis 2028 gegenüber Übernahme Auszubildende 2025 bis 2028				=(F18-F34)/F34*100
38					
39	**Jahr**	**Renteneintritt Mitarbeiter**	**Renteneintritt in %**	**Übernahme Auszubildende**	**Übernahme Auszubildende in %**
40	2025	=ZÄHLENWENN($F$6:$F$17;B40)	=C40/$F$18*100	=ZÄHLENWENN($F$23:$F$33;B40)	=E40/$F$34*100
41	2026	=ZÄHLENWENN($F$6:$F$17;B41)	=C41/$F$18*100	=ZÄHLENWENN($F$23:$F$33;B41)	=E41/$F$34*100
42	2027	=ZÄHLENWENN($F$6:$F$17;B42)	=C42/$F$18*100	=ZÄHLENWENN($F$23:$F$33;B42)	=E42/$F$34*100
43	2028	=ZÄHLENWENN($F$6:$F$17;B43)	=C43/$F$18*100	=ZÄHLENWENN($F$23:$F$33;B43)	=E43/$F$34*100

Diagramm und Stellungnahme

Falls das Jahr ebenfalls als Datenreihe interpretiert wird: Register *Entwurf* ▶ *Daten auswählen*. Die Reihe Jahr aus den Datenreihen entfernen und unter *horizontale Achsenbeschriftungen* den Bereich B40:B43 hinzufügen.

Stellungnahme: Herr Habermann hat Recht, dass in den Jahren 2025 – 2028 mehr Mitarbeiter die Firma verlassen werden. Es sind insgesamt 9,09 % mehr. Vor allem im Jahr 2025 macht sich dies bemerkbar, da insgesamt 6 Renteneintritten nur 2 Übernahmen gegenüber stehen. Erst 2026 und 2027 stehen mehr Übernahmen den Renteneintritten gegenüber. Herr Polster von der Personalabteilung hat daher nur bedingt Recht damit, dass die Personaldecke durch die Übernahme von Auszubildenden immer wieder geschlossen wird, da dies für die Jahre 2025 und 2028 nicht zutrifft.

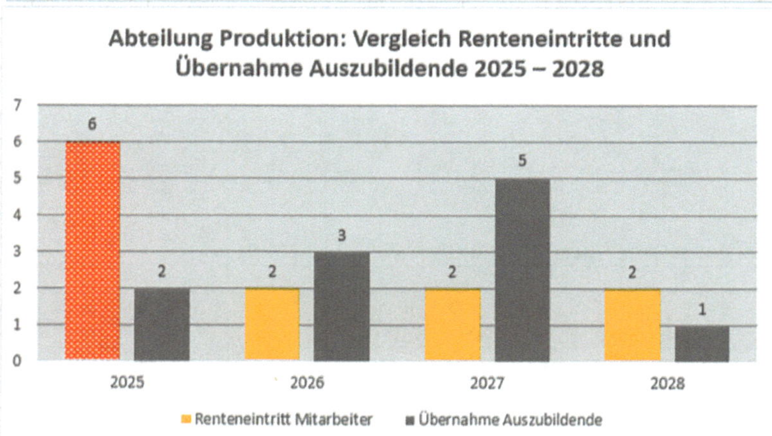

Abstandsbreite der Säulen

Rechtsklick auf eine Datenreihe ▶ Befehl *Datenreihen formatieren...*. Unter *Reihenoptionen* die Abstandsbreite ändern.

7 Prüfungs-simulationen

Prüfung A Ganzheitlicher Arbeitsauftrag mit 4 Aufgaben und Anlage

Bearbeitungszeit 120 Minuten (maximale Punktzahl: 100)

Wichtige Hinweise, bevor Sie mit der Prüfung beginnen:

1. Bevor Sie mit der Bearbeitung beginnen, lesen Sie den Text der Aufgaben vollständig durch. Denken Sie daran: ein Textmarker ist erlaubt.
2. Sichern Sie Ihre Dateien eigenständig in gewissen Zeitabständen.
3. Sofern Sie Texte, Tabellen und Grafiken in Ihrem Textverarbeitungsprogramm bearbeiten, wenden Sie die Regeln der DIN 5008:2020 an.
4. Wenn Sie Aufgaben mit dem Tabellenkalkulationsprogramm bearbeiten, achten Sie auf die Aufgabenstellung beziehungsweise auf vorgegebene Muster.
5. Soweit möglich, arbeiten Sie innerhalb des Tabellenkalkulationsprogramms mit Zellbezügen und kopierbaren Formeln beziehungsweise Funktionen.
6. Formulieren Sie in ganzen Sätzen und achten Sie auf Rechtschreibung, Ausdruck und Zeichensetzung.
7. Sie müssen sicherstellen, dass auf jeder auszudruckenden Seite Ihr Name und Ihre Prüflingsnummer aufgeführt sind. Damit Ihnen die Ausdrucke eindeutig zugeordnet werden können, unterschreiben Sie jede Seite. Die Unterschrift dient ebenfalls als Beweis, dass Sie am Prüfungstag eigenhändig ohne Hilfe ausgedruckt haben.
8. Ihre Ergebnisse sind **nach Abschluss** der Prüfungszeit von 120 Minuten nach Anweisung der aufsichtsführenden Person zu drucken. Das Drucken gehört also nicht zur reinen Prüfungszeit.
9. Wird der Ausdruck einer Formelansicht verlangt, erstellen Sie diese, indem Sie das Arbeitsblatt kopieren und in der Kopie die Formeln anzeigen. Drucken Sie die Formelansicht mit Zeilen- und Spaltenüberschriften auf möglichst einer Seite aus. Sollte dies nicht möglich sein, setzen Sie sinnvolle Seitenumbrüche.
10. Geben Sie zum Schluss den Aufgabenbogen mit den Ausdrucken ab.

Corporate Design-Anweisungen, die Sie zur Prüfung beachten müssen[1]:

Tabellenkalkulation	Textverarbeitung
• Schriftart Arial, Schriftgröße 10 • Überschriften zentriert, Schriftgröße 12, Fettschrift • Diagramm mit voreingestellter Schriftart, Diagrammtitel in Schriftgröße 14	• Schriftart Arial, Schriftgröße 11 • Überschriften zentriert, Schriftgröße 14, Fettschrift
Zahlenformate • Währung mit Tausendertrennzeichen, zwei Dezimalstellen • Prozentsätze mit zwei Dezimalstellen • Übrige Zahlen mit Tausendertrennzeichen, ohne Dezimalstellen	

- Alle erstellten Dateien sind in der Fußzeile mit Ihrem Namen und Ihrer fünfstelligen Prüflingsnummer rechtsbündig beziehungsweise im rechten Abschnitt zu versehen.
- Beachten Sie die Rechtschreibung, den Ausdruck und die Zeichensetzung. Formulieren Sie in ganzen Sätzen. Gestalten Sie Ihre Ergebnisse übersichtlich. Wenden Sie die Regeln der DIN 5008:2020 in der Textverarbeitung und Tabellenkalkulation an. Berücksichtigen Sie das Corporate Design (15 Punkte).

1 in IHK-Prüfungen wird bei der Schriftgröße nur noch die Zahl ohne Einheit angegeben – es ist aber immer Pt. gemeint.

Sie benötigen für diese Prüfungssimulation aus dem Ordner Download folgende Dateien:

Ordner	Datei	Arbeitsblatt/Arbeitsblätter
Tabellen	Personal.xlsx	Tabelle 1, Mitarbeiter Gehälter, Mitarbeiter Löhne
	Fehlzeiten.xlsx	Tabelle 7
Vorlagen	E-Mail-Vorlage.docx	
Texte	Checkliste-Austritt.docx	

Ausgangssituation

Sie sind Auszubildende/Auszubildender beziehungsweise Praktikantin/Praktikant während der Ausbildung/Umschulung in unserer Übungsfirma Habermann + Partner KG, Monschauer Straße 36 – 38, 40549 Düsseldorf, Telefon 0211 8560 und zurzeit in der Abteilung Personal eingesetzt. Sie selbst sind unter der Durchwahl -47 zu erreichen. Ihre E-Mail-Adresse lautet: vorname.nachname@hapa.de. Sie haben Artvollmacht.

Frau Sybille Klein (sybille.klein@hapa.de) ist seit 6 Jahren Sachbearbeiterin im Einkauf und hat fristgerecht gekündigt. Im Unternehmen ist man an einer Weiterführung des Arbeitsverhältnisses sehr interessiert. Der Personalleiter, Herr Wolfgang Weyer (E-Mail-Adresse: wolfgang.weyer@hapa.de), bittet Sie, Frau Klein per E-Mail zu einem Gespräch über die Konditionen einer Weiterbeschäftigung am 24.08.2025 um 09:00 Uhr einzuladen.

Laden Sie Frau Klein per E-Mail zum Gespräch ein und gestalten Sie eine Austrittscheckliste für ausscheidende Arbeitnehmer/-innen.

Tipp: Haken Sie die Aufgabennummer einfach ab, wenn Sie die jeweilige Aufgaben für sich als **erledigt** markieren möchten.

Aufgabe 1 Checkliste Austritt gestalten (20 Punkte)

Öffnen Sie mit Ihrem Textverarbeitungsprogramm aus dem Ordner Download\Texte die Datei **Checkliste-Austritt.docx**. Speichern Sie diese Datei unter dem Namen **AC-** und Ihrem Nachnamen (zum Beispiel **AC-Müller**) ab.

1.1. Geben Sie in der Fußzeile linksbündig das aktuelle Datum und zentriert den Dateinamen unter Verwendung geeigneter Funktionen ein.

1.2. Gestalten Sie die Fußzeile in Schriftgröße 8 und mit einer Rahmenlinie oben.

1.3. Formatieren Sie die Überschrift der Checkliste nach DIN 5008:2020.

1.4. Fügen Sie links von der ersten Spalte der Tabelle eine neue Spalte mit der Beschriftung *Lfd. Nr.* ein.

1.5. Stellen Sie folgende Spaltenbreiten ein:

Spalte 1	Spalte 2	Spalte 3	Spalte 4	Spalte 5
1,7 cm	3,0 cm	6,0 cm	2,5 cm	4,0 cm

1.6. Legen Sie die Zeilenhöhe aller Zeilen der Tabelle auf 1,5 cm fest.

1.7. Gestalten Sie den Hintergrund des Tabellenkopfes mit einer beliebigen hellgrauen Füllung.

1.8. Fügen Sie in der ersten Spalte eine automatische fortlaufende Nummerierung in der Form (1., 2., 3.. ...) ein. Setzen Sie den linken Einzug auf 0 cm.

1.9. Formatieren Sie den Tabelleninhalt nach den Regeln der DIN 5008:2020.

1.10. Wenden Sie an der Tabelle eine weitere mögliche Formatierung nach DIN 5008:2020 an.

Aufgabe 2 E-Mail erfassen (15 Punkte)

Öffnen Sie aus dem Ordner **Download\Vorlagen** die Datei **E-Mail-Vorlage** und speichern Sie diese unter dem Namen **AE-** und Ihrem Nachnamen (zum Beispiel **AE-Nachname**) ab.

2.1. Schreiben Sie eine E-Mail an Frau Klein. Herr Weyer erhält eine Kopie und Frau Sabine Habermann (E-Mail: sabine.habermann@hapa.de), die geschäftsführende Gesellschafterin, erhält ebenfalls eine Kopie.

2.2. Laden Sie Frau Klein zu einem Gespräch ein und schlagen Sie gleichzeitig drei Möglichkeiten vor, wie Sie die Mitarbeiterin weiterhin an das Unternehmen binden können.

2.3. Schließen Sie die E-Mail mit einer Grußformel, Ihren Kommunikationsangaben sowie den folgenden Firmenabgaben ab:

Habermann + Partner KG
Anschrift / Sitz: Monschauer Straße 36 – 38, 40549 Düsseldorf
Handelsregister HRA 10250 / Amtsgericht Düsseldorf

Ausgangssituation 2

Herr Weyer bittet Sie, in sein Büro zu kommen. Frau Habermann, die geschäftsführende Gesellschafterin, ist bereits anwesend.

Herr Weyer: „Hallo! Die Geschäftsleitung hat uns gebeten, die Personalkosten des letzten Monats nach Angestellten und Arbeitern zu erfassen und auszuwerten. Frau Habermann möchte die Zahlen beim nächsten Meeting mit den Abteilungsleitern besprechen."

Frau Habermann: „Ich habe Ihnen zu diesem Zweck bereits eine Vorlage mitgebracht, die Sie gerne verwenden können (siehe Anlage A). Die Zahlen fehlen noch. Aber darum kümmern Sie sich ja jetzt."

Sie: „OK. Ich mache mich sofort an die Arbeit."

Aufgabe 3 Personalkosten erfassen (28 Punkte)

Öffnen Sie aus dem Ordner **Download\Tabellen** die Datei **Personal.xlsx** und speichern Sie diese unter der Bezeichnung **AP-** und Ihrem Nachnamen (zum Beispiel **AP-Müller**) ab.

3.1. Bearbeiten Sie das Arbeitsblatt **Tabelle1** in Ihrer Datei und geben Sie dem Arbeitsblatt den Namen **Statistik**.

3.2. Vervollständigen Sie das Arbeitsblatt **Statistik** gemäß Anlage A.

3.3. Ermitteln Sie im Arbeitsblatt **Statistik** über eine geeignete Funktion beziehungsweise Formel in C9 bis C12 für jede Abteilung die Anzahl der angestellten Mitarbeiter aus dem Arbeitsblatt **Mitarbeiter Gehälter**.

3.4. Ermitteln Sie in den Spalten D bis G über eine geeignete Funktion beziehungsweise Formel aus dem Arbeitsblatt **Mitarbeiter Gehälter** die Gehälter in den entsprechenden Tarifgruppen.

3.5. Errechnen Sie über eine geeignete Funktion beziehungsweise Formel die Gesamtgehälter je Abteilung.

3.6. Ermitteln Sie in Zelle C14 die Gesamtzahl der angestellten Mitarbeiter und in Zelle H14 die Summe der Personalkosten der Angestellten.

3.7. Ermitteln Sie im Arbeitsblatt **Statistik**, Übersicht *Mitarbeiter Arbeiter* über eine geeignete Funktion bzw. Formel in der Spalte C für jede Abteilung die Anzahl der Arbeiter aus dem Arbeitsblatt **Mitarbeiter Löhne**.

3.8. Ermitteln Sie in den Spalten D bis G über eine geeignete Funktion beziehungsweise Formel aus dem Arbeitsblatt **Mitarbeiter Löhne** die Löhne in den entsprechenden Tarifgruppen.

3.9. Errechnen Sie über eine geeignete Funktion beziehungsweise Formel die Gesamtlöhne je Abteilung.

3.10. Ermitteln Sie in Zelle C23 die Gesamtzahl der Arbeiter und in Zelle H23 die Summe der Personalkosten der Arbeiter.

3.11. Ermitteln Sie in Spalte I den prozentualen Anteil der Personalkosten pro Abteilung jeweils für die Angestellten und die Arbeiter.

3.12. Fügen Sie oberhalb von Zeile 13 und Zeile 22 je eine dicke Rahmenlinie ein.

3.13. Formulieren Sie in Zeile 1 über die Spalten B bis G eine aussagefähige Überschrift und passen Sie die Zeilenhöhe an die Schriftgröße an.

3.14. Fügen Sie in der Fußzeile links den Dateinamen und in der Mitte den Namen des Arbeitsblatts ein.

3.15. Drucken Sie das Arbeitsblatt **Statistik** im Querformat mit und ohne Formeln aus.

Anlage A

	Tarifgruppe A	Tarifgruppe B	Tarifgruppe C	Tarifgruppe D
Angestellte	2.150,00 €	3.520,00 €	3.850,00 €	4.250,00 €
Arbeiter	1.850,00 €	2.150,00 €	2.680,00 €	3.580,00 €

Abteilungen	Mitarbeiter Angestellte	Angestellte Gruppe A	Angestellte Gruppe B	Angestellte Gruppe C	Angestellte Gruppe D	Personalkosten Angestellte	Anteil Personalkosten
Einkauf							
Verkauf							
Verwaltung							
Fertigung							
Gesamt:					Gesamt Angestellte:		

Abteilungen	Mitarbeiter Arbeiter	Arbeiter Gruppe A	Arbeiter Gruppe B	Arbeiter Gruppe C	Arbeiter Gruppe D	Personalkosten Arbeiter	Anteil Personalkosten
Einkauf							
Verkauf							
Verwaltung							
Fertigung							
Gesamt:					Gesamt Arbeiter:		

Anlage B (Muster)

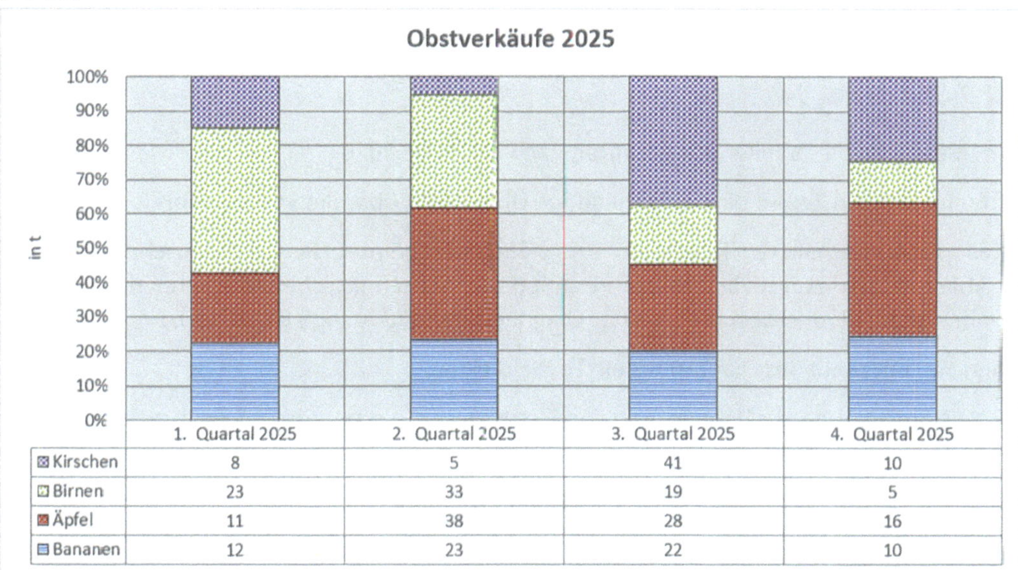

Ausgangssituation 3

Herr Weyer ist der Meinung, dass die Fehlzeitenrate durch Krankheit in der Abteilung Vertrieb im ersten Halbjahr des aktuellen Jahres gegenüber dem ersten Halbjahr des Vorjahres erheblich gestiegen ist.

Herr Weyer: „Ich gebe Ihnen die Zahlen und möchte, dass Sie mir eine Statistik erstellen. Bin mal gespannt, ob mich mein Gefühl nicht täuscht."

„Zusätzlich hätte ich gerne in einem Diagramm dargestellt, wie sich die Krankheitstage im Durchschnitt auf die Abteilungen auswirken. Hier haben Sie ein Muster (Anlage B auf vorheriger Seite), wie ich mir das vorstelle."

Sie: „Wird sofort erledigt Herr Weyer."

Aufgabe 4 Krankheitsstatistik erstellen (22 Punkte)

Öffnen Sie aus dem Ordner **Download\Tabellen** die Datei **Fehlzeiten** und speichern Sie diese unter der Bezeichnung **AK-** und Ihrem Nachnamen (zum Beispiel **AK-Nachname**) ab.

4.1. Wechseln Sie in das Arbeitsblatt **Tabelle7** und geben Sie dem Arbeitsblatt den Namen **Fehlzeiten Krankheit**.

4.2. Löschen Sie die Zeilen 11 bis 16.

4.3. Ermitteln Sie in Spalte F mit einer geeigneten Formel beziehungsweise Funktion die gesamten Fehltage für jeden Monat und beschriften Sie die Spalte.

4.4. Berechnen Sie über Formeln beziehungsweise Funktionen in Zeile 11 die Summe der Fehltage für jede Abteilung und der gesamten Fehltage.

4.5. In der nächsten Zeile ermitteln Sie über eine geeignete Funktion beziehungsweise Formel die durchschnittlichen Fehltage in den Abteilungen. Runden Sie hierbei das Ergebnis auf 0 Dezimalstellen auf.

4.6. Geben Sie der Zeile eine eindeutige Beschriftung.

4.7. In Zeile 14 ergänzen Sie die durchschnittlichen Halbjahreswerte des Vorjahres und geben der Zeile ebenfalls eine eindeutige Beschriftung.
Material 21 Tage, Fertigung 32 Tage, Verwaltung 28 Tage und Vertrieb 26 Tage.

4.8. In Zeile 16 ermitteln Sie für jede Abteilung die prozentuale Abweichung der durchschnittlichen Fehltage des 1. Halbjahres vom aktuellen Jahr gegenüber dem 1. Halbjahr des Vorjahreswertes.

4.9. Benennen Sie die neue Zeile und umrahmen Sie alle Zellen der Tabellen mit einer einfachen Rahmenlinie.

4.10. Formatieren Sie die Tabellenüberschriften nach DIN 5008:2020.

4.11. Formulieren Sie in Zeile 1 eine aussagefähige Überschrift über die Spalten A bis F.

4.12. Erstellen Sie unterhalb der Tabelle ein 100 %-Säulendiagramm, das die durchschnittlichen Fehlzeiten der Abteilungen des aktuellen Halbjahres mit den durchschnittlichen Fehlzeiten des 1. Halbjahres des Vorjahres darstellt und gestalten Sie das Diagramm gemäß Anlage B (Muster).

4.13. Fügen Sie unterhalb des Diagramms ein Textfeld ein.

4.14. Nehmen Sie Stellung zur Behauptung von Herrn Weyer und begründen Sie Ihre Aussage. Nennen Sie mindestens 2 mögliche Gründe für die Veränderung der Fehlzeiten in der Abteilung Vertrieb.

4.15. Das Arbeitsblatt **Fehlzeiten Krankheit** soll im Hochformat auf einer einzigen Seite gedruckt werden. Passen Sie Seitenränder, Diagrammgröße und Spaltenbreiten entsprechend an. Drucken Sie das Arbeitsblatt **Fehlzeiten Krankheit** mit und ohne Formelansicht aus.

Prüfung B Ganzheitlicher Arbeitsauftrag mit 3 Aufgaben und Anlage

Bearbeitungszeit 120 Minuten (maximale Punktzahl 100)

Wichtige Hinweise, bevor Sie mit der Prüfung beginnen:

1. Bevor Sie mit der Bearbeitung beginnen, lesen Sie den Text der Aufgaben vollständig durch. Denken Sie daran: ein Textmarker ist erlaubt.
2. Sichern Sie Ihre Dateien eigenständig in gewissen Zeitabständen.
3. Sofern Sie Texte, Tabellen und Grafiken in Ihrem Textverarbeitungsprogramm bearbeiten, wenden Sie die Regeln der DIN 5008:2020 an.
4. Wenn Sie Aufgaben mit dem Tabellenkalkulationsprogramm bearbeiten, achten Sie auf die Aufgabenstellung beziehungsweise auf vorgegebene Muster.
5. Soweit möglich, arbeiten Sie innerhalb des Tabellenkalkulationsprogramms mit Zellbezügen und kopierbaren Formeln beziehungsweise Funktionen.
6. Formulieren Sie in ganzen Sätzen und achten Sie auf Rechtschreibung, Ausdruck und Zeichensetzung.
7. Sie müssen sicherstellen, dass auf jeder auszudruckenden Seite Ihr Name und Ihre Prüflingsnummer aufgeführt sind. Damit Ihnen die Ausdrucke eindeutig zugeordnet werden können, unterschreiben Sie jede Seite. Die Unterschrift dient ebenfalls als Beweis, dass Sie am Prüfungstag eigenhändig ohne Hilfe ausgedruckt haben.
8. Ihre Ergebnisse sind **nach Abschluss** der Prüfungszeit von 120 Minuten nach Anweisung der aufsichtsführenden Person zu drucken. Das Drucken gehört also nicht zur reinen Prüfungszeit.
9. Wird der Ausdruck einer Formelansicht verlangt, erstellen Sie diese, indem Sie das Arbeitsblatt kopieren und in der Kopie die Formeln anzeigen. Drucken Sie die Formelansicht mit Zeilen- und Spaltenüberschriften auf möglichst einer Seite aus. Sollte dies nicht möglich sein, setzen Sie sinnvolle Seitenumbrüche.
10. Geben Sie zum Schluss den Aufgabenbogen mit den Ausdrucken ab.

Corporate Design-Anweisungen, die Sie zur Prüfung beachten müssen:

Tabellenkalkulation	Textverarbeitung
• Schriftart Arial, Schriftgröße 10 • Überschriften zentriert, Schriftgröße 12, Fettschrift • Diagramm mit voreingestellter Schriftart, Diagrammtitel in Schriftgröße 14	• Schriftart Arial, Schriftgröße 11 • Überschriften zentriert, Schriftgröße 14, Fettschrift
Zahlenformate • Währung mit Tausendertrennzeichen, 2 Dezimalstellen • Prozentsätze mit 2 Dezimalstellen • Übrige Zahlen mit Tausendertrennzeichen, ohne Dezimalstellen	

- Alle erstellten Dateien sind in der Fußzeile mit Ihrem Namen und Ihrer fünfstelligen Prüflingsnummer rechtsbündig beziehungsweise im rechten Abschnitt zu versehen.
- Beachten Sie die Rechtschreibung, den Ausdruck und die Zeichensetzung. Formulieren Sie in ganzen Sätzen. Gestalten Sie Ihre Ergebnisse übersichtlich. Wenden Sie die Regeln der DIN 5008:2020 in der Textverarbeitung und Tabellenkalkulation an. Berücksichtigen Sie das Corporate Design (15 Punkte).

Sie benötigen für die gesamte Prüfungssimulation aus dem Ordner Download folgende Dateien:

Ordner	Datei	Arbeitsblatt/Arbeitsblätter
Tabellen	Stammdaten.xlsx	Artikel, Tabelle 7
Vorlagen	Brief.docx	

Ausgangssituation

Sie sind Auszubildende/Auszubildender beziehungsweise Praktikantin/Praktikant während der Ausbildung/Umschulung in unserer Übungsfirma Habermann + Partner KG, Monschauer Straße 36 – 38, 40549 Düsseldorf, Telefon 0211 8560 und zurzeit in der Abteilung Einkauf eingesetzt. Sie selbst sind unter der Durchwahl -17 zu erreichen. Ihre E-Mail-Adresse lautet: vorname.nachname@hapa.de. Sie haben Artvollmacht. Frau Irene Thielmann, Ihre Abteilungsleiterin im Einkauf, bittet Sie, in ihr Büro zu kommen.

Frau Thielmann: „Guten Morgen, ich habe heute einen etwas kniffligen Fall für Sie."

Sie: „Was kann ich für Sie tun?"

Frau Thielmann: „Ich habe heute einen Lieferschein von unserem Lieferanten Holstein AG erhalten. Hier scheint es Unstimmigkeiten mit unserer Bestellung zu geben. Darüber hinaus habe ich soeben eine Nachricht (**Anlage 1**) vom Lager erhalten, dass ein Teil der Ware aus dieser Lieferung beschädigt sei.

Schreiben Sie dem Lieferanten, welche Ungereimtheiten wir zwischen der Bestellung (**Anlage 2**) und der Lieferung (**Anlage 3**) festgestellt haben. Ansprechpartner bei Holstein AG ist Herr Michels (Kurzzeichen mi).

Machen Sie bitte unsere Rechte geltend und verweisen Sie darauf, bis wann diese erfüllt werden sollen. Arbeiten Sie mit der jeweiligen Bestellnummer als Teilbetreff. Berücksichtigen Sie zusätzlich, dass in letzter Zeit die gewohnte Zuverlässigkeit des Lieferanten nachgelassen hat. Weisen Sie auf die ursprünglich gute Geschäftsbeziehung und Ihre Erwartungen für die Zukunft hin.

Darüber hinaus möchte ich, dass Sie dem Brief an den Lieferanten eine Mängelübersicht als Anlage beifügen.

Wenn Sie damit fertig sind, legen Sie mir den Brief und die Mängelübersicht vor. Ich habe anschließend noch eine Aufgabe für Sie."

Sie: „Okay. Ich mache mich sofort an die Arbeit"

Aufgabe 1 a) Mängelübersicht erstellen (16 Punkte)

Öffnen Sie mit Ihrem Textverarbeitungsprogramm ein neues leeres Dokument und speichern Sie dieses unter der Bezeichnung **BM-** und Ihrem Nachnamen (zum Beispiel **BM-Nachname**) ab.

1.1. Richten Sie das Dokument im Querformat DIN A4 mit folgenden Seitenrändern ein: Links: 2,5 cm, Rechts: 2,5 cm, Oben: 3,0 cm und Unten: 5,0 cm.

1.2. Geben Sie in der Fußzeile linksbündig das aktuelle Datum und zentriert die Seitenzahl mit geeigneten Funktionen an.

1.3. Erstellen Sie nach Zeile 3 eine Tabelle mit den folgenden Spaltenüberschriften:
Position, *Bestellnummer*, *Bezeichnung*, *Mangelbeschreibung*.

1.4. Die Spaltenbreiten richten Sie wie folgt ein:
1. Spalte: 2,0 cm
2. Spalte: 3,5 cm
3. Spalte: 6,0 cm
4. Spalte: 10,0 cm

1.5. Die Zeilenhöhe des Tabellenkopfes beträgt genau 1,0 cm. Die Zeilen 2 bis 4 sollen eine Zeilenhöhe von mindestens 1,6 cm bekommen.

1.6. Stellen Sie die Unstimmigkeiten zwischen dem Lieferschein und der Bestellung fest und tragen Sie diese in die Tabelle ein. In der Spalte *Mängelbeschreibung* führen Sie den festgestellten Mangel auf. Berücksichtigen Sie auch hierbei den Warenkontrollschein von Herrn Laub.

1.7. Fügen Sie in Zeile 1 eine aussagefähige Überschrift ein.

1.8. Richten Sie die Tabelle horizontal und vertikal zentriert auf der Seite aus.

1.9. Gestalten Sie die Tabelle nach DIN 5008:2020.

Aufgabe 1 b) Geschäftsbrief erfassen (22 Punkte)

Öffnen Sie mit Ihrem Textverarbeitungsprogramm aus dem Ordner **Download\Vorlagen** die Datei **Brief** und speichern Sie diese unter der Bezeichnung **BB-** und Ihrem Nachnamen (zum Beispiel **BB-Nachname**) ab.

1.1. Schreiben Sie mit dem heutigen Datum aufgrund der Ausgangssituation an die Holstein AG.

1.2. Die tabellarische Mängelübersicht fügen Sie dem Geschäftsbrief als Anlage bei.

Anlage 1: Warenkontrollschein

2 Tower-Gehäuse Sharty, stark beschädigt (Kratzer und Verbeulungen)

heutiges Datum

Heiner Laub

Heiner Laub
Abteilungsleiter Lager

Anlage 2: Auszug Bestellung Habermann + Partner KG

.
.

Wir beziehen uns auf Ihr Angebot Nr. 98/2025 und bestellen:

Pos.	Art.-Nr	Bezeichnung	Menge	Einzelpreis in EUR	Gesamtpreis in EUR
1	G6	Chorry Stream 3.0 Tastatur USB weiß, gelaserte Tasten	200 Stück	3,19	638,00
2	H7	Aptiva Kabellose Maus USB weiß	60 Stück	8,99	539,40
3	R3	Karlsson, 120 GB SSD, 2,5 Zoll, intern	30 Stück	23,80	714,00
4	R8	Sharty, Tower-Gehäuse (schwarz/rot)	10 Stück	29,99	299,90

.
.

Anlage 3: Auszug Lieferschein Holstein AG, Robert-Perthel-Straße 70, 50739 Köln

.
.

Unbedingt angeben	
Kunden-Nr.	**Lieferschein-Nr.**
20104	**15/2025**

Wir lieferten Ihnen heute:

Pos.	Art.-Nr.	Bezeichnung	Menge
1	G6	Chorry Stream 3.0 Tastatur USB weiß, gelaserte Tasten	200 Stück
2	H7	Aptiva Kabellose Maus USB weiß	40 Stück
3	R4	Karlsson, 160 GB SSD, 2,5 Zoll, intern	30 Stück
4	R8	Sharty, Tower-Gehäuse (schwarz/rot)	10 Stück

.
.
.

Anlage 4

ABC-Analyse Warengruppe 300 Hardware

Klasse	Gesamtwert Warengruppe Hardware ab
A	80.000,00 €
B	45.000,00 €
C	alle anderen Artikel

Art.-Nr.	Kurztext	Bezugspreis I	Jahresbestellmengen	Gesamtwarenwert	in % vom Gesamtwarenwert	in % der Jahresbestellmengen	ABC-Analyse
30020000							
30020001							
30020002							
30030000							
30030001							
30040000							
30010001							
30030002							
30010000							
Gesamt							

Klasse	Summen in % vom Gesamtwarenwert	Anzahl Artikel
A		
B		
C		
Gesamt		

Anlage 5 (Muster)

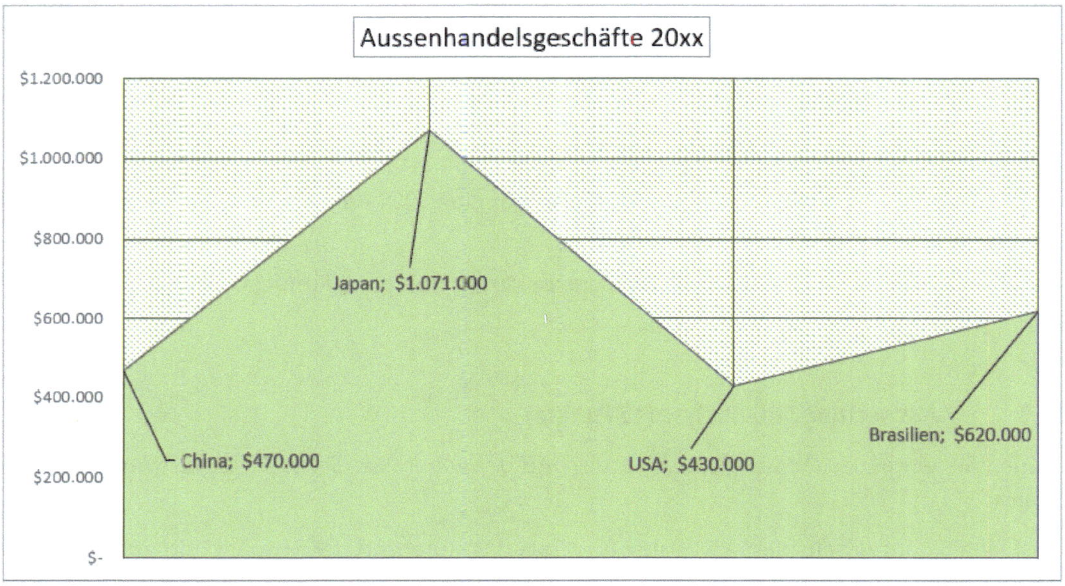

Ausgangssituation 2

Sie:	„Hallo Frau Thielmann, ich habe den ersten Auftrag erledigt. Sie hatten aber noch eine zweite Sache für mich?"
Frau Thielmann:	„Ja, ich möchte, dass Sie eine ABC-Analyse zur Warengruppe Hardware durchführen. Ich bin der Meinung, dass wir im letzten Jahr vor allem bei Monitoren und Laserdruckern einen recht hohen Gesamtwarenwert bei den Bestellungen hatten. Vielleicht können Sie mir dies auch in Form eines Diagramms präsentieren. Ein Muster, wie ich mir dies vorstelle, habe ich Ihnen dazugelegt (**Anlage 5 Muster**)."

Aufgabe 2 ABC-Analyse erstellen (32 Punkte)

Öffnen Sie mit Ihrem Tabellenkalkulationsprogramm aus dem Ordner **Download\Tabellen** die Datei **Stammdaten** und speichern Sie diese unter der Bezeichnung **BA-** und Ihrem Nachnamen (zum Beispiel **BA-Nachname**) ab.

2.1. Bearbeiten Sie in Ihrer Datei das Arbeitsblatt **Tabelle7** und geben Sie dem Arbeitsblatt den Namen **Analyse Warengruppe 300.**

2.2. Vervollständigen Sie das Arbeitsblatt **Analyse Warengruppe 300** gemäß **Anlage 4**.

2.3. Übernehmen Sie in den Spalten C, D und E zu den aufgeführten Artikelnummern mit geeigneten Formeln beziehungsweise Funktionen aus dem Arbeitsblatt **Artikel** *Kurztext*, *Bezugspreis I* sowie die Jahresbestellmengen.

2.4. Errechnen Sie in Spalte F mit einer geeigneten Formel beziehungsweise Funktion den Gesamtwarenwert zu den Artikeln.

2.5. In Zeile 17 berechnen Sie mit geeigneten Formeln beziehungsweise Funktionen die Summe der Jahresbestellmengen und die Summe der Gesamtwarenwerte.

2.6. Berechnen Sie mit einer geeigneten Formel oder Funktion für jeden Artikel der Warengruppe 300 Hardware die Prozentanteile vom Gesamtwarenwert.

2.7. Berechnen Sie mit einer geeigneten Formel oder Funktion für jeden Artikel der Warengruppe 300 die Prozentanteile der Jahresbestellmengen.

2.8. Führen Sie in Spalte I anhand der Hilfstabelle die ABC-Analyse durch. In den Zellen muss in Abhängigkeit zur Hilfstabelle der Buchstabe A, B oder C stehen.

2.9. Vervollständigen Sie abschließend die Tabelle in B21 bis D24 mit Hilfe von geeigneten Formeln beziehungsweise Funktionen.

2.10. Sortieren Sie die Tabelle aufsteigend nach den Inhalten A, B und C.

2.11. Richten Sie das Arbeitsblatt so ein, dass dieses auf einer DIN A4-Seite im Querformat horizontal und vertikal zentriert ausgedruckt werden kann.

2.12. Drucken Sie das Arbeitsblatt **Analyse Warengruppe 300** mit und ohne Formelansicht aus.

Aufgabe 3 Auswertung ABC-Analyse (15 Punkte)

3.1. Fügen Sie ein neues leeres Arbeitsblatt ein und benennen Sie dieses Arbeitsblatt mit **ABC-Analyse Diagramm**.

3.2. Erstellen Sie im Arbeitsblatt **ABC-Analyse Diagramm** das, aufgrund der Ausgangssituation 2 gewünschte Diagramm.

3.3. Geben Sie der Geschäftsgrafik eine aussagefähige Überschrift.

3.4. Fügen Sie unterhalb des Diagramms ein Textfeld ein und nehmen Sie Stellung zur Behauptung von Frau Thielmann.

3.5. Drucken Sie das Diagramm im Querformat aus.

Notizen

Prüfung C Ganzheitlicher Arbeitsauftrag mit 3 Aufgaben und Anlage

Bearbeitungszeit 120 Minuten (maximale Punktzahl 100)

Wichtige Hinweise, bevor Sie mit der Prüfung beginnen:

1. Bevor Sie mit der Bearbeitung beginnen, lesen Sie den Text der Aufgaben vollständig durch. Denken Sie daran: ein Textmarker ist erlaubt.
2. Sichern Sie Ihre Dateien eigenständig in gewissen Zeitabständen.
3. Sofern Sie Texte, Tabellen und Grafiken in Ihrem Textverarbeitungsprogramm bearbeiten, wenden Sie die Regeln der DIN 5008:2020 an.
4. Wenn Sie Aufgaben mit dem Tabellenkalkulationsprogramm bearbeiten, achten Sie auf die Aufgabenstellung beziehungsweise auf vorgegebene Muster.
5. Soweit möglich, arbeiten Sie innerhalb des Tabellenkalkulationsprogramms mit Zellbezügen und kopierbaren Formeln beziehungsweise Funktionen.
6. Formulieren Sie in ganzen Sätzen und achten Sie auf Rechtschreibung, Ausdruck und Zeichensetzung.
7. Sie müssen sicherstellen, dass auf jeder auszudruckenden Seite Ihr Name und Ihre Prüflingsnummer aufgeführt sind. Damit Ihnen die Ausdrucke eindeutig zugeordnet werden können, unterschreiben Sie jede Seite. Die Unterschrift dient ebenfalls als Beweis, dass Sie am Prüfungstag eigenhändig ohne Hilfe ausgedruckt haben.
8. Ihre Ergebnisse sind **nach Abschluss** der Prüfungszeit von 120 Minuten nach Anweisung der aufsichtsführenden Person zu drucken. Das Drucken gehört also nicht zur reinen Prüfungszeit.
9. Wird der Ausdruck einer Formelansicht verlangt, erstellen Sie diese, indem Sie das Arbeitsblatt kopieren und in der Kopie die Formeln anzeigen. Drucken Sie die Formelansicht mit Zeilen- und Spaltenüberschriften auf möglichst einer Seite aus. Sollte dies nicht möglich sein, setzen Sie sinnvolle Seitenumbrüche.
10. Geben Sie zum Schluss den Aufgabenbogen mit den Ausdrucken ab.

Corporate-Design-Anweisungen, die Sie zur Prüfung beachten müssen:

Tabellenkalkulation	Textverarbeitung
• Schriftart Arial, Schriftgröße 10 • Überschriften zentriert, Schriftgröße 12, kursiv und Fettschrift • Diagramm mit Schriftart Arial, Schriftgröße 10, Diagrammtitel in Schriftgröße 14	• Schriftart Arial, Schriftgröße 11 • Überschriften: Schriftgröße 12, Fettschrift
Zahlenformate • Währung mit Tausendertrennzeichen, zwei Dezimalstellen • Prozentsätze mit zwei Dezimalstellen • Übrige Zahlen mit Tausendertrennzeichen, ohne Dezimalstellen	

- Alle erstellten Dateien sind in der Fußzeile mit Ihrem Namen und Ihrer fünfstelligen Prüflingsnummer rechtsbündig beziehungsweise im rechten Abschnitt zu versehen.
- Beachten Sie die Rechtschreibung, den Ausdruck und die Zeichensetzung. Formulieren Sie in ganzen Sätzen. Gestalten Sie Ihre Ergebnisse übersichtlich. Wenden Sie die Regeln der DIN 5008:2020 in der Textverarbeitung und Tabellenkalkulation an. Berücksichtigen Sie das Corporate Design (15 Punkte).

Ausgangssituation

Sie sind Auszubildende/Auszubildender bzw. Praktikantin/Praktikant während der Ausbildung/Umschulung in unserer Übungsfirma Habermann + Partner KG, Monschauer Straße 36 – 38, 40549 Düsseldorf, Telefon 0211 8560 und zurzeit in der Abteilung Verkauf eingesetzt. Sie selbst sind unter der Durchwahl -28 zu erreichen. Ihre E-Mail-Adresse lautet: vorname.nachname@hapa.de. Sie haben Artvollmacht.

Herr Peter Tünsch, Ihr Abteilungsleiter im Verkauf, möchte, dass Sie einige dringende Aufgaben erledigen:

Herr Tünsch: „Guten Morgen. Ich habe eine E-Mail (**Anlage 1**) von Frau Lydia Schenk erhalten. Frau Schenk ist seit vielen Jahren eine unserer besten Verkäufer und ist zusammen mit Herrn Pietro Jóse für den Verkauf unserer Artikel in der südlichen Region zuständig. Ich habe ihr bereits geantwortet, dass wir uns darum kümmern werden."

Anlage 1

Von:	lydia.schenk@hapa.de
An:	peter.tuensch@hapa.de
Cc:	pietro.jose@hapa.de
Bcc:	
Betreff:	Schulung Verkäufer und Leistungsprämienzahlungen
Anhang:	

Sehr geehrter Herr Tünsch,

ich habe in unserem letzten Meeting die Verkäuferkollegen darauf hingewiesen, dass Herr Jóse und ich weit mehr als 50 % aller Umsätze im Jahr 2025 erzielt haben.

Wieso nur wir in unserer Region solch einen Umsatz erzielt haben, ist mir ein Rätsel. Vielleicht wäre es ratsam, wenn meine Verkäuferkollegen an einer Verkaufsschulung, die Herr Jóse und ich durchführen würden, teilnehmen, damit die Umsatzzahlen in den anderen Regionen steigen.

Wir werden diese Weiterbildung für die Kollegen – gegen eine Bonuszahlung – gerne übernehmen. Schauen Sie sich einmal die Umsatzsteigerung beim Kunden Bogert Farbe an. Dieser hat sich zum Vergleich zum Jahr 2024 fast verdoppelt.

Außerdem schlage ich vor, dass wir ein Prämiensystem einführen. Ab einem Jahresumsatz pro Kunde von 30.000 €: 500 € Prämie, ab 50.000 €: 1.000 € Prämie und ab 100.000 €: 1.500 € Prämie. Was halten Sie von meinen Vorschlägen?

Ich freue mich auf Ihre Antwort.

Mit freundlichen Grüßen

Habermann + Partner KG

Lydia Schenk

Telefon: 0211 8560
E-Mail: lydia.schenk@hapa.de

Anschrift / Sitz: Monschauer Straße 36 – 38, 40549 Düsseldorf
Handelsregister HRA 2560 / Amtsgericht Düsseldorf

Herr Tünsch:	„Bitte kümmern Sie sich um den Sachverhalt. Die aktuellen Umsatzzahlen sowie die Vorjahreswerte und wie ich mir die Auswertung vorstelle, können Sie den Anlagen 2 und 4 entnehmen. Je nachdem wie die Auswertung ausfällt möchte ich, dass Sie einen Brief an die Verkaufskollegen erstellen".
Sie:	„Wird sofort erledigt Herr Tünsch."

Sie benötigen für die gesamte Prüfungssimulation aus dem Ordner Download folgende Dateien:

Ordner	Datei	Arbeitsblatt/Arbeitsblätter
Tabellen	Verkauf.xlsx	V_Stamm, V_Umsatz, V_Umsatz_Jahr, Tabelle12
Vorlagen	Brief.docx	

Anlage 2: Arbeitsblatt V_Umsatz_Jahr

	A	B	C	D	E
1					
2					
3	Kunden-Nr.	Kunde	Region	2023	2024
4	20015			65270	53125
5	38000			1538	2360
6	20006			20900	29850
7	45000			900	1250
8	40002			5890	7860
9	10005			4250	5160
10	10900			9490	15850
11	10100			5852	5480
12	30250			36500	45850
13	32000			3850	5685
14	10001			3330	4201
15	20900			69250	67520
16	40350			1522	1513
17	20500			75620	75020
18	30008			21050	18700
19	31000			10200	18520
20	40902			19680	19652
21	10500			14500	17582
22	10000			831	854
23	11000			9710	5620
24	41520			1983	1016
25	20002			65205	90520
26	10002			1837	1868
27	30800			15850	13568
28	40006			33660	42052
29	40005			20250	23652
30					
31					

	G	H	I	J	K
3	Region		Umsatz je Region 2025	in %	
4	West				
5	Nord				
6	Ost				
7	Süd				

Anlage 3: Arbeitsblatt Tabelle 12

	A	B	C	D
1				
2				
3	Kunden-Nr.	Kunde	2024	2025
4	20002			
5	20006			
6	20015			
7	20500			
8	20900			
9				
10				

Anlage 4: Muster

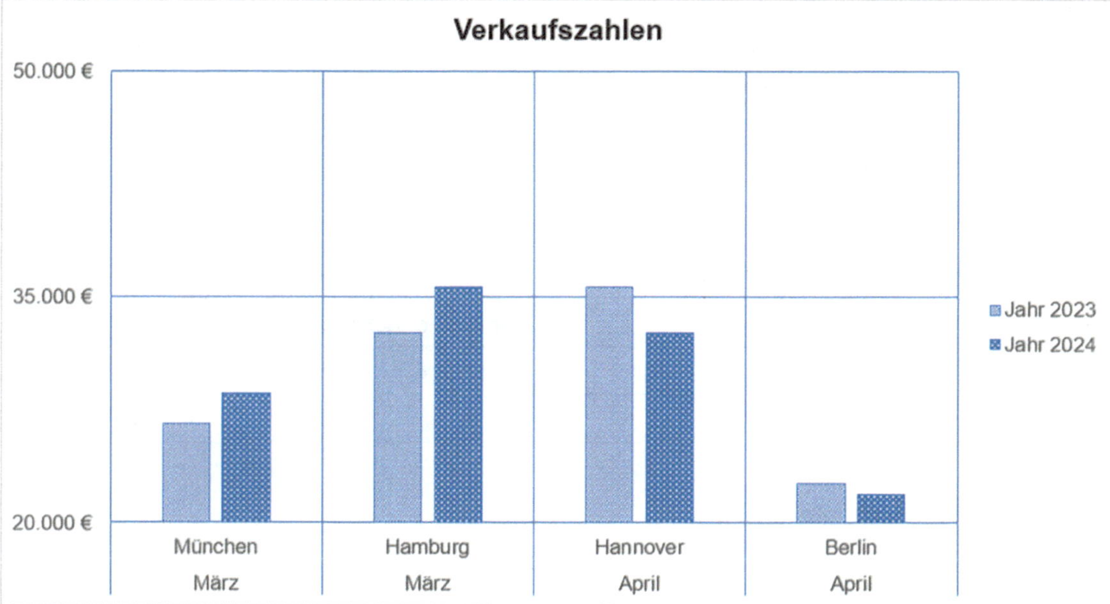

Aufgabe 1 Auswertung 1 erstellen (32 Punkte)

Öffnen Sie mit Ihrem Tabellenkalkulationsprogramm aus dem Ordner **Download\Tabellen** die Datei **Verkauf.xlsx** und speichern Sie diese unter der Bezeichnung **CA-** und Ihrem Nachnamen (zum Beispiel **CA-Nachname**) ab.

1.1. Bearbeiten Sie in Ihrer Datei zunächst das Arbeitsblatt **V_Umsatz_Jahr** und benennen Sie es in **Auswertung 1** um.

1.2. Vervollständigen Sie das Arbeitsblatt **Auswertung 1** gemäß **Anlage 2**.

1.3. Übernehmen Sie in den Spalten B und C zu den aufgeführten Kundennummern mit geeigneten Formeln beziehungsweise Funktionen Kundenname und Region aus dem Arbeitsblatt **V_Umsatz**.

1.4. Wechseln Sie in das Arbeitsblatt **V_Umsatz** und berechnen Sie in Spalte P den Gesamtumsatz für das Jahr 2025 und geben Sie eine passende Spaltenbeschriftung ein.

1.5. Wechseln Sie anschließend in das Arbeitsblatt **Auswertung 1** und fügen Sie rechts von Spalte E eine zusätzliche Spalte ein. Die neue Spalte erhält dasselbe Format wie die Spalte E.

1.6. Übernehmen Sie in dieser Spalte mit einer geeigneten Funktion oder Formel den Gesamtjahresumsatz 2025 aus dem Arbeitsblatt **V_Umsatz**. Geben Sie der Spalte eine passende Spaltenbeschriftung.

1.7. Geben Sie der Tabelle in Zeile 1 über die Spalten A bis F eine passende Überschrift.

1.8. Ermitteln Sie in Spalte I mit einer geeigneten Formel beziehungsweise Funktion die Anzahl der Kunden pro Region. Geben Sie der Spalte eine entsprechende Überschrift.

1.9. Errechnen Sie in Spalte J über eine geeignete Formel beziehungsweise Funktion die Umsatzsummen pro Region.

1.10. Berechnen Sie in Spalte K zu jeder Region die Prozentanteile vom Gesamtumsatz.

1.11. Ermitteln Sie in Spalte L die Rangfolge (Höchster Umsatz = 1, zweithöchster Umsatz = 2, und so weiter ...) und geben Sie der Spalte eine passende Überschrift.

1.12. Richten Sie das Arbeitsblatt **Auswertung 1** so ein, dass es im Querformat (DIN A4) auf einer einzigen Seite gedruckt werden kann. Drucken Sie das Arbeitsblatt **Auswertung 1** mit und ohne Formelansicht aus.

Aufgabe 2 Auswertung 2 und Diagramm erfassen (34 Punkte)

2.1. Wechseln Sie in das Arbeitsblatt **Tabelle12** und benennen Sie dieses in **Auswertung 2** um.

2.2. Vervollständigen Sie das Arbeitsblatt **Auswertung 2** gemäß **Anlage 3**.

2.3. Übernehmen Sie in den Spalten B bis D mit geeigneten Formeln und Funktionen den jeweiligen Kunden sowie die Umsatzzahlen 2024 und 2025.

2.4. In Spalte E ermitteln Sie über eine geeignete Formel beziehungsweise Funktion, ob eine Umsatzsteigerung oder eine Umsatzsenkung vorliegt oder ob der Umsatz 2025 im Vergleich zu 2024 gleich geblieben ist. Bei einer Umsatzsteigerung soll der Text *„Steigerung"*, bei einem Umsatzrückgang *„Rückgang"* angezeigt werden und bei gleichem Umsatz soll die Zelle leer bleiben. Geben Sie der Spalte eine passende Überschrift.

2.5. In der Spalte F errechnen Sie die prozentuale Veränderung gegenüber dem Jahr 2024. Geben Sie der Spalte die Überschrift *Veränderung zu 2024 in %*.

2.6. Erstellen Sie in den Zellen I4 bis J8 die nachfolgend aufgeführte Hilfstabelle.

Umsatz 2025	Prämie
0,00 €	0,00 €
30.000,00 €	500,00 €
50.000,00 €	1.000,00 €
80.000,00 €	1.500,00 €

2.7. In Spalte G errechnen Sie über eine geeignete Formel oder Funktion und mittels der Hilfstabelle, welche Prämien bezüglich der Umsätze in 2025 ausbezahlt werden müssten, wenn sich Firma Habermann + Partner KG dazu entschließt, dem Prämienzahlvorschlag von Frau Schenk zuzustimmen.

2.8. Verbinden Sie die Zellen A1 bis G1 und schreiben Sie in die Zelle eine passende Überschrift. Die Zellen E3:G8 erhalten dasselbe Format wie die übrige Tabelle.

2.9. Fügen Sie unterhalb der Tabelle ein Säulendiagramm ein, welches die Umsatzzahlen der Kunden 2024 mit 2025 vergleicht. Gestalten Sie das Diagramm gemäß **Anlage 4 (Muster)**.

2.10. Geben Sie dem Diagramm einen aussagefähigen Diagrammtitel.

2.11. Fügen Sie unterhalb des Diagramms ein Textfeld ein und nehmen Sie hier Stellung zur Behauptung von Frau Schenk.

2.12. Richten Sie das Arbeitsblatt so ein, dass dieses im Querformat auf einer einzigen Seite (DIN A4) ausgedruckt werden kann.

2.13. Drucken Sie das Arbeitsblatt **Auswertung 2** mit und ohne Formelansicht aus.

Notizen

Aufgabe 3 Serienbrief erstellen (19 Punkte)

Ausgangssituation 2

Herr Tünsch: „Vielen Dank für die Aufbereitung der Daten. Ich habe soeben mit der Geschäftsleitung gesprochen. Sie finden den Vorschlag von Frau Schenk sehr gut und möchten die Schulung und auch das Bonussystem, allerdings in einer etwas abgeänderten Form, akzeptieren.

Ab einem Jahresumsatz pro Kunde von 40.000 EUR: 500 EUR Prämie, ab 80.000 EUR und mehr: 1.000 EUR Prämie.

Informieren Sie die Verkäuferkollegen über das Schulungsangebot sowie über das Prämiensystem."

Öffnen Sie mit Ihrem Tabellenkalkulationsprogramm aus dem Ordner **Download\Tabellen** die Datei **Verkauf.xlsx** und speichern Sie diese unter der Bezeichnung **CD-** und Ihrem Nachnamen (z. B. **CD-Nachname**) ab.

3.1. Wechseln Sie in das Arbeitsblatt **V_Stamm**. Sortieren Sie die Liste nach dem Datum erster Auftrag aufsteigend.

3.2. Löschen Sie die Datensätze Jóse und Schenk.

3.3. Öffnen Sie mit Ihrem Textverarbeitungsprogramm aus dem Ordner **Download\Vorlagen** die Datei **Brief.docx** und speichern Sie diese unter der Bezeichnung **CS-** und Ihrem Nachnamen (zum Beispiel **CS-Nachname**) ab.

3.4. Verbinden Sie das Serienbrief-Hauptdokument mit der Datenquelle **CD-Nachname**.

3.5. Für alle Informationen aus der Datenquelle verwenden Sie an geeigneter Stelle Seriendruck- und Bedingungsfelder.

3.6. Schreiben Sie mit dem heutigen Datum aufgrund der Ausgangssituationen an die Verkäuferkollegen.

3.7. Formatieren Sie den Betreff nach DIN 5008:2020.

3.8. Drucken Sie nacheinander aus:

- die Datenquelle auf einer Seite DIN A4 im Querformat,
- den Serienbrief mit dem 1. und 4. Datensatz,
- das Hauptdokument mit den Feldfunktionen.

Notizen

Prüfung D Ganzheitlicher Arbeitsauftrag mit 4 Aufgaben und Anlage

Bearbeitungszeit 120 Minuten (maximale Punktzahl 100)

Wichtige Hinweise, bevor Sie mit der Prüfung beginnen:

1. Bevor Sie mit der Bearbeitung beginnen, lesen Sie den Text der Aufgaben vollständig durch. Denken Sie daran: ein Textmarker ist erlaubt.
2. Sichern Sie Ihre Dateien eigenständig in gewissen Zeitabständen.
3. Sofern Sie Texte, Tabellen und Grafiken in Ihrem Textverarbeitungsprogramm bearbeiten, wenden Sie die Regeln der DIN 5008:2020 an.
4. Wenn Sie Aufgaben mit dem Tabellenkalkulationsprogramm bearbeiten, achten Sie auf die Aufgabenstellung beziehungsweise auf vorgegebene Muster.
5. Soweit möglich, arbeiten Sie innerhalb des Tabellenkalkulationsprogramms mit Zellbezügen und kopierbaren Formeln beziehungsweise Funktionen.
6. Formulieren Sie in ganzen Sätzen und achten Sie auf Rechtschreibung, Ausdruck und Zeichensetzung.
7. Sie müssen sicherstellen, dass auf jeder auszudruckenden Seite Ihr Name und Ihre Prüflingsnummer aufgeführt sind. Damit Ihnen die Ausdrucke eindeutig zugeordnet werden können, unterschreiben Sie jede Seite. Die Unterschrift dient ebenfalls als Beweis, dass Sie am Prüfungstag eigenhändig ohne Hilfe ausgedruckt haben.
8. Ihre Ergebnisse sind **nach Abschluss** der Prüfungszeit von 120 Minuten nach Anweisung der aufsichtsführenden Person zu drucken. Das Drucken gehört also nicht zur reinen Prüfungszeit.
9. Wird der Ausdruck einer Formelansicht verlangt, erstellen Sie diese, indem Sie das Arbeitsblatt kopieren und in der Kopie die Formeln anzeigen. Drucken Sie die Formelansicht mit Zeilen- und Spaltenüberschriften auf möglichst einer Seite aus. Sollte dies nicht möglich sein, setzen Sie sinnvolle Seitenumbrüche.
10. Geben Sie zum Schluss den Aufgabenbogen mit den Ausdrucken ab.

Corporate-Design-Anweisungen, die Sie zur Prüfung beachten müssen:

Tabellenkalkulation	Textverarbeitung
• Schriftart Arial, Schriftgröße 10 • Überschriften zentriert, Schriftgröße 12, Fettschrift • Diagramm mit Schriftart Arial, Schriftgröße 10, Diagrammtitel in Schriftgröße 12, Fettschrift	• Schriftart Arial, Schriftgröße 11 • Überschriften zentriert, Schriftgröße 14, Fettschrift
Zahlenformate • Währung mit Tausendertrennzeichen, 2 Dezimalstellen • Prozentsätze mit 2 Dezimalstellen • Übrige Zahlen mit Tausendertrennzeichen, ohne Dezimalstellen	

- Alle erstellten Dateien sind in der Fußzeile mit Ihrem Namen und Ihrer fünfstelligen Prüflingsnummer rechtsbündig beziehungsweise im rechten Abschnitt zu versehen.
- Beachten Sie die Rechtschreibung, den Ausdruck und die Zeichensetzung. Formulieren Sie in ganzen Sätzen. Gestalten Sie Ihre Ergebnisse übersichtlich. Wenden Sie die Regeln der DIN 5008:2020 in der Textverarbeitung und Tabellenkalkulation an. Berücksichtigen Sie das Corporate Design. (15 Punkte).

Ausgangssituation 1

Sie sind Auszubildende/Auszubildender beziehungsweise Praktikantin/Praktikant während der Umschulung in unserer Übungsfirma Habermann + Partner KG, Monschauer Straße 36 – 38, 40549 Düsseldorf, Telefon 0211 8560 und zurzeit in der Abteilung Personal eingesetzt. Sie selbst sind unter der Durchwahl -47 zu erreichen. Ihre E-Mail-Adresse lautet: vorname.nachname@hapa.de. Sie haben Artvollmacht. Abteilungsleiter ist Herr Wolfgang Weyer. Herr Weyer ruft Sie an und bittet Sie, in sein Büro zu kommen.

Sie: „Guten Morgen Herr Weyer. Sie hatten angerufen, was kann ich für Sie tun?"

Herr Weyer: „Ich habe heute Morgen einen Anruf von Frau Habermann erhalten. Sie berichtete mir, dass der Krankenstand in der Abteilung Verwaltung zurzeit sehr hoch sei. Ein Arzt, der einige unserer Kolleginnen und Kollegen behandelt, sagte ihr, dass der Krankenstand zum Teil auf Arbeitsplatzbedingungen zurückzuführen ist.

Ich möchte, dass Sie die Mitarbeiter und Mitarbeiterinnen der Abteilung Verwaltung über eine interne Mitteilung anschreiben und ein Formular (siehe **Anlage 1**) zu den Arbeitsplatzbedingungen entwerfen, dass die Kolleginnen und Kollegen anonym ausfüllen sollen, um der Ursache auf den Grund zu gehen.

Sobald Sie die Ergebnisse zurückerhalten haben, erstellen Sie mir bitte eine Auswertung dazu, die ich dann im Anschluss Frau Habermann präsentieren kann. Ein Muster, wie die Diagramme aussehen sollen, lege ich Ihnen ebenfalls bei (siehe **Muster 1** und **Muster 2**)."

Sie: „Wird sofort erledigt."

Sie benötigen für die gesamte Prüfungssimulation aus dem Ordner Download folgende Dateien:

Ordner	Datei	Arbeitsblatt/Arbeitsblätter
Tabellen	Bildschirmarbeitsplatz.xlsx	Tabelle 4, Augenbrennen, Kopfschmerzen, Verspannungen, Handgelenkschmerzen, Rückenschmerzen, Lichtverhältnisse, Raumklima
Vorlagen	E-Mail-Vorlage.docx	
Grafiken	Monitor.jpg	

Notizen

Anlage 1 Fragebogen

Befragung Arbeitsplatzbedingungen

Sehr geehrte Kolleginnen und Kollegen,

vielen Dank, dass Sie sich die Zeit nehmen, diesen Befragungsbogen zu den Arbeitsplatzbedingungen auszufüllen. Die Befragung ist anonym! Die Ergebnisse hierzu werden absolut vertraulich behandelt.

Frage 1) Haben Sie das Gefühl, dass Ihnen bei der Bildschirmarbeit nach kurzer Zeit die Augen brennen oder Sie Kopfschmerzen bekommen?

Augenschmerzen	Ja	Nein
Kopfschmerzen	Ja	Nein

Frage 2) Haben Sie am Arbeitsplatz häufig mit Verspannungen der Nackenmuskulatur oder mit Schmerzen im Handgelenk zu tun?

Verspannungen	Ja	Nein
Handgelenkschmerzen	Ja	Nein

Frage 3) Schmerzt Ihr Rücken, wenn Sie längere Zeit am Arbeitsplatz arbeiten?

Rückenschmerzen	Ja	Nein

Frage 4) Was können wir Ihrer Meinung nach tun, um die Arbeitsplatzbedingungen für Sie angenehmer zu gestalten?

Klicken oder tippen Sie hier, um Text einzugeben.

Frage 5) Wie **empfinden** Sie die Lichtverhältnisse und das Raumklima an Ihrem Arbeitsplatz?

Lichtverhältnisse:

sehr gut	gut	mittelmäßig	schlecht

Raumklima:

sehr gut	gut	mittelmäßig	schlecht

21.07.2025 1 Ihr Name, xxxxx

Muster 1

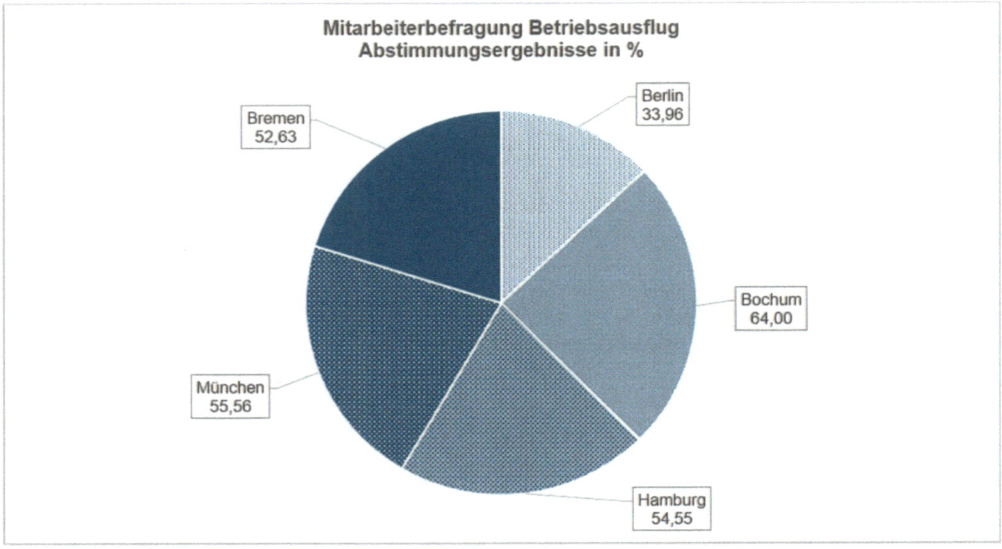

Muster 2

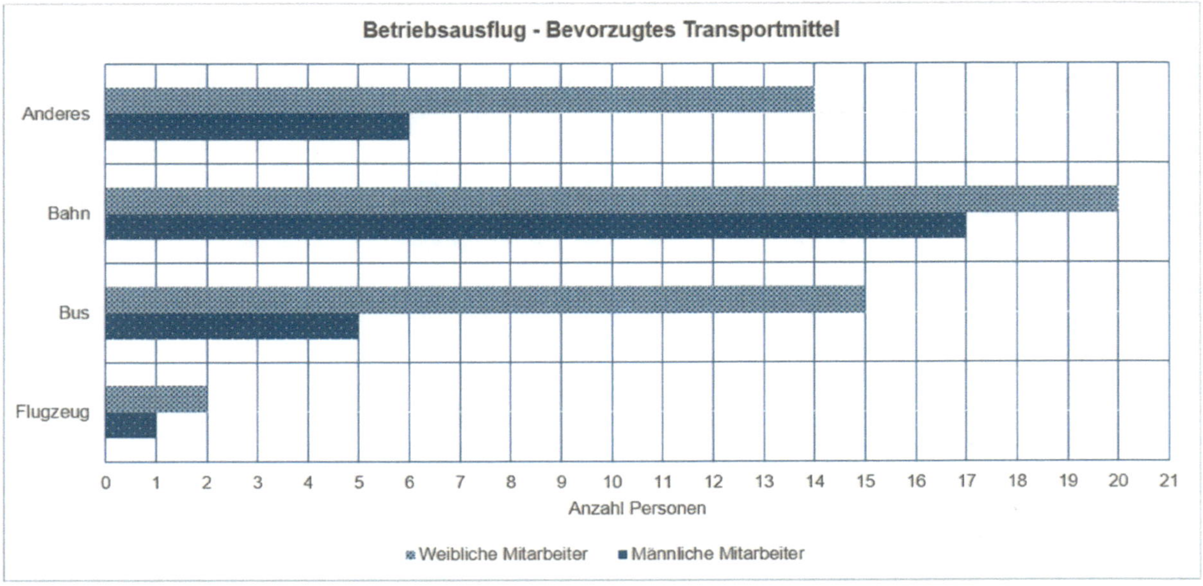

Notizen

Aufgabe 1 Befragungsformular erstellen (18 Punkte)

Öffnen Sie mit Ihrem Textverarbeitungsprogramm ein neues leeres Dokument und speichern dieses unter der Bezeichnung **DB-** und Ihrem Nachnamen (zum Beispiel **DB-Nachname**) ab.

1.1. Richten Sie das Dokument im Hochformat DIN A4 mit folgenden Seitenrändern ein: Links: 2,5 cm, Rechts: 2,5 cm, Oben: 3,0 cm und Unten: 3,0 cm.

1.2. Geben Sie in der Fußzeile linksbündig das aktuelle Datum und zentriert die Seitenzahl mit geeigneten Funktionen an.

1.3. Gestalten Sie anschließend den Fragebogen wie unter **Anlage 1** zuvor abgebildet.

1.4. Alle Fragen (Frage 1 bis 5) erhalten einen hängenden Einzug um 2,0 cm.

1.5. Für die Antwortvorgaben der Fragen 1 bis 3 erzeugen Sie durch Tabstopps eine sinnvolle Aufteilung.

1.6. Für Frage 5 erzeugen Sie durch Tabstopps ebenfalls eine sinnvolle Aufteilung.

1.7. Fügen Sie sinnvoll an den erforderlichen Stellen bei den Fragen 1 bis 3 und Frage 5 passende Steuerelemente ein.

1.8. Bei Frage 4 fügen Sie für die Beantwortung eine einspaltige Tabelle mit einer Zeile sowie ein geeignetes Steuerelement für die Texteingabe ein. Es gelten die folgenden Einstellungen:
Zeilenhöhe: genau 4,5 cm
Spaltenbreite: optisch bis zum rechten Rand
Die Tabelle wird ebenfalls vom linken Seitenrand um 2,0 cm eingerückt.

1.9. Fügen Sie aus dem, Ihnen zur Verfügung gestellten, Ordner **Download\Grafiken** die Datei **Monitor.jpg** als Wasserzeichen (Kontrollkästchen auswaschen aktivieren) ein.

1.10. Drucken Sie den Fragebogen aus.

Aufgabe 2 Interne Mitteilung erfassen (14 Punkte)

Öffnen Sie mit Ihrem Textverarbeitungsprogramm ein neues leeres Dokument und speichern dieses unter der Bezeichnung **DI-** und Ihrem Nachnamen (zum Beispiel **DI-Nachname**) ab.

2.1. Schreiben Sie eine interne Mitteilung an alle Mitarbeiter:innen der Abteilung Verwaltung. Die Mitteilung darf insgesamt höchstens eine DIN A4-Seite umfassen und soll in ganzen Sätzen und mit eigenen Worten, nicht stichwortartig, formuliert werden. Achten Sie hierbei auf eine übersichtliche Darstellung und eine gute Ausdrucksweise.

2.2. Die interne Mitteilung ist mit dem aktuellen Datum zu erstellen. Herr Weyer gibt Ihnen folgende weitere Informationen, die in der Mitteilung vorhanden sein sollen:

- 5. interne Mitteilung des Jahres,
- Verweis auf das beigefügte Befragungsformular,
- Begründung der Notwendigkeit für diese interne Mitteilung,
- schnellstmöglich ausfüllen,
- bei Rückfragen an Herrn Weyer wenden.

2.3. Drucken Sie die interne Mitteilung aus.

Aufgabe 3 Befragungsformular auswerten (38 Punkte)

Öffnen Sie aus dem Ordner **Download\Tabellen** die Datei **Bildschirmarbeitsplatz.xlsx** und speichern Sie diese unter der Bezeichnung **DA-** und Ihrem Nachnamen (zum Beispiel **DA-Nachname**) ab.

3.1. Bearbeiten Sie in Ihrer Datei das Arbeitsblatt **Tabelle4** und geben Sie dem Arbeitsblatt den Namen **Auswertung und Statistik**.

3.2. Erstellen und formatieren Sie positionsgenau im Arbeitsblatt **Auswertung und Statistik** die nachfolgend aufgeführten Tabellen.

	A	B	C	D	E	F	G	H	I	J
1										
2		**Beschwerden**	**Ja**	**Nein**						
3		Augenbrennen								
4		Kopfschmerzen								
5		Verspannungen								
6		Handgelenkschmerzen								
7		Rückenschmerzen								
8										
9										
10			**Sehr gut**	**Gut**	**Mittelmäßig**	**Schlecht**				
11		Lichtverhältnisse								
12		Raumklima								
13										
14										

3.3. Fügen Sie oberhalb von Zeile 1 eine neue Zeile ein.

3.4. Verbinden und zentrieren Sie die Zellen B1 bis F1 und geben Sie eine aussagefähige Überschrift ein. Zeilenhöhe der 1. Zeile 30,00. Formatieren Sie die Zelle B1 mit einer einfachen Rahmenlinie unten.

3.5. Errechnen Sie über geeignete Formeln oder Funktionen in den Zellen C4 bis D8 die Ergebnisse zu den Befragungen der Mitarbeiter:innen aus den jeweiligen Arbeitsblättern.

3.6. Ermitteln Sie in Spalte E über geeignete Formeln beziehungsweise Funktionen die Rangfolge der Beschwerden (Höchster Wert Rang 1, zweithöchster Rang 2 und so weiter) und geben Sie eine passende Überschrift ein.

3.7. Berechnen Sie in Spalte F über geeignete Formeln beziehungsweise Funktionen jeweils den prozentualen Anteil der Beschwerden (zum Beispiel Augenbrennen) der Befragten, die mit *Ja* geantwortet haben, gegenüber den *Nein*-Antworten. Geben Sie eine passende Überschrift ein. Bei einem prozentualen Wert mehr als 50,00 soll mittels einer geeigneten Formatierungsfunktion der Zellinhalt rot formatiert werden.

3.8. Berechnen Sie über geeignete Formeln oder Funktionen in den Zellen C12 bis F13 die Ergebnisse zu den Befragungen der Mitarbeiter:innen aus den Arbeitsblättern **Lichtverhältnisse** und **Raumklima**.

3.9. Errechnen Sie daneben in Spalte G über geeignete Formeln oder Funktionen den prozentualen Anteil der Bewertung *mittelmäßig* von allen Befragten. Geben Sie dieser Spalte eine passende Überschrift.

3.10. Errechnen Sie in Spalte H über geeignete Formeln beziehungsweise Funktionen den prozentualen Anteil der Bewertung *schlecht* von allen Befragten. Geben Sie dieser Spalte eine passende Überschrift.

3.11. Bei einem Prozentanteil über 35,00 in den Zellen G12 bis H13 sollen die Zellen mittels einer geeigneten Formatierungsfunktion eine rote Hintergrundfarbe erhalten.

3.12. Erstellen Sie aus den beiden Tabellen zwei Diagramme, entsprechend Muster A und Muster B, und positionieren Sie diese nebeneinander und unterhalb der Tabellen. Geben Sie den Diagrammen jeweils einen passenden Diagrammtitel.

3.13. Richten Sie eine Fußzeile ein. Im linken Abschnitt soll das aktuelle Datum und im mittleren Abschnitt der Blattname angezeigt werden.

3.14. Richten Sie das Arbeitsblatt so ein, dass dieses auf einer DIN A4-Seite im Querformat auf einer Seite ausgedruckt werden kann.

3.15. Drucken Sie das Arbeitsblatt **Auswertung und Statistik** mit und ohne Formelansicht aus.

Aufgabe 4 E-Mail erfassen (15 Punkte)

Öffnen Sie aus dem Ordner **Download\Vorlagen** die Datei **E-Mail-Vorlage** und speichern Sie diese unter der Bezeichnung **DE-** und Ihrem Nachnamen (zum Beispiel **DE-Nachname**) ab.

4.1. Schreiben Sie eine E-Mail an Frau Sabine Habermann (E-Mail: sabine.habermann@hapa.de) und informieren Sie diese über die Auswertung der Befragung und die beiden Auswertungsdiagramme. Herr Weyer erhält eine Kopie (E-Mail: wolfgang.weyer@hapa.de).

4.2. Fügen Sie die Datei **DB-Nachname.xlsx** als Dateianhang bei.

4.3. Schlagen Sie 4 Verbesserungsmöglichkeiten vor, die dazu führen könnten, dass der Krankenstand abnimmt.

4.4. Schließen Sie die E-Mail mit einer Grußformel, Ihren Kommunikationsangaben sowie den folgenden Firmenabgaben ab:

Habermann + Partner KG
Anschrift / Sitz: Monschauer Straße 36 – 38, 40549 Düsseldorf
Handelsregister HRA 2560 / Amtsgericht Düsseldorf

Notizen

Lösung und Bewertung Prüfung A

Aufgabe 1 Checkliste Austritt gestalten (20 Punkte)

Mögliche Lösung
Ordner: Loesungen\Kap_7_Prüfungen
Datei: AC-Nachname.docx

Checkliste – Interne Abmeldung Arbeitnehmer/-in

Laut Arbeitsvertrag sind Sie verpflichtet, vor Beendigung des Arbeitsverhältnisses bei der Habermann + Partner KG Ihren Arbeitsplatz in einem gereinigten und ordnungsgemäßen Zustand zu übergeben.

Darüber hinaus müssen Sie Gegenstände, die Sie bei uns ausgeliehen haben, zurückgeben.

Lfd. Nr.	Abteilung	Abmeldetätigkeiten	Datum	Bestätigung durch Unterschrift
1.	IT	Rückgabe Hard- und Software, Zugangsrechte abmelden		
2.	Zentrale	Abgabe Schlüssel, Zeiterfassung		
3.	Zentrale	Abgabe ausgeliehener Arbeits-mittel		
4.	Personal	Übernahme von Arbeitszeugnis und weitere Unterlagen		
5.	Sicherheit (Secure)	Abgabe Unternehmensausweis		

Die ausgefüllte Checkliste ist in der Personalabteilung mit Unterschrift der Bestätigungsstelle abzugeben.

gez. Weyer
Abteilungsleiter Personal

aktuelles Datum AC-Nachname Ihr Name, xxxxx

Aufgabe 2 E-Mail erfassen (15 Punkte)

Mögliche Lösung

Ordner: Loesungen\Kap_7_Prüfungen
Datei: AE-Nachname.docx

Von:	vorname.nachname@hapa.de
An:	sybille.klein@hapa.de
Cc:	wolfgang.weyer@hapa.de; sabine.habermann@hapa.de
Bcc:	
Betreff:	Einladung zu einem persönlichen Gespräch
Anhang:	

Sehr geehrte Frau Klein,

ich habe von Herrn Weyer erfahren, dass Sie fristgerecht gekündigt haben und unsere Firma verlassen möchten.

Wir bedauern dies sehr und möchten Sie gerne am 24.08.2025 um 9:00 Uhr zu einem persönlichen Gespräch einladen.

Möglicherweise überlegen Sie es sich noch einmal, denn wir wollen Sie als wertvolle Mitarbeiterin nicht verlieren.

Vielleicht können wir Sie noch umstimmen und würden Ihnen zusätzlich folgende Konditionen bei einer Weiterbeschäftigung anbieten:

- gleitende Arbeitszeit,
- eine Gehaltserhöhung,
- Zahlung von Urlaubs- und Weihnachtsgeld.

Wir freuen uns auf das Gespräch mit Ihnen und bitten Sie um eine kurze Mitteilung, ob Sie den Termin wahrnehmen können.

Mit freundlichen Grüßen

Habermann + Partner KG

i. A. Ihr Name

Telefon: 02211 8560-47
E-Mail: vorname.nachname@hapa.de

Anschrift / Sitz: Monschauer Straße 36 – 38, 40549 Düsseldorf
Handelsregister HRA 2560 / Amtsgericht Düsseldorf

Ihr Name, xxxxx

Aufgabe 3 Personalkosten erfassen (28 Punkte)

Mögliche Lösung

Ordner: Loesungen\Kap_7_Prüfungen

Datei: AP-Nachname.xlsx

Personalkostenstatistik Vormonat 20xx Habermann + Partner KG

	Tarifgruppe A	Tarifgruppe B	Tarifgruppe C	Tarifgruppe D
Angestellte	2.150,00 €	3.520,00 €	3.850,00 €	4.250,00 €
Arbeiter	1.850,00 €	2.150,00 €	2.680,00 €	3.580,00 €

Abteilungen	Mitarbeiter Angestellte	Angestellte Gruppe A	Angestellte Gruppe B	Angestellte Gruppe C	Angestellte Gruppe D	Personalkosten Angestellte	Anteil Personal-kosten
Einkauf	5	4.300,00 €	7.040,00 €	3.850,00 €	0,00 €	15.190,00 €	21,09
Verkauf	6	2.150,00 €	7.040,00 €	3.850,00 €	8.500,00 €	21.540,00 €	29,90
Verwaltung	5	4.300,00 €	0,00 €	7.700,00 €	4.250,00 €	16.250,00 €	22,56
Fertigung	5	0,00 €	10.560,00 €	0,00 €	8.500,00 €	19.060,00 €	26,46

Gesamt:	21		Gesamt Angestellte:	72.040,00 €

Abteilungen	Mitarbeiter Arbeiter	Arbeiter Gruppe A	Arbeiter Gruppe B	Arbeiter Gruppe C	Arbeiter Gruppe D	Personalkosten Arbeiter	Anteil Personal-kosten
Einkauf	3	1.850,00 €	2.150,00 €	0,00 €	3.580,00 €	7.580,00 €	14,48
Verkauf	2	1.850,00 €	2.150,00 €	0,00 €	0,00 €	4.000,00 €	7,64
Verwaltung	2	1.850,00 €	2.150,00 €	0,00 €	0,00 €	4.000,00 €	7,64
Fertigung	16	12.950,00 €	8.600,00 €	8.040,00 €	7.160,00 €	36.750,00 €	70,23

Gesamt:	23		Gesamt Arbeiter:	52.330,00 €

Mitarbeiter Löhne | Flächen | Pachten | Mitarbeiter Gehälter | Statistik

Personalkostenstatistik Vormonat 20xx Habermann + Partner KG

	Tarifgruppe A	Tarifgruppe B	Tarifgruppe C	Tarifgruppe D
Angestellte	2.150,00 €	3.520,00 €	3.850,00 €	4.250,00 €
Arbeiter	1.850,00 €	2.150,00 €	2.680,00 €	3.580,00 €

Abteilungen	Mitarbeiter Angestellte	Angestellte Gruppe A	Angestellte Gruppe B	Angestellte Gruppe C	Angestellte Gruppe D	Personalkosten Angestellte	Anteil Personal-kosten
Einkauf	5	4.300,00 €	7.040,00 €	3.850,00 €	0,00 €	15.190,00 €	21,09
Verkauf	6	2.150,00 €	7.040,00 €	3.850,00 €	8.500,00 €	21.540,00 €	29,90
Verwaltung	5	4.300,00 €	0,00 €	7.700,00 €	4.250,00 €	16.250,00 €	22,56
Fertigung	5	0,00 €	10.560,00 €	0,00 €	8.500,00 €	19.060,00 €	26,46

Gesamt:	21		Gesamt Angestellte:	72.040,00 €

Abteilungen	Mitarbeiter Arbeiter	Arbeiter Gruppe A	Arbeiter Gruppe B	Arbeiter Gruppe C	Arbeiter Gruppe D	Personalkosten Arbeiter	Anteil Personal-kosten
Einkauf	3	1.850,00 €	2.150,00 €	0,00 €	3.580,00 €	7.580,00 €	14,48
Verkauf	2	1.850,00 €	2.150,00 €	0,00 €	0,00 €	4.000,00 €	7,64
Verwaltung	2	1.850,00 €	2.150,00 €	0,00 €	0,00 €	4.000,00 €	7,64
Fertigung	16	12.950,00 €	8.600,00 €	8.040,00 €	7.160,00 €	36.750,00 €	70,23

Gesamt:	23		Gesamt Arbeiter:	52.330,00 €

AP-Nachname.xlsx Statistik Vorname Nachname *****

Formeln Teil 1

	A	B	C	D
1				Personalkostenstatistik Vormonat 20xx Habermann + Partn
2				
3				Tarifgruppe A
4			Angestellte	2150
5			Arbeiter	1850
6				
7				
8		Abteilungen	Mitarbeiter Angestellte	Angestellte Gruppe A
9		Einkauf	=ZÄHLENWENN('Mitarbeiter Gehälter'!$B$2:$B$22;'Statistik (2)'!B9)	=SUMMEWENN('Mitarbeiter Gehälter'!$B$2:$B$22;'Statistik (2)'!$B9;'Mitarbeiter Gehälter'!C$2:C$22)*D$4
10		Verkauf	=ZÄHLENWENN('Mitarbeiter Gehälter'!$B$2:$B$22;'Statistik (2)'!B10)	=SUMMEWENN('Mitarbeiter Gehälter'!$B$2:$B$22;'Statistik (2)'!$B10;'Mitarbeiter Gehälter'!C$2:C$22)*D$4
11		Verwaltung	=ZÄHLENWENN('Mitarbeiter Gehälter'!$B$2:$B$22;'Statistik (2)'!B11)	=SUMMEWENN('Mitarbeiter Gehälter'!$B$2:$B$22;'Statistik (2)'!$B11;'Mitarbeiter Gehälter'!C$2:C$22)*D$4
12		Fertigung	=ZÄHLENWENN('Mitarbeiter Gehälter'!$B$2:$B$22;'Statistik (2)'!B12)	=SUMMEWENN('Mitarbeiter Gehälter'!$B$2:$B$22;'Statistik (2)'!$B12;'Mitarbeiter Gehälter'!C$2:C$22)*D$4
13				
14		Gesamt:	=SUMME(C9:C12)	
15				
16				
17		Abteilungen	Mitarbeiter Arbeiter	Arbeiter Gruppe A
18		Einkauf	=ZÄHLENWENN('Mitarbeiter Löhne'!$B$2:$B$24;'Statistik (2)'!B18)	=SUMMEWENN('Mitarbeiter Löhne'!$B$2:$B$24;'Statistik (2)'!$B18;'Mitarbeiter Löhne'!C$2:C$24)*'Statistik (2)'!D$5
19		Verkauf	=ZÄHLENWENN('Mitarbeiter Löhne'!$B$2:$B$24;'Statistik (2)'!B19)	=SUMMEWENN('Mitarbeiter Löhne'!$B$2:$B$24;'Statistik (2)'!$B19;'Mitarbeiter Löhne'!C$2:C$24)*'Statistik (2)'!D$5
20		Verwaltung	=ZÄHLENWENN('Mitarbeiter Löhne'!$B$2:$B$24;'Statistik (2)'!B20)	=SUMMEWENN('Mitarbeiter Löhne'!$B$2:$B$24;'Statistik (2)'!$B20;'Mitarbeiter Löhne'!C$2:C$24)*'Statistik (2)'!D$5
21		Fertigung	=ZÄHLENWENN('Mitarbeiter Löhne'!$B$2:$B$24;'Statistik (2)'!B21)	=SUMMEWENN('Mitarbeiter Löhne'!$B$2:$B$24;'Statistik (2)'!$B21;'Mitarbeiter Löhne'!C$2:C$24)*'Statistik (2)'!D$5
22				
23		Gesamt:	=SUMME(C18:C21)	
24				

Formeln Teil 2

	G	H	I
1			
2			
3	Tarifgruppe D		
4	4250		
5	3580		
6			
7			
8	Angestellte Gruppe D	Personalkosten Angestellte	Anteil Personal-kosten
9	=SUMMEWENN('Mitarbeiter Gehälter'!$B$2:$B$22;'Statistik (2)'!$B9;'Mitarbeiter Gehälter'!F$2:F$22)*G$4	=SUMME(D9:G9)	=H9/$H$14*100
10	=SUMMEWENN('Mitarbeiter Gehälter'!$B$2:$B$22;'Statistik (2)'!$B10;'Mitarbeiter Gehälter'!F$2:F$22)*G$4	=SUMME(D10:G10)	=H10/$H$14*100
11	=SUMMEWENN('Mitarbeiter Gehälter'!$B$2:$B$22;'Statistik (2)'!$B11;'Mitarbeiter Gehälter'!F$2:F$22)*G$4	=SUMME(D11:G11)	=H11/$H$14*100
12	=SUMMEWENN('Mitarbeiter Gehälter'!$B$2:$B$22;'Statistik (2)'!$B12;'Mitarbeiter Gehälter'!F$2:F$22)*G$4	=SUMME(D12:G12)	=H12/$H$14*100
13			
14	Gesamt Angestellte:	=SUMME(H9:H12)	
15			
16			
17	Arbeiter Gruppe D	Personalkosten Arbeiter	Anteil Personal-kosten
18	=SUMMEWENN('Mitarbeiter Löhne'!$B$2:$B$24;'Statistik (2)'!$B18;'Mitarbeiter Löhne'!F$2:F$24)*'Statistik (2)'!G$5	=SUMME(D18:G18)	=H18/$H$23*100
19	=SUMMEWENN('Mitarbeiter Löhne'!$B$2:$B$24;'Statistik (2)'!$B19;'Mitarbeiter Löhne'!F$2:F$24)*'Statistik (2)'!G$5	=SUMME(D19:G19)	=H19/$H$23*100
20	=SUMMEWENN('Mitarbeiter Löhne'!$B$2:$B$24;'Statistik (2)'!$B20;'Mitarbeiter Löhne'!F$2:F$24)*'Statistik (2)'!G$5	=SUMME(D20:G20)	=H20/$H$23*100
21	=SUMMEWENN('Mitarbeiter Löhne'!$B$2:$B$24;'Statistik (2)'!$B21;'Mitarbeiter Löhne'!F$2:F$24)*'Statistik (2)'!G$5	=SUMME(D21:G21)	=H21/$H$23*100
22			
23	Gesamt Arbeiter:	=SUMME(H18:H21)	
24			
25			

Hinweis

Die Formel in D9 wurde mit gemischten Zellbezügen auf Abteilung und Tarifgruppe berechnet. Daher kann die Formel sowohl nach rechts in die Spalten E, F und G als auch nach unten in die Zeilen 10, 11, 12 kopiert werden.

=SUMMEWENN('Mitarbeiter Gehälter'!$B$2:$B$22;Statistik!$B9;'Mitarbeiter Gehälter'!C$2:C$22)*D$4

Wenn Sie stattdessen relative beziehungsweise feste/absolute Zellbezüge verwenden, dann muss die Formel für jede Tarifgruppe gesondert eingegeben werden und kann nur nach unten in die Zeilen 10, 11, 12 kopiert werden.

=SUMMEWENN('Mitarbeiter Gehälter'!$B$2:$B$22;Statistik!B9;'Mitarbeiter Gehälter!$C$2:$C$22)*$D$4

Dieselben Berechnungsmöglichkeiten gelten auch für D18 bis G21.

Aufgabe 4 Krankheitsstatistik erstellen (22 Punkte)

Mögliche Lösung

Ordner: Loesungen\Kap_7_Pruefungssimulationen
Datei: AK-Nachname.xlsx

Fußzeile und Stellungnahme

AK_Nachname.xlsx	Fehlzeiten Krankheit	Vorname Nachname, *****

Stellungnahme: Herr Weyer irrt sich mit seiner Behauptung. Es verhält sich sogar umgekehrt. Die Fehlzeitenquote der Abteilung Vertrieb hat sich von 26 durchschnittlichen Fehltagen im 1. Halbjahr des Vorjahres auf gerade mal 4 durchschnittliche Fehltage im aktuellen 1. Halbjahr verringert. Dies entspricht einer prozentualen Veränderung von 84,62 %. Gründe dafür könnten bessere Arbeitsbedingungen als noch im Vorjahr, angenehmeres Betriebsklima, bessere Bezahlung und weitere Gründe sein.

Mögliche Lösung

Durchschnittliche Fehlzeiten durch Krankheit im 1. Halbjahr des aktuellen Jahres im Vergleich zum 1. Halbjahr des Vorjahres

	Material	Fertigung	Verwaltung	Vertrieb	Gesamt
Januar	12	23	24	3	62
Februar	23	38	33	5	99
März	12	25	2	0	39
April	18	36	15	14	83
Mai	60	12	5	2	79
Juni	12	45	36	0	93
Gesamt	137	179	115	24	455
Durchschnittliche Fehltage aktuelles 1. Halbjahr	23	30	20	4	
Durchschnittliche Fehltage Vorjahr 1. Halbjahr	21	32	28	26	
Prozentuale Abweichung zum Vorjahr	9,52	-6,25	-28,57	-84,62	

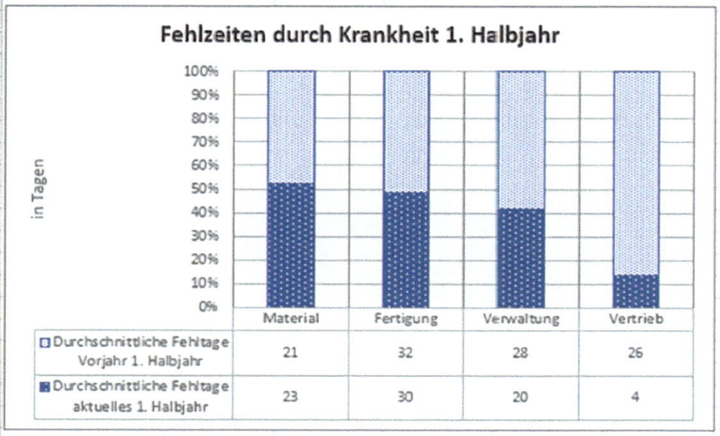

__Stellungnahme__: Herr Weyer irrt sich mit seiner Behauptung. Es verhält sich sogar umgekehrt. Die Fehlzeitenquote der Abteilung Vertrieb hat sich von 26 durchschnittlichen Fehltagen im 1. Halbjahr des Vorjahres auf gerade mal 4 durchschnittliche Fehltage im aktuellen 1. Halbjahr verringert. Dies entspricht einer prozentualen Veränderung von 84,62 %. Gründe dafür könnten bessere Arbeitsbedingungen als noch im Vorjahr, angenehmeres Betriebsklima, bessere Bezahlung und weitere Gründe sein.

Fehlstunden | Arztbesuche | Fehlzeiten Krankheit

Notizen

Formeln

	A	B	C	D	E	F
1		Durchschnittliche Fehlzeiten durch Krankheit im 1. Halbjahr des aktuellen Jahres im Vergleich zum 1. Halbjahr des Vorjahres				
2						
3						
4		**Material**	**Fertigung**	**Verwaltung**	**Vertrieb**	**Gesamt**
5	**Januar**	12	23	24	3	=SUMME(B5:E5)
6	**Februar**	23	38	33	5	=SUMME(B6:E6)
7	**März**	12	25	2	0	=SUMME(B7:E7)
8	**April**	18	36	15	14	=SUMME(B8:E8)
9	**Mai**	60	12	5	2	=SUMME(B9:E9)
10	**Juni**	12	45	36	0	=SUMME(B10:E10)
11	**Gesamt**	=SUMME(B5:B10)	=SUMME(C5:C10)	=SUMME(D5:D10)	=SUMME(E5:E10)	=SUMME(F5:F10)
12	**Durchschnittliche Fehltage aktuelles 1. Halbjahr**	=AUFRUNDEN(MITTELWERT(B5:B10);0)	=AUFRUNDEN(MITTELWERT(C5:C10);0)	=AUFRUNDEN(MITTELWERT(D5:D10);0)	=AUFRUNDEN(MITTELWERT(E5:E10);0)	
13						
14	**Durchschnittliche Fehltage Vorjahr 1. Halbjahr**	21	32	28	26	
15						
16	**Prozentuale Abweichung zum Vorjahr**	=(B12-B14)/B14*100	=(C12-C14)/C14*100	=(D12-D14)/D14*100	=(E12-E14)/E14*100	
17						
18						
19						

Bewertung Prüfung A (Zeit: 2 Stunden)

Allgemein	Mögliche Punkte	Erreicht
Beachten Sie die Rechtschreibung, den Ausdruck und die Zeichensetzung.	5	
Formulieren Sie in ganzen Sätzen. Gestalten Sie Ihre Ergebnisse übersichtlich. Wenden Sie die Regel der DIN 5008 in der Textverarbeitung an.	5	
Berücksichtigen Sie das Corporate Design.	5	
Gesamt	**15**	

Aufgabe 1 Checkliste Austritt gestalten (20 Punkte)

Aufgabenstellung		Mögliche Punkte	Erreicht
	Öffnen Sie mit ...	1	
1	Geben Sie in der Fußzeile ...	3	
2	Gestalten Sie die Fußzeile ...	2	
3	Formatieren Sie ...	1	
4	Fügen Sie links ...	2	
5	Stellen Sie ...	2	
6	Legen Sie die Zeilenhöhe ...	2	
7	Gestalten Sie den Tabellenkopf ...	2	
8	Fügen Sie in der ersten Spalte ...	2	
9	Formatieren Sie den ...	2	
10	Wenden Sie an ...	1	
Gesamt		**20**	

Aufgabe 2 E-Mail erfassen (15 Punkte)

Aufgabenstellung		Mögliche Punkte	Erreicht
	Öffnen Sie mit ...	1	
1	Schreiben Sie ...	3	
2	Laden Sie ...	8	
3	Schließen Sie ...	3	
Gesamt		**15**	

Aufgabe 3 Personalkosten erfassen (28 Punkte)

Aufgabenstellung		Mögliche Punkte	Erreicht
	Öffnen Sie mit ...	1	
1	Bearbeiten Sie ...	1	
2	Vervollständigen Sie ...	4	

Aufgabenstellung		Mögliche Punkte	Erreicht
3	Ermitteln Sie im Arbeitsblatt ...	2	
4	Ermitteln Sie in den Spalten D bis G ...	2	
5	Errechnen Sie ...	2	
6	Ermitteln Sie ...	2	
7	Ermitteln Sie im Arbeitsblatt ...	2	
8	Ermitteln Sie in den Spalten D bis G ...	2	
9	Errechnen Sie ...	2	
10	Ermitteln Sie in Zelle C23 ...	2	
11	Ermitteln Sie in Spalte I ...	2	
12	Fügen Sie oberhalb ...	1	
13	Formulieren Sie ...	1	
14	Fügen Sie ...	1	
15	Drucken Sie ...	1	
Gesamt		**28**	

Aufgabe 4 Krankheitsstatistik erstellen (22 Punkte)

Aufgabenstellung		Mögliche Punkte	Erreicht
	Öffnen Sie mit ...	1	
1	Wechseln Sie ...	1	
2	Löschen ...	0,5	
3	Ermitteln Sie in Spalte F ...	1	
4	Berechnen Sie über ...	1	
5	in der nächsten Zeile ermitteln ...	2	
6	Geben Sie der Zeile ...	1	
7	In Zeile 15 ...	1	
8	In Zeile 17 ermitteln ...	2	
9	Benennen Sie ...	1	
10	Formatieren Sie die Tabellenüberschriften ...	1	
11	Formulieren Sie eine ...	1	
12	Erstellen Sie unterhalb ...	4	
13	Fügen Sie unter ...	0,5	
14	Nehmen Sie ...	2	
15	Drucken Sie ...	2	
Gesamt		**22**	

Insgesamt **100 Punkte**
Bewertung nach offiziellem IHK-Notenschlüssel, Teilpunkte von maximaler Punktzahl abziehen (zum Beispiel Formeln drucken: Ausdruck ohne Formel 1 Punkt, mit Formeln 1 Punkt).

Lösung und Bewertung Prüfung B

Aufgabe 1 a) Mängelübersicht erstellen (16 Punkte)

Mögliche Lösung

Ordner: Loesungen\Kap_7_Prüfungen

Datei: BM-Nachname.docx

Festgestellte Mängel zu Lieferschein Nr. 15/2025

Position	Bestellnummer	Bezeichnung	Mängelbeschreibung
2	H7	Aptiva Kabellose Maus USB weiß	Nur 40 Stück geliefert.
3	R3	Karlsson, 120 GB SSD, 2,5 Zoll, intern	Falscher Artikel, geliefert wurde R4 Karlsson, 160 GB SSD, 2,5 Zoll, intern
4	R8	Sharty, Tower-Gehäuse (schwarz/rot)	2 Tower-Gehäuse weisen starke Beschädigungen (Kratzer und Verbeulungen) aus.

Aktuelles Datum 1 Ihr Name, xxxxx

Hinweis: Horizontale und vertikale Tabellenausrichtung in den Tabelleneigenschaften festlegen.

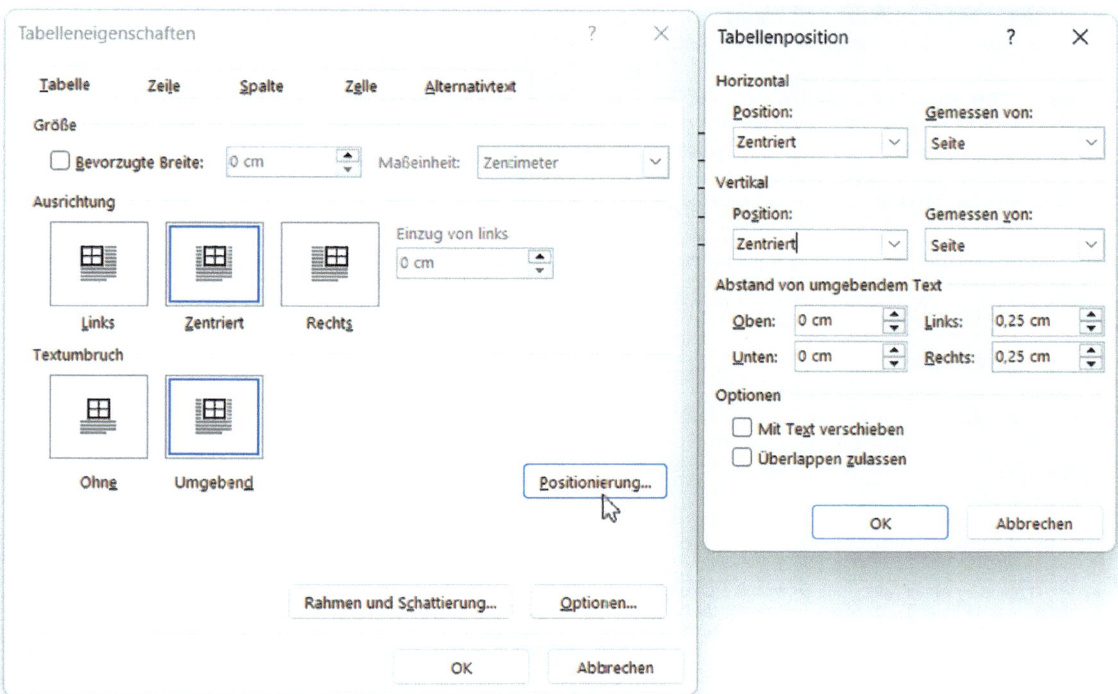

Aufgabe 1 b) Geschäftsbrief erfassen (22 Punkte)

Mögliche Lösung

Ordner: Loesungen\Kap_7_Prüfungen

Datei: BB-Nachname.docx

Ihr Zeichen: mi
Ihre Nachricht vom:
Unser Zeichen: Ihr Namenszeichen
Unsere Nachricht vom:

Name: Ihr Name
Telefon: 0211 8560-17
Telefax: 0211 8560-20
E-Mail: vorname.nachname@hapa.de

Datum: Tagesdatum

Habermann + Partner KG, Monschauer Str. 36 – 38, 40549 Düsseldorf
Holstein AG
Herrn Michels
Robert-Perthel-Straße 70
50739 Köln

Ihre Lieferung vom *aktuelles Datum*
Lieferschein-Nr.: 15/2025

Sehr geehrter Herr Michels,

wir bestätigen mit diesem Schreiben den Erhalt der oben angegebenen Lieferung. Leider entsprach der Lieferschein nicht unserer Bestellung. Folgendes konnten wir feststellen:

1. Bei Artikelnummer H7 wurden lediglich 40 Stück geliefert anstatt der bestellten 60 Stück. Senden Sie uns die fehlenden 20 Stück schnellstmöglich nach.

2. Die Artikelnummer R3 wurde falsch geliefert. Sie lieferten Artikelnummer R4. Liefern Sie uns den richtigen Artikel mit der Bestellnummer R3. Die falschen Artikel senden wir Ihnen auf Ihre Kosten zurück.

3. Unter Position 4 wurden 2 Tower-Gehäuse geliefert, die starke Beschädigungen (Kratzer und Verbeulungen) aufweisen. Wir möchten, dass diese ausgetauscht werden und senden Ihnen die beschädigten Tower-Gehäuse ebenfalls auf Ihre Kosten zurück.

Wir hoffen, dass die Lieferung von fehlerhaften, falschen und fehlenden Artikeln nur eine Ausnahme war. Bisher hatten wir immer gute Erfahrungen mit Ihnen gemacht und möchten die Geschäftsbeziehung auch zukünftig aufrechterhalten.

Senden Sie uns bitte die korrekte Ware innerhalb einer Woche zu.

Freundliche Grüße aus Düsseldorf

Habermann + Partner KG

i. A. Ihre Unterschrift

(oder auch i. A.) Ihr Name

Anlage
Mängelübersicht

Habermann + Partner KG	Geschäftsführende	Steuer-Nr.: 133/5906/0753	Bankverbindung:
Telefon: 0211 8560-0	Gesellschafterin:	Ust.-IdNr.: DE137695905	DE63 3005 0110 0000 0123 69
Telefax: 0211 8560-20	Frau Sabine Habermann	Handelsregister HRA 2560	Stadtsparkasse Düsseldorf
Internet: www.hapa.de		Amtsgericht Düsseldorf	BIC: DUSSDEDDXXX
E-Mail: info@hapa.de			

Aufgabe 2 a) ABC-Analyse erstellen (32 Punkte)

Mögliche Lösung

Ordner: Loesungen\Kap_7_Prüfungen
Datei: BA-Nachname.xlsx, Arbeitsblatt Analyse Warengruppe 300

ABC-Analyse Warengruppe 300 Hardware

Klasse	Gesamtwert Warengruppe Hardware ab
A	80.000,00 €
B	45.000,00 €
C	alle anderen Artikel

Art.Nr.	Kurztext	Bezugs-preis I	Jahresbestell-mengen	Gesamt-warenwert	in % vom Gesamtwaren-wert	in % der Jahresbestell-mengen	ABC-Analyse
30020000	Kuroyu Laser FS5200	460,00 €	190	87.400,00 €	11,91	8,04	A
30020001	Kuroyu Laser FS5300	470,00 €	255	119.850,00 €	16,33	10,80	A
30020002	Kuroyu Tinte TX7000	240,00 €	362	86.880,00 €	11,84	15,33	A
30030000	PC RED PM1	295,00 €	290	85.550,00 €	11,66	12,28	A
30030001	PC BLACK PM1	315,00 €	340	107.100,00 €	14,60	14,39	A
30040000	PC PAKET BLACK PM1	352,63 €	235	82.868,05 €	11,29	9,95	A
30010001	Monitor HOBI 27" LED	205,00 €	245	50.225,00 €	6,84	10,37	B
30030002	PC GOLD PM1	328,50 €	220	72.270,00 €	9,85	9,31	B
30010000	Monitor HOBI 24" LED	185,00 €	225	41.625,00 €	5,67	9,53	C
Gesamt			2.362	733.768,05 €			

Klasse	Summen in % vom Gesamt-warenwert	Anzahl Artikel
A	77,63	6
B	16,69	2
C	5,67	1
Gesamt	100,00	9

BA-Nachname.xlsx   Analyse Warengruppe 300   Ihr Name, ******

	A	B	C	D	E	F	G	H	I	J
1										
2		ABC-Analyse Warengruppe 300 Hardware					Klasse	Gesamtwert Warengruppe Hardware ab		
3							A	80.000,00 €		
4							B	45.000,00 €		
5							C	alle anderen Artikel		
6										
7		Art.Nr.	Kurztext	Bezugs-preis I	Jahresbestell-mengen	Gesamt-warenwert	in % vom Gesamtwaren-wert	in % der Jahresbestell-mengen	ABC-Analyse	
8		30020000	Kuroyu Laser FS5200	460,00 €	190	87.400,00 €	11,91	8,04	A	
9		30020001	Kuroyu Laser FS5300	470,00 €	255	119.850,00 €	16,33	10,80	A	
10		30020002	Kuroyu Tinte TX7000	240,00 €	362	86.880,00 €	11,84	15,33	A	
11		30030000	PC RED PM1	295,00 €	290	85.550,00 €	11,66	12,28	A	
12		30030001	PC BLACK PM1	315,00 €	340	107.100,00 €	14,60	14,39	A	
13		30040000	PC PAKET BLACK PM1	352,63 €	235	82.868,05 €	11,29	9,95	A	
14		30010001	Monitor HOBI 27" LED	205,00 €	245	50.225,00 €	6,84	10,37	B	
15		30030002	PC GOLD PM1	328,50 €	220	72.270,00 €	9,85	9,31	B	
16		30010000	Monitor HOBI 24" LED	185,00 €	225	41.625,00 €	5,67	9,53	C	
17		Gesamt			2.362	733.768,05 €				
18										
19										
20		Klasse	Summen in % vom Gesamt-warenwert	Anzahl Artikel						
21		A	77,63	6						
22		B	16,69	2						
23		C	5,67	1						
24		Gesamt	100,00	9						
25										
26										

Formeln - Teil 1

	A	B	C	D	E	F
1						
2		**ABC-Analyse Warengruppe 300 Hardware**				
3						
4						
5						
6						
7		Art.Nr.	Kurztext	Bezugs- preis I	Jahresbestell-mengen	Gesamt- warenwert
8		30020000	=SVERWEIS(B8;Artikel!$A$2:$Q$46;2;FALSCH)	=SVERWEIS(B8;Artikel!$A$2:$Q$46;4;FALSCH)	=SVERWEIS(B8;Artikel!$A$2:$Q$46;17;FALSCH)	=E8*D8
9		30020001	=SVERWEIS(B9;Artikel!$A$2:$Q$46;2;FALSCH)	=SVERWEIS(B9;Artikel!$A$2:$Q$46;4;FALSCH)	=SVERWEIS(B9;Artikel!$A$2:$Q$46;17;FALSCH)	=E9*D9
10		30020002	=SVERWEIS(B10;Artikel!$A$2:$Q$46;2;FALSCH)	=SVERWEIS(B10;Artikel!$A$2:$Q$46;4;FALSCH)	=SVERWEIS(B10;Artikel!$A$2:$Q$46;17;FALSCH)	=E10*D10
11		30030000	=SVERWEIS(B11;Artikel!$A$2:$Q$46;2;FALSCH)	=SVERWEIS(B11;Artikel!$A$2:$Q$46;4;FALSCH)	=SVERWEIS(B11;Artikel!$A$2:$Q$46;17;FALSCH)	=E11*D11
12		30030001	=SVERWEIS(B12;Artikel!$A$2:$Q$46;2;FALSCH)	=SVERWEIS(B12;Artikel!$A$2:$Q$46;4;FALSCH)	=SVERWEIS(B12;Artikel!$A$2:$Q$46;17;FALSCH)	=E12*D12
13		30040000	=SVERWEIS(B13;Artikel!$A$2:$Q$46;2;FALSCH)	=SVERWEIS(B13;Artikel!$A$2:$Q$46;4;FALSCH)	=SVERWEIS(B13;Artikel!$A$2:$Q$46;17;FALSCH)	=E13*D13
14		30010001	=SVERWEIS(B14;Artikel!$A$2:$Q$46;2;FALSCH)	=SVERWEIS(B14;Artikel!$A$2:$Q$46;4;FALSCH)	=SVERWEIS(B14;Artikel!$A$2:$Q$46;17;FALSCH)	=E14*D14
15		30030002	=SVERWEIS(B15;Artikel!$A$2:$Q$46;2;FALSCH)	=SVERWEIS(B15;Artikel!$A$2:$Q$46;4;FALSCH)	=SVERWEIS(B15;Artikel!$A$2:$Q$46;17;FALSCH)	=E15*D15
16		30010000	=SVERWEIS(B16;Artikel!$A$2:$Q$46;2;FALSCH)	=SVERWEIS(B16;Artikel!$A$2:$Q$46;4;FALSCH)	=SVERWEIS(B16;Artikel!$A$2:$Q$46;17;FALSCH)	=E16*D16
17		Gesamt			=SUMME(E8:E16)	=SUMME(F8:F16)
18						
19						
20		Klasse	Summen in % vom Gesamt- warenwert	Anzahl Artikel		
21		A	=SUMMEWENN($I$8:$I$16;B21;$G$8:$G$16)	=ZÄHLENWENN($I$8:$I$16;B21)		
22		B	=SUMMEWENN($I$8:$I$16;B22;$G$8:$G$16)	=ZÄHLENWENN($I$8:$I$16;B22)		
23		C	=SUMMEWENN($I$8:$I$16;B23;$G$8:$G$16)	=ZÄHLENWENN($I$8:$I$16;B23)		
24		Gesamt	=SUMME(C21:C23)	=SUMME(D21:D23)		
25						

Formeln - Teil 2

	E	F	G	H	I
1					
2			Klasse	Gesamtwert Warengruppe Hardware ab	
3			A	80000	
4			B	45000	
5			C	alle anderen Artikel	
6					
7	Jahresbestell-mengen	Gesamt-warenwert	in % vom Gesamtwaren-wert	in % der Jahresbestell-mengen	ABC-Analyse
8	=SVERWEIS(B8;Artikel!$A$2:$Q$46;17;FALSCH)	=E8*D8	=F8/$F$17*100	=E8/$E$17*100	=WENN(F8>=$H$3;$G$3;WENN(F8>=$H$4;$G$4;$G$5))
9	=SVERWEIS(B9;Artikel!$A$2:$Q$46;17;FALSCH)	=E9*D9	=F9/$F$17*100	=E9/$E$17*100	=WENN(F9>=$H$3;$G$3;WENN(F9>=$H$4;$G$4;$G$5))
10	=SVERWEIS(B10;Artikel!$A$2:$Q$46;17;FALSCH)	=E10*D10	=F10/$F$17*100	=E10/$E$17*100	=WENN(F10>=$H$3;$G$3;WENN(F10>=$H$4;$G$4;$G$5))
11	=SVERWEIS(B11;Artikel!$A$2:$Q$46;17;FALSCH)	=E11*D11	=F11/$F$17*100	=E11/$E$17*100	=WENN(F11>=$H$3;$G$3;WENN(F11>=$H$4;$G$4;$G$5))
12	=SVERWEIS(B12;Artikel!$A$2:$Q$46;17;FALSCH)	=E12*D12	=F12/$F$17*100	=E12/$E$17*100	=WENN(F12>=$H$3;$G$3;WENN(F12>=$H$4;$G$4;$G$5))
13	=SVERWEIS(B13;Artikel!$A$2:$Q$46;17;FALSCH)	=E13*D13	=F13/$F$17*100	=E13/$E$17*100	=WENN(F13>=$H$3;$G$3;WENN(F13>=$H$4;$G$4;$G$5))
14	=SVERWEIS(B14;Artikel!$A$2:$Q$46;17;FALSCH)	=E14*D14	=F14/$F$17*100	=E14/$E$17*100	=WENN(F14>=$H$3;$G$3;WENN(F14>=$H$4;$G$4;$G$5))
15	=SVERWEIS(B15;Artikel!$A$2:$Q$46;17;FALSCH)	=E15*D15	=F15/$F$17*100	=E15/$E$17*100	=WENN(F15>=$H$3;$G$3;WENN(F15>=$H$4;$G$4;$G$5))
16	=SVERWEIS(B16;Artikel!$A$2:$Q$46;17;FALSCH)	=E16*D16	=F16/$F$17*100	=E16/$E$17*100	=WENN(F16>=$H$3;$G$3;WENN(F16>=$H$4;$G$4;$G$5))
17	=SUMME(E8:E16)	=SUMME(F8:F16)			
18					
19					
20					
21					
22					
23					
24					
25					

Aufgabe 2 b) Auswertung ABC-Analyse (15 Punkte)

Mögliche Lösung

Ordner: Loesungen\Kap_7_Prüfungen

Datei: BA-Nachname.xlsx, Arbeitsblatt ABC-Analyse Diagramm

Die benötigten Zellen, im Bild unten gelb hervorgehoben, markieren und am einfachsten das Diagramm zunächst im selben Arbeitsblatt einfügen. Dann das Diagramm über die Zwischenablage in das Zielarbeitsblatt kopieren.

ABC-Analyse Warengruppe 300 Hardware

Klasse	Gesamtwert Warengruppe Hardware ab
A	80.000,00 €
B	45.000,00 €
C	alle anderen Artikel

Art.Nr.	Kurztext	Bezugs-preis I	Jahresbestell-mengen	Gesamt-warenwert	in % vom Gesamtwaren-wert	in % der Jahresbestell-mengen	ABC-Analyse
30020000	Kuroyu Laser FS5200	460,00 €	190	87.400,00 €	11,91	8,04	A
30020001	Kuroyu Laser FS5300	470,00 €	255	119.850,00 €	16,33	10,80	A
30020002	Kuroyu Tinte TX7000	240,00 €	362	86.880,00 €	11,84	15,33	A
30030000	PC RED PM1	295,00 €	290	85.550,00 €	11,66	12,28	A
30030001	PC BLACK PM1	315,00 €	340	107.100,00 €	14,60	14,39	A
30040000	PC PAKET BLACK PM1	352,63 €	235	82.868,05 €	11,29	9,95	A
30010001	Monitor HOBI 27" LED	205,00 €	245	50.225,00 €	6,84	10,37	B
30030002	PC GOLD PM1	328,50 €	220	72.270,00 €	9,85	9,31	B
30010000	Monitor HOBI 24" LED	185,00 €	225	41.625,00 €	5,67	9,53	C
Gesamt			2.362	733.768,05 €			

1. Register *Einfügen* ▶ Symbol *Linien- oder Flächendiagramm einfügen* und *2D-Fläche* auswählen.
2. *Diagrammelement hinzufügen* ▶ *Datenbeschriftungen* ▶ *Weitere Datenbeschriftungsoptionen* ▶ *Rubrikenname*, *Wert* und *Führungslinien* auswählen.
3. *Diagrammelement hinzufügen* ▶ *Achsen* ▶ *Primäre horizontale Achse* deaktivieren.
4. *Diagrammelement hinzufügen* ▶ *Gitternetzlinien* ▶ *Primäres Hauptgitternetz horizontal* und *vertikal*, eventuell noch dunklere Farbe für Gitternetz- und Führungslinien wählen.

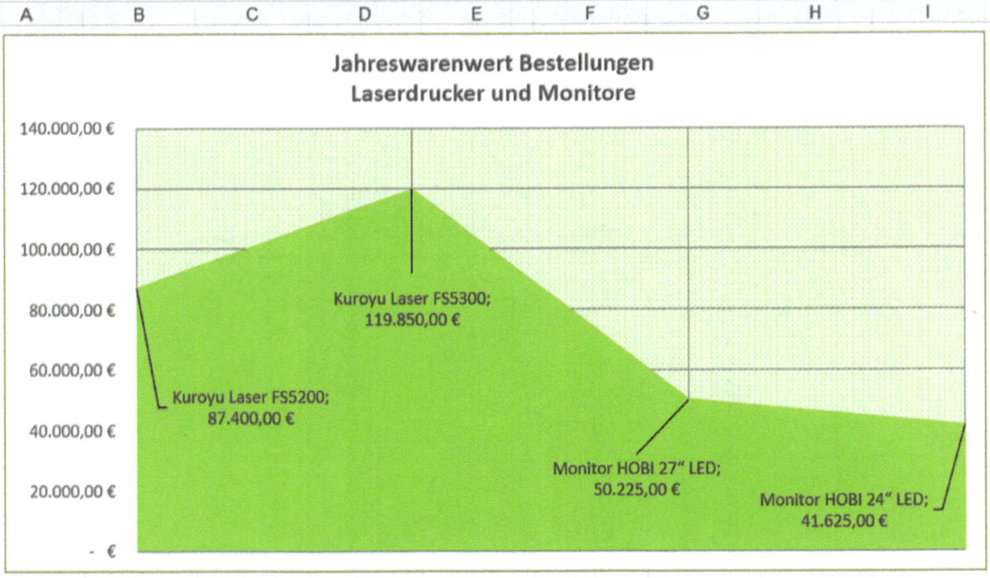

Stellungnahme: Die Annahme von Frau Thielmann trifft nur auf Laserdrucker zu. Diese weisen für das gesamte Jahr einen relativ hohen Bestellwert aus, während die Monitore im Vergleich dazu einen wesentlich geringeren Anteil ausmachen.

WAG-200 | WAG-300 | Kalk-1 | Kalk-4 | Liste 7 | Analyse Warengruppe 300 | ABC-Analyse Diagramm

Bewertung Prüfung B (Zeit: 2 Stunden)

Allgemein	Mögliche	Erreichte Punkte
Beachten Sie die Rechtschreibung, den Ausdruck und die Zeichensetzung.	5	
Formulieren Sie in ganzen Sätzen. Gestalten Sie Ihre Ergebnisse übersichtlich. Wenden Sie die Regel der DIN 5008:2020 in der Textverarbeitung an.	5	
Berücksichtigen Sie das Corporate Design.	5	
Gesamt	**15**	

Aufgabe 1 a) Mängelübersicht erstellen (16 Punkte)

	Aufgabenstellung	Mögliche Punkte	Erreicht
	Öffnen Sie mit ...	1	
1	Richten Sie ...	1	
2	Geben Sie in der Fußzeile ...	1	
3	Erstellen Sie ...	1	
4	Die Spaltenbreiten ...	2	
5	Zeilenhöhe Tabellen ... Kopf ...	2	
6	Stellen Sie Unstimmigkeiten ...	3	
7	Fügen Sie in Zeile 1 ...	1	
8	Richten Sie die Tabelle ...	2	
9	Gestalten Sie die ...	2	
Gesamt		**16**	

Aufgabe 1 b) Geschäftsbrief erfassen (22 Punkte)

	Aufgabenstellung	Mögliche Punkte	Erreicht
	Öffnen Sie mit ...	1	
1	Schreiben Sie ...	20	
2	Die tabellarische ...	1	
Gesamt		**22**	

Aufgabe 2 ABC-Analyse erstellen (32 Punkte)

	Aufgabenstellung	Mögliche Punkte	Erreicht
	Öffnen Sie mit ...	1	
1	Bearbeiten Sie ...	1	

Aufgabenstellung		Mögliche Punkte	Erreicht
2	Vervollständigen Sie ...	4	
3	Übernehmen Sie in den ...	4	
4	Errechnen Sie in Spalte E ...	2	
5	In Zeile 17 berechnen ...	2	
6	Prozentanteile vom Gesamtwarenwert ...	2	
7	Prozentanteile der Jahresbestellmengen ...	2	
8	Führen Sie in Spalte I ...	4	
9	Vervollständigen Sie ...	4	
10	Sortieren Sie ...	2	
11	Richten Sie das ...	2	
12	Drucken Sie das ...	2	
Gesamt		**32**	

Aufgabe 2 Auswertung ABC-Analyse (15 Punkte)

Aufgabenstellung		Mögliche Punkte	Erreicht
1	Fügen Sie ...	1	
2	Erstellen Sie im ...	10	
3	Geben Sie ...	1	
4	Fügen Sie unter ...	3	
Gesamt		**15**	

Insgesamt 100 Punkte

Bewertung nach offiziellem IHK-Notenschlüssel, Teilpunkte von maximaler Punktzahl abziehen (zum Beispiel Formeln drucken: Ausdruck ohne Formel 1 Punkt, mit Formeln 1 Punkt).

Lösung und Bewertung Prüfung C

Mögliche Lösung

Ordner: Loesungen\Kap_7_Prüfungen

Datei: CA-Nachname.xlsx, Arbeitsblatt Auswertung 1

Aufgabe 1 Auswertung 1 erstellen (32 Punkte)

Verkaufszahlen 2023 bis 2025

Kunden-Nr.	Kunde	Region	2023	2024	2025
20015	Ähre & mehr	Süd	65.270,00 €	53.125,00 €	62.141,00 €
38000	BET Stahlhandel	West	1.538,00 €	2.360,00 €	2.788,00 €
20006	Bogert Farbe	Süd	20.900,00 €	29.850,00 €	42.784,00 €
45000	Bruckhoff & Partner	Ost	900,00 €	1.250,00 €	1.730,00 €
40002	BSN Medical GmbH & Co. KG	Ost	5.890,00 €	7.860,00 €	10.944,00 €
10005	Buchmann Schuhe	Nord	4.250,00 €	5.160,00 €	6.931,00 €
10900	Deihard Palstics	Nord	9.490,00 €	15.850,00 €	17.030,00 €
10100	Europa Norm GmbH	Nord	5.852,00 €	5.480,00 €	4.337,00 €
30250	Halbmann & Co.	West	36.500,00 €	45.850,00 €	43.865,00 €
32000	Hirsch Kunststoff GmbH	West	3.850,00 €	5.685,00 €	6.009,00 €
10001	Holster & Partner GmbH	Nord	3.330,00 €	4.201,00 €	4.261,00 €
20900	Holzhandel Wirsch	Süd	69.250,00 €	67.520,00 €	62.615,00 €
40350	Jasper Steine	West	1.522,00 €	1.513,00 €	1.652,00 €
20500	Kanzlei Michels	Süd	75.620,00 €	75.020,00 €	78.597,00 €
30008	Klar Möbel	West	21.050,00 €	18.700,00 €	38.504,00 €
31000	Klenke GmbH	West	10.200,00 €	18.520,00 €	20.878,00 €
40902	Kolle GmbH	Ost	19.680,00 €	19.652,00 €	16.493,00 €
10500	Messe & Events	Nord	14.500,00 €	17.582,00 €	43.768,00 €
10000	Metzgerei Hinze	Nord	831,00 €	854,00 €	1.524,00 €
11000	Olaf Conrad KG	Nord	9.710,00 €	5.620,00 €	3.695,00 €
41520	Ondics GmbH	Ost	1.983,00 €	1.016,00 €	1.876,00 €
20002	Pöhlert KG	Süd	65.205,00 €	90.520,00 €	83.972,00 €
10002	Subitec AG	Nord	1.837,00 €	1.868,00 €	1.718,00 €
30800	team Bau	West	15.850,00 €	13.568,00 €	24.350,00 €
40006	Ullmann KG	Ost	33.660,00 €	42.052,00 €	23.732,00 €
40005	Werner & Max GmbH	Ost	20.250,00 €	23.652,00 €	25.505,00 €

Region	Anzahl Kunden	Umsatz je Region 2025	in %	Rangfolge
West	7	138.046,00 €	21,85	2
Nord	8	83.264,00 €	13,18	3
Ost	6	80.280,00 €	12,71	4
Süd	5	330.109,00 €	52,26	1

CA-Nachname.xlsx | Auswertung 1 | Vorname Nachname, *****

Verkaufszahlen 2023 bis 2025

Kunden-Nr.	Kunde	Region	2023	2024	2025
20015	Ähre & mehr	Süd	65.270,00 €	53.125,00 €	62.141,00 €
38000	BET Stahlhandel	West	1.538,00 €	2.360,00 €	2.788,00 €
20006	Bogert Farbe	Süd	20.900,00 €	29.850,00 €	42.784,00 €
45000	Bruckhoff & Partner	Ost	900,00 €	1.250,00 €	1.730,00 €
40002	BSN Medical GmbH & Co. KG	Ost	5.890,00 €	7.860,00 €	10.944,00 €
10005	Buchmann Schuhe	Nord	4.250,00 €	5.160,00 €	6.931,00 €
10900	Deihard Palstics	Nord	9.490,00 €	15.850,00 €	17.030,00 €
10100	Europa Norm GmbH	Nord	5.852,00 €	5.480,00 €	4.337,00 €
30250	Halbmann & Co.	West	36.500,00 €	45.850,00 €	43.865,00 €
32000	Hirsch Kunststoff GmbH	West	3.850,00 €	5.685,00 €	6.009,00 €
10001	Holster & Partner GmbH	Nord	3.330,00 €	4.201,00 €	4.261,00 €
20900	Holzhandel Wirsch	Süd	69.250,00 €	67.520,00 €	62.615,00 €
40350	Jasper Steine	West	1.522,00 €	1.513,00 €	1.652,00 €
20500	Kanzlei Michels	Süd	75.620,00 €	75.020,00 €	78.597,00 €
30008	Klar Möbel	West	21.050,00 €	18.700,00 €	38.504,00 €
31000	Klenke GmbH	West	10.200,00 €	18.520,00 €	20.878,00 €
40902	Kolle GmbH	Ost	19.680,00 €	19.652,00 €	16.493,00 €
10500	Messe & Events	Nord	14.500,00 €	17.582,00 €	43.768,00 €
10000	Metzgerei Hinze	Nord	831,00 €	854,00 €	1.524,00 €
11000	Olaf Conrad KG	Nord	9.710,00 €	5.620,00 €	3.695,00 €
41520	Ondics GmbH	Ost	1.983,00 €	1.016,00 €	1.876,00 €
20002	Pöhlert KG	Süd	65.205,00 €	90.520,00 €	83.972,00 €
10002	Subitec AG	Nord	1.837,00 €	1.868,00 €	1.718,00 €
30800	team Bau	West	15.850,00 €	13.568,00 €	24.350,00 €
40006	Ullmann KG	Ost	33.660,00 €	42.052,00 €	23.732,00 €
40005	Werner & Max GmbH	Ost	20.250,00 €	23.652,00 €	25.505,00 €

Region	Anzahl Kunden	Umsatz je Region 2025	in %	Rangfolge
West	7	138.046,00 €	21,85	2
Nord	8	83.264,00 €	13,18	3
Ost	6	80.280,00 €	12,71	4
Süd	5	330.109,00 €	52,26	1

Formeln Teil 1

	A	B	C	D	E	F
1			***Verkaufszahlen 2023 bis 2025***			
2						
3	**Kunden-Nr.**	**Kunde**	**Region**	**2023**	**2024**	**2025**
4	20015	=SVERWEIS($A4;V_Umsatz!$A$2:$C$27;2;FALSCH)	=SVERWEIS($A4;V_Umsatz!$A$2:$C$27;3;FALSCH)	65270	53125	=SVERWEIS(A4;V_Umsatz!$A$2:$P$27;16;FALSCH)
5	38000	=SVERWEIS($A5;V_Umsatz!$A$2:$C$27;2;FALSCH)	=SVERWEIS($A5;V_Umsatz!$A$2:$C$27;3;FALSCH)	1538	2360	=SVERWEIS(A5;V_Umsatz!$A$2:$P$27;16;FALSCH)
6	20006	=SVERWEIS($A6;V_Umsatz!$A$2:$C$27;2;FALSCH)	=SVERWEIS($A6;V_Umsatz!$A$2:$C$27;3;FALSCH)	20900	29850	=SVERWEIS(A6;V_Umsatz!$A$2:$P$27;16;FALSCH)
7	45000	=SVERWEIS($A7;V_Umsatz!$A$2:$C$27;2;FALSCH)	=SVERWEIS($A7;V_Umsatz!$A$2:$C$27;3;FALSCH)	900	1250	=SVERWEIS(A7;V_Umsatz!$A$2:$P$27;16;FALSCH)
8	40002	=SVERWEIS($A8;V_Umsatz!$A$2:$C$27;2;FALSCH)	=SVERWEIS($A8;V_Umsatz!$A$2:$C$27;3;FALSCH)	5890	7860	=SVERWEIS(A8;V_Umsatz!$A$2:$P$27;16;FALSCH)
9	10005	=SVERWEIS($A9;V_Umsatz!$A$2:$C$27;2;FALSCH)	=SVERWEIS($A9;V_Umsatz!$A$2:$C$27;3;FALSCH)	4250	5160	=SVERWEIS(A9;V_Umsatz!$A$2:$P$27;16;FALSCH)
10	10900	=SVERWEIS($A10;V_Umsatz!$A$2:$C$27;2;FALSCH)	=SVERWEIS($A10;V_Umsatz!$A$2:$C$27;3;FALSCH)	9490	15850	=SVERWEIS(A10;V_Umsatz!$A$2:$P$27;16;FALSCH)
11	10100	=SVERWEIS($A11;V_Umsatz!$A$2:$C$27;2;FALSCH)	=SVERWEIS($A11;V_Umsatz!$A$2:$C$27;3;FALSCH)	5852	5480	=SVERWEIS(A11;V_Umsatz!$A$2:$P$27;16;FALSCH)
12	30250	=SVERWEIS($A12;V_Umsatz!$A$2:$C$27;2;FALSCH)	=SVERWEIS($A12;V_Umsatz!$A$2:$C$27;3;FALSCH)	36500	45850	=SVERWEIS(A12;V_Umsatz!$A$2:$P$27;16;FALSCH)
13	32000	=SVERWEIS($A13;V_Umsatz!$A$2:$C$27;2;FALSCH)	=SVERWEIS($A13;V_Umsatz!$A$2:$C$27;3;FALSCH)	3850	5685	=SVERWEIS(A13;V_Umsatz!$A$2:$P$27;16;FALSCH)
14	10001	=SVERWEIS($A14;V_Umsatz!$A$2:$C$27;2;FALSCH)	=SVERWEIS($A14;V_Umsatz!$A$2:$C$27;3;FALSCH)	3330	4201	=SVERWEIS(A14;V_Umsatz!$A$2:$P$27;16;FALSCH)
15	20900	=SVERWEIS($A15;V_Umsatz!$A$2:$C$27;2;FALSCH)	=SVERWEIS($A15;V_Umsatz!$A$2:$C$27;3;FALSCH)	69250	67520	=SVERWEIS(A15;V_Umsatz!$A$2:$P$27;16;FALSCH)
16	40350	=SVERWEIS($A16;V_Umsatz!$A$2:$C$27;2;FALSCH)	=SVERWEIS($A16;V_Umsatz!$A$2:$C$27;3;FALSCH)	1522	1513	=SVERWEIS(A16;V_Umsatz!$A$2:$P$27;16;FALSCH)
17	20500	=SVERWEIS($A17;V_Umsatz!$A$2:$C$27;2;FALSCH)	=SVERWEIS($A17;V_Umsatz!$A$2:$C$27;3;FALSCH)	75620	75020	=SVERWEIS(A17;V_Umsatz!$A$2:$P$27;16;FALSCH)
18	30008	=SVERWEIS($A18;V_Umsatz!$A$2:$C$27;2;FALSCH)	=SVERWEIS($A18;V_Umsatz!$A$2:$C$27;3;FALSCH)	21050	18700	=SVERWEIS(A18;V_Umsatz!$A$2:$P$27;16;FALSCH)
19	31000	=SVERWEIS($A19;V_Umsatz!$A$2:$C$27;2;FALSCH)	=SVERWEIS($A19;V_Umsatz!$A$2:$C$27;3;FALSCH)	10200	18520	=SVERWEIS(A19;V_Umsatz!$A$2:$P$27;16;FALSCH)
20	40902	=SVERWEIS($A20;V_Umsatz!$A$2:$C$27;2;FALSCH)	=SVERWEIS($A20;V_Umsatz!$A$2:$C$27;3;FALSCH)	19680	19652	=SVERWEIS(A20;V_Umsatz!$A$2:$P$27;16;FALSCH)
21	10500	=SVERWEIS($A21;V_Umsatz!$A$2:$C$27;2;FALSCH)	=SVERWEIS($A21;V_Umsatz!$A$2:$C$27;3;FALSCH)	14500	17582	=SVERWEIS(A21;V_Umsatz!$A$2:$P$27;16;FALSCH)
22	10000	=SVERWEIS($A22;V_Umsatz!$A$2:$C$27;2;FALSCH)	=SVERWEIS($A22;V_Umsatz!$A$2:$C$27;3;FALSCH)	831	854	=SVERWEIS(A22;V_Umsatz!$A$2:$P$27;16;FALSCH)
23	11000	=SVERWEIS($A23;V_Umsatz!$A$2:$C$27;2;FALSCH)	=SVERWEIS($A23;V_Umsatz!$A$2:$C$27;3;FALSCH)	9710	5620	=SVERWEIS(A23;V_Umsatz!$A$2:$P$27;16;FALSCH)
24	41520	=SVERWEIS($A24;V_Umsatz!$A$2:$C$27;2;FALSCH)	=SVERWEIS($A24;V_Umsatz!$A$2:$C$27;3;FALSCH)	1983	1016	=SVERWEIS(A24;V_Umsatz!$A$2:$P$27;16;FALSCH)
25	20002	=SVERWEIS($A25;V_Umsatz!$A$2:$C$27;2;FALSCH)	=SVERWEIS($A25;V_Umsatz!$A$2:$C$27;3;FALSCH)	65205	90520	=SVERWEIS(A25;V_Umsatz!$A$2:$P$27;16;FALSCH)
26	10002	=SVERWEIS($A26;V_Umsatz!$A$2:$C$27;2;FALSCH)	=SVERWEIS($A26;V_Umsatz!$A$2:$C$27;3;FALSCH)	1837	1868	=SVERWEIS(A26;V_Umsatz!$A$2:$P$27;16;FALSCH)
27	30800	=SVERWEIS($A27;V_Umsatz!$A$2:$C$27;2;FALSCH)	=SVERWEIS($A27;V_Umsatz!$A$2:$C$27;3;FALSCH)	15850	13568	=SVERWEIS(A27;V_Umsatz!$A$2:$P$27;16;FALSCH)
28	40006	=SVERWEIS($A28;V_Umsatz!$A$2:$C$27;2;FALSCH)	=SVERWEIS($A28;V_Umsatz!$A$2:$C$27;3;FALSCH)	33660	42052	=SVERWEIS(A28;V_Umsatz!$A$2:$P$27;16;FALSCH)
29	40005	=SVERWEIS($A29;V_Umsatz!$A$2:$C$27;2;FALSCH)	=SVERWEIS($A29;V_Umsatz!$A$2:$C$27;3;FALSCH)	20250	23652	=SVERWEIS(A29;V_Umsatz!$A$2:$P$27;16;FALSCH)
30						
31						

Formeln Teil 2

Region	Anzahl Kunden	Umsatz je Region 2025	in %	Rangfolge
West	=ZÄHLENWENN($C$4:$C$29;H4)	=SUMMEWENN($C$4:$C$29;H4;$F$4:$F$29)	=J4/SUMME($J$4:$J$7)*100	=RANG.GLEICH(J4;$J$4:$J$7;0)
Nord	=ZÄHLENWENN($C$4:$C$29;H5)	=SUMMEWENN($C$4:$C$29;H5;$F$4:$F$29)	=J5/SUMME($J$4:$J$7)*100	=RANG.GLEICH(J5;$J$4:$J$7;0)
Ost	=ZÄHLENWENN($C$4:$C$29;H6)	=SUMMEWENN($C$4:$C$29;H6;$F$4:$F$29)	=J6/SUMME($J$4:$J$7)*100	=RANG.GLEICH(J6;$J$4:$J$7;0)
Süd	=ZÄHLENWENN($C$4:$C$29;H7)	=SUMMEWENN($C$4:$C$29;H7;$F$4:$F$29)	=J7/SUMME($J$4:$J$7)*100	=RANG.GLEICH(J7;$J$4:$J$7;0)

Hinweis: Statt der Funktion RANG.GLEICH kann auch die ältere Funktion RANG verwendet werden, die Schreibweise ist dieselbe.

Aufgabe 2 Auswertung 2 und Diagramm erfassen (34 Punkte)

Mögliche Lösung

Ordner: Loesungen\Kap_7_Prüfungen

Datei: CA-Nachname.xlsx, Arbeitsblatt Auswertung 2

Auswertung und Prämienzahlung Region Süd

Kunden-Nr.	Kunde	2024	2025	Veränderung	Veränderung zu 2024 in %	Prämie
20002	Pöhlert KG	90.520,00 €	83.972,00 €	Rückgang	-7,23	1.500,00 €
20006	Bogert Farbe	29.850,00 €	42.784,00 €	Steigerung	43,33	500,00 €
20015	Ähre & mehr	53.125,00 €	62.141,00 €	Steigerung	16,97	1.000,00 €
20500	Kanzlei Michels	75.020,00 €	78.597,00 €	Steigerung	4,77	1.000,00 €
20900	Holzhandel Wirsch	67.520,00 €	62.615,00 €	Rückgang	-7,26	1.000,00 €

Umsatz 2025	Prämie
0,00 €	0,00 €
30.000,00 €	500,00 €
50.000,00 €	1.000,00 €
80.000,00 €	1.500,00 €

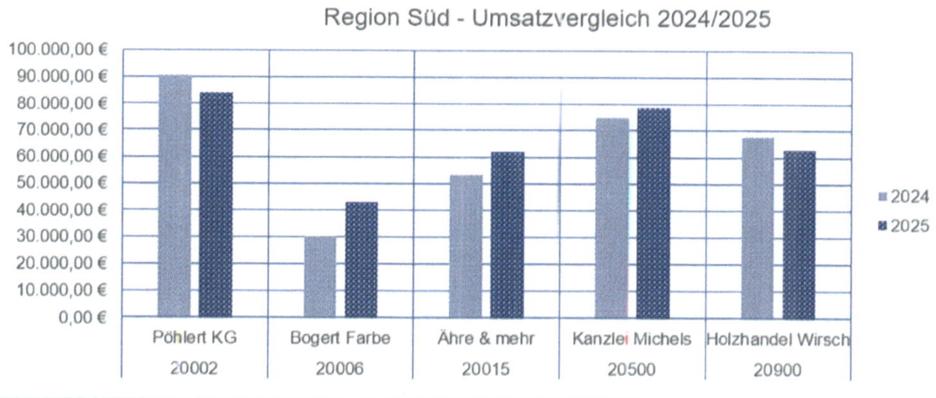

Stellungnahme: Frau Schenk behauptet, dass sich die Umsatzzahlen des Kunden Bogert Farbe gegenüber dem Jahr 2024 fast verdoppelt hätten. Dies ist fast korrekt, die Umsatzsteigerung beträgt jedoch nur 43,33 %.

Aus

Kunden-Nr.	Kunde	2024
20002	=SVERWEIS($A4;'Auswertung 1'!$A$4:$F$29;2;FALSCH)	=SVERWEIS($A4;'Auswertung 1'!$A$4:$F$29;5;FALSCH)
20006	=SVERWEIS($A5;'Auswertung 1'!$A$4:$F$29;2;FALSCH)	=SVERWEIS($A5;'Auswertung 1'!$A$4:$F$29;5;FALSCH)
20015	=SVERWEIS($A6;'Auswertung 1'!$A$4:$F$29;2;FALSCH)	=SVERWEIS($A6;'Auswertung 1'!$A$4:$F$29;5;FALSCH)
20500	=SVERWEIS($A7;'Auswertung 1'!$A$4:$F$29;2;FALSCH)	=SVERWEIS($A7;'Auswertung 1'!$A$4:$F$29;5;FALSCH)
20900	=SVERWEIS($A8;'Auswertung 1'!$A$4:$F$29;2;FALSCH)	=SVERWEIS($A8;'Auswertung 1'!$A$4:$F$29;5;FALSCH)

	D	E	F
1	*…wertung und Prämienzahlung Region Süd*		
2			
3	**2025**	**Veränderung**	**Veränderung zu 2024 in %**
4	=SVERWEIS($A4;'Auswertung 1'!$A$4:$F$29;6;FALSCH)	=WENN(D4>C4;"Steigerung";WENN(D4<C4;"Rückgang";""))	=(D4-C4)/C4*100
5	=SVERWEIS($A5;'Auswertung 1'!$A$4:$F$29;6;FALSCH)	=WENN(D5>C5;"Steigerung";WENN(D5<C5;"Rückgang";""))	=(D5-C5)/C5*100
6	=SVERWEIS($A6;'Auswertung 1'!$A$4:$F$29;6;FALSCH)	=WENN(D6>C6;"Steigerung";WENN(D6<C6;"Rückgang";""))	=(D6-C6)/C6*100
7	=SVERWEIS($A7;'Auswertung 1'!$A$4:$F$29;6;FALSCH)	=WENN(D7>C7;"Steigerung";WENN(D7<C7;"Rückgang";""))	=(D7-C7)/C7*100
8	=SVERWEIS($A8;'Auswertung 1'!$A$4:$F$29;6;FALSCH)	=WENN(D8>C8;"Steigerung";WENN(D8<C8;"Rückgang";""))	=(D8-C8)/C8*100
9			
10			

	G	H	I	J	K
1					
2					
3	**Prämie**				
4	=SVERWEIS(D4;$I$5:$J$8;2;WAHR)		**Umsatz 2025**	**Prämie**	
5	=SVERWEIS(D5;$I$5:$J$8;2;WAHR)		0	0	
6	=SVERWEIS(D6;$I$5:$J$8;2;WAHR)		30000	500	
7	=SVERWEIS(D7;$I$5:$J$8;2;WAHR)		50000	1000	
8	=SVERWEIS(D8;$I$5:$J$8;2;WAHR)		80000	1500	
9					
10					

Diagramm einfügen

Achtung: Beim Erstellen des Diagramms zunächst die Zellen B4:D8 markieren und die Beschriftungen nachträglich über *Daten auswählen* hinzufügen. Sonst wird aus der Überschriftenzeile mit den Jahren 2024 und 2025 eine weitere Datenreihe erstellt.

Aufgabe 3 Serienbrief erstellen (19 Punkte)

Datenquelle

Ordner: Loesungen\Kap_7_Prüfungen

Datei: CD-Nachname.xlsx

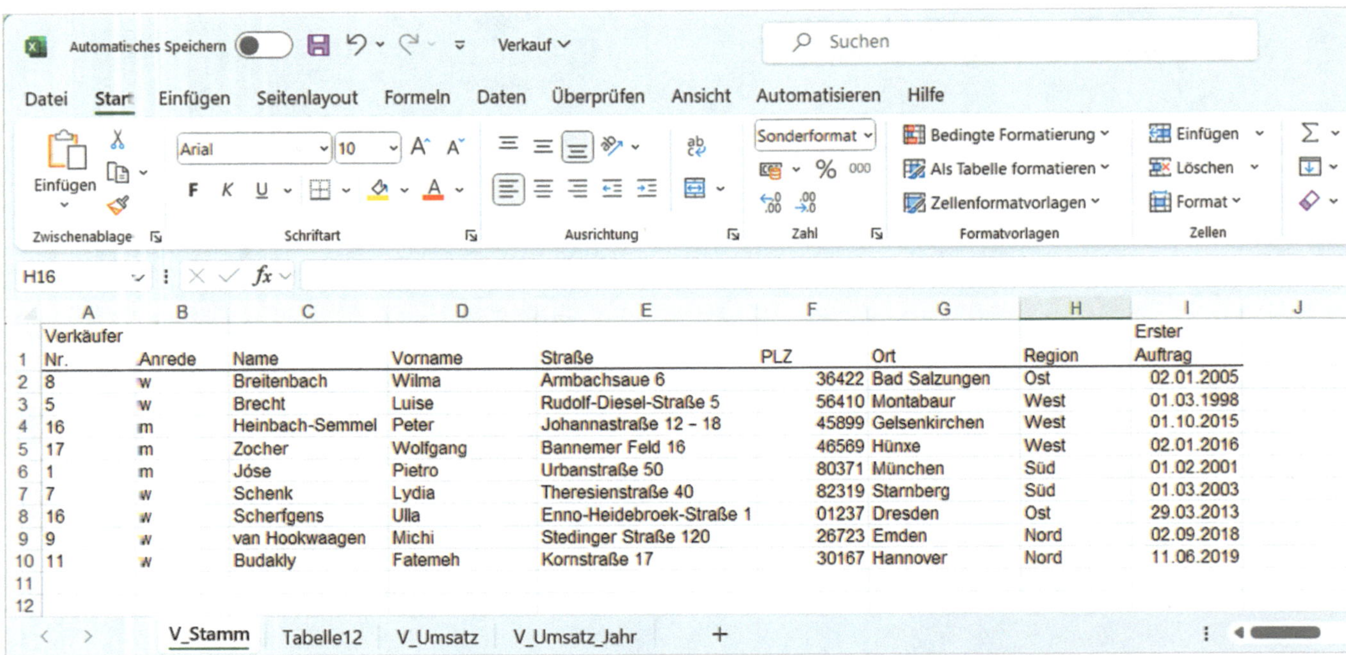

	A	B	C	D	E	F	G	H	I
1	Verkäufer Nr.	Anrede	Name	Vorname	Straße	PLZ	Ort	Region	Erster Auftrag
2	8	w	Breitenbach	Wilma	Armbachsaue 6	36422	Bad Salzungen	Ost	02.01.2005
3	5	w	Brecht	Luise	Rudolf-Diesel-Straße 5	56410	Montabaur	West	01.03.1998
4	16	m	Heinbach-Semmel	Peter	Johannastraße 12 – 18	45899	Gelsenkirchen	West	01.10.2015
5	17	m	Zocher	Wolfgang	Bannemer Feld 16	46569	Hünxe	West	02.01.2016
6	1	m	Jóse	Pietro	Urbanstraße 50	80371	München	Süd	01.02.2001
7	7	w	Schenk	Lydia	Theresienstraße 40	82319	Starnberg	Süd	01.03.2003
8	16	w	Scherfgens	Ulla	Enno-Heidebroek-Straße 1	01237	Dresden	Ost	29.03.2013
9	9	w	van Hookwaagen	Michi	Stedinger Straße 120	26723	Emden	Nord	02.09.2018
10	11	w	Budakly	Fatemeh	Kornstraße 17	30167	Hannover	Nord	11.06.2019
11									
12									

Hauptdokument

Ordner: Loesungen\Kap_7_Prüfungen
Datei: CS-Nachname.docx

Serienbrief Mögliche Lösung

Habermann + Partner KG, Monschauer Str. 36 – 38, 40549 Düsseldorf
Frau
«Vorname» «Name»
«Straße»
«PLZ» «Ort»

Ihr Zeichen:
Ihre Nachricht vom:
Unser Zeichen: Ihr Namenszeichen
Unsere Nachricht vom:

Name: Ihr Name
Telefon: 0211 8560-28
Telefax: 0211 8560-20
E-Mail: vorname.nachname@hapa.de

Datum: Tagesdatum

Schulungsangebot / Bonussystem

Sehr geehrte Frau «Name»,

bei unserem letzten Meeting mit den Verkaufskollegen hat Frau Schenk darauf hingewiesen, dass Herr Jóse und sie weit mehr als 50 % aller Umsätze erzielen. Wir haben diese Zahlen überprüft. Es entspricht der Tatsache.

Wir möchten natürlich, dass auch in Ihrer Verkaufsregion die Umsatzzahlen steigen und schlagen daher eine Verkaufsschulung vor, die Frau Schenk und Herr Jóse durchführen werden. Der genaue Schulungstermin steht allerdings noch nicht fest.

Des Weiteren haben wir mit der Geschäftsleitung besprochen, ein Prämiensystem einzuführen. Ab einem Jahresumsatz pro Kunde von 40.000 € erhalten Sie eine Prämie von 500 € und ab 80.000 € eine Prämie von 1.000 €.

Diese Regelung gilt ab sofort.

Sollten Sie noch Rückfragen haben, stehen Herr Tünsch und ich Ihnen gerne zur Verfügung.

Freundliche Grüße

Habermann + Partner KG

i. A. Ihre Unterschrift

(oder auch i. A.) Ihr Name
Verkauf

Habermann + Partner KG
Telefon: 0211 8560-0
Telefax: 0211 8560-20
Internet: www.hapa.de
E-Mail: info@hapa.de

Geschäftsführende
Gesellschafterin:
Frau Sabine Habermann

Steuer-Nr.: 133/5906/0753
Ust.-IdNr.: DE137695905
Handelsregister HRA 2560
Amtsgericht Düsseldorf

Bankverbindung:
DE63 3005 0110 0000 0123 69
Stadtsparkasse Düsseldorf
BIC: DUSSDEDDXXX

Feldfunktionen

Habermann + Partner KG, Monschauer Straße 36 – 38, 40549 Düsseldorf
{ IF { MERGEFIELD Anrede } = "w" "Frau" "Herrn" }
{ MERGEFIELD Vorname } { MERGEFIELD Name }
{ MERGEFIELD Straße }
{ MERGEFIELD PLZ } { MERGEFIELD Ort }

Ihr Zeichen:
Ihre Nachricht vom:
Unser Zeichen: Ihr Namenszeichen
Unsere Nachricht vom:

Name: Ihr Name
Telefon: 0211 8560-28
Telefax: 0211 8560-20
E-Mail: vorname.nachname@hapa.de

Datum: Tagesdatum

Schulungsangebot / Bonussystem

Sehr geehrt{ IF { MERGEFIELD Anrede } = "w" "e Frau " "er Herr " }{ MERGEFIELD Name },

bei unserem letzten Meeting mit den Verkaufskollegen hat Frau Schenk darauf hingewiesen, dass Herr Jóse und sie weit mehr als 50 % aller Umsätze erzielen. Wir haben diese Zahlen überprüft. Es entspricht der Tatsache.

Serienbrief - 1. Datensatz

Habermann + Partner KG, Monschauer Straße 36 – 38, 40549 Düsseldorf
Frau
Luise Brecht
Rudolf-Diesel-Straße 5
56410 Montabaur

Ihr Zeichen:
Ihre Nachricht vom:
Unser Zeichen: Ihr Namenszeichen
Unsere Nachricht vom:

Name: Ihr Name
Telefon: 0211 8560-28
Telefax: 0211 8560-20
E-Mail: vorname.nachname@hapa.de

Datum: Tagesdatum

Schulungsangebot / Bonussystem

Sehr geehrte Frau Brecht,

bei unserem letzten Meeting mit den Verkaufskollegen hat Frau Schenk darauf hingewiesen, dass Herr Jóse und sie weit mehr als 50 % aller Umsätze erzielen. Wir haben diese Zahlen überprüft. Es entspricht der Tatsache.

Wir möchten natürlich, dass auch in Ihrer Verkaufsregion die Umsatzzahlen steigen und schlagen daher eine Verkaufsschulung vor, die Frau Schenk und Herr Jóse durchführen werden. Der genaue Schulungstermin steht allerdings noch nicht fest.

Des Weiteren haben wir mit der Geschäftsleitung besprochen, ein Prämiensystem einzuführen. Ab einem Jahresumsatz pro Kunde von 40.000 € erhalten Sie eine Prämie von 500 € und ab 80.000 € eine Prämie von 1.000 €.

4. Datensatz

Habermann + Partner KG, Monschauer Str. 36 – 38, 40549 Düsseldorf
Herrn
Peter Heinbach-Semmel
Johannastraße 12 – 18
45899 Gelsenkirchen

Ihr Zeichen:
Ihre Nachricht vom:
Unser Zeichen: Ihr Namenszeichen
Unsere Nachricht vom:

Name: Ihr Name
Telefon: 0211 8560-28
Telefax: 0211 8560-20
E-Mail: vorname.nachname@hapa.de

Datum: Tagesdatum

Schulungsangebot / Bonussystem

Sehr geehrter Herr Heinbach-Semmel,

Bewertung Prüfung C (Zeit: 2 Stunden)

Allgemein	Mögliche Punkte	Erreicht
Beachten Sie die Rechtschreibung, den Ausdruck und die Zeichensetzung.	5	
Formulieren Sie in ganzen Sätzen. Gestalten Sie Ihre Ergebnisse übersichtlich. Wenden Sie die Regel der DIN 5008:2020 in der Textverarbeitung an.	5	
Berücksichtigen Sie das Corporate Design.	5	
Gesamt	**15**	

Aufgabe 1 Auswertung 1 erstellen (32 Punkte)

	Aufgabenstellung	Mögliche Punkte	Erreicht
	Öffnen Sie mit ...	1	
1	Bearbeiten Sie ...	1	
2	Vervollständigen ...	4	
3	Übernehmen Sie in ...	4	
4	Wechseln Sie in ... (Arbeitsblatt V_Umsatz)	2	
5	Wechseln Sie ... (Arbeitsblatt Auswertung 1)	1	
6	Übernehmen Sie über eine ...	2	
7	Ermitteln Sie in Spalte I ...	4	
8	Errechnen Sie in Spalte J ...	4	
9	Berechnen Sie in Spalte K ...	4	

Aufgabenstellung		Mögliche Punkte	Erreicht
10	Ermitteln Sie in Spalte L ...	3	
11	Drucken Sie das ...	2	
Gesamt		**32**	

Aufgabe 2 Auswertung 2 und Diagramm erfassen (34 Punkte)

Aufgabenstellung		Mögliche Punkte	Erreicht
1	Wechseln Sie ...	1	
2	Vervollständigen Sie ...	4	
3	Übernehmen Sie in den ...	4	
4	In Spalte E ermitteln Sie ...	4	
5	In Spalte F ermitteln Sie ...	4	
6	Erstellen Sie in den Zellen ...	2	
7	In Spalte G errechnen ...	4	
8	Verbinden Sie ...	1	
9	Fügen Sie unterhalb ...	4	
10	Geben Sie dem ...	1	
11	Fügen Sie unterhalb ...	3	
12	Richten Sie ...	1	
13	Drucken Sie ...	1	
Gesamt		**34**	

Aufgabe 3 Serienbrief erstellen (19 Punkte)

Aufgabenstellung		Mögliche Punkte	Erreicht
	Öffnen Sie mit ...	1	
1	Wechseln Sie ...	2	
2	Löschen Sie ...	1	
	Öffnen Sie mit ...	1	
3	Verknüpfen Sie das ...	2	
4	Für alle ...	4	
5	Schreiben Sie mit dem ...	4	
6	Formatieren Sie den ...	1	
7	Drucken Sie ...	3	
Gesamt		**19**	

Insgesamt **100 Punkte**

Bewertung nach offiziellem IHK-Notenschlüssel, Teilpunkte von maximaler Punktzahl abziehen (zum Beispiel Formeln drucken: Ausdruck ohne Formel 1 Punkt, mit Formeln 1 Punkt).

Lösung und Bewertung Prüfung D

Aufgabe 1 Befragungsformular erstellen

Mögliche Lösung

Ordner: Loesungen\Kap_7_Pruefungssimulationen
Datei: DB-Nachname.docx

Befragung Arbeitsplatzbedingungen

Hinweis: Das Formular ist ohne Passwort (= leer) geschützt.

Sehr geehrte Kolleginnen und Kollegen,

vielen Dank, dass Sie sich die Zeit nehmen, diesen Befragungsbogen zu den Arbeitsplatzbedingungen auszufüllen. Die Befragung ist anonym! Die Ergebnisse hierzu werden absolut vertraulich behandelt.

Frage 1) Haben Sie das Gefühl, dass Ihnen bei der Bildschirmarbeit nach kurzer Zeit die Augen brennen oder Sie Kopfschmerzen bekommen?

Augenschmerzen	☒ Ja	☐ Nein
Kopfschmerzen	☐ Ja	☒ Nein

Frage 2) Haben Sie am Arbeitsplatz häufig mit Verspannungen der Nackenmuskulatur oder mit Schmerzen im Handgelenk zu tun?

Verspannungen	☒ Ja	☐ Nein
Handgelenkschmerzen	☐ Ja	☒ Nein

Frage 3) Schmerzt Ihr Rücken, wenn Sie längere Zeit am Arbeitsplatz arbeiten?

Rückenschmerzen	☒ Ja	☐ Nein

Frage 4) Was können wir Ihrer Meinung nach tun, um die Arbeitsplatzbedingungen für Sie angenehmer zu gestalten?

Klicken oder tippen Sie hier, um Text einzugeben.

Frage 5) Wie **empfinden** Sie die Lichtverhältnisse und das Raumklima an Ihrem Arbeitsplatz?

Lichtverhältnisse:

☒ sehr gut ☐ gut ☐ mittelmäßig ☐ schlecht

Raumklima:

☐ sehr gut ☐ gut ☒ mittelmäßig ☐ schlecht

05.08.2025 1 Ihr Name, xxxxx

Fußzeile mit Feldfunktionen

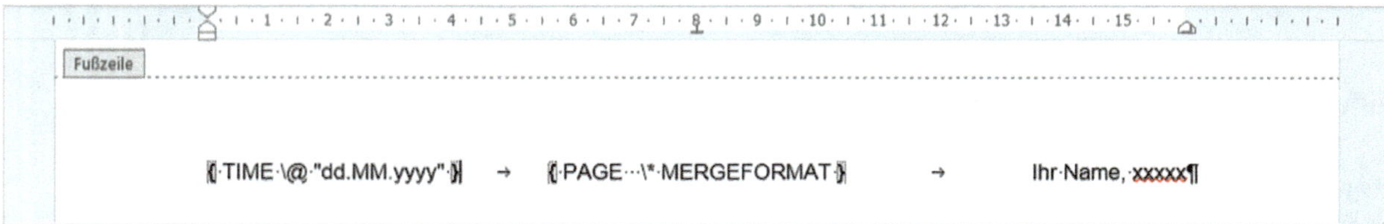

Hängender Einzug und mögliche Tabstopps

Frage 1 bis 3

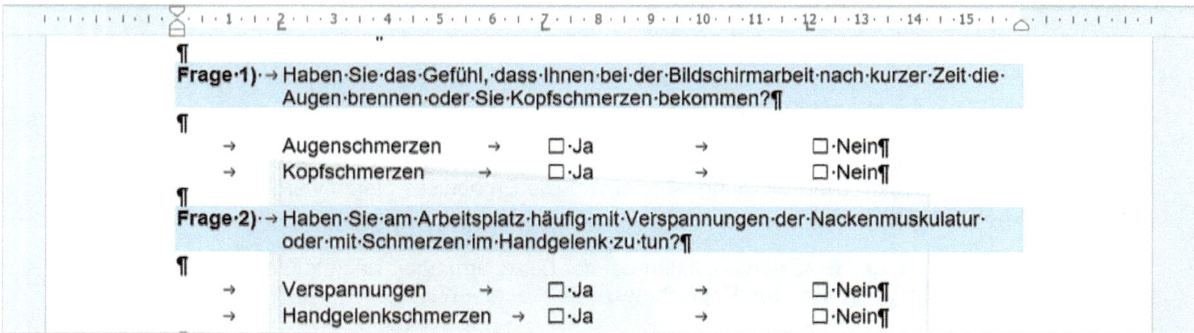

Frage 5

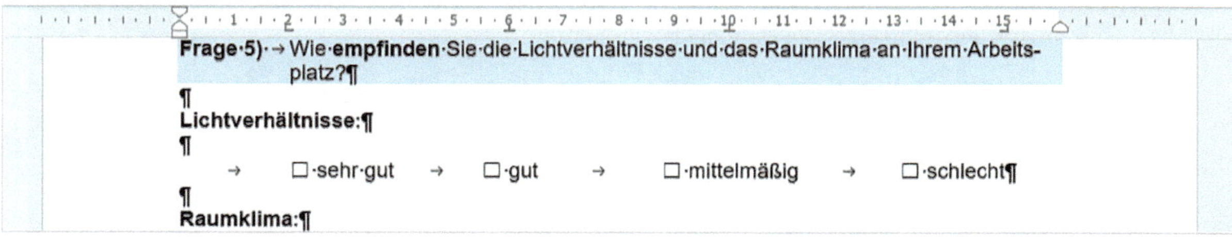

Hängenden Einzug erzeugen

Fragetext eingeben und zwischen Frage x) und dem restlichen Absatztext die Tab-Taste betätigen. Rechtsklick in den Absatz, Befehl *Absatz*, dann unter *Sondereinzug: Hängend* auswählen und daneben 2 cm eingeben.

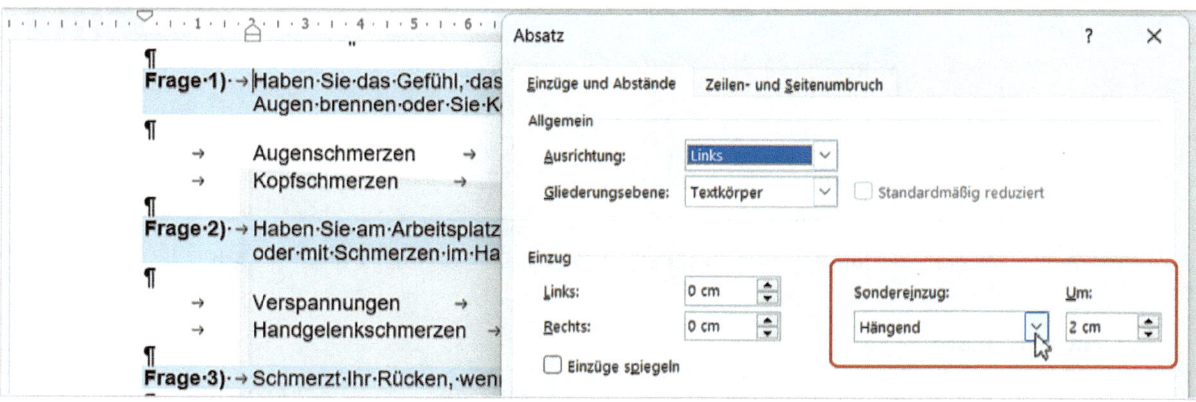

Tipps zur schnelleren Vorgehensweise

- Absatz beziehungsweise Frage 1 formatieren und mit *Format übertragen* (Pinsel) das Absatzformat den übrigen Fragen zuweisen. Anklicken des Absatzes genügt in diesem Fall!
- Die Tabstopps der Antwortvorgaben sind Absatzformate und können daher ebenfalls mit *Format übertragen* den übrigen Fragen zugewiesen werden.
- Oder von Frage 1 die Absätze mit den Antwortvorgaben einschließlich Kontrollkästchensteuerelementen kopieren und bei Frage 2 einfügen. Dann braucht nur noch der Text geändert werden.

Aufgabe 2 Interne Mitteilung erfassen (14 Punkte)

Mögliche Lösung

Ordner: Loesungen\Kap_7_Prüfungen
Datei: DI-Nachname.docx

5. interne Mitteilung 2025

Von:	Abteilung Personal
Name:	Ihr Name
Telefon:	0211 8560-47
An:	Alle Mitarbeitenden in der Verwaltung
Datum:	Aktuelles Tagesdatum
Betreff:	**Befragung Arbeitsplatzbedingungen**

Sehr geehrte Kolleginnen und Kollegen,

Herr Weyer hat vor kurzem einen Anruf von Frau Habermann erhalten. Sie berichtete, dass der Krankenstand in Ihrer Abteilung zurzeit sehr hoch ist. Sie vermutet, dass es zum Teil an den Arbeitsplatzbedingungen liegt. Wir wollen der Ursache selbstverständlich auf den Grund gehen.

Wir haben daher ein Befragungsformular entwickelt, dass Sie bitte schnellstmöglich ausfüllen. Die Befragung ist selbstverständlich absolut anonym!

Wir bedanken uns schon jetzt für Ihre Mithilfe, um dieses Problem zu lösen. Bei Rückfragen können Sie sich auch gerne direkt an Herrn Weyer wenden.

Mit freundlichen Grüßen

i. A. Ihre Unterschrift

(oder i. A.) Ihr Name

Anlage
Fragebogen

Ihr Name, xxxxx

Aufgabe 3 Befragungsformular auswerten (38 Punkte)

Mögliche Lösung

Ordner: Loesungen\Kap_7_Prüfungen
Datei: DA-Nachname.xlsx

Auswertung Arbeitsplatzbedingungen in der Abteilung Verwaltung

Beschwerden	Ja	Nein	Rang	Ja in %
Augenbrennen	9	6	2	60,00
Kopfschmerzen	3	12	4	20,00
Verspannungen	4	11	3	26,67
Handgelenkschmerzen	2	13	5	13,33
Rückenschmerzen	11	4	1	73,33

	Sehr gut	Gut	Mittelmäßig	Schlecht	Mittelmäßig in %	Schlecht in %
Lichtverhältnisse	1	6	7	1	46,67	6,67
Raumklima	1	1	3	10	20,00	66,67

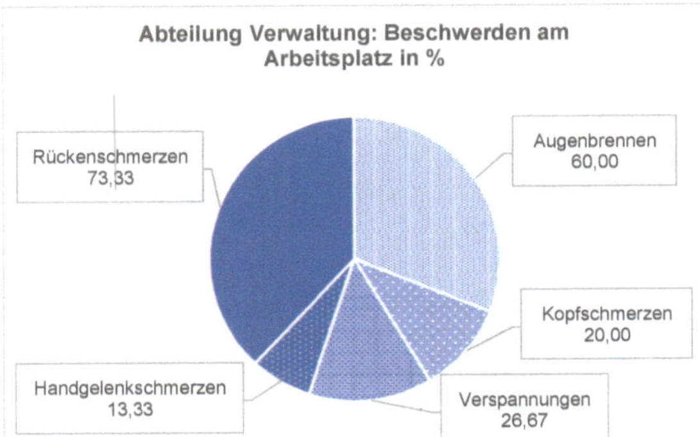

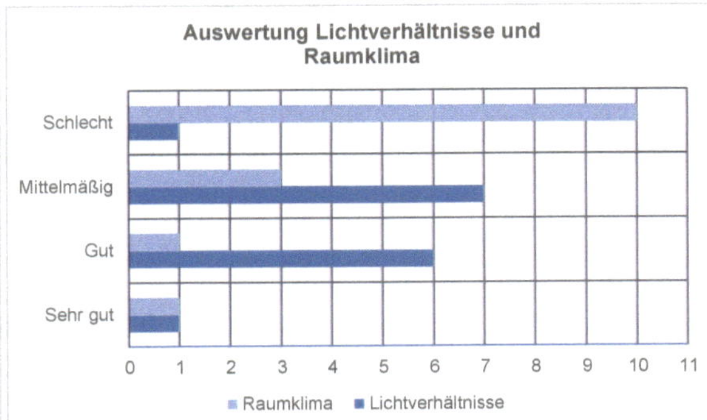

Datum Auswertung und Statistik Vorname Nachname, ******

Ergebnisse Tabelle

Auswertung Arbeitsplatzbedingungen in der Abteilung Verwaltung

Beschwerden	Ja	Nein	Rang	Ja in %
Augenbrennen	9	6	2	60,00
Kopfschmerzen	3	12	4	20,00
Verspannungen	4	11	3	26,67
Handgelenkschmerzen	2	13	5	13,33
Rückenschmerzen	11	4	1	73,33

	Sehr gut	Gut	Mittelmäßig	Schlecht	Mittelmäßig in %	Schlecht in %
Lichtverhältnisse	1	6	7	1	46,67	6,67
Raumklima	1	1	3	10	20,00	66,67

Formeln Teil 1

Auswertung Arbeitsplatzbedingungen in der Abteilung Verwaltung

Beschwerden	Ja	Nein	Rang	Ja in %
Augenbrennen	=ANZAHL2(Augenbrennen!C3:C17)	=ANZAHL2(Augenbrennen!D3:D17)	=RANG.GLEICH(C4;$C$4:$C$8;0)	=C4/SUMME(C4:D4)*100
Kopfschmerzen	=ANZAHL2(Kopfschmerzen!C3:C17)	=ANZAHL2(Kopfschmerzen!D3:D17)	=RANG.GLEICH(C5;$C$4:$C$8;0)	=C5/SUMME(C5:D5)*100
Verspannungen	=ANZAHL2(Verspannungen!C3:C17)	=ANZAHL2(Verspannungen!D3:D17)	=RANG.GLEICH(C6;$C$4:$C$8;0)	=C6/SUMME(C6:D6)*100
Handgelenkschmerzen	=ANZAHL2(Handgelenkschmerzen!C3:C17)	=ANZAHL2(Handgelenkschmerzen!D3:D17)	=RANG.GLEICH(C7;$C$4:$C$8;0)	=C7/SUMME(C7:D7)*100
Rückenschmerzen	=ANZAHL2(Rückenschmerzen!C3:C17)	=ANZAHL2(Rückenschmerzen!D3:D17)	=RANG.GLEICH(C8;$C$4:$C$8;0)	=C8/SUMME(C8:D8)*100

Formeln Teil 2

	A	B	C	D	E
10					
11			Sehr gut	Gut	Mittelmäßig
12		Lichtverhältnisse	=ANZAHL2(Lichtverhältnisse!C3:C17)	=ANZAHL2(Lichtverhältnisse!D3:D17)	=ANZAHL2(Lichtverhältnisse!E3:E17)
13		Raumklima	=ANZAHL2(Raumklima!C3:C17)	=ANZAHL2(Raumklima!D3:D17)	=ANZAHL2(Raumklima!E3:E17)
14					
15					

Formeln Teil 3

	E	F	G	H
10				
11	Mittelmäßig	Schlecht	Mittelmäßig in %	Schlecht in %
12	=ANZAHL2(Lichtverhältnisse!E3:E17)	=ANZAHL2(Lichtverhältnisse!F3:F17)	=E12/SUMME($C12:$F12)*100	=F12/SUMME($C12:$F12)*100
13	=ANZAHL2(Raumklima!E3:E17)	=ANZAHL2(Raumklima!F3:F17)	=E13/SUMME($C13:$F13)*100	=F13/SUMME($C13:$F13)*100
14				
15				

Hinweis zur verwendeten Funktion

Theoretisch käme zur Berechnung der Ergebnisse der Befragung in C4:D8 und C12:F13 auch die Funktion ZÄHLENWENN in Frage. Allerdings wurden in den Tabellenblättern die einzelnen Merkmale nicht einheitlich erfasst, sondern teils mit 1 und teils mit x gekennzeichnet. Daher empfiehlt sich in diesem Fall die Funktion ANZAHL2, da diese einfach alle nicht leeren Zellen zählt, unabhängig vom Inhalt. ANZAHL eignet sich dagegen nicht, da diese Funktion ausschließlich Zahlen berücksichtigt!

Zellen hervorheben

Das Hervorheben der Zellen aufgrund einer Bedingung erfolgt mit der bedingten Formatierung.

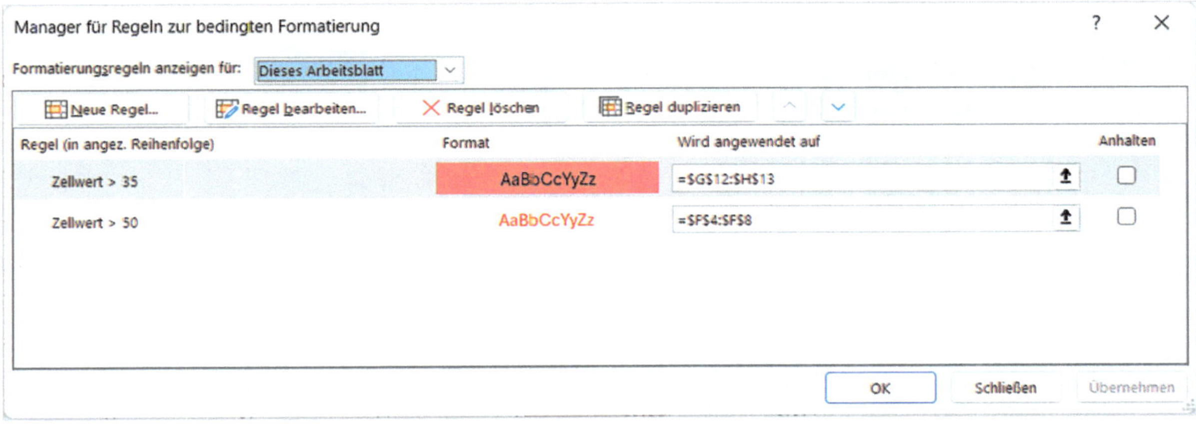

Diagramm Bildschirmarbeitsplatz

1. Zellbereich auswählen (im Bild auf der nächsten Seite links gelb hervorgehoben).
2. *Diagrammelement hinzufügen* ▶ *Datenbeschriftungen* ▶ *Weitere Datenbeschriftungsoptionen*. Dann *Rubrikenname*, *Wert* und *Führungslinien* aktivieren.

Diagramm Lichtverhältnisse, Raumklima

1. Zellbereich B11:F13 und Säulendiagramm, Untertyp *Balken* einfügen.
2. *Diagrammelement einfügen* ▶ *Gitternetzlinien*, *Primäres Hauptgitter horizontal* und *Primäres Hauptgitter vertikal* aktivieren.
3. **Achseneinteilung**: Rechtsklick auf die horizontale Achse und Befehl *Achse formatieren*. Hauptintervall auf 1 ändern (siehe Bild rechts auf der nächsten Seite).

	A	B	C	D	E	F
1		Auswertung Arbeitsplatzbedingungen in der Abteilung Verwaltung				
2						
3		Beschwerden	Ja	Nein	Rang	Ja in %
4		Augenbrennen	9	6	2	60,00
5		Kopfschmerzen	3	12	4	20,00
6		Verspannungen	4	11	3	26,67
7		Handgelenkschmerzen	2	13	5	13,33
8		Rückenschmerzen	11	4	1	73,33
9						

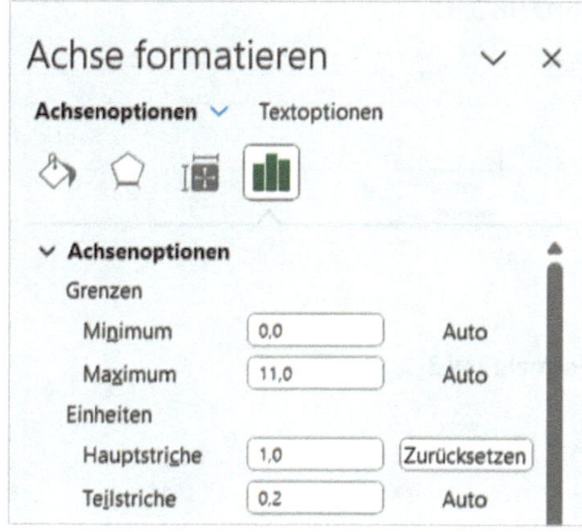

Aufgabe 4 E-Mail erfassen (15 Punkte)

Mögliche Lösung

Ordner: Loesungen\Kap_7_Prüfung

Datei: DE-Nachname.docx

Von:	vorname.nachname@hapa.de
An:	sabine.habermann@hapa.de
Cc:	wolfgang.weyer@hapa.de
Bcc:	
Betreff:	Auswertung und Statistik zur „Befragung Arbeitsplatzbedingungen“ in der Abteilung Verwaltung
Anhang:	DB-Nachname.xlsx

Sehr geehrte Frau Habermann,

wir sind der Ursache des hohen Krankenstands in der Verwaltung nachgegangen und haben eine Befragung mit folgendem Ergebnis durchgeführt.

Insgesamt 11 Personen (73,33 %) aus der Abteilung Verwaltung klagen über Rückenschmerzen und 9 Personen (60,00 %) berichten über Augenbrennen. Außerdem empfinden 10 Personen (66,67 %) das Raumklima als schlecht.

Um den genannten Beschwerden zu begegnen, schlage ich folgende Maßnahmen vor:

1. In Räumen mit Fensterlüftung mehrmals tägliches Stoßlüften für einige Minuten. Bei Räumen mit Klimageräten sollten wir eine zeitnahe Wartung veranlassen.

2. Genaue Kontrolle der Lichtverhältnisse, um Reflexionen am Bildschirm durch Lampen oder Fenster zu vermeiden und um Augenbrennen vorzubeugen.

3. Zur Vorbeugung gegen Rückenschmerzen für alle Mitarbeiter neue ergonomische Stühle bestellen.

4. Ergonomische Mauspads mit Handballenauflage und korrekte Einstellung der Höhe der Bürostühle für einen optimalen Winkel der Arme gegen Handgelenkschmerzen.

Bei Rückfragen stehen Herr Weyer und ich Ihnen gerne zur Verfügung.

Mit freundlichen Grüßen

Habermann + Partner KG

i. A. Ihr Name

Telefon: 0211 8560-47
E-Mail: vorname.nachname@hapa.de

Anschrift / Sitz: Monschauer Straße 36 – 38, 40549 Düsseldorf
Handelsregister HRA 2560 / Amtsgericht Düsseldorf

Bewertung Prüfung D (Zeit: 2 Stunden)

Allgemein	**Mögliche Punkte**	**Erreicht**
Beachten Sie die Rechtschreibung, den Ausdruck und die Zeichensetzung.	5	
Formulieren Sie in ganzen Sätzen. Gestalten Sie Ihre Ergebnisse übersichtlich. Wenden Sie die Regel der DIN 5008:2020 in der Textverarbeitung an.	5	
Berücksichtigen Sie das Corporate Design.	5	
Gesamt	**15**	

Aufgabe 1 Befragungsformular erstellen (18 Punkte)

Aufgabenstellung		**Mögliche Punkte**	**Erreicht**
	Öffnen Sie mit ...	1	
1	Richten Sie ...	1	
2	Geben Sie in der Fußzeile ...	1	
3	Gestalten Sie ...	2	
4	Alle Fragen ... (hängender Einzug), Antworten eingerückt	2	
5	Für die Antwortvorgaben der Fragen 1 bis 3 ...	2	
6	Für Frage 5 ... (Tabstopps)	2	
7	Fügen Sie bei den Fragen ... (Steuerelemente)	2	
8	Zu Frage 4 ... (Tabelle und Steuerelement)	2	
9	Fügen Sie ...	2	
10	Drucken Sie den ...	1	
Gesamt		**18**	

Aufgabe 2 Interne Mitteilung erfassen (14 Punkte)

Aufgabenstellung		**Mögliche Punkte**	**Erreicht**
	Öffnen Sie mit ...	1	
1	Schreiben Sie ...	6	
2	Die interne Mitteilung ...	6	
3	Drucken Sie ...	1	
Gesamt		**14**	

Aufgabe 3 Befragungsbogen auswerten (38 Punkte)

Aufgabenstellung		Mögliche Punkte	Erreicht
	Öffnen Sie mit ...	1	
1	Bearbeiten Sie in Ihrer Datei das ...	1	
2	Erstellen und formatieren Sie ...	4	
3	Fügen Sie oberhalb ...	1	
4	Verbinden und ...	2	
5	Errechnen Sie über ...	4	
6	Ermitteln Sie in Spalte E ...	3	
7	Berechnen Sie in Spalte F ... (prozentualer Anteil)	3	
8	Berechnen Sie über ...	4	
9	Errechnen Sie in Spalte G ...	3	
10	Errechnen Sie in Spalte H ...	3	
11	Bei einem Prozentanteil ...	2	
12	Fügen Sie unterhalb der ... (Diagramme)	4	
13	Richten Sie eine Fußzeile ...	1	
14	Richten Sie das Arbeitsblatt so ein ...	1	
15	Drucken Sie ...	1	
Gesamt		**38**	

Aufgabe 4 E-Mail erfassen (15 Punkte)

Aufgabenstellung		Mögliche Punkte	Erreicht
	Öffnen Sie mit ...	1	
1	Schreiben Sie ...	5	
2	Fügen Sie ...	1	
3	Schlagen Sie ...	6	
4	Schließen Sie ...	2	
Gesamt		**15**	

Insgesamt 100 Punkte

Bewertung nach offiziellem IHK-Notenschlüssel, Teilpunkte von maximaler Punktzahl abziehen (zum Beispiel Formeln drucken: Ausdruck ohne Formel 1 Punkt, mit Formeln 1 Punkt).